Rüdiger Götte

Die Spur des Geldes

Der EURO:
Vorläufer, Entstehung – Scheitern?

Rüdiger Götte

DIE SPUR DES GELDES

Der EURO:
Vorläufer, Entstehung – Scheitern?

ibidem-Verlag
Stuttgart

Bibliografische Information der Deutschen Nationalbibliothek
Die Deutsche Nationalbibliothek verzeichnet diese Publikation in der Deutschen Nationalbibliografie; detaillierte bibliografische Daten sind im Internet über http://dnb.d-nb.de abrufbar.

Bibliographic information published by the Deutsche Nationalbibliothek
Die Deutsche Nationalbibliothek lists this publication in the Deutsche Nationalbibliografie; detailed bibliographic data are available in the Internet at http://dnb.d-nb.de.

Coverabbildung: #54924103 | © Thomas R. - Fotolia.com

∞

Gedruckt auf alterungsbeständigem, säurefreien Papier
Printed on acid-free paper

ISBN-13: 978-3-8382-0909-8

Printed in the EU

Vorwort

Häufig werde ich von Menschen gefragt: „Was ist Geld?" oder „Woher kommt der Euro?" Tag für Tag greifen wir in unser Portemonnaie und nutzen die in verschiedenen Farben gedruckten Euro-Geldscheine zur Zahlung unserer Einkäufe – ohne darüber nachzudenken. Das Bezahlen mit dem Euro, mit Kreditkarten oder per Online-Banking ist heute gang und gäbe. Wir bewegen uns ganz selbstverständlich in unserem Geldsystem und hinterfragen nicht, ob unsere Bank den Betrag, der auf unseren Kontoauszügen zu sehen ist, auch in Münzen und Scheinen herausgeben könnte. Das scheint einfach selbstverständlich. Wirklich?

In diesem Buch wird Ihnen ohne Fachchinesisch und Verschwörungstheorien das Wesen des Geldes erläutert. Hierzu wird zunächst das Grundlagenwissen über Geld anhand seiner Geschichte erklärt. Sie werden sehen: Es war ein harter Kampf, bis unser heutiges Geld das Licht der Welt erblickte. Ihn führten Männer wie John Law.
Anschließend werfen wir einen Blick auf die Gegenwart, indem wir uns ansehen, wie die Europäische Notenbank funktioniert.
Zum Abschluss des Buches schlagen wir eine Brücke zwischen der Vergangenheit und der Gegenwart und gehen einer wichtigen Frage nach: Hat man in unserem heutigen Geldsystem aus den Fehlern von John Law gelernt?

Nach der Lektüre dieses Buches werden Sie ein umfangreiches Wissen über den Euro erlangt haben und unter anderem die folgenden Fragen beantworten können.

- Welche Arten von Geld gibt es?
- Was sind Inflation und Deflation?
- Was ist die Quantitative Lockerung?
- Wie entstand der Euro?
- Welchen Wert hat der Euro?
- Ist der Euro krisenfest?

Sie werden sich besser in der Welt des Geldes zurechtfinden und mit einem kühlen Kopf finanzielle Entscheidungen treffen können.

Für die freundliche Unterstützung bei dieser Arbeit möchte ich Diplom-Ingenieur Hans-Jürgen Götte danken.

Inhaltsverzeichnis

Abbildungsverzeichnis

Tabellenverzeichnis

1. Einleitung

Geld begegnet uns überall im täglichen Leben. Woran denken Sie bei dem Wort „Geld“? Die meisten werden wohl zunächst an Münzen und Banknoten denken. Wir sprechen täglich davon, Geld zu *verdienen* oder es *auszugeben*. Bei größeren Anschaffungen reden wir davon, dass wir uns Geld *leihen* müssen, also einen Kredit aufnehmen. Wie Sie sehen, verwenden wir den Begriff „Geld“ in verschiedenen Situationen: Es ist unter anderem Einkommen, Zahlungsmittel, Vermögen und Kredit. Hier spiegelt sich die universelle Rolle, die Geld in unseren Leben spielt, wider.

Dennoch fehlt vielen ein umfassendes Wissen über Geld. Sie können Fragen wie „Was ist Geld?“, „Wie kommt das Geld in die Wirtschaft?“ oder „Wer achtet darauf, dass nicht zu viel Geld geschaffen wird?“ nur schwer beantworten. Mit diesem Buch möchte ich dazu beitragen, dass mehr Menschen die Grundlagen der Geldwirtschaft verstehen. Letztlich soll das Buch das Geldwesen erklären, und zwar vor allem in Bezug auf die heutige Situation.

Die Geschichte des Geldes enthält viele faszinierende Elemente. Vieles in ihr beleuchtet, wie wohl kaum etwas anderes, die Vernunft und Unvernunft der Menschen. Geld fiel nicht einfach vom Himmel herab. Um sich das Wesen des Geldes zu erschließen, muss man zunächst seine Grundlagen verstehen. Um diese möglichst anschaulich und spannend zu erklären, habe ich mich entschlossen, die wichtigsten Grundlagen der Geldwirtschaft anhand ihrer Geschichte zu verdeutlichen. Wir wenden uns einer Epoche zu, in der die Vorläufer unseres heutigen Geldes das Leben erblickten – dem Anfang des 18. Jahrhunderts. Dort veränderte ein Mann namens John Law die Welt. Er war ein begnadeter Glücksspieler, ein zum Tode verurteilter Mörder und ein genialer Mathematiker. Erst rettete er Frankreich vor dem Staatsbankrott, um es anschließend fast gänzlich zu ruinieren. Er war der reichste Mann der Welt, wenn nicht sogar der reichste Mann aller Zeiten. Zunächst liebten und verehrten die Franzosen ihn, doch wenig später entging er nur knapp der Lynchjustiz eines aufgebrachten Mobs. Große Geister wie Johann Wolfgang von Goethe philosophierten über ihn. Goethe schrieb die Idee, die John Law berühmt machen sollte, sogar dem Teufel zu. So flüstert im zweiten Teil von Goethes Faust der Teufel dem bankrotten Kaiser die Lösung zu, welche die Welt aus den Angeln heben sollte: Papiergeld. John Law machte das Papiergeld in Europa salonfähig. Kurze Zeit konnte er seinen Traum verwirklichen und ein münzfreies Frankreich um 1720 bewirken, bis alles spektakulär zusammenbrach. Dennoch enthielten John Laws Theorien brillante Ideen, die

noch heute Nachhall in unserem Geldsystem finden. So zeigte er auf, wie Geld entsteht, wie man es in Umlauf bringt oder durch welche Werte es besichert ist. Auch findet sich bereits hier die Frage danach, welche Gefahren dem Geld – damals wie heute – drohen.
Nachdem die Grundlagen des Geldes anhand der Geschichte aufgezeigt wurden, wenden wir uns der Gegenwart zu. Und damit unserem heutigen Geld – dem Euro. Mit nüchternem Verstand betrachten wir u.a. folgende Fragen: Wie kann es sein, dass wir mit Papiergeld einen nahezu wertlosen Stoff als Zahlungsmittel für Häuser, Autos und andere Investitionen akzeptieren? Wer hat das bestimmt? Woher kommt der Wert des Euros? Wer steht für dieses Geld gerade?
Um diese Fragen beantworten zu können, müssen wir die verschiedenen Arten des Geldes aufspüren. Wir werden uns ansehen, wie sie entstehen, und daraus ableiten, wie viel der Euro wert ist und was hinter dem Euro steckt. Wir werden sehen, dass der Wert des Euros durch zwei Phänomene bestimmt wird: Inflation und Deflation. Um den Wert des Euros zu schützen, wurde die *Europäische Zentralbank* (kurz EZB) gegründet. Sie ist die Hüterin des Euros. Deshalb sehen wir uns ihren Aufbau und ihre Aufgaben an. Ferner werfen wir einen Blick in den Werkzeugkasten der EZB und betrachten, mit welchen Werkzeugen sie den Euro stabil hält. Hier begegnen wir den Begriffen *Leitzins, Mindestreserve, Offenmarktgeschäft, ständige Fazilitäten* oder *Quantitative Lockerung*. So erlangen Sie ein umfassendes Wissen über den Euro. Sie werden die geldpolitischen Entscheidungen der europäischen Notenbank nachvollziehen können.
Die Vergangenheit ist nicht tot. Sie lehrt uns etwas für die Zukunft. Deswegen schlagen wir zum Abschluss einen Bogen zwischen Vergangenheit und Gegenwart. Dazu fragen wir uns abschließend: Begeht das Eurosystem ähnliche Fehler wie einst John Law? Ist der Euro krisenfest? Welche Gefahren drohen ihm?

Gehen Sie also mit mir auf eine spannende Reise durch die Geschichte und Gegenwart des Geldes. Werden Sie von einem Unwissenden in Sachen Geld zu einem Wissenden.

2. Zurück in die Vergangenheit – die Grundlagen des Geldes

Begeben wir uns nun auf eine Zeitreise zurück in die Vergangenheit, um uns die Grundlagen des Geldes zu erschließen. Damit wir nicht blindlings durch die Vergangenheit stolpern, lassen wir uns anhand der Biographie einer historischen Person durch die Welt des Geldes führen. Einer der schillerndsten Kämpfer für den Vorläufer unseres Geldes war John Law. Sein Aufstieg und Fall offenbart einem alle Facetten, die Papiergeld bietet; seine Vorteile, aber auch seine Gefahren.

Abbildung 1: John Law als Direktor der Banque Royal (Quelle: Wikipedia Commons. Gemeinfrei)

Wer war also dieser Mann? Der bedeutende Dichter und Philosoph Voltaire beantwortete diese Frage mit einer Gegenfrage: „Ist Law ein Gott, ein

Schurke oder ein Scharlatan?"[1] Joseph Schumpeter, ein bedeutender Ökonom, antwortete, Law sei einer der „ersten Geldtheoretiker"[2]gewesen. Tatsächlich war John Law nicht nur Geldtheoretiker, sondern auch der erste Notenbanker. Außerdem war er Frauenheld, Kartenspieler und ein genialer Mathematiker - eine Figur wie aus einen Hollywood-Film. Also werfen wir einen Blick auf John Law und die Zeit, in der er zu einem Ökonomen heranwuchs. Denn in dieser Zeit wurden viele Grundlagen für unser heutiges Geld geschaffen.

2.1. Wer war John Law?

John Law wurde als Sohn von William und Jean Law im April 1671 in Edinburgh geboren.[3] John Laws Vater William war Goldschmied. Im späten siebzehnten Jahrhundert genoss der Beruf des Goldschmiedes ein hohes Ansehen. Viele Goldschmiede der damaligen Zeit stellten nicht nur Schmuck oder wertvolle Haushaltsgegenstände her, sondern gingen nebenher noch dem lukrativeren und einflussreicheren Gewerbe des Geldverleihs nach. So berichtet Sir John Clapham Folgendes über die Entwicklung der Goldschmiede zu Bankiers:

> „In jenen frühen Jahren der Restauration trieben die Londoner Goldschmiede-Bankiers alle Arten von Kreditgeschäften. Sie nahmen Einlagen gegen Zinsen an – der übliche Satz betrug 6 Prozent –, stellten Quittungen aus, gegen deren Vorlage die Rückzahlung erfolgte, ... gaben das Versprechen ab, an den Einleger oder seinen Beauftragten zu zahlen, und so gelangten ihre Scheine oder Noten durch die Einleger oder Inhaber in Umlauf ..."[4]

---

1 Spenneberg, L.: Der Zocker an der Notenpresse, Spiegel Geschichte 4/2009, S. 52 https://magazin.spiegel.de/EpubDelivery/spiegel/pdf/66214343

2 Spenneberg, L.: Der Zocker an der Notenpresse, Spiegel Geschichte 4/2009, S. 52 https://magazin.spiegel.de/EpubDelivery/spiegel/pdf/66214343

3 Jean und William Law hatten zwölf Kinder, von denen allerdings sechs schon im Kindesalter verstarben.

4 Clapham. J: The Bank of England, Cambridge 1944, Bd. I, S.10

Kaufleute lagerten bei den Goldschmieden ihr Münzgeld[5] ein und bekamen dafür die handlichen *Goldsmiths' Notes* oder *Bankers Notes*, eine fälschungssichere Quittung über die eingelagerte Summe an Münzgeld.[6] In der Regel hatten die Goldsmiths' Notes denselben Nennwert wie die eingezahlten Metallmünzen. Tauschte man 100 Pfund in Metallmünzen ein, so bekam man Bankers Notes im Wert von 100 Pfund. Um möglichst einfach den Handel mit Goldsmiths' Notes durchzuführen, hatten diese dieselben Einheiten wie das Münzgeld, also Pfund, Penny usw. Anfänglich misstrauten viele Menschen diesen Scheinen, weil diese im Gegensatz zu Gold- oder Silbermünzen keinen Materialwert hatten – es war ja einfach nur Papier.

Um die Glaubwürdigkeit der Bankers Notes herzustellen, sicherten die Goldschmiede zu, sie jederzeit in Münzgeld eintauschen zu können (Einlösegarantie). Um dies zu gewährleisten, wurden von den einzelnen Goldschmieden zunächst nur Bankers Notes in der Höhe des tatsächlich in ihren Kellern gelagerten Münzgeldes vergeben. So konnten sie jederzeit die ausgegebenen Bankers Notes in Münzgeld umtauschen. Letztlich setzten sich die Bankers Notes durch, weil den Kaufleuten das Transportieren von großen Mengen an Münzen und das aufwändige Zählen bei der Übergabe zu beschwerlich wurde; das Papiergeld erleichterte das Begleichen von größeren Summen merklich. Da immer mehr Menschen den Goldsmiths' Notes vertrauten, verbreiteten sie sich schnell und wurden genutzt wie Geld. Schon bald merkten die Goldschmiede, dass sie über einen erheblichen Goldbestand in ihren Kellern verfügten, der niemals beansprucht wurde. Dies lag daran, dass die Goldsmiths' Notes immer seltener in Münzen eingetauscht wurden. So ka-

---

5 Warengeld wie Gold oder Silber kann man wesentlich leichter als Geld verwenden, wenn man sie als einheitliche, genormte Stücke in Umlauf bringt, anstatt sie in Metallklumpen oder Barren abzuwiegen. Dazu legte der Münzherr (in der Regel der König) fest, nach welchen Regeln (Metallgehalt, Nennwert ...) die Münzen hergestellt wurden. Durch sein Abbild oder Zeichen garantierte er dafür. Die Münzgesetze legten zumeist fest, dass der Preis der geprägten Gold- oder Silbermünzen ein wenig höher war als der Preis des in der Münze enthaltenen Edelmetalls. Der etwas höhere Preis der Münzen sollte die Kosten der Münzherstellung decken und verhindern, dass die mühsam in Geldform gebrachten Münzen schnell wieder als Rohstoff eingeschmolzen wurden. Allerdings wurde dafür gesorgt, dass noch in jeder Münze genügend der Geldwaren Gold und Silber enthalten war, damit die Münzen von den Menschen noch als Geld akzeptiert wurden. Schon damals waren Edelmetalle besonders wertvoll, darum hatten die geprägten Gold- und Silbermünzen oftmals einen so hohen Wert, dass man damit kleinere Beträge nicht begleichen konnte. Dafür benötigte man „Kleingeld". Das Kleingeld bestand aus den sogenannten Teil- oder Scheidemünzen, deren Wert deutlich höher lag als der Preis der enthaltenen Rohstoffe und deren Herstellung. Solche Scheidemünzen machen den Großteil des modernen Münzgelds aus, so hat auch die Ein-Euro-Münze einen deutlich geringeren Materialwert.

6 Letztlich stellten die Goldsmith Notes bzw. Bankers Notes einen Schuldschein da, bei dem der Goldschmied dem Inhaber eine bestimmte Menge an Münzen schuldet.

men die Goldschmiede auf die Idee, Münzen und Gold auszuleihen. Dazu gaben sie den Leuten, die Geldbedarf hatten, ganz einfach Goldsmiths' Notes, ohne dass diese etwas dafür hinterlegen mussten. Damit war die Kreditschöpfung durch die Ausgabe von ungedeckten Banknoten erfunden. Man bezeichnet solch ungedecktes Geld deswegen auch als Kreditgeld.[7]
Natürlich folgten William Law und die Edinburgher Goldschmiede dem Beispiel ihrer Londoner Kollegen, indem sie fortan auch Bankgeschäfte abwikkelten. So soll William Law einer der bedeutendsten Finanziers des schottischen Viehhandels gewesen sein.
William Law nahm eine herausragende Stellung innerhalb der Zunft der Goldschmiede ein: Er wurde zum Münzprüfer von Edinburgh ernannt. Er untersuchte die Gold- und Silberobjekte, die innerhalb der Grenzen der Stadt gefertigt worden waren, und versah sie mit dem „Hallmark", dem Feingehaltsstempel der Edinburgher Innung. Zudem wurde William Law Innungsmeister. Obendrein entwickelte er auch Ehrgeiz in Bezug auf seine Kinder. Er war entschlossen, seinen Sohn John Law auf ein chancenreiches Leben vorzubereiten. So erhielt John Law die Erziehung und Ausbildung eines Gentlemans. Seinen ersten Unterricht erhielt er wahrscheinlich in den Fächern Religion, Mathematik und Latein. Daneben wurde er auch in Griechisch und Französisch unterrichtet.
Als der Bruder des Königs, James, der Duke of York, zum schottischen Vizekönig ernannt wurde, erlebte die Stadt Edinburgh eine Phase der Modernisierung. So wurden u.a. die Merchant Company (eine Handelsorganisation) und Straßenbeleuchtungen errichtet. Im Zuge dieser Entwicklungen florierte der Geldverleih von William Law. Hiervon bekam der Junge John Law

---

[7] Alles Geld ist Kredit, aber nicht jeder Kredit ist Geld: Der entscheidende Unterschied ist die Übertragbarkeit. Solange ein Kredit bzw. Schuldschein nur ein Kontrakt zwischen zwei Parteien (Kreditgeber und -nehmer) darstellt, ist er „nur" ein Kredit. Der Kredit ist kein Geld. Darf der Schuldschein, wie die Goldsmiths Note, an einen Dritten übertragen werden - man spricht von „begebbar" oder „indossierbar" - erwacht der Kredit zu neuem Leben und dient als Geld. Somit ist Geld nicht bloß Kredit, sondern ein übertragbarer Kredit. Damit ein Verkäufer seine Waren einem Käufer gegen Schuldscheine aushändigt - d.h. diese als Zahlungsmittel akzeptiert - muss er von zwei Dingen überzeugt sein: Erstens, der Verkäufer muss glauben, dass die Forderungen des Schuldscheines auch werthaltig sind, d.h. dass die Goldschmiede auch tatsächlich in der Lage sind, die Goldsmiths Notes gegen Gold einzutauschen. Er muss also von der Kreditwürdigkeit des Geldemittenten überzeugt sein. Zudem muss der Verkäufer auch darauf vertrauen, dass auch Dritte bereit sein werden, den Schuldschein zu akzeptieren. Also muss gewährleistet sein, dass der Verkäufer auch selbst mit dem Schuldschein einkaufen kann. Letztlich müssen die Menschen glauben, dass der Schuldschein übertragbar ist und dies auch auf unbestimmte Zeit bleiben wird, d.h. dass der Markt für den Schuldschein liquide bleibt. Je nachdem wie glaubhaft dies ein Geldemittent machen kann, fällt es ihm leichter oder schwerer sein Geld in Umlauf zu bringen. Da Geld also Kredit ist, sind Münzen lediglich eine physische Repräsentation dieses Kredits.

natürlich auch etwas mit. Denn William Law nahm seinen Sohn John gelegentlich zu Verhandlungen mit. Anschließend soll William seinem Sohn genauestens erklärt haben, warum er dieses oder jenes gesagt oder verschwiegen hatte.

1683, als John Law zwölf Jahre alt war, kaufte sein Vater das Anwesen Lauriston, welches heute in einem Vorort von Edinburgh liegt. Doch die Jahre harter Arbeit forderten ihren Tribut. William Law klagte über starke Schmerzen im Unterleib, man diagnostizierte Blasensteine. Zur Behandlung reiste er nach Paris. Doch die Operation zur Entfernung der Blasensteine schlug fehl und William Law verstarb. Seine Frau Jean Law musste sich nun durch die komplexen Bestimmungen im Testament ihres Mannes arbeiten. So gab es ausstehende Forderungen, Darlehen in Höhe von über 25.000 Pfund. Die Namen der Schuldner füllten viele Seiten, unter ihnen befanden sich die nobelsten schottischen Familien. Außerdem sah das Testament vor, dass das gerade erworbene Anwesen Lauriston und dessen Pachteinnahmen an Williams zwölfjährigen Sohn John Law gehen sollten. Somit konnte John Law den Titel „of Lauriston" für sich beanspruchen. Da William Law befürchtete, sein Sohn könnte den Verlockungen Edinburghs erliegen, beschloss er kurz vor seiner Erkrankung, dass John in ein Internat in einem abgelegen Winkel von Schottland, nach Eaglesham, geschickt werden solle. Dort sollte John bei Reverend James Woodrow, einem Verwandten der Laws, der dort eine höhere Schule betrieb, studieren. Über Laws Schulbildung ist wenig bekannt. Man berichtet aber, dass John Law eine „herrliche" Begabung, einen scharfen Verstand und ein großes Rechentalent hatte. Außerdem soll Law sehr sportlich gewesen zu sein. Ansonsten ist über die Jugendzeit von Law wenig bekannt. Er reifte zu einem charismatischen schottischen Gentleman mit feinen Gesichtszügen und edlen Manieren heran, der zahlreiche Frauenherzen brach. Schon in seiner Heimatstadt Edinburgh lernte er Spielsalons kennen. Das waren exklusive Clubs für die Adligen und Vermögenden. Dort verkehrten auch die schönsten Frauen der Stadt. John Law war begeistert von diesem Ambiente. Er spielte die verschiedensten Karten- und Würfelspiele. Besonders beliebt war damals das Kartenspiel Pharao, eine Art Vorläufer des Roulettes.[8] Als John Law um die zwanzig Jahre alt war, waren für

[8] In der Regel wurde Pharao mit einem Satz von zweiundfünfzig Karten gespielt. Dabei war die kleinste Karte die Zwei, die höchste das Ass. Der Spieltisch war mit Teppich besetzt. Auf diesem waren sämtliche Karten als Stickereien abgebildet. Die Spieler setzten Geldbeträge auf die gestickten Kartenmuster. Anschließend zog der Bankhalter (die bevorzugte Rolle von Law, weil der Bankhalter immense Vorteile hatte) aus einem von zwei Stapeln eine Karte. Es gab jetzt mehrere Möglichkeiten zu gewinnen, je nachdem ob man auf die Farbe, gerade oder ungerade, Ass bis Sechs oder Sieben bis Dreizehn gesetzt hatte. Im Laufe des Spiels wurde es

ihn alle Genüsse seiner Vaterstadt erschöpft. Ihn packte die Reiselust. Um 1691 verließ er Edinburgh und ging nach London.

In London inszenierte sich John Law als Lebemann, worauf sein Spitzname „Beau Law“ hindeutet. Einen Einblick in die Welt der Beau (Lebemänner) gab Mary Astell:

> „Der Beau ist ein Ausbund an Eitelkeit, bestehend aus Ignoranz, Stolz, Torheit und Ausschweifung: ein dummer, ärgerlicher Kerl, drei Teile Blender und der Rest Möchtegernhektor – eine Art wandelnder Tuchladen, der heute den einen und morgen den anderen Stoff zur Schau stellt und dessen Wert sich allein nach dem Preis seiner Anzüge und dem Können seines Schneiders bemisst-ein Spross des Adels, der die Laster seiner Vorfahren ererbt hat und der Nachwelt aller Wahrscheinlichkeit nach nichts weiter hinterlässt als Niedertracht und Siechtum.“[9]

Dieser Beschreibung kam John Law sehr nahe. Untadelig gekleidet präsentierte er sich als Lebemann in London. Er benahm sich wie ein alter Fuchs, der alle Gepflogenheiten und gesellschaftlichen Verhaltensregeln spielend beherrschte. So besuchte er Schauspielhäuser wie das Drury Lane Theater, aß in berühmten Tavernen wie dem Half Moon oder Locket, trank Kaffee in berühmten Kaffeehäusern wie dem Will's. Daneben traf man ihn an den Spieltischen von London. Law war von dieser hektischen, riskanten Lebensweise wie hypnotisiert. Er mischte sich unter Aristokraten und Glücksritter und nahm an Hasardspielen wie Brag, Primero und Basset teil, sah sich jedoch vom Pech verfolgt. Sein Missgeschick beim Spiel und sein Missgriff bezüglich der Gesellschaft, in der er sich vornehmlich aufhielt, führten dazu, dass er Anfang 1692 mit einundzwanzig Jahren nicht nur sein ererbtes Vermögen verprasst, sondern auch noch einen Berg Schulden angehäuft hatte. Er musste fürchten, in das Schuldgefängnis geworfen zu werden. Er beschloss, seiner Mutter das Anwesen Lauriston gegen eine Barzahlung zu übertragen.

Diese Erfahrung veränderte John Law grundlegend. Er musste seinen Lebensstil ändern. Sein Ehrgeiz hielt ihn an, wieder in der vornehmen Gesellschaft Fuß zu fassen. Dazu musste er sich ein Netzwerk aus wohlhabenden Freunden aufbauen. Den Zugang zu diesen Menschen fand man zur damaligen Zeit am leichtesten am Spieltisch, weil das Kartenspiel der Zeitvertreib der gehobenen Gesellschaft war. In den Salons wurden Kontakte geknüpft

---

einfacher zu setzen, weil der Bankhalter immer weniger Spielkarten zur Verfügung hatte. So konnten die Spieler immer besser abschätzen, welche Karte gezogen würde. Wer in diesem Spiel triumphieren wollte, musste über ein hervorragendes Gedächtnis verfügen und die Kunst beherrschen, die Wahrscheinlichkeit abzuschätzen, dass eine bestimmte Karte gezogen werden könnte.

[9] Mary Astell: A Farther Essay Relating to the Female Sex. London, Printed for A. Roper and E. Wilkinson, 1696

und Geschäfte abgeschlossen. Es war wichtig, dass man sich zeigte, um gesehen zu werden und im Gedächtnis zu bleiben. Nur so konnte man Kontakte zu hochrangigen Persönlichkeiten knüpfen. Dies gelang allerdings nur, wenn man am Spieltisch bestehen konnte. Um das Risiko des Scheiterns zu mindern, begann Law nach Methoden zu suchen, mit denen er seine Erfolgschancen zu seinen Gunsten verlagern konnte. Hierzu gewöhnte er sich zunächst eine umsichtige Spielweise an. Zudem studierte er verschiedene Bücher[10], in denen die Wahrscheinlichkeitstheorie ausführlich dargelegt wurde. Laws überragende mathematische Begabung muss es ihm leicht gemacht haben, diese Wissenschaft vom Zufall nachzuvollziehen. So erlernte Law, beim Würfel- und Kartenspiel zu berechnen, wie groß die Wahrscheinlichkeit war, dass eine bestimmte Zahlenfolge erschien oder dass eine bestimmte Karte aus einem Pack ausgeteilt wurde.[11] Law wusste, dass zu Beginn des Spiels alle Karten die gleiche Wahrscheinlichkeit hatten, gezogen zu werden. Mit jeder Runde veränderte sich die Wahrscheinlichkeit zugunsten von einzelnen Karten. Diese galt es zu berechnen – und zwar schnell. Die Gabe der schnellen Berechnung machte Law zu einer kleinen Berühmtheit, so sagte Gray, ein Bekannter von Law und sein erster Biograf:

> „Niemand verstand mehr von Zahlen und Berechnungen als Law. Er war der erste Mensch in England, der sich überhaupt die Mühe machte, herauszufinden, warum die Chancen bei sieben zu vier oder zehn stets zwei zu eins, bei sieben zu acht immer sechs zu fünf betrugen und so fort mit allen anderen von ihm nachgewiesenen Konstellationen des Würfels. Auf diese Weise fand er Anerkennung bei den berühmtesten Spielern und brachte es zu hohem Ansehen."[12]

Für Law wichtiger als die Anerkennung durch andere Spieler war, dass sich seine neue Vorgehensweise auszahlte. Er wandelte sich vom stereotypen zwanghaften Spieler, der süchtig nach dem Glücksrausch gierte, den ein Gewinn ihm bereitete, zu einem kühl berechnenden Spieler. Außerdem beherrschte er jetzt die Kunst, das Risiko eines Zuges zu kalkulieren, ähnlich wie ein Buchmacher Quoten zu berechnen vermochte. Geld zu wetten wurde für Law nun ein ernsthaftes Geschäft.

---

[10] So hatte sich z.B. bereits Gerolamo Cardano im sechzehnten Jahrhundert wissenschaftlich mit dem Würfelspiel auseinandergesetzt. Dabei fand er u.a. heraus, dass es einfacher war, mit zwei Würfeln eine Neun zu erzielen als eine Zehn.

[11] Zur damaligen Zeit war es sogar üblich, dass sich mathematisch Begabte am Spieltisch ihren Lebensunterhalt erspielten. So verdiente sich z.B. Abraham de Moivre (eines der frühen Genies der Wahrscheinlichkeitstheorie) in London seinen Lebensunterhalt dadurch, dass er die Gewinnchancen in Slaughter's Coffee House kalkulierte.

[12] Gray, The Memiors, Life and Character of the Great Mr. Law: Down to this Present Year 1721. With an Accurate and Particular Account of the Establishment of the Mississippi Company in France, London 1721, S. 5

Dennoch stand Law schnell in dem Verdacht, zu betrügen oder sich einen anderen Vorteil zu verschaffen. Die Menschen verstanden nicht, dass jemand so große Summen gewinnen konnte und so selten verlor. In Wirklichkeit waren seine Spielerfolge nicht das Ergebnis von Glück, sondern wohl eher von Gerissenheit: John Law machte in dem Spiel Pharao seine größten Gewinne, wenn es ihm gelang, die Rolle des Bankhalters zu übernehmen, und so die Gewinnchancen massiv auf seiner Seite lagen.[13] Musste er dagegen als *pointeur* gegen den Bankhalter spielen, war er zumeist vorsichtiger und beschloss, keine hohen Summen zu setzen. Um seinem Glück noch weiter auf die Sprünge zu helfen, entwickelte er auch eigene Glückspiele, die noch bessere Gewinnchancen für ihn boten. Seine zunehmende Berühmtheit ermöglichte es ihm auch, an den sogenannten Schaupartien für Reiche teilzunehmen. Diese Schauspiele waren für Law in finanzieller Hinsicht äußerst lohnend und er konnte vielfältige Kontakte zu einflussreichen Persönlichkeiten knüpfen. Letztlich konnte er so zu vielen vornehmen und mächtigen Leuten Freundschaften aufbauen.

In seiner Freizeit widmete sich John Law der neuen Obsession der Zeit – der Nationalökonomie. Sie wurde immer mehr zu einem Gesprächsthema in den Salons. Es wurde eine regelrechte Flut an Schriften veröffentlicht, in denen über monetäre Theorien und Währungen diskutiert wurde. Sie stammten aus der Feder von Sir William Petty, Nicholas Barbon oder Hugh Chamberlen. Eine Grundfrage vieler Schriften war, wie man den gewaltigen Mangel an Bargeld, an dem England zu jener Zeit litt, beheben oder diesen zumindest erklären konnte. Es wurden aber auch Methoden vorgeschlagen, wie man dem Land zu einem wirtschaftlichen Aufschwung verhelfen konnte. Dies war dringend notwendig. William III. war verzweifelt darum bemüht, Geld aufzutreiben, um seinen Krieg in Europa fortsetzen zu können. Die englischen Könige standen in dem Ruf, ihre Darlehen nicht zurückzuzahlen. Daher waren die Goldschmiede und Geldverleiher Londons nicht bereit, William III. Geld zu leihen. Thomas Neale, königlicher Münzmeister und Kammerherr, hatte dann aber 1694 eine rettende Idee. Er führte eine staatliche Lotterie ein, die die Krone für die nächsten sechzehn Jahre mit Darlehen versorgen sollte. Dazu verkaufte er Anteilsscheine im Wert von je zehn Pfund und zahlte einen Jahreszins von zehn Prozent. Zusätzlich berechtigte man den Inhaber der Anteilsscheine, an einer jährlichen Ziehung teilzunehmen, die ihm die Chance gab, ein Gesamtpreisgeld von 40.000 Pfund zu gewinnen. Die

[13] Der Bankvorteil gegenüber dem Spieler beträgt beim Pharao sagenhafte 5 %. Zum Vergleich: Die heutigen, modernen Casinos haben beim Roulette einen Vorteil von nur 1,3 %.

Lotterie beflügelte die Fantasie der Londoner. Es gingen Geschichten von großen Gewinnen um, sodass viele Anteilsscheine verkauft wurden, aber es konnte auf diese Weise dennoch nicht die benötigte Summe von einer Million Pfund erreicht werden. Die Lotterie war im Prinzip nichts anderes als ein Tropfen auf den heißen Stein.

Verschlimmert wurde die Lage noch dadurch, dass das Prägeverfahren für Münzen seit dem Mittelalter so gut wie unverändert geblieben war. Viele Münzen waren über ein Jahrhundert alt. Außerdem variierten die Münzen stark in Gewicht und Größe, weil Silber- oder Goldspäne über die Jahre hinweg von ihren Rändern abgehobelt wurden. Die Metallspäne des sogenannten Stutzens wurden dann benutzt, um Falschgeld herzustellen. Letztlich führte dies dazu, dass im späten sechszehnten Jahrhundert Englands Münzen weniger als die Hälfte des Silbers oder Goldes enthielten, das sie nach ihrem Nennwert hätten haben müssen. Das Vertrauen in das Münzgeld sank immer weiter. Das führte dazu, dass die Händler zum Tauschhandel zurückkehrten oder hohe Preise forderten, um den zweifelhaften Wert der verfügbaren Münzen aufzuwiegen. Es kam zu einem Aufruhr in der Bevölkerung.

Um Abhilfe zu schaffen, wurden neue Geldstücke eingeführt, deren Metallgehalt wieder ihrem Nennwert entsprach. Zusätzlich wurde das Design der Münzen gerändert: Der Münzrand wies kleine Kerben oder Einschnitte auf, sodass das Stutzen nicht mehr möglich war.[14] Das Schatzamt verbreitete die neuen Münzen, ohne die alten einzuschmelzen. Die Lage verschlimmerte sich nun weiter, weil die Menschen die neuen Münzen horteten und versuchten, weiter mit den alten Münzen zu bezahlen. Es trat die sogenannte Greshamsche Regel in Kraft: Minderwertiges Geld verdrängt das wertvollere aus dem Umlauf. John Law beobachtete diese Entwicklung, ihm wurde etwas äußerst Wichtiges bewusst: Gesundes Geld ist essenziell, damit ein Land seinen politischen Status behalten und gedeihen kann.

Für den englischen König William III. wurde die Lage immer schlimmer. Er brauchte dringend Geld, um seine Soldaten bezahlen zu können, sie mit Lebensmitteln zu versorgen und für den Kampf gegen die Franzosen auszurüsten. Sein Ausweg bestand darin, eines der vielen originellen Projekte zur Geldbeschaffung zu genehmigen, die viele Theoretiker beim Schatzamt eingereicht hatten. Der Monarch entschied sich schließlich für den Plan des Schotten William Paterson. Dieser ließ sich von den höchst erfolgreichen Nationalbanken von Amsterdam und Venedig inspirieren. Er schlug vor, man

[14] Das ist auch der Grund, warum die heutigen Euromünzen gerändert sind.

solle das Geld für den König durch die Gründung einer Bank, deren Stammkapital von einer großen Zahl von Privatinvestoren aufgebracht wurde, beschaffen lassen. Jeder Investor sollte Anteilsscheine für einen bestimmten Geldbetrag zeichnen dürfen, bis die Gesamtsumme von 1.200.000 Pfund angehäuft war. Dieser Betrag sollte dem König dann zu acht Prozent Zinsen für einen Zeitraum von acht Jahren geliehen werden. Am 21. Juni 1694 wurde die Zeichnungsliste für die Bank of England eröffnet. Nach nur zwölf Tagen waren so viele Investoren gefunden, dass die gewünschte Geldsumme zusammengetragen wurde.
Der Zeichnungserfolg resultierte daraus, dass es der Bank of England gestattet wurde, das Geld der Bevölkerung zur Aufbewahrung entgegenzunehmen, zu verzinsen und wiederum an andere auszuleihen. Doch was viele Investoren besonders überzeugte, war, dass die Bank of England Banknoten ausgeben durfte. Mit der Auflage, dass die Bank of England über eine Gold- bzw. Münzgeldreserve verfügte, die über eine Emission von Aktien der Bank of England gebildet wurde, sollte garantiert werden, dass die ausgegebenen Banknoten auf Verlangen als Gold bzw. Münzgeld ausgezahlt werden können.[15] Deshalb hatten die Banknoten der Bank of England denselben Nennwert wie das Münzgeld oder zumindest einen davon abgeleiteten.[16] Das besondere an diesen Banknoten war, dass sie nicht personengebunden waren, sondern an Dritte und Vierte weitergereicht werden durften. Ohne diese Übertragbarkeit war der Handel über Banknoten sehr aufwendig. Wenn beispielsweise ein Kunde seinen Einkauf bei einem Händler im Wert von einhundert Pfund bezahlen wollte, konnte er die Hunderter-Banknote in Gold einlösen und dem Händler geben. Der Händler brachte nun das Gold wieder zurück zur Bank of England und bekam seinerseits eine entsprechende Hunderter-Note. Viel einfacher war es, wenn der Kunde dem Händler gleich seine Hunderter-Banknote weiterreichte und der Händler darauf vertrauen

15 Somit war die Bank of England entgegen des äußeren Scheins eine Privatbank, die vom englischen König Wilhelm III. von Oranien das Privileg zum Drucken und Herausgeben eines allgemeinen gesetzlichen Zahlungsmittels bekam. Darum wurde auch der Gesetzesentwurf zur Gründung der Bank of England unter strengster Geheimhaltung durch das Parlament gebracht, versteckt, wie die berühmte Stecknadel im Heuhaufen, in einem umfangreichen Gesetzesentwurf über die Regelung der Schiffstonnage, irgendwo in einem Unterabschnitt eines Paragrafen. Selbst die Anteilseigner der Bank of England waren geheim. Mitte des 20. Jahrhunderts stellten Parlamentsabgeordnete Anfragen nach den Anteilseignern der Bank of England. Diese Anfragen wurden vom britischen Schatzkanzler nicht beantwortet. Formal wurde die Bank of England erst 1948 verstaatlicht.
Auch heute noch gibt es in Europa Notenbanken, die als Privatbanken organisiert sind. Ein Beispiel ist die belgische Notenbank BANQUE NAT. BELG. (ISIN: BE0003008019), deren Aktien Sie an der Börse kaufen können.

16 So bekam man für eine Hundert-Pfund-Note hundert Goldmünzen im Wert von einem Pfund.

konnte, dass sich diese Banknote jederzeit in Gold einlösen ließe. Das Gold blieb so bei der Bank of England und nur die Banknote wanderte von Hand zu Hand. Erst so erfüllt die Banknote die Funktion eines Zahlungsmittels.
Je mehr sich das Vertrauen in die Einlösegarantie – Banknote gegen Gold – der Bank of England festigte, umso weniger wurde selbige in Anspruch genommen. Es wurden immer mehr Zahlungsvorgänge über die Weitergabe der Banknoten abgewickelt. Um die Glaubwürdigkeit der Banknoten zu erhöhen, wurden sie mit dem Porträt des Königs und seiner Unterschrift versehen. Hierdurch wurde der Eindruck erweckt, es handle sich um staatliches Geld.[17]

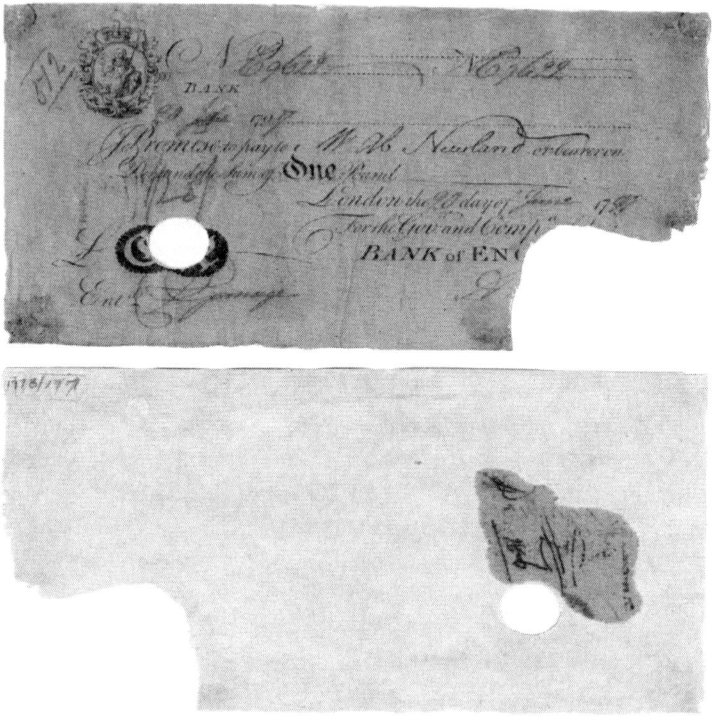

Abbildung 2: Ein-Pfund-Note von 1797
(Quelle: museum@bankofengland.co.uk)

[17] Die Geldscheine waren im Prinzip wie eine Quittung. Das entspricht auch dem Sinn des Geldes: Es handelt sich um Kreditgeld, d.h. man bringt eine Ein-Pfund-Münze zur Bank of England und bekommt dafür eine Ein-Pfund-Note. Hierdurch wird man Gläubiger der Bank of England, weil man ihr eine Ein-Pfund-Münze geliehen hat. Dafür bekommt man als Quittung die Ein-Pfund-Note.

Als Folge dieser Maßnahme wurde durchschnittlich maximal ein Drittel der Banknoten eingelöst. Folglich hatte die Bank of England noch zwei Drittel des hinterlegten Goldes als Überschussreserve in Gold, das sie zur Sicherung eingelagert hatte. Es lag sozusagen nutzlos in ihren Kellern herum. Somit war die Versuchung groß, diese Überschussreserve anderweitig zu verwenden. Sie wurde als Grundlage für die Schöpfung weiterer Banknoten eingesetzt. Das funktionierte wie folgt: Brachte ein Kaufmann einhundert Pfund in Goldmünzen zur Bank of England, bekam er dafür Banknoten im Wert von einhundert Pfund. Die Bank ging davon aus, dass der Kaufmann diese Banknoten wie Geld einsetzen würde. Auf Grundlage ihrer Erfahrung rechnete die Bank damit, dass maximal ein Drittel, also 33,33 Pfund, davon wieder in Goldmünzen eingetauscht würden. Folglich hatte die Bank eine Überschussreserve von 66,66 Pfund. Mit dieser Überschussreserve konnte die Bank of England zwei weitere Hunderter-Banknoten drucken und in Umlauf bringen – unter der Annahme, dass auch diese nur maximal jeweils zu einem Drittel zurückgetauscht würden. So konnte die Bank of England aus Gold im Wert von 100 Pfund insgesamt drei Hunderter-Banknoten ausgeben, von denen die zwei neu geschöpften Banknoten als Kredit (mit Zinsen, Tilgung und Sicherheit) in Umlauf gebracht wurden. Das aus dem Nichts geschöpfte Geld, das sich äußerlich nicht von der durch Gold gedeckten Hunderter-Banknote unterschied, war in Wirklichkeit nur eine Forderung der Bank gegenüber einem Kreditnehmer. Diese wurde erbarmungslos eingetrieben, bei Zahlungsunfähigkeit des Schuldners auch durch eine Zwangsvollstreckung seines beliehenen Eigentums. Dieses harte Vorgehen war notwendig, denn wenn zu viele Kreditnehmer ihre Schulden nicht zurückbezahlen konnten, drohte das ganze System zusammenzubrechen.[18] Denn obwohl die zweite und dritte Hunderter-Banknote einen völlig anderen Ursprung und Charakter hatten als die erste, gedeckte Hunderter-Banknote, sahen alle drei Banknoten gleich aus. Sie konnten nicht voneinander unterschieden werden. Die aus

---

18 Das war neu. Die Bank of England schaffte Geld durch die Vergabe von Krediten – sogenanntes Kreditgeld oder „schuldengedecktes Geld". Auf der anderen Seite wurde Kreditgeld bei Rückzahlung des Kredits wieder vernichtet.
Der Kreditnehmer benutzte nun das Kreditgeld, um damit z.B. eine Immobilie zu kaufen. Somit wird Geld zu einem Maßstab für Kredite, welche von Banken vergeben werden. Wer eine Ware gegen Geld an jemanden abgibt, der dieses Geld als Kredit erhalten hat, geht daher auf indirekte Weise mit derjenigen Bank eine Kreditbeziehung ein, die das Geld geschaffen hat. Platzen diese Kredite, so sinkt die Kaufkraft des Geldes – es kommt zur Inflation, weil durch das Finanzsystem ungedecktes Geld kursiert (s. auch S.155 ff.).

dem Nichts geschöpften Banknoten erzeugten nur den Schein, durch Gold gedecktes Geld zu sein.[19]

Durch den Kredit der Bank of England hatte der König nun genug Geld, um seinen Krieg fortzusetzen, und durch die Ausgabe von Banknoten, die schnell als Tauschmittel akzeptiert wurden, wurde der Mangel an Geld deutlich reduziert.

John Law konnte nicht in die Bank of England investieren, obwohl er das Geld dazu hatte, weil er inzwischen im Gefängnis saß. Denn am 9. April 1694 trug John Law auf dem Bloomsbury Square ein Duell mit einem stadtbekannten Londoner Schönling namens Edward Beau Wilson aus. Wilson wurde dabei von Law getötet. Duelle waren verboten, so musste der Sieger bei tödlichem Ausgang mit einer Anklage wegen Mordes rechnen. Nach seiner Verhaftung eilten Laws wohlhabenden Freunde herbei und boten ihre Hilfe an. Sie halfen ihm mit Geld und Rat aus und trugen so dazu bei, dass sein Aufenthalt im Gefängnis erträglicher wurde. So konnte man sich beispielsweise für eine kleine Gebühr eine Kammer im „King's Block" im Gefängnis von Newgate kaufen, weit weg von den schlimmsten Auswüchsen des Gefängnisdaseins.

Wie damals bei Strafprozessen üblich, hatte John Law als Angeklagter keinen Anspruch auf einen Verteidiger und auch nicht darauf, selbst auszusagen oder Zeugen aufzurufen. Er konnte zu seiner Verteidigung lediglich eine nicht beeidigte Mitschrift seiner Aussage ins Feld führen, die vor Gericht verlesen wurde. Darin behauptete er:

> „Die Begegnung mit Mr. Wilson in Bloomsbury war bloßer Zufall, wobei Mr. Wilson dann als erster sein Schwert zog, sodass er sich wehren musste. Damit geschah das Unglück lediglich infolge einer plötzlichen Aufwallung von Leidenschaft und nicht auf Grund irgendeiner bösartigen Absicht."[20]

Dennoch kamen nach einer dreitägigen Verhandlung im Old Bailey die Geschworenen zu dem Schluss, dass John Law und Mr. Wilson ein Duell ausgetragen hatten.[21] Daraufhin wurde John Law zum Tod durch den Strang verurteilt.

---

19 Somit waren nicht alle umlaufenden Banknoten der Bank of England mit Gold gedeckt, sondern nur bis zu ein Drittel (später waren dies nur noch 20 bis 25 %). Der Rest war, wenn man so will, Kreditgeld, also durch Kreditvergabe erzeugtes Geld. Werden jetzt weniger Kredite neu vergeben, als insgesamt Zinsen zu zahlen sind, dann schrumpft die Geldmenge. Denn wird ein Kredit zurückgezahlt, dann sinkt die Geldmenge um diesen Betrag.

20 Murphy, A.E: John Law Ökonom und Visionär, Verlag Wirtschaft und Finanzen, Düsseldorf 2002, S. 43

21 Es gab Gerüchte, dass die Geschworenen von Verwandten Wilsons bestochen wurden.

Law hatte einen Kreis reicher Freunde und Bekannter, an die er sich wenden konnte. Er hoffte, mit ihrer Hilfe eine Begnadigung zu erreichen. Tatsächlich griffen mehrere Edelmänner aus Schottland ein und sprachen bei König William III. vor, um eine Begnadigung zu bewirken. Sie argumentierten, dass Duelle insgeheim als etwas durchaus Respektables angesehen würden. Zwar müssten die Überlebenden vor Gericht erscheinen, sie würden aber nie wegen ihres Verbrechens hingerichtet. So berichtete ein Freund von John Law, James Johnston, der Earl of Warriston:

> „Ich habe nie zuvor gehört, dass die Tötung eines Gegners in einem fairen Duell als Mord beurteilt wurde."[22]

Law hoffte in seiner Zelle in Newgate auf einen Freispruch. Sein Optimismus war verfrüht. Wilsons Verwandte – die Townsends, Ashs und Windhams – brannten darauf, den Tod ihres Verwandten zu rächen. Da allesamt einflussreiche Höflinge waren, nahmen sie den König gegen John Law ein. Sie bedrängten den Monarchen förmlich mit Gegenanträgen. Sie sagten aus, in diesem besonders brutalen Duell habe Law sich als Mann ohne Ehre offenbart. So befand sich der König inmitten eines Ränkespiels.

Laws Freund Warriston erkannte, dass er Hilfe brauchen würde, um die Feindseligkeit des Königs zu überwinden. Darum sicherte er sich die Unterstützung des englischen Duke of Shrewsbury, der damals mehr Einfluss beim König besaß als irgendjemand sonst. Zunächst riet Shrewsbury, Warriston solle versuchen, Zeit zu gewinnen, und abwarten, bis sich der Zorn des Königs wieder gelegt habe. Warriston sollte außerdem Beweise dafür ausfindig machen, dass es bei dem Duell nicht um Geld gegangen sei, wie die Verwandten Wilsons behaupteten. Warriston stellte Kontakt zu einem Mann her, über den Law seine Geldgeschäfte abwickelte. Dieser sagte aus, dass Law kurz vor dem Duell 400 Pfund per Anweisung aus Schottland bekommen habe, dies konnte er anhand seiner Bücher belegen. Somit habe Law keinen Anlass gehabt, sich Geld durch Erpressung zu beschaffen. Mit diesem Beweis versuchten Warriston und Shrewsbury den König dazu zu bewegen, Law zu begnadigen. Doch der König stand vor einem Dilemma. Einerseits wollte er Law begnadigen, um die Angelegenheit beilegen zu können, andererseits hatte er Wilsons Verwandten versprochen, Law nicht gegen ihren Willen gehen zu lassen. Also wählte der König den goldenen Mittelweg: Das Todesurteil sollte aufgehoben werden, aber Law musste weiterhin inhaftiert bleiben, bis man wusste, wie die Verwandten von Wilson reagierten. Die Reaktion ließ nicht lange auf sich warten. Sie legten einen *appeal of murder* (Einspruch wegen

---

22 London, PRO, SP 35/18, NR. 118, Brief an den Hon. Douglass vom 30. Oktober 1694

Mordes) ein. Dies war ein altes Rechtsmittel, dass es den Hinterbliebenen eines Mordopfers ermöglichte, sich gegen eine königliche Begnadigung zur Wehr zu setzen. Wenn die Angehörigen des Mordopfers mit ihrem Einspruch Erfolg hatten, konnte der König nicht mehr auf den Ausgang des Verfahrens einwirken.

Da es sich jetzt um einen Zivilrechtsfall handelte, oblag die Rechtsprechung dem Court of King's Bench. Das Gericht kam in der Westminster Hall zusammen. John Law wurde von Newgate in das King's-Bench-Gefängnis in Southwark verlegt, um dort die Eröffnung des zweiten Prozesses abzuwarten. Am 22. Juni 1694 begann der Prozess. Der Anwalt der Wilson-Fraktion, Sir Bartholomew Shower, erklärte vor dem Gericht, Law habe brutal, schurkisch, arglistig und vorsätzlich einen Mord begangen. Deshalb müsse das Todesurteil aufrecht erhalten bleiben. In dem Zivilprozess war Law nun berechtigt, sich verteidigen zu lassen. Dazu verschaffte er sich die Dienste der angesehenen Anwälte Sir William Thompson, Creswell Levinz sowie ihres Juniorpartners Thomas Carthew. Sie versuchten, den Einspruch der Wilson-Fraktion wegen kleinerer, formaler Unstimmigkeiten abzuwehren. Ihr schwerwiegendster Einwand war

> „die Anklage gegen Law sei indirekter Art, und es gebe daher keine Notwendigkeit, noch sei er (Law, da Schotte) durch das Gesetz des Landes gebunden.“[23]

Dieses Argument verschaffte Law und seinen Verteidigern Zeit. Die Verhandlung sollte um eine Woche ausgesetzt werden. Da die Sommersitzungsperiode des Gerichts Ende Juni kurz vor ihrem Ende stand, beschloss das Gericht, die weitere Anhörung bis in den Herbst zu verschieben. Somit sah Law sich mit der wenig angenehmen Aussicht konfrontiert, mehrere Monate im King's-Bench-Gefängnis verbringen zu müssen. Dieses Gefängnis war für seine mangelnde Sicherheit bekannt. Laws Freunde drängten ihn daher zu einem Fluchtversuch. Doch Law war noch immer davon überzeugt, dass ein Freispruch möglich sei. Umso überraschter war er, als der Richter entschied, dass die im Namen von Law vorgebrachten Einwände nicht stichhaltig seien. Somit musste sich Law dem von Wilsons Verwandten eingelegten Einspruch im neuen Jahr stellen.

Law erkannte, dass die Chance, auf einem legalen Weg dem Todesurteil zu entkommen, immer geringer wurde. Die Flucht schien sein einziger Ausweg. Wieder griffen Laws mächtige Freunde ein. Sie erreichten, dass der König wohlwollend ein Auge zudrückte, wenn man Law entkommen ließe. Also bestachen Laws Freunde Wächter, damit Law entkommen konnte. Ein Wächter

---

[23] Gleeson, J.: Der Mann, der das Geld erfand. Goldman Verlag München 2001, S. 67

ließ die Tür zu Laws Zelle unverschlossen und stellte sich schlafend. Law verließ ohne Gegenwehr Zelle und Gefängnis. Kurz nach seiner Flucht am 7. Januar 1695 erschien in der London Gazette ein Steckbrief mit der Beschreibung des Schotten Captain John Law, zuletzt Häftling im King's Bench, angeklagt wegen Mordes. Ausgesetzt wurde eine Belohnung von 50 Pfund für die Ergreifung. Die Beschreibung war sehr detailliert: Law sei 26 Jahre alt, habe Pockennarben im Gesicht und sei etwa sechs Fuß groß. Dies entsprach in keiner Weise seinem wahren Aussehen! Auch hier zeigt sich, dass die Flucht von höchster Stelle begünstigt wurde.

Was Law nach seiner Flucht tat, ist nicht bekannt. Es scheint, als hätte er versucht, sich von seiner Vergangenheit zu lösen. Er hinterließ in den folgenden zwei Jahrzehnten nur wenige urkundliche Belege darüber, wie und wo er lebte. Diese sind zudem noch über halb Europa verstreut. Er hielt sich in Spielsalons in Paris auf, lebte für einige Zeit in Amsterdam und stattete verschiedenen italienischen Städten einen Besuch ab. Gleichgültig wo Law hinging, sein Leben folgte im Prinzip immer dem gleichen Muster: Es war von Glücksspiel und riskanten Liebschaften geprägt. Die Ziele seiner Reisen waren kühl kalkuliert, „er fand dort genügend Dumme, denen er das Geld abnehmen konnte."[24]

Zugleich gibt es aber auch Anzeichen dafür, dass John Law die Verlockungen der Spieltische nicht mehr vollkommen vereinnahmten. Zunehmend entwikkelte er eine Begeisterung für die Wirtschaftslehre. So war er fasziniert von Amsterdam, weil die Stadt das wichtigste Geschäfts- und Handelszentrum Europas war. In seiner Freizeit studierte Law, wie es der Bank von Amsterdam inmitten einer Zeit des monetären Durcheinanders gelungen war, den Niederlanden eine ökonomische Stabilität zu bescheren. Die Niederlande schaffte es, zur führenden Handelsmacht in der Welt aufzusteigen, deren Handel und Gewerbe aufblühte. Dabei waren die Leitprinzipien der 1609 gegründeten Bank recht einfach. Ähnlich wie in England stellten auch auf dem europäischen Festland Münzen, die verfälscht worden waren, ein Problem dar. Ein weiteres Problem war, dass eine Vielzahl verschiedener Münzen in Umlauf war. Man schätzt, dass mehr als achthundert verschiedene Gold- und Silbermünzen von unterschiedlichem Nennwert kursierten. Zwar konnte man in jeder Stadt Europas Geld in die jeweilige Währung wechseln, die Bank von Amsterdam ging jedoch noch einen Schritt weiter: Sie nahm Einlagen in lokaler wie auch auswärtiger Währung an. John Law befragte dazu

[24] Gray, The Memiors, Life and Character of the Great Mr. Law, London 1721 S. 11

einen Banker nach dem eigentlichen Wert einer Münze und dieser antwortete, es handele sich dabei um den Wert des Metalls, das in der Münze stecke. Die eingereichten Münzen würden gewogen und auf ihre Reinheit überprüft (es zählte nur noch der Feingehalt der Münzen). Nur dafür würden dann Kreditscheine (im Volksmund auch Bankgeld genannt) ausgegeben. Der Nennwert der Kreditscheine entsprach somit nicht dem Nennwert der eingelagerten Münzen, sondern dem Wert des Metalls der deponierten Münzen. Ferner übernahm die Bank eine Garantie für die Kreditscheine und war ihrerseits rückversichert durch den Staat. Da der Wert der Kreditscheine auf diese Weise verbürgt war, zogen die Menschen sie den herkömmlichen Münzen vor. Es war üblich, dass die Kreditscheine den Besitzer für mehr als ihren nominellen Wert wechselten. John Law erkannte die Vorteile der Kreditscheine und sagte dazu:

> „Von der Annehmlichkeit leichterer und schnellerer Zahlungen abgesehen ..., vermeidet die Bank die Ausgaben für Kassier, die Ausgaben für Säcke und Fuhrwerke sowie Verluste durch wertloses Geld, und das Geld ist sicherer verwahrt als in den Häusern der Kaufleute, da es weniger durch Feuer oder Diebstahl gefährdet ist.“[25]

Ein Jahrhundert lang wickelte die Bank von Amsterdam ihre Geschäfte korrekt und erfolgreich ab; Einlagen waren Einlagen. So nahm die Bank zunächst das Edelmetall für den Eigentümer in Verwahrung, bis dieser anderweitig darüber verfügen wollte. Kein Geld wurde ausgeliehen. Als sich im Jahr 1672 die Armeen Ludwigs XIV. Amsterdam näherten, brach Panik bei den Menschen aus. Sie belagerten die Bank, weil sie fürchteten, ihr Vermögen sei gefährdet. Alle wollten ihr Bankgeld in klingende Münzen umtauschen. Alle, die ihr Geld zurückhaben wollten, wurden von der Bank von Amsterdam ausgezahlt. Als dies bekannt wurde, ließ der Ansturm nach. Es ließ sich eine interessante Beobachtung machen: Wenn die Menschen ihr ganzes Geld von einer Bank abheben wollen und merken, dass sie es jederzeit haben können, passiert das Paradoxe, dass sie es sich gar nicht mehr auszahlen lassen wollen. Sie haben Vertrauen.

Eine Frage beschäftigte John Law besonders: Warum funktionierte die Einführung von Papiergeld in Amsterdam, aber anderswo nicht? Eine Konstante in der Geschichte des Geldes sollte ihm dann am Beispiel Schwedens auffallen: Jedes Heilmittel trägt die Wurzel zu seinem Missbrauch bereits in sich.

So gewährte Schweden 1656 Johan Palmstruch das königliche Privileg, eine Privatbank zu eröffnen – unter der Bedingung, dass die Hälfte des Gewinns an die Krone abgeführt würde. Zu dieser Zeit verfügte Schweden über große

---

[25] Gleeson, J.: Der Mann, der das Geld erfand. Goldman Verlag München 2001, S. 67

Kupfervorkommen, sodass die Währung aus massiven Kupferplatten bestand, deren Wert sich an Silbermünzen orientierte. Da Kupfer aber wesentlich günstiger war als Silber oder Gold, wogen die Kupferplatten nicht selten mehr als fünfzehn Kilogramm. Deswegen trugen die Menschen die Kupferplatten auf dem Rücken oder brauchten gar ein Pferdefuhrwerk, wenn sie größere Summen bezahlen mussten. 1661 schaffte Palmstruch mit seiner Stockholm Banco diese Unannehmlichkeit ab, indem er Papiergeld mit der Bezeichnung „Credityf-Zedel" druckte. Palmstruch versprach, dass jeder Einreicher des Scheins einen Anspruch auf die Auszahlung des angegebenen Nennwerts in Münzgeld hatte. Dieser Anspruch wurde mit auf dem Schein befindlichen Unterschriften und einem Siegel beglaubigt.[26]

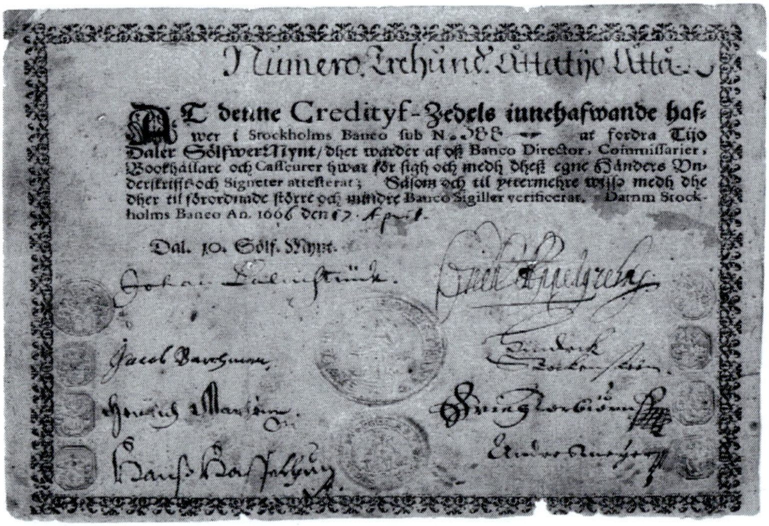

Abbildung 3: Credityf-Zedel. Mit dem Text: Der Inhaber dieses Kreditzettels von der Stockholms Banco unter der Nummer 388 erhält 10 Taler in Silbermünzen, was von uns, dem Bankdirektor, dem Kommissar, Buchhalter und Kassier mit eigenhändiger Unterschrift und Siegel bestätigt wird. (Quelle: Wikimedia Commons. Gemeinfrei)

Die Idee von Palmstruch war, dass dieses Papiergeld, ähnlich wie die Kupferplatten, von Hand zu Hand wanderten. Sie sollten zirkulieren wie das rare

[26] Diese Banknoten waren demnach rein private Schuldversprechen, in denen sich die Stockholm Banco verpflichtete, ihre Noten in Gold oder Silber einzulösen.

Münzgeld in Schweden. Um dies zu ermöglichen, lauteten die „Credityf-Zedel" anfangs auf vier verschiedene Währungseinheiten – Dukaten, Riksdaler Specie, Daler Silbermünze und Daler Kupfermünze – mit über 24 verschiedenen Nennwerten. Die Nennwerte begannen bei 100 und steigerten sich dann in Fünfzigerschritten bis zum höchsten Wert von 1000. Da dieses System in der Praxis sehr aufwendig war, wurde diese Vielfalt wenige Jahre später durch eine einzige Währungseinheit mit vier Nennwerten ersetzt. Die Schweden erkannten schnell, dass Papiergeld bequemer zu transportieren war. Auch das Bezahlen wurde einfacher, weil man bei größeren Anschaffungen nicht mehr mit Pferdefuhrwerken Kupferplatten zum Händler bringen musste. Deswegen nutzten die Leute begeistert dieses neue Papiergeld. Die Bank florierte.

Der wesentliche Unterschied zum Münzgeld war die Möglichkeit der Vermehrung des Papiergeldes. So hing die Vermehrung beim Münzgeld von der vorhandenen Metallmenge im jeweiligen Land ab, wohingegen sich das Papiergeld ohne große Schwierigkeiten und Kosten in beliebiger Menge herstellen ließ. Dieser Vorteil barg jedoch ein eigenes Risiko. Palmstruch überschritt bei der Vergabe von Krediten und der damit verbundenen Notenausgabe das vertretbare Maß, sodass schließlich zu wenig Barmittel für die Einlösung der Kreditscheine zur Verfügung standen. Dies war ein großes Problem, schließlich beruhte der Wert der Banknoten ja darauf, dass sie jederzeit einlösbar waren. Ließ sich dieser Anspruch nicht mehr realisieren, war das Papier in dem Moment wertlos, in dem die Schweden das Vertrauen in das Papiergeld verloren. Die Bank musste 1668 in die Hände des Staates überführt und die Notenausgabe eingestellt werden. Palmstruch wurde inhaftiert.

Law wurde bewusst, dass die Einführung von Papiergeld kein Selbstläufer war. Was haben also die Amsterdamer Bankleute anders gemacht, dass ihr Papiergeld schon so lange existierte? Der Hauptgrund war, dass jedermann der Bank von Amsterdam vertraute.

> „Fremde deponieren hier den Teil ihres Geldes, den sie herschaffen konnten, und von dem sie nicht wissen, wie sie ihn daheim sicher verwahren können."[27]

Investoren aus allen Ländern Europas nahmen die Dienste der Bank von Amsterdam in Anspruch. Dabei wurden ihre Einlagen mit einem geringeren Zinssatz verzinst, als die Amsterdamer Bankleute gleichzeitig an Zinsen für die Kredite nahmen. Zudem vergaben sie Kredite nur dann, wenn die Kredit-

[27] Gleeson, J.: Der Mann, der das Geld erfand. Goldman Verlag München 2001, S. 79

nehmer zuvor entsprechende Sicherheiten in Gold und Silber bei ihnen deponiert hatten. In der Regel verlangten sie je nach Risiko, das dem Kredit innewohnte, zwischen 10 und 50% der Kreditsumme als Sicherheit. Hierdurch konnte bei Ausfall der Schaden für die Bank deutlich reduziert werden. Außerdem wurden die Kredite nicht in Münzen ausgezahlt, sondern in Form von Kreditscheinen, mit denen dann die Kreditnehmer ihre Rechnungen bei anderen Händlern bezahlten, da die Kreditscheine allgemein akzeptiert wurden. Zudem achteten die Amsterdamer Bankleute mit Argusaugen darauf, dass nicht zu viele Kredite gewährt wurden. Dadurch wurde der Umlauf von Banknoten, die nicht durch Gold- oder Silbermünzen gedeckt waren, beschränkt. Man schätzt, dass die Bank von Amsterdam eine Reserve von 30 bis 40% an Münzen vorrätig hatte, um auf verlangen die Kreditscheine in Münzgeld umtauschen zu können. Im Durchschnitt wurden, wegen des Vertrauens in die Bank von Amsterdam, aber nur 5 bis 10% der ausgegebenen Kreditscheine in Münzen umgetauscht. Letztlich hatte das Vertrauen in die Bank bewirkt, dass die ganze Nation aufblühte. So konnte der Bau ganzer Handelsflotten finanziert werden und der Handel erlebte eine große Blüte.[28]

---

[28] Zu Beginn des 19. Jahrhunderts trat eine Wende ein. Es hatte stets eine gute Zusammenarbeit zwischen dem Bürgermeister und den Senatoren von Amsterdam gegeben Diesen gehörte nicht nur die Bank, auch waren viele als Direktoren der Holländisch-Ostindischen Kompanie tätig. Sie erkannten, dass die Bank Darlehen der Kompanie aus den ungenutzten Einlagen (Münzen der Kunden, die dafür Kreditscheine bzw. Bankgeld oder eine Gutschrift auf ihre Konten bei der Bank erhielten) vergeben konnte. Die Zinsen aus einem solchen Darlehen konnten der Bank zugutekommen. Dem Ersteinleger (bzw. Kunden) konnte man sagen, dass seine Einlage eventuell für eine solche Verwendung zugeführt würde, dafür würde er aber eine Vergütung bekommen. Die ursprüngliche Einlage des Darlehens blieb dabei dem Ersteinleger als Gutschrift erhalten und er konnte jederzeit darüber verfügen. Durch das Darlehen ergab sich jetzt eine neue Einlage bei der Bank, weil die Darlehenssumme auf dem Konto der Bank gebucht und nicht in Münzen ausgezahlt wurde. Die beiden Einlagen konnten zur Verwendung von Zahlungen – als Geld – herangezogen werden. Dies geschah einerseits, indem sie von einen Konto zu einem anderen gebucht wurden, um Rechnungen zu bezahlen. Andererseits, indem sich der Darlehensnehmer oder der Ersteinleger Kreditscheine über ihr Guthaben bei der Bank ausstellen ließen und diese als Geld nutzten. Das heißt, durch den Kredit wurde neues Geld geschaffen, welches genauso genutzt werden konnte wie das „alte Geld". Dieses Wunder der Geldschöpfung hing an einem seidenen Faden. Es kam darauf an, dass die Einleger nur in kleiner Anzahl erschienen, um sich ihr Guthaben in Münzen auszahlen zu lassen. Wenn alle zur selben Zeit kamen, konnte die Bank nicht mehr zahlen. Sobald sich dies herumspräche, erschienen alle, um sich auszahlen zu lassen. In diesem Fall haben Einlagen (bzw. Kreditscheine), die vorher als Geld gedient hatten, keinen Geldwert. Die Einlagen der ersten fordernden Anleger werden eventuell noch eingelöst, für alle späteren bleibt dann nichts mehr übrig. Das Wunder der Geldschöpfung weicht so einer großen Verzweiflung, weil das Geld nicht mehr existiert.
Im 17. Jahrhundert war die Holländisch-Ostindischen Kompanie ein außerordentlich solides Unternehmen, obwohl es häufig kurzfristige Kredite zur Ausrüstung ihrer Schiffe benötigte. Solche Darlehen stellte die Bank von Amsterdam aus den Einlagen ihrer Kunden zur Verfügung. Im 18. Jahrhundert gingen die Umsätze und Gewinne der Kompanie zurück. Zudem führte im Jahr 1780 der Krieg mit England zu schweren Verlusten an Schiffen und Fracht. Die Kompanie konnte ihre Kredite nicht mehr vollständig zurückzahlen. Deswegen geriet die

John Law studierte in Amsterdam das Börsenwesen. Dort gab es eine offizielle Börse für den Handel mit Aktien der Dutch East India oder der West India Company. Sie war ebenso wie die heutigen Börsen unterteilt in verschiedene Sektionen (Säle). Es ist sehr wahrscheinlich, dass Law im Zuge seines Studiums das Buch *Confusion de confusiones* von Joseph de la Vegas über die Schilderung des Börsenalltags aus dem Jahr 1688 gelesen hat. Dort wird der Börsenhandel so beschrieben:

> „Dieses rätselhafte Geschäft ist zugleich das fairste und betrügerischste von ganz Europa ... nämlich sowohl die Quintessenz der akademischen Gelehrsamkeit als auch der Inbegriff der Gaunerei."[29]

Auch die heute noch üblichen Ausdrücke wie Bulle und Bär waren schon Joseph de la Vegas bekannt.

> „Die nervösen Bären werden gänzlich von Furcht und Zittern beherrscht. Sie machen aus jeder Mücke einen Elefanten, blähen Wirtshausschlägereien zu Rebellionen auf, und schemenhafte Schatten erscheinen ihnen als Vorboten des Chaos."[30]

Joseph de la Vegas erkannte also, dass eine leichte Unsicherheit durch Gerüchte die Kurse in die eine oder andere Richtung treiben konnte. Markterwartungen bilden den Schlüssel zur Bestimmung der Kursbewegungen.

> „Die Erwartung eines bestimmten Ereignisses macht auf die Börse einen viel tieferen Eindruck als das Ereignis selbst. Werden hohe Dividenden oder satte Importe erwartet, so steigen die Kurse der Aktien; wird jedoch aus der Erwartung eine Realität, so fallen sie dagegen oft. Denn die Freude über die günstige Entwicklung und der Jubel über einen glücklichen Zufall haben sich inzwischen wieder gelegt."[31]

1697 legte sich mit dem Vertrag von Rijswijk vorübergehend Frieden über Europa. Er zog einen Schlussstrich unter den Pfälzer Erbfolgekrieg, der zwi-

---

Bank in Schwierigkeiten. Zudem verlangte die Stadt Amsterdam neue Darlehen. Wenn jetzt alle Gläubiger zugleich ihre Einlagen zurückgefordert hätten, hätte die Bank nicht alle Wünsche erfüllen können, denn ein Teil der Geldmittel war an die Kompanie oder die Stadt Amsterdam verliehen und konnte nicht rechtzeitig oder überhaupt nicht mehr eingetrieben werden. Früher akzeptierten die Kaufleute zur Begleichung von Warenrechnungen das Bankengeld. Jetzt taten sie das nur noch, wenn ihnen ein Diskont eingeräumt würde. Um die Situation wieder in den Griff zu bekommen, begrenzte die Bank von Amsterdam die Menge von Münzgeld, das abgehoben oder an eine andere Bank überwiesen werden durfte. Doch diese Maßnahme konnte die Bank von Amsterdam nicht mehr retten, sie musste im Jahr 1819 endgültig ihre Pforten schließen, weil die Kunden kein Vertrauen mehr zu ihr hatten.

[29] Joseph de la Vega, Confusion de confusiones (Amsterdam 1688, teilw. Nachdruck Cambridge, Mass., 1957), S. 3

[30] Joseph de la Vega, Confusion de confusiones (Amsterdam 1688, teilw. Nachdruck Cambridge, Mass., 1957), S. 12

[31] Joseph de la Vega, Confusion de confusiones (Amsterdam 1688, teilw. Nachdruck Cambridge, Mass., 1957), S. 13

schen Frankreich, Österreich, Holland, England, Spanien, Schweden und Savoyen ausgetragen wurde. Damit wurden Reisen nach Frankreich leichter, vermutlich stattete John Law um diese Zeit Paris seinen ersten Besuch ab. Paris muss Law fasziniert haben. Die Hauptstadt Frankreichs stieg in den zurückliegenden vierzig Herrschaftsjahren von Louis XIV. zu einer der schönsten und prächtigsten Städte Europas auf. Nachdem John Law sich in Paris niedergelassen und eingewöhnt hatte, zog es ihn zum Hof des einstigen englischen Königs James II. Dieser war aus England exiliert. Er lebte in recht eingeschränkten Verhältnissen in St.-Germain-en-Laye, einem Schloss außerhalb von Paris. Von den Jakobiten wurden unzählige Geheimpläne ausgeheckt, mit denen sie zurück auf den englischen Thron kommen wollten. Es ist nicht bekannt, ob John Law für diese Pläne Sympathie hegte. Wahrscheinlicher ist es, dass er dort andere Schotten treffen und Zugang zu der französischen Gesellschaft finden wollte. Die leichteste Möglichkeit, Angehörige der obersten Gesellschaftsschicht zu treffen, war beim Glücksspiel. So ist es nicht verwunderlich, dass Law einen Großteil seiner Zeit in den mondänen Salons verbrachte, wo er mit der Crème de la Crème zusammenkam. Dort erwarb er sich mit seinem Charme und seinen untadeligen Manieren ihr Vertrauen, bevor er ihnen beim Pharao oder Basset ihr Geld abnahm. Da bei diesen beiden Spielen die größten Gewinnchancen ganz eindeutig auf Seiten des Bankhalters lagen, soll Law sogar die Gastgeber der Salons bezahlt haben, damit sie ihm das Privileg des Bankhalters einräumten. So hatte bei dem von Law favorisierten Basset der Bankhalter die erste und letzte Karte zur freien Verfügung und weitere erhebliche Vorrechte beim Austeilen auf seiner Seite, sodass er zweifellos bessere Chancen auf Gewinne hatte als seine Mitspieler. Ebenso gut standen die Chancen für den Bankhalter bei dem Kartenspiel Pharao, das Law ebenfalls bevorzugte. Der Bankhalter war beim Pharao oder Basset ebenso wenig ein Glückspieler wie ein modernes Wettunternehmen. Unter der Voraussetzung, dass er über genügend Kapital verfügte und die zu seinen Gunsten stehenden Chancen nutzte, konnte er eigentlich nur als Gewinner den Spieltisch verlassen. Man kann sogar sagen, der Bankhalter spielt nicht, sondern fungiert als eine Art Buchhalter. So sagte ein Beobachter des Spiels von John Law, dass dieser

„mit zwei Säcken voller Gold im Wert von 100.000 Livre[32] (etwa 6.000 Pfund) bei den Kartentischen von Poisson in der Rue Dauphine oder im Hotel de Cevres in der Rue des Poulies ankam. Um die Handhabung hoher Einsätze zu erleichtern, ließ er sogar eigene Goldspielmarken im Wert von je 18 Louis d'or prägen."[33]

Vielleicht geschah es nach einem Abend am Spieltisch, dass er Madame Katherine Seigneur, geborene Knowles, vorgestellt wurde, einer Exilantin und Außenseiterin am Hof St.-Germain-en-Laye. Sie war unglücklich verheiratet[34] und ihr Bruder war der Earl of Banbury. Ihre Art faszinierte John Law. Er war es gewöhnt, Frauenherzen mit Leichtigkeit zu erobern; Katherines hochmütige Art empfand er als Herausforderung. So beschloss er, sich ihr voller Entschlossenheit zu nähern. Da sie unglücklich war, muss sie nach einiger Zeit auf seine Avancen angesprochen haben. Sie sollte Laws ständige Begleiterin und Lebensgefährtin werden.[35]

Wie gewohnt auf seinen Reisen durch Europa hatten seine meisterhaften Fähigkeiten beim Würfel- und Kartenspiel unglückliche, aber keineswegs unerwartete Konsequenzen. Laws Triumphe brachten ihm nicht nur Gewinne, sondern auch Feinde ein. Hinter vorgehaltener Hand wurde über seine Gerissenheit beim Spiel getuschelt und es dauerte nicht lange, bis die Behörden auf ihn aufmerksam wurden. Es wurde für Law Zeit, weiterzuziehen. Sein Ziel war Italien, dort sollte er sich ein Vermögen erspielen.

Auf seinen Reisen beschäftige sich Law nicht nur mit dem Glücksspiel, sondern auch mit Fragen des Finanzwesens. Die großen italischen Geldhäuser wurden bereits im Mittelalter gegründet, um Kreuzzüge, Kriege und den Handel zu finanzieren. So operierten die venezianischen Staatsbanken – die Banco di Rialto und die Banco del Giro – im Wesentlichen so, wie die Bank von Amsterdam: Die Banken nahmen Einlagen in Münzen (auch verfälschte oder minderwertige) an und gaben dafür Bankgeld aus. Diese Scheine wurden vom Staat Venedig garantiert, d.h. die Rückeinlösung in Münzen war staatlich versichert. Neben dem Papiergeld boten diese Banken aber auch sogenanntes Buchgeld an. Geld also, das nur in Büchern der Banken zirkulierte. Dazu eröffneten die Kaufleute bei den Banken Konten, über die sie dann mittels Scheck oder Überweisung verfügen konnten. Waren wurden

---

[32] Der Livre war in Frankreich eine Rechnungseinheit, in der Löhne, Verträge usw. abgerechnet wurden (s. S. 62). Tatsächlich bezahlt wurde in Frankeich aber hauptsächlich mit den goldenen Louisdor oder mit dem Silbereuc. Dabei entsprach der Livre einem Wert von 20 Sou (s. S. 68).

[33] Murphy, A.E: John Law Ökonom und Visionär, Verlag Wirtschaft und Finanzen, Düsseldorf 2002, S. 54

[34] Über den Ehemann Mr. Seigneur ist nichts weiter bekannt. Auch ist ungewiss, wie er darauf reagierte, dass seine Ehefrau ein Verhältnis mit John Law einging und ihn später verließ.

[35] Das Paar hatte zwei Kinder: William, vermutlich 1705 in Den Haag geboren, und zum anderen Mary Catherine, geboren im April 1710 in Genua. Geheiratet haben sie niemals.

bezahlt, indem Geld von einen zum andern Konto floss. Ebenso lernte John Law in Venedig den Handel mit fremden Währungen kennen. So wird berichtet:

> „John Law ging immer zum Rialto zur Geldwechselzeit ... und er beobachtete, zu welchen Raten Geld der ganzen Welt getauscht wurde, wie Wechsel an der Bank diskontiert wurden und stellte fest, wie überaus nützlich papierene Kreditscheine waren, wie gern die Leute ihr Münzgeld für Scheine hergaben und wie den Besitzern aus diesen Scheinen Profite erwuchsen."[36]

Zusätzlich schaute sich Law in Genua bei der Banco della Piazza del Rialto um. Diese Bank war etwas Besonderes. Sie war nicht einfach eine Bank, bei der Gläubiger Münzen deponierten und dafür eine Gutschrift auf Papier bekamen, sondern sie verwaltete die gesamten Einnahmen der Republik. Weiterhin besaß sie Kolonien und Ländereien, unterhielt Armeen und Flotten. Diese Bank war ein sehr mächtiges Handelsunternehmen. Sie diente John Law vermutlich als Vorbild für die Mississippi Company (wie wir später sehen werden).

Sein Streifzeug durch Italien hatte ihm zahlreiche Türen geöffnet. So konnte er zu seinen Freunden den Duc de Vendome und den Duca di Savoia zählen. Dennoch war er unzufrieden – trotz eines Vermögens von 20.000 Pfund. Nach zehn Jahren nationalökonomischer Forschungen[37] hatte Law ein beeindruckendes Wissen angehäuft. Er wollte dieses Wissen einsetzen, denn er erkannte, dass seine Fertigkeiten auf ökonomische Zusammenhänge angewendet auch sein Vermögen mehren konnten.[38] Seine Reisen führten ihm vor Augen, welche Macht und Dynamik hinter dem Börsen- und Bankiersgewerbe steckten.[39] Man musste nur das Parlament oder den Monarchen mit

---

[36] Gleeson, J.: Der Mann, der das Geld erfand. Goldman Verlag München 2001, S. 84

[37] Letztlich sind die Finanzmärkte, genauso wie das Pharao-Spiel, ein Spiel mit unvollständigen Informationen. Man hat einzelne Fakten, die man analysieren muss und daraus bildet man sich einen Wahrscheinlichkeitswert dafür, welches Ereignis eintreffen wird. Der grundsätzliche Unterschied zwischen dem Spieltisch und den Finanzmärkten ist der, dass man am Spieltisch viel weniger Informationen benötigt, um zu einem Ergebnis zu kommen. Kann man trotzdem einem Spieler Staatsfinanzen anvertrauen? Ja! Für den Außenstehenden hat das Spielen, etwas mit Zocken zu tun. Aber wenn man ein Spiel über Jahre erfolgreich betreibt, wie John Law, ist die Analyse die Grundvoraussetzung für den Erfolg. Wer gut analysiert, kann sich eine Meinung bilden, kann auch gut Staatsfinanzen verwalten und damit auch Verantwortung für andere übernehmen.

[38] Wie lohnend solche Übergangsphasen sind, zeigte sich z.B. beim Zusammenbruch der Sowjetunion. Dort konnten Menschen, die Ihre Chancen konsequent nutzten, Milliardäre werden.

[39] Law sah, dass sich gerade in England und Schottland eine finanzielle Revolution vollzog. Durch die Entstehung der Bank of England 1694 wurde immer häufiger über die Gründung anderer Banken diskutiert. Gleichzeitig entstand eine neue Schicht von Kaufleuten und Finanziers, die satte Gewinne mit der Gründung von Banken einfuhren und langsam den Landadel in ihrer Bedeutung verdrängten.

neuen Ideen erreichen, wie dies z.B. Paterson und seine Direktorenkollegen mit der Gründung der Bank of England (s. S. 19 ff.) geschafft hatten. So war es nicht verwunderlich, dass viele der klugen Köpfe der damaligen Zeit wie z.B. Nicholas Asgill, John Briscoe und Hugh Chamberlen immer neue Modelle für Banken ausarbeiteten. Es gab also Gelegenheiten zuhauf für einen klugen Mann, seine Ideen zu formulieren und sie den Regierungen vorzustellen. Und Law wollte einer von ihnen sein.

Hierzu wollte John Law nach Schottland zurückkehren und von dort aus seine Pläne vorstellen. In Schottland hatte er besonders viele einflussreiche Freunde, die ihm helfen konnten, seine Pläne durchzusetzen. Zunächst machte sich Law Sorgen, dass der gegen ihn noch immer gültige Haftbefehl wegen Mordes vollstreckt werden könnte. Ein schottischer Freund erklärte ihm, dass Schottland zwar von demselben Monarchen regiert würde, aber eine eigene Regierung hatte. Deswegen könne Law nicht wegen eines Verbrechens, das er in London begangen hatte, verhaftet werden. Darüber hinaus gelang es Freunden Laws, dass die Familie Wilson den Einspruch wegen Mordes annullierte. So trat er 1704 die lange Heimreise nach Schottland an. Er wohnte vermutlich in dem Anwesen seiner Mutter in Edinburgh. Das häusliche Ambiente ermöglichte es Law, sich neuen Projekten zu widmen. Er entschied sich, seine Kenntnisse zunächst der englischen Krone auf traditionelle Art und Weise vorzutragen. Dazu unterbreitete er einen schriftlichen Vorschlag.

2.2. John Law, der Ökonom

Um Gehör am englischen Königshof zu finden, musste John Law eine Abhandlung einreichen. Dies geschah 1704 mit der Abhandlung *Essay on a Land Bank* zur Gründung einer Bodenbank. Eine wesentliche Erkenntnis Laws war, dass die Wirtschaft von den Fesseln der Gold- und Silberdeckung befreit werden müsse. Die Geldmenge (vorhandene Münzen) würde durch die vorhandene Menge an Gold oder Silber (damaliges gängiges Münzmetall) in einem Land beschränkt, dies sei letztlich für die Wirtschaft schädlich. In der englischen Wirtschaft war es üblich, dass die Kunden und Kaufleute mit Silbermünzen oder Goldstücken bezahlten. Law stellte eine wichtige Frage: Was passiert, wenn dem Staat das Edelmetall ausgeht (weil z.B. kostspielige Kriege geführt werden), um neue Münzen zu prägen? In diesem Fall fehlte den Kaufleuten der Rohstoff für ihre Geschäfte und das Geld glich bald Diamanten: Es gäbe zu wenig davon, sodass sein Wert immer weiter stiege. In der Folge behielten die Leute ihre Goldstücke, anstatt sie auszugeben, weil sie glaubten, schon am nächsten Tag seien sie noch mehr wert. Folglich machten die Händler und Handwerker immer weniger Geschäfte, einige von ihnen gingen sogar bankrott, weil es an Geld fehlen würde. Law forderte daher, die Geldmenge der wirtschaftlichen Lage anzupassen. Sie sollte ein Äquivalent aller produzierten Güter sein. Um die Geldmenge flexibel anpassen zu können, schlug Law vor:

> „Man könnte auf freiwilliger Basis ein Bodengeld einführen, das den Erfordernissen des Zahlungsverkehrs besser genügte als Münzgeld und uns eine tauglichere Währung an die Hand gäbe."[40]

John Law schlug also vor, eine Bank zu gründen, die Papiergeld entsprechend dem Wert des Grund und Bodens, den jemand besaß, ausgegeben solle.[41] Er führte dazu aus, dass Land eine stabilere Basis für einen Kredit darstelle als Silber. Schließlich habe die Geschichte gezeigt, dass der Silberpreis starken Schwankungen unterliege. Dabei sei die Verteuerung des Silbers bzw. die Verschlechterung des Silbergelds Ausdruck des größeren Bedarfs an Silbermünzen bei gleichbleibender oder gar abnehmender Menge an Silber. Die Verteuerung des Silbers wurde in der Geschichte nur gebremst, wenn neue Silbervorkommen ausgebeutet werden konnten (Silber der Fugger, Silber der neuen Welt). Gleiches gelte für Gold.[42] Die Geschichte hat gezeigt, dass es häufig zu einer gewollten Münzverschlechterung kam. Sie diente im Wesentlichen zwei Zielen: Erstens brachte sie neues Geld in die Kassen des Herrschers. Zweitens wurden über die durch die Münzverschlechterung ausgelöste Inflation die Schulden des Herrschers entwertet und so die Zinszahlung deutlich erleichtert. Jedoch führte die Münzverschlechterung zu einem Problem: Niemand akzeptierte, dass die Münzen, die nach „altem Schrot und Korn" geprägt worden waren, genauso viel Wert sein sollten, wie das schlechtere, neue Geld mit geringerem Metallgehalt. Ver-

40 Murphy, A.E: John Law Ökonom und Visionär, Verlag Wirtschaft und Finanzen, Düsseldorf 2002, S. 75 ff.

41 Man muss sich das so vorstellen: Man besitzt ein Grundstück mit einem bestimmten Wert. Für diesen Wert erhält man von der Bodenbank ein Dokument, welches den Wert bestätigt. Dieses Dokument ist gleichzusetzen mit Geld aus Papier, mit welchem man Waren und Dienstleistungen beziehen kann. Die Bodenbank ist dann vorübergehend der Besitzer des Grundstückes. Somit hat das Papiergeld einen reellen Gegenwert. Das Münzgeld ist so viel wert, wie das Metall, das in ihr steckt, und das Papiergeld wäre so viel wert, wie das Grundstück, dass dafür hinterlegt wurde. Hierdurch verwandelt sich der gesamte Boden Englands in liquides Bargeld und die vorhandene Geldmenge wird deutlich erhöht.

42 Zum Beispiel stiegen in Andalusien die Preise zwischen 1500 und 1600 auf etwa das Fünffache an. Dies wurde durch den gewaltigen Zustrom von Edelmetallen durch die Entdeckung und Eroberung Amerikas ausgelöst, weil ein Überangebot an hartem Geld (Münzgeld) erzeugt wurde. Das führte zu einer wichtigen Erkenntnis bezüglich des Verhältnisses von Geld und Preisen: die Quantitätstheorie. Sie besagt, dass die Preise in direkter Abhängigkeit von der verbreiteten Geldmenge stehen.

suchte der Herrscher das nun per Gesetz durchsetzen, verließ das Geld einfach den Geltungsbereich dieses Gesetzes. So ging das bessere Geld als Münze – zur Not auch in eingeschmolzener Form – ins Ausland. Deswegen kann sich trotz Neuprägung die Geldmenge verringern, was Handel und Gewerbe behindert. Law zeigte auf, dass ein Land, das seine Währung verschlechtert hatte, seine Waren günstiger im Ausland verkaufen konnte. Dies führe zu Überschüssen in der Leistungsbilanz und habe Zuflüsse an Geld bzw. Silber aus dem Ausland zur Folge, welche die Währung wieder stärken. Dagegen müsse das Land, aus dem das Geld fließt, nun seinerseits mit einer Geldverschlechterung reagieren, um den Geldfluss zu beenden. Viele Experten vertreten heute die Ansicht, dass dies ein Grund der europaweiten Geldverschlechterung im 17. Jahrhundert war.

Der Wert des Bodens ist wesentlich beständiger. Diese Erkenntnis war allerdings nicht neu, seit Mitte des siebzehnten Jahrhunderts hatten zahlreiche Autoren ähnliche Theorien aufgestellt. Der allgemeine Tenor war, dass Land die beste Grundlage für Banken sei. Dem entgegneten die Anhänger der Edelmetallwährung, Land ließe sich nicht auf einen Standard bringen. So kostet ein Hektar Land je nach Bodenqualität, Lage usw. unterschiedlich viel. Eine Unze Silber mit einem bestimmten Feinheitsgrad hingegen bleibt immer gleichwertig. Um dieses Argument zu entkräften, schlug Law vor, das Parlament müsse eine Grundeinheit des Landes festlegen, an der man den Wert des gesamten übrigen Bodens messen könne. Würde nun das Parlament diese Grundeinheit mit x Pfund bewerten, so ließen sich andere Parzellen darauf beziehen und entsprechend bewerten. Somit wäre es möglich, Banknoten gestützt auf Land unterschiedlicher Güte auszugeben, wobei jedoch jede ausgebebene Note einem gegebenen Bodenwert entspräche. Durch diese Vereinheitlichung ließe sich zwar nicht das Land selbst, jedoch das Bodengeld (die auf Boden ausgegebenen Noten) auf einen Standard bringen. Natürlich war John Law klar, dass Boden wegen seiner Unbeweglichkeit nicht direkt als Geld genutzt werden konnte. Deshalb schlug er für die Mobilisation des Bodens als Geld Hypothekenscheine vor. Gestützt auf diese Scheine könnten dann Banknoten ausgegeben werden. Goethe beschreibt dieses Vorgehen wie folgt:

> „Zu wissen es jedem, der's begehrt: Dies Stück Papier ist tausend Kronen wert. Ihm liegt gesichert als gewisses Pfand, Unzahl vergraben Guts im Kaiserland … Ein solch Papier, an Gold und Perlen Statt, Ist so bequem, man weiß doch, was man hat."[43]

---

[43] Johann Wolfgang von Goethe, Faust, der Tragödie zweiter Teil.

Law wollte also nicht den eigentlichen Wert eines Landes als Pfand für das Bodengeld verwenden, sondern die zukünftigen Erträge daraus, also z.B. die Pacht des Landes. Zudem sollte die Bodenbank das alleinige Monopol erhalten, Noten auf der Basis von Land auszugeben.

> „Es wird vorgeschlagen, dass die Gesellschaft Banknoten im Wert des ihr verkauften oder übertragenen Landes ausgibt, sodass Grundstücke als Pfandwert und die durch das Grundeigentum gedeckten Noten als Geld dienen."[44]

Die Bodenbank sollte eine Aktiengesellschaft sein. Ihr Kapital sollte insgesamt eine Million Pfund betragen, das in tausend Anteile (Aktien) mit einem Nennwert von je 1.000 Pfund eingeteilt ist. Jeder Aktionär müsste Hypotheken im Wert von 1.000 Pfund je Aktie stellen und keiner dürfte mehr als zehn Stück erwerben. Alternativ könnte die Bank auch Eigentum des Staates sein. Zudem sollten die Überschüsse dazu dienen, die Grundsteuern oder andere Abgaben zu senken. Dadurch, dass die Emission der Noten genau dem Wert des Bodens entspräche, hoffte Law, dass sie wegen der vollen Deckung eine höhere Wertbeständigkeit als Silber erreichen würden. Hierdurch sollten die Menschen dazu ermuntert werden, diese Noten anstelle von Münzgeld zu verwenden. So würde nach und nach das Münzgeld durch das Bodengeld verdrängt.

Trotz der soliden Ausarbeitung seines Plans zur Bildung einer Bodenbank gingen die englischen Behörden nicht darauf ein. In England sah man John Law als einen überführten Schwerverbrecher und notorischen Spieler an. Einem solchen Menschen wollte man nicht den Staatssäckel anvertrauen. Darum wurde der Antrag nach flüchtiger Erörterung abgelehnt. Doch von diesem herben Rückschlag ließ sich John Law nicht entmutigen. Er zweifelte nicht daran, dass sein Plan zur Gründung einer Bodenbank funktionieren könne. Er machte einen weiteren Versuch in Schottland. Hier rechnete er sich größere Chancen aus, weil er einflussreiche schottische Freunde wie den Duke of Argyll hatte. Zudem brauchte Schottland dringend jemanden, der das Land von seinen ökonomischen Leiden kurieren konnte. Das Land war wirtschaftlich am Nullpunkt angekommen: Das Münzgeld war knapp, der Handel lag seit längerem in einer Flaute, häufig gingen die Menschen wegen fehlenden Geldes dazu über, Ware gegen Ware zu tauschen. Arbeitslosigkeit und Armut waren weit verbreitet.

Zu alledem wurde die schottische Landwirtschaft am Ende des 17. Jahrhunderts besonders hart durch die sogenannte „Kleine Eiszeit" getroffen. Diese

---

[44] Murphy, A.E: John Law Ökonom und Visionär, Verlag Wirtschaft und Finanzen, Düsseldorf 2002, S. 86

brachte den Schotten in den „seven ill years“ 1695 – 1702 Missernten und Hungersnöte. Man schätzt, dass in diesen Jahren etwa 10% der schottischen Bevölkerung an den direkten oder indirekten Folgen einer Unterernährung starben. Um die wirtschaftliche Lage Schottlands zu verbessern, versuchte das schottische Parlament, das Gewerbe und insbesondere den Handel mit England und den englischen Kolonien zu fördern. Allerdings brauchte man dafür Geld und da Geld in Schottland knapp war, gründete man am 17. Juni 1695 die Bank of Scotland. Anders als bei der kurz zuvor gegründeten Bank of England, deren Hauptaufgabe es war, die Defizite der englischen Regierung zu finanzieren, wurde es der Bank of Scotland verboten, der schottischen Regierung Kredite zu geben. Als Grundkapital waren 120.000 Pound Scots vorgesehen, wovon aber nur 10% als Bargeld (Species) eingezahlt wurden, also 12.000 Pound. Demgegenüber gab die Bank Banknoten im Wert von ca. 60.000 Pound mit dem Versprechen aus, dass die Bank diese Noten auf Wunsch jederzeit wieder in Münzen eintauschen würde. Die Banknoten konnten also zu ihrem Nennwert wieder in die „harte“ Gold- und Silberwährung eingetauscht werden. Hierdurch wurde der Anschein erweckt, Papiergeld und Goldmünzen hätten den gleichen Wert.[45] Da es unpraktisch war, schweres Münzgeld mit sich zu führen, bevorzugten die schottischen Bürger schon bald das Papiergeld. Sie hinterlegten ihre Gold- und Silbermünzen bei der Bank und erhielten im Austausch dafür einen Geldschein. Jedoch gab die Bank of Scotland die neuen Banknoten in einem Verhältnis von 1:5 (Hart- zu Papiergeld) aus, d.h. die Bank vermehrte die schottische Geldmenge und vergab Kredite, was zur Förderung der schottischen Wirtschaft führte.

Wegen des Erfolgs leichtsinnig geworden, beschloss das schottische Parlament, profitablere aber auch risikoreichere Geschäfte zu machen. Dazu griff sie auf eine Idee von William Paterson (Mitgründer der Bank of England) zurück – den Darien-Plan.[46] Er schlug vor, eine Kolonie in Darien zu gründen. Sie sollte ein Stützpunkt für den Transport von Frachtgütern über die Landenge vom Pazifik zum Atlantik und wieder zurück werden. Hierdurch konnte man sich die gefahrvolle Passage um das Kap Horn herum sparen. Paterson behauptete, dass eine finanzielle Beteiligung an diesem Projekt eine absolut sichere Investition sei. Sie würde phantastische Gewinne abwerfen und so

---

[45] Für die Schotten waren Banknoten keine Neuheit. Früher hinterlegten die Kaufleute bei den Goldschmieden ihr Gold und Bargeld. Dafür stellten die Goldschmiede dem Einzahler Goldsmith's Notes oder Bankers Notes (s. S. 18) aus.

[46] Darien war der Name, den die Spanier dieser Kolonie gaben. Später wurde die Kolonie umbenannt in Panama.

Schottland zum reichsten Land der Welt machen. Seine Versprechungen wurden dadurch glaubhaft, dass er kürzlich den Plan zur Gründung der Bank of England erfolgreich umgesetzt hatte. Jedermann in Schottland erhoffte sich einen ähnlichen Erfolg für das schottische Projekt. Schließlich schien William Paterson ein Triumphator zu sein, dem alles gelingen konnte.

So wurde am 26. Juni 1695 die Company of Scotland (im Volksmund wurde sie auch „Darien Company" genannt) gegründet. Von Anfang an war klar, dass die Company of Scotland der viel mächtigeren englischen East India Company in die Quere kommen würde. Die erste Schlacht zwischen den beiden Unternehmen wurde an der Börse geschlagen. Das Management der East India Company musste mitansehen, wie die Investoren ihre Aktien massiv verkauften, um in die Company of Scotland zu investieren. Der Kurs der East India Company fiel von seinem Ausgangswert von 93 Pfund (Anfang September 1695) auf 50 Pfund (Ende Oktober 1695). Die Direktoren der East India Company erkannten schnell die Gefahren, die von der Company of Scotland ausgingen. Sie nutzten ihren politischen Einfluss und bewirkten, dass das britische Unterhaus ein Gesetz verabschiedete, das u.a. englischen Investoren verbot, in die Company of Scotland zu investieren, und eine strafrechtliche Verfolgung der Verantwortlichen der Company of Scotland aussprach, weil sie die Monopolrechte der East India Company verletzten.

Vor allem der Wegfall der englischen Investoren traf die Company of Scotland hart, weil sie so den geplanten Betrag von 600.000 Pfund nicht mehr so einfach über Aktien einnehmen konnte. Ebenfalls scheiterte der Versuch, holländische Investoren für das Projekt zu begeistern. Die Direktoren der Company of Scotland mussten jetzt verstärkt auf schottisches Geld zurückgreifen, um zu verhindern, dass das Unternehmen ernsthaft unterfinanziert wäre. Die Company of Scotland hatte Glück, denn durch geschickte Verkaufsmaßnahmen und Zeitungsberichte über die sagenhaften Goldschätze in Amerika herrschte eine euphorische Stimmung in Schottland. Die Investoren brannten geradezu darauf, sich an der Company of Scotland zu beteiligen. So konnte die Company of Scotland bis zum 26. Februar 1696 in Schottland Aktien im Wert von fast 400.000 Pfund verkaufen. Dies entsprach fast der Hälfte des gesamten Kapitals, welches damals in Schottland verfügbar war. Wie damals üblich, mussten die Aktionäre nicht die gesamte Summe sofort bezahlen, sondern konnten in Teilmengen zahlen. Die erste Zahlungsaufforderung an die Aktionäre wurde am 1. Juni 1696 verschickt. Mit dieser nahm die Company of Scotland rund 98.223 Pfund ein. Nach dem Eingang dieser Gelder begann das Unternehmen in Konkurrenz zur Staatsbank (Bank of

Scotland) eigene Noten[47] auszugeben. Dies war notwendig, weil Schottland ein verhältnismäßig kleines Land war. Die Kapitalbeschaffung der Company of Scotland zog wie ein Strudel das Geld aus der schottischen Wirtschaft und lähmte sie damit. Der Handel lag brach, weil die Menschen immer weniger Geld hatten. Die schottischen Anleger konnten bei der zweiten Zahlungsaufforderung nur noch weitere 55.408 Pfund aufbringen. Letztlich hatte die Company of Scotland nur eine Gesamtsumme von 153.631 Pfund zur Verfügung. Sie war damit unterfinanziert. Die kleinsten Schwierigkeiten konnten nun das Projekt zu Fall bringen. Eigentlich hätte das Projekt unter diesen Voraussetzungen nicht gestartet werden dürfen. Die Direktoren der Company of Scotland hofften jedoch, dass sie schnell einen florierenden Handel aufbauen konnten und so genügend Geld einnahmen, um die Firma über Wasser zu halten. Sie setzten alles auf eine Karte: 1698 brachen fünf Schiffe mit knapp 1.700 Siedlern in Richtung Darien auf. Nach drei Monaten erreichten sie ihr Ziel.

Die Expedition stand von Anfang an unter keinem guten Stern. Es griffen Krankheiten wie Malaria und Ruhr um sich. Zudem belagerten die Spanier die Siedlung der Schotten. Die Engländer verweigerten jede Unterstützung, weil sie fürchteten, dass der ostindischen Kompanie Konkurrenz erwachsen könnten. Dies hatte zur Folge, dass der Handel kaum in Gang kam. Da die Company of Scotland kein Geld hatte, konnte sie auch keine neuen Siedler oder Versorgungsgüter schicken. Dies führte dazu, dass nach zwei Jahren das Projekt aufgegeben werden musste. Viele der 1.700 Siedler hatten ihr Leben verloren, in Schottland wurden zahlreiche Investoren in den Ruin getrieben. Man schätzt, dass ungefähr 20% des schottischen Nationalvermögens verloren gingen. Das stürzte die schottische Wirtschaft in eine derart schwere Krise, dass sogar die Bank of Scotland 1704 bedroht schien. Es kam Ende 1704 zu einem „Banken Run". Die meisten Schotten wollten ihre Banknoten in Münzen umtauschen. Sie hatten das Vertrauen in die Bank verloren, weil es Gerüchte gab, dass die Bank große Kredite an die Company of Scotland vergeben hatte. Die Menschen fürchteten den Konkurs der Bank und damit den Verfall ihres Geldes. Tatsächlich hatte die Bank aber keine großen Kredite an die Company of Scotland vergeben. Doch allein die Gerüchte genügten, um die Menschen in Panik zu versetzen. Die Bank of Scotland hatte mehr Banknoten ausgegeben, als sie Münzgeld vorrätig hatte, und konnte dem ersten Ansturm der Umtauschwilligen nicht standhalten. Schnell sprach sich

47 Ein Teil der Noten kam mit der Aufschrift „als den Aktionären gegen Sicherheit ihrer Aktien gewährtes Darlehen" in Umlauf. Ähnliche Methoden wendete später die Mississippi Company in Frankreich an, um ihre Kurse künstlich in die Höhe zu treiben.

das herum und die Panik vergrößerte sich. Jetzt wollte jeder Schotte, der noch Banknoten hatte, diese in Münzen umtauschen. Die Bank of Scotland musste daraufhin am 18. Dezember 1704 alle Zahlungen einstellen. Nun mussten die Direktoren dem schottischen Staatsrat ihre Bücher vorlegen. Aus diesen ging hervor, dass die Bank nach wie vor solvent war – nur nicht liquide, da die Bank nur nicht umgehend ihre ausstehenden Kredite und andere Anlagen geltend machen konnte. Daraufhin gewährte der Staatsrat einen dreimonatigen Aufschub, um die Banknoten gegen Münzen einzutauschen und legte der Bank of Scotland auf, die Banknoten bis dahin mit 6 Prozent zu verzinsen. Diese Maßnahme erwies sich als erfolgreich, sodass die Banknoten wieder als Zahlungsmittel anerkannt wurden. Die Menschen glaubten dem Staatsrat, dass die Bank zu einem späteren Zeitpunkt die Banknoten umtauschen könne. Dies lag unter anderem daran, dass im Staatsrat die angesehensten Familien von Schottland einen Sitz hatten. Sie genossen in Schottland noch immer hohes Ansehen. In den folgenden drei Monaten verkauften die Direktoren einen Teil ihrer Anlagen und verzinsten die ausstehenden Banknoten wie verlangt mit sechs Prozent. So stellten sie das Ansehen der Bank wieder her.
Dennoch verschlechterte sich die wirtschaftliche Lage Schottlands immer weiter. Wie drastisch die Lage 1705 war, zeigen die Eröffnungszeilen des Buches „*A Proposal anent Usury and Procuring of Money*“ (Unbekannter Verfasser):

> „Der starke Geldmangel, unter dem dieses Königreich derzeit leidet, löst eine solche Zahlungsnot aus, dass Menschen aller Bevölkerungsschichten nicht nur Schwierigkeiten haben, kreditwürdig zu bleiben, sondern sich auch kaum das notwendige Geld für die Grundbedürfnisse ihrer Familien beschaffen können.“[48]

Schottland stand mit dem Rücken zur Wand. Man hatte kein Metall mehr, um neue Münzen zu prägen. Deswegen stagnierte der Handel und es wurden kaum noch Waren produziert. Die Menschen hatten keine Arbeit mehr. Auf der anderen Seite der Insel erkannte England, welche einmalige Möglichkeit sich hier auftat. Da die Schotten wirtschaftlich schwer angeschlagen waren, konnte England die Schotten in eine Union zwingen, wenn man den wirtschaftlichen Druck noch weiter steigerte. Darum verabschiedete das Londoner Parlament am 14. März 1705 den *Alien Act*. Das Ziel dieses Gesetzes war eine umfassende Union zwischen England und Schottland. Falls die Schotten bis zum ersten Weihnachtsfeiertag 1705 nicht der Union zustimmten, würden die Schotten als Ausländer eingestuft. Dies bedeutete unter anderem,

---

[48] Murphy, A.E: John Law Ökonom und Visionär, Verlag Wirtschaft und Finanzen, Düsseldorf 2002, S. 99

dass schottische Vieh-, Kohle- und Leinenexporte nach England verboten würden. Dies hätte der schottischen Wirtschaft den Todesstoß gegeben und Schottland in eine unermessliche Armut gestürzt.
John Law war überzeugt, dass er für Schottland einen Ausweg finden konnte. So schrieb er innerhalb eines Jahres die etwa einhundertzwanzig Seiten starke Abhandlung *Money and Trade Considered with a Proposal for Supplying the Nation with Money* (zu Deutsch: „Eine Betrachtung von Geld und Handel nebst einem Vorschlag, die Nation mit Geld zu versorgen").[49] Diese Abhandlung behandelt viele der früheren, bereits im *Essay on a Land Bank* aufgeworfenen Probleme, geht ihnen aber tiefer auf den Grund. Zunächst veröffentlichte er sein Werk 1705 anonym bei Andrew Anderson, einem Edinburgher Verlag in Besitz seiner Tante. Law wählte diesen Weg, weil er befürchtete, dass sein schlechter Ruf dem Erfolg seines Vorschlages abträglich sein könnte. Gleichzeitig wurden überall, wo Menschen zusammenkamen, Anschläge mit den Hauptpunkten von Laws Ausführungen angebracht. In den Kreisen, auf die es ankam, wurde jedoch sehr bald bekannt, dass Law der Autor war.
Law beschäftigte sich in seiner Arbeit auch mit der Frage des Wertes einer Ware. Die Frage danach, weshalb Wasser so viel weniger als Diamanten kostete, obwohl es eigentlich viel wertvoller sei, beantwortete er so:

> „Der Wert von Waren bemisst sich nicht danach, ob ihr Nutzen für den Gebrauch mehr oder weniger groß ist, sondern in welcher Menge sie im Verhältnis zur Nachfrage zur Verfügung stehen. Wasser ist zwar lebensnotwendig, aber von nur geringem Wert, weil es gemessen am Bedarf sehr viel davon gibt. Diamanten haben dagegen weniger Nutzen, aber höheren Wert, weil die Nachfrage danach im Verhältnis zur (vorhandenen) Menge stark ist."[50]

Ferner vertritt Law in seinem Buch die Ansicht, dass sich Preisschwankungen aus Veränderungen der angebotenen bzw. nachgefragten Menge ergeben. So steige der Wasserpreis spürbar an, wenn im Sommer eine große Trockenheit herrsche und nur wenig Wasser zur Verfügung stünde, um den Bedarf zu decken. Außerdem beschäftigte sich Law mit der Bedeutung von Geld. Geld verfügt vielleicht mehr als jedes andere von Menschen geschaffene Artefakt über eine Vielzahl von Bedeutungen. So steht es für den einen

---

[49] Der volle Titel der Schrift „Money and Trade ..." zeigt, was Law besonders am Herzen lag. Erstens die Natur des Geldes zu erörtern, zweitens die Beziehung zwischen Geld und Handel aufzuzeigen und drittens wie sich eine neue Währungsstruktur aufbauen ließe, mit dem Ziel, die Geldmenge zu erhöhen.

[50] Murphy, A.E: John Law Ökonom und Visionär, Verlag Wirtschaft und Finanzen, Düsseldorf 2002, S. 80

oder anderen z.B. für Sicherheit, Macht, Luxus, oder Freiheit. Doch die primäre Funktion des Geldes bleibt der Austausch:

> „Geld ist nicht der Wertgegenstand, für den Güter getauscht werden, sondern durch den sie getauscht werden."[51]

> „[Es] dient Geld als der Maßstab zur Bewertung von Waren, als der Preis, zu dem man Waren kauft oder verkauft, anhand dessen Verträge zu erfüllen sind und Zahlungen erfolgen."[52]

Geld erlaubt, das Kaufen einer Sache vom Verkaufen einer anderen Sache zu trennen und ersetzt somit den Tauschhandel. Weiter noch vereinfacht Geld den Austausch von Waren erheblich, denn es muss kein Tauschpartner mehr gefunden werden, der die gewünschte Ware bietet und darüber hinaus auch bereit ist, das gebotene Zahlungsmittel zu akzeptieren. Nach Law kann als Geld beinahe alles dienen: eine Herde Kühe, ein Büschel Tabakblätter, ein Säckchen voller Muscheln oder Papier. Die äußere Form des Geldes spielt keine Rolle. Worauf es ankommt, ist einzig, dass Käufer und Verkäufer darauf vertrauen, dass das Geld seinen Wert behält und dass der Verkäufer zu einem späteren Zeitpunkt (nach dem Verkauf seiner Waren) in der Lage sein wird, etwas anderes dafür zu kaufen. Auf dieser Grundlage formulierte John Law die drei wesentlichen Funktionen, die Geld erfüllen muss:

1. *Wertmaßstab* bzw. *Recheneinheit*: Die abstrakte Einheit „Geld" erlaubt es, den Wert aller Güter in Einheiten derselben Bezugsgröße auszudrücken. Hierdurch werden die verschiedenen Güter vergleichbar. Somit hat Geld sowohl die Funktion eines Wertmaßstabes, als auch die einer Recheneinheit. Daher müssen nicht mehr die zahllosen Austauschverhältnisse aller Güter untereinander bestimmt werden (z.B. ein Huhn entspricht einem Kilogramm Getreide oder einem Liter Milch). So existieren z.B. bei hundert verschiedenen Gütern ca. 4.950 Austauschverhältnisse.[53] Dank der Re-

---

[51] Gleeson, J.: Der Mann, der das Geld erfand. Goldman Verlag München 2001, S. 91

[52] Murphy, A.E: John Law Ökonom und Visionär, Verlag Wirtschaft und Finanzen, Düsseldorf 2002, S. 76

[53] Falls es keine Konvention darüber gibt, welches Gut als Rechenmittel verwendet werden soll, können Preise ihre Informationsfunktion nur unzureichend erfüllen. Gibt es z.B. fünf Güter ohne eine Vereinbarung darüber, welches dieser Güter als Geld fungiert, so gibt es zehn relative Preise im Vergleich zu den vier absoluten Preisen, wenn eines der Güter als Geld fungiert. Es müsste nämlich Gut 1 in Mengeneinheiten der Güter 2, 3, 4, 5; Gut 2 in Mengeneinheiten der Güter 3, 4, 5; Gut 3 in Einheiten der Güter 4 und 5 sowie Gut 4 in Einheiten des Gutes 5 bewertet werden. Wird jetzt aber das Gut 5 als Geld benutzt, lassen sich die Werte der Güter 1 bis 4 in Mengeneinheiten des Gutes 5 und damit als absolute Preise ausdrücken. Im Allgemeinen gibt es für n Güter $(n^2-n)/2$ relative und n-1 absolute Preise. Bspw. gibt es

cheneinheit Geld muss man nicht mehr die 4.950 Austauschverhältnisse kennen, sondern nur noch die hundert Preise betrachten. Ebenso erlaubt Geld erst die Preisauszeichnung von Produkten, sodass der Konsument eine sofortige Wertabschätzung für sich vornehmen kann. Damit Geld diese Aufgabe wahrnehmen kann, muss es ausreichend teilbar sein. Deswegen hat Geld unterschiedliche Nennwerte, wie z.B. Pfund, Penny, Schilling usw.

2. *Zahlungs- und Tauschmittel*: Nach Law ist Geld ein Tauschmittel, das den Austausch von Gütern vereinfacht. Im Gegensatz zu direkten Tauschgeschäften findet jetzt ein indirekter Tausch statt, d.h. Ware wird gegen Geld getauscht. Dies macht die Transaktionen wesentlich einfacher und schneller.
3. *Wertaufbewahrungsmittel*: Jeder Verkäufer ist nur dann bereit, Waren gegen Geld herzugeben, wenn er darauf vertrauen kann, dass der Gelderlös ihm nicht unter den Händen zerrinnt. Auch als Recheneinheit eignet sich Geld eigentlich nur, wenn es stabil ist. Aus diesem Grund bildet das Vertrauen in die Wertbeständigkeit des Geldes die Grundlage des Geldwesens. Die Wertbeständigkeit ist Voraussetzung für das Sparen. Wer spart, „konserviert" den Wert des Geldes über die Zeit und bildet so eine Reserve, über welche er später verfügen kann. Den Spargroschen kann man in der Zwischenzeit anderen überlassen (z.B. einer Bank). Dafür bekommt man Zinsen, die gewissermaßen eine Entschädigung dafür sind, dass man für eine gewisse Zeit auf die Verfügbarkeit des Geldes verzichtet hat.[54]

Doch wie muss Geld beschaffen sein, damit es diese Funktionen erfüllen kann? Der Schüssel ist Vertrauen.[55] Damit Geld das Vertrauen darin, dass es zu einem gleichen Wert als Zahlungsmittel akzeptiert wird, gewährleisten kann, muss es nach Laws Ansicht folgende Eigenschaften haben:

---

bei 100 Gütern (n=100) bereits 4.950 relative Preise ($(=100^2-100)/2$), aber nur 99 absolute Preise (=100-1).

54 Geld ist nicht das einzige Mittel der Wertaufbewahrung. So kann man auch Kaufkraft ansammeln, indem man z.B. Wertpapiere oder Immobilien, also Sachwerte, kauft. Diese Anlagen werfen Ertrag in Form von Zinsen und Mieten ab. Allerdings lassen sie sich unter Umständen nur mit Verlusten verkaufen und so wieder in Geld zurückverwandeln.

55 Ebenfalls sollte Geld nicht von denen hergestellt werden können, die es zum Erwerb eines anderen Gutes einsetzen können. Anderenfalls wären die Funktionen des Geldes insbesondere als Wertaufbewahrungsmittel nicht mehr erfüllt.

1. Wertbeständigkeit
2. Homogenität
3. Materialbeständigkeit (z.B. konstanter Metallgehalt in Münzen)
4. Teilbarkeit (z.B. durch unterschiedliche Nennwerte des Geldes z.B. Penny oder Pfund)
5. Übertragbarkeit (das Geld muss von einer Person zu einer anderen übertragbar sein, beide müssen den Wert des Geldes akzeptieren)
6. Wertstempel (Schutz vor Falschgeld)

Es lassen sich folglich zwei verschiedene Kategorien ableiten:

- *Geld der Kategorie 1*: Es erfüllt alle drei Funktionen und alle sechs Eigenschaften des Geldes. Dies sind z.B. das Bodengeld und die Banknoten, aber das Münzgeld nur bedingt.

- *Geld der Kategorie 2*: Es besitzt lediglich die Eigenschaften 2 bis 6 des Geldes. Darum dient es nur als Zahlungs- und Tauschmittel. Dies sind z.B. Aktien der Bank of England oder der East Company.[56]

---

[56] John Law erkannte also in Unternehmensaktien viele geldähnliche Liquiditätsmerkmale. So konnten Kaufleute Aktien als Zahlungsmittel untereinander einsetzen, weil sie wussten, dass sie die Aktien jederzeit auf dem Börsenparkett gegen Münzgeld oder Banknoten eintauschen können. Wegen dieser Übertragbarkeit hielt Law sie für eine neue Geldform. Bei diesem Geld steht nach Law nur die Zahlungs- und Tauschfunktion im Vordergrund, ohne jedoch eine langfristige Wertbeständigkeit zu haben. Das heißt, Geld dieser Art hat nur zu einem bestimmten Zeitpunkt einen Wert, und zwar am Tag der Transaktion. Law sagt:
„Geld, das nur zum Gütertausch oder zu Zahlungen dienen soll, muss keinen beständigen Wert haben und wird, sofern es die übrigen Eigenschaften besitzt, als Zahlungs- und Tauschmittel anerkannt.... Die Aktien der East India Companies, irische Obligationen und Ähnliches dienen als Zahlungsmittel, da ihr aktueller Wert bekannt ist, auch wenn der zukünftige unbekannt sein mag, und wer meint, dass der Kurs steigen und nicht fallen wird, und bereit ist, das Risiko einzugehen, wird sie sogar gegenüber der gleichen Summe Münzgeld bevorzugen. So erfüllen diese Aktien bei manchen Zahlungen den Zweck des Geldes und würden darüber hinaus bei den meisten Zahlungsvorgängen anerkannt, wenn sie entsprechend teilbar wären." (Murphy, A.E: John Law Ökonom und Visionär, Verlag Wirtschaft und Finanzen, Düsseldorf 2002, S. 84)
Allerdings hat dieses Konzept einen fatalen Fehler. Law nahm fälschlicherweise an, dass Aktienkurse entweder stetig stiegen oder nur unwesentlich sanken. Auf dem Börsenparkett neigen Aktien nämlich dazu, ihren geldähnlichen Charakter einzubüßen, wenn die Kurse verrücktspielen. Man beobachtet dann, dass sich immer mehr Händler weigern, Aktien, deren Wert zunehmend unsicher wird, als Äquivalent für Waren und Dienstleistungen anzuerkennen. Law selbst legte die Saat seines Untergangs damit, dass er die Aktien der Mississippi Company Anfang 1720 mit einem Kurs von 9.000 Livre zum gesetzlichen Zahlungsmittel erklärte. Dies führte dazu, dass die Geldmenge unverhältnismäßig stark aufgebläht wurde, sodass eine Hyperinflation drohte.

Bei der Erörterung der Kategorien des Geldes stieß Law auf ein anderes Problem: die Inflation.

> Es wächst auch die Menge des Silbers und Silbergeldes beständig durch den jeweiligen Import nach Europa, und kauft dieselbe Menge von Silber nicht mehr dieselbe Menge von Waren wie ehedem ... Man gibt jetzt in England für dieselben Waren zwanzigmal so viel Silber als vor 200 Jahren.[57]

Law erkannte also die sogenannte *geldmengengetriebene Inflation* (s. S. 160 ff.). Das folgende Beispiel erläutert diesen Aspekt: Angenommen, man hat für 2 kg Äpfel einen Euro bezahlt. Verdoppelt sich nun die verbreitete Geldmenge, so müssen künftig zwei Euro für diese 2 kg Äpfel bezahlt werden. Es hat sich also nicht die Menge der Ware, die erworben werden kann, verändert, sondern lediglich ihr Preis. Obwohl man mehr Geld zur Verfügung hat, kann man dafür nicht mehr Waren beziehen. Das Geld verliert an Wert. Vereinfacht formuliert, werden in der Geldwirtschaft Güter gegen Geld getauscht. Dies bedeutet, dass derjenige, der Nachfrage an ein Gut stellt, im Tausch dafür Geld anbietet, und dass derjenige, der Güter anbietet, Geld nachfragt. Wird in einem Laden ein Gut angeboten, so bieten die Kunden einen bestimmten Betrag an Geld im Tausch gegen die Ware. Der Händler bietet die Ware an und stellt gleichzeitig eine Nachfrage nach diesem Betrag des Zahlungsmittels. Folglich entspricht in der Geldwirtschaft das Geldangebot der Güternachfrage und die Geldnachfrage entspricht dem Güterangebot. Damit wird klar: Veränderungen der Kaufkraft des Geldes folgen unmittelbar aus einer Veränderung des Geldangebots relativ zur Geldnachfrage. Treibt man diesen Gedanken weiter voran, so erkennt man, dass das Geldangebot die gesamte, sich zu einem bestimmten Zeitpunkt im Umlauf befindende Geldmenge ist. Dagegen besteht die Nachfrage nach Geld aus der gesamten zum Verkauf angebotenen Gütermenge.
Daraus folgerte Law, dass die Preise immer dann in Bewegung kommen, wenn die Geld- bzw. Silbermenge dem Bedarf nicht mehr entspricht. Das heißt, die Geld- bzw. Silbermenge darf nicht den Kontakt zur realen Wirtschaft verlieren. Sie muss im Gleichschritt mit dem realen Wachstum der Wirtschaft laufen. Wenn also die Geldmenge deutlich stärker wächst, so wird den Menschen mehr Kaufmöglichkeit gegeben, als Güter vorhanden sind. Dies treibt die Wirtschaft in die Inflation und der Geldwert fällt. Law war sich also der Tatsache bewusst, dass eine unverhältnismäßige Geldmenge zur Inflation führt. Er war demnach kein Verfechter einer Währungsexpansion, der erwartete, dass durch die Zunahme der Geldmenge nur die Produktion

[57] Alexi, S.: John Law und sein System. Ein Beitrag zur Finanz- und Münzgeschichte. Verlag von F. & P. Lehmann Berlin 1885, S. 37

gesteigert und nicht auch die Preise in die Höhe getrieben würden. Allerdings vertrat Law auch die Ansicht, dass es schädlich für die Wirtschaft sei, wenn die Geldmenge sinke. Denn dann steigt zwar der Wert, also die Kaufkraft des Geldes, jedoch zu einem hohen Preis. Das Preisniveau von Waren und Dienstleistungen geht zurück – heute nennt man dieses Phänomen *Deflation* (s. S.163 ff.). In der Erwartung immer weiter sinkender Preise konsumieren die Menschen weniger und sparen mehr. Die Folge ist, dass die Unternehmen weniger investieren, die Produktion und der Handel zurückgehen und Löhne sowie Unternehmensgewinne sinken. In der Folge bekommen die Unternehmen verstärkt Zahlungsschwierigkeiten oder müssen gar Insolvenz anmelden. Zusätzlich entlassen die Unternehmen Mitarbeiter und Arbeitslosigkeit sowie Armut steigen. Es beginnt eine Abwärtsspirale.
John Law kam zu dem Schluss, dass sich Handel[58] und Gewerbe eines Landes proportional zu der vorhandenen Geldmenge verhielten. Es bestünde zwischen den beiden eine symbiotische Beziehung: ohne Geld gäbe es auch keine Arbeit. Law ging davon aus, dass mehr Geld auch mehr Produktion bedeuten würde, weil Kredite billiger und somit Investitionen reizvoller wären. Infolgedessen fänden wieder mehr Menschen Arbeit. Dies wiederum führte zu einer steigenden Güternachfrage und damit zu steigender Produktion, Beschäftigung und höheren Löhnen. Eine Aufwärtsspirale würde einsetzen. Auch die Zahl der Beschäftigten verhielte sich demnach proportional zur Geldmenge.[59]

> „Der Handel im Inneren des Landes hängt vom Geld ab. Mehr Geld gibt einer größeren Anzahl von Menschen eine Beschäftigung als weniger Geld. ... Der Handel und das Geld hängen wechselseitig voneinander ab. Wenn der Handel zurückgeht, dann verringert sich das Geld, und wenn sich das Geld verringert, dann geht der Handel zurück. ...“[60]

John Law war also davon überzeugt, das Schottland mit neuem Geld versorgt werden musste, um den Kreislauf des Geldes und des Handels zu beleben. Er argumentierte so: Was fehlt dem Handwerker, um ein Geschäft zu eröffnen? Er braucht Geld, einen Vorschuss, einen Kredit, um damit Rohstoffe, Materialien und Arbeitskräfte bezahlen zu können. Er braucht dieses Geld im Voraus, damit er die Zeit überbrücken kann, bis der Kunde seine Rechnung bezahlt. Law war also der Überzeugung, dass Kredit für das Funktionieren einer Volkswirtschaft nötig sei. Dazu führte er aus: Wenn ein Händler z.B. über

---

58 Law benutzte den Begriff Handel als Synonym für das gesamte Wirtschaftsgeschehen.
59 John Laws Wirtschaftsideen werden heute zum Merkantilismus gezählt.
60 Betrachtungen über das Geld und den Handel einschließlich eines Vorschlags zur Geldbeschaffung für die Nation, in John Law: Handel, Geld und Banken, Berlin 1992, S. 9 und 106

hundert Pfund verfügte und einen Kredit über den zehnfachen Betrag erhalten könne, könnte er mit diesem zusätzlichen Geld zusätzliche Waren einkaufen und so die Produktion ankurbeln. Somit würde der Wohlstand des Landes steigen. Eine Volkswirtschaft, die nur Silber und Gold als Pfand nimmt, sitzt demnach fest und kann letztendlich nur stagnieren. Diese visionäre Auffassung von Geld als funktionellem Medium, welches keinen intrinsischen Wert besitzen muss, aber durch einen stabilen Wert geschützt ist, brachte John Law zu dem zentralen Vorschlag seiner Abhandlung – der Gründung einer Bodenbank.[61] Sein Gedanke: Durch eine Bodenbank lässt sich die Geldmenge steuern, weil ihr der ganze Bodenbestand Schottlands als Reservebasis dient. Somit kann die Geldmenge flexibel den Bedürfnissen angepasst werden. Dazu schlug er vor:

1. Die Bank beleiht aus Grundhypotheken auf Grund und Boden nach marktüblichen Zinsen oder die Bank erwirbt Grundstücke, deren Werte nach zwanzigjährigem Ertrag berechnet werden, mit der Klausel, dass der Verkäufer ein Vorkaufsrecht über mehrere Jahre hat. Alternativ übernimmt die Bank durch Kauf Grundstücke ohne diese Klausel. Als Sicherheit für die Noten sollen vor allem die Erträge des Bodens, wie z.B. Erträge aus Pacht, dienen. Falls jedoch ein Grundstück vollständig im Besitz der Bank ist, ohne jeweilige Verpflichtungen (z. B. Vorkaufsrecht des Käufers), soll auch dieses als Sicherheit für die Noten dienen.
2. Das schottische Parlament soll eine Kommission ernennen und bevollmächtigen, Noten mit Besicherung durch Grund und Boden auszugeben.
3. Diese Banknoten sollen fortan als Zahlungsmittel dienen und nach und nach das Münzgeld ersetzen. Zunächst sollen Banknoten im

---

[61] Nach John Laws Idee sollten bei der Bodenbank Einlagen und Sicherheit für das ausgegebene Papiergeld nicht mehr Gold oder Silber sein, was Schottland nicht mehr ausreichend besaß, sondern Land. Heute würden wir von einer Pfandbriefbank und Covered Bonds reden.

Wert von 50.000 Pfund Sterling ausgegeben werden. Je nach Bedarf kann die Menge dann weiter erhöht werden.

4. Zur Überwachung der Kommission soll ein Parlamentsausschuss gegründet werden.
5. Die Inhaber der Banknoten können sich auf Verlangen den als Sicherheit gedachten Grund, bzw. die daraus folgenden Erträge, zuweisen lassen.
6. Die Einnahmen der Bodenbank, die über die Aufwendungen hinausgehen und die den Betrag übersteigen, den das Parlament festgesetzt hat, um mögliche Verluste abzudecken, können in Form von Prämien zur Förderung des Exports und der heimischen Manufakturen eingesetzt werden.

Zur Deckung des Papiergeldes war Land nach Law besser als Silber geeignet. So könnten den Einlegern aus den Ernteerträgen Zinsen gezahlt werden. Wer also sein Land bei der Bank als Pfand hinterlegte, bekäme den Wert seines Landes in Banknoten gezahlt und könnte noch jährliche Zinsen erwarten. Brachte jemand sein Silber oder Gold zur Bank, bekam er zwar den Wert in Banknoten ausgezahlt, aber keine Zinsen, weil die Bank für die sichere Aufbewahrung Kosten hatte. Zinsen konnte die Bank den Einlegern nur dann auszahlen, wenn die Bank mehr Banknoten als den Einlagen entsprach, druckte und teilweise als Kredit ausgab. Der Einleger erkaufte sich die Zinsen also mit einem größeren Risiko.

Law verkaufte seine Überlegungen überzeugend. Deswegen machte der Duke of Argyll das schottische Parlament auf Laws Schrift aufmerksam. Er erreichte, dass diese am 28. Juni 1705 im Parlament[62] erörtert wurde. Allerdings wurden im Rahmen der Debatte unterschiedliche Vorschläge[63] diskutiert. Wie revolutionär Laws Idee war, zeigt sich an einem Zwischenruf, der sinngemäß gelautet haben soll: „Noch niemand hatte die Idee, Geld für ein Bier zu bezahlen, das noch gar nicht gebraut worden war. Das ist doch Wahnsinn!" Viele Abgeordnete verstanden den Vorschlag nicht. Andere wiederum führten gegen Law dessen Vergangenheit an. So sagte z.B. George Lockhart von Carnwarth, Law habe

---

[62] In dieser Debatte ging es vornämlich um die Frage der Union zwischen Schottland und England. Sie wurde wegen der wirtschaftlichen Misere von weiten Kreisen als vorteilhaft angesehen.

[63] Der andere Vorschlag zur Gründung einer Bodenbank wurde von Dr. Hugh Chamberlen (früherer Leibarzt von Charles II) eingebracht. Allerdings scheiterte sein System bereits vier Jahre zuvor in London, wo er seine Kunden mit nichts als wertlosem Papier zurücklies.

„das kleine von seinem Vater geerbte Gut durchgebracht, und seitdem lebt er vom Spielen und Betrügen; ... er sei ein mit allen Wassern gewaschener Bursche ...können wir so einem trauen?“[64]

Letztlich lehnte auch das schottische Parlament nach einigem Hin und Her den Plan von John Law zur Gründung einer Bodenbank[65] ab. So rückte die Union mit England immer näher. Kurz darauf reichte John Law abermals eine Petition beim englischen Königshof ein, diesmal in persönlicher Sache: Seine Verurteilung wegen Mordes sollte aufgehoben werden. Aber auch diese Petition wurde abgelehnt. Darum verließ John Law mit seiner Familie gegen Ende 1705 Schottland in Richtung Kontinentaleuropa.
1707 fusionierte Schottland mit seinem ungeliebten Nachbarn zum United Kingdom of Great Britain. Im Zuge dieser Union bezahlten die Engländer sämtliche schottischen Schulden. Der schottische Dichter Robert Burns schrieb dazu: “We're bought and sold for English gold, Such a Parcel of Rogues in a Nation!" Allerdings blieben den Schotten noch einige Rechte. So durften die Banken Bank of Scotland, Royal Bank of Scotland und die Clydesdale Bank weiterhin Geld drucken. Diese Privilegien gelten bis heute, sodass heute jeder Schotte zwischen vier gültigen Währungen (einschließlich dem englischen Pfund) auswählen kann.

2.3. Zeitenwende

Gegen Ende des Jahres 1705 kehrte John Law mit seiner Familie zurück nach Kontinentaleuropa, welches von Konflikten zerrissen war. So wurde der spanische Erbfolgekrieg von den Armeen Frankreichs und Spaniens gegen England, Holland und das Heilige Römische Reich ausgetragen.
Law richtete sich zunächst in Den Haag häuslich ein, um die Geburt seines ersten Kindes abzuwarten. Noch immer hatte er den Traum, seine Pläne einer Bank zu verwirklichen. Im Lauf der nächsten Jahre reiste er quer durch Europa und stellte vielen Monarchen, darunter z.B. dem deutschen Kaiser, seine Pläne zur Gründung einer Notenbank vor. Wo er auch war, verließ er die Stadt nicht, ohne viel gespielt und große Gewinne eingestrichen zu haben. Law ließ sich von keinem Fehlschlag entmutigen. Mittlerweile hatte er

[64] G. Lockhardt, Memoirs Concerning the Affairs of Scotland from Queen Anne's Accession to the Throne to the Commencement of the Union of Tow Kingdoms of Scotland and England in May 1707, Bookfellers of London and Westminster 2. Aufl. (London 1714), S. 144 f.

[65] Law war seiner Zeit weit voraus. Erst nach den Erfahrungen mit der Hyperinflation in der verarmten Weimarer Republik wagte man sich 1923 daran, den neuen Notenumlauf mit der Ertragskraft der deutschen Landwirtschaft zu besichern. Dies war die Geburtsstunde der Rentenmark.

Europas größtes und bevölkerungsreichstes Land, Frankreich, ins Visier genommen, denn das mächtige Frankreich verarmte.
Zunächst hatte Louis XIV., der Sonnenkönig, in seiner dreiundsechzig-jährigen Regentschaft Frankreich zu einer wirtschaftlichen Blüte, die in ganz Europa beneidet wurde, verholfen. Dann jedoch hatte er Frankreich mit seinem Hang zu militärischen Auseinandersetzungen, seiner religiösen Intoleranz und beispielloser Extravaganz ruiniert. Auf dem Land lebten die Menschen im tiefsten Elend. Sie waren in Lumpen gehüllt und gezwungen, wie die Tiere in den Straßen nach Essbarem zu suchen, um nicht zu verhungern. So sollen im Winter die Armen Heidekraut, Gras und Wurzeln gegessen haben. Wegen des starken Geldmangels gingen die Menschen immer mehr zum Tauschhandel über. Louis XIV. war darum bemüht, das Geld für den Sold seiner Soldaten aufzubringen und seinen Hofstaat zu ernähren. Er sah keinen anderen Ausweg, als seine goldenen Tafelservices und seine silbernen Möbelstücke an die Münze zu liefern, damit sie eingeschmolzen und zu Geld geprägt werden konnten. Zusätzlich schuf der König fortlaufend neue Ämter, die meistbietend versteigert wurden. Zudem wurden verzinste Kreditbriefe, die man *billets de monnaie* (oder kurz *billets*) nannte, gegen Münzgeld ausgegeben. Diese Kreditbriefe wurden später in Regierungsanleihen umgewandelt. Ebenso wurden die Steuern erhöht und neue eingeführt. Außerdem wurde der Wert des Münzgeldes verändert, wie selten zu vor. So wurde das französische Münzgeld zwischen 1690 und 1715 vierzigmal aufgewertet. All diese Maßnahmen führten jedoch nicht zu einer Besserung. Auf dem Land konnten die wenigsten Menschen die vielen Steuern bezahlen, die Leute gingen sogar so weit, dass Eheschließungen oder Kindstaufen ohne Priester vorgenommen wurden, um mögliche Extraabgaben zu vermeiden.
Law meinte, die Antwort auf Frankreichs Probleme zu haben. Auch hier war er der Meinung, dass sich alle Probleme aus dem Mangel an Geld erklären ließen. Da Handel und Geld direkt voneinander abhingen, verschlechterte sich der Handel, wenn das Geld weniger würde. Aus dieser abwärts gerichteten Spirale könne man sich nur lösen, wenn es gelänge, die Summe des verbreiteten Geldes deutlich zu erhöhen. Da Gold und Silber durch die Kriege in Frankreich extrem knapp waren, bestand die Lösung darin, eine Nationalbank zu gründen und aus Papier hergestelltes Geld auszugeben. Law wollte den französischen König von seiner Idee in Kenntnis setzen. So reiste er 1706 nach Frankreich, wo er Chamillart, dem Generalkontrolleur für Finanzen, ein in vier Teile gegliedertes Memorandum übergab. Law bemühte sich, seine Ausführungen möglichst kurz und bündig zu halten. Chamillart schien Laws Ideen nicht zu verstehen und lachte darüber. So erfuhr der König nie etwas von diesem Vorschlag. Law erkannte, dass er auch hier wie zuvor in

Schottland auf die Unterstützung einflussreicher Freunde angewiesen war. Der einfachste Weg dazu führte auch hier über die Spielsalons. Während des Spiels konnte John Law als geistreicher Plauderer brillieren. So lernte er den Neffen des Königs, Phillipe, den Duc d'Orléans kennen. Die beiden hatte viel gemeinsam. Sie waren ungefähr gleich alt, gut aussehend, athletisch gebaut und spielten gerne. Der Duc d'Orléans war nicht nur ein zügelloser Adeliger, er besaß auch eine beträchtliche Intelligenz. Ihn interessierten die Entwicklungen der Musik, der Literatur, der Philosophie und der Wissenschaften – einschließlich der Finanzwissenschaften. Law verstand es, finanzwirtschaftliche Themen kurz und prägnant zu erläutern und verschaffte sich so einen Zugang zum Duc d'Orléans. Zusammen verbrachten sie viele Stunden damit, über die Probleme Frankreichs zu diskutieren. Law fand endlich jemanden, der genügend Intelligenz und Visionskraft besaß, um das Potential seiner Ideen zu begreifen. Der Herzog ermunterte Law, weiter für seine Pläne zu kämpfen. Er wird gedacht haben, wer die Spieltische dominieren konnte, könnte auch die Staatsfinanzen von Frankreich zur Rettung verhelfen. Schließlich basierte beides auf mathematischen Formeln, auf einem speziellen Algorithmus. Wo war der Unterschied, ob man mit Jetons kalkulierte oder mit der finanziellen Aktivität von Millionen von Menschen? Darum überarbeitete John Law seinen Vorschlag und legte ihn dem Monarchen erneut vor. Trotz der Fürsprache des Duc d'Orléans warf Louis XIV. nur einen uninteressierten Blick auf Laws Schrift. Diesmal stellte sich Laws Konfession als Hindernis heraus. Für Louis XIV. war Law nicht vertrauenswürdig, weil er kein Katholik war. Gleichzeitig wurde der Chef der Polizei, d'Argenson, angewiesen, Laws Abreise zu beschleunigen.

Dennoch gab Law die Hoffnung nicht auf. Er zog von Holland aus quer durch Europa, auf der Suche nach einem Herrscher, der ihm Gehör schenken wollte. Immer häufiger nahm er seine Frau Katherine mit auf Veranstaltungen. Ihr glamouröses Auftreten und sein Charme halfen ihm, neue einflussreiche Freunde zu finden.

Im Frühjahr 1710 kam in Italien John Laws zweites Kind zur Welt, Mary Katherine. In Turin legte John Law Vittorio Amadeo, dem Duca di Savoia, einen Plan zur Gründung einer Bank nach Vorbild der Bank of England vor. Vittorio Amadeo war von dem Plan begeistert. So schöpfte Law nach langer Zeit wieder Hoffnung darauf, endlich seinen Plan umsetzen zu können. Während er auf die Anweisung, beginnen zu dürfen, wartete, vertrieb er sich die Zeit mit Spekulationen und anderen Geldgeschäften, mit denen er ungefähr 100.000 Pfund verdiente. Im Laufe der Monate zeigte sich, dass die Minister des Duca di Savoia mit ihrer ablehnenden Haltung obsiegen sollten. So teilte der Duca di Savori Law schließlich mit,

„die Gebiete, über die er herrschte, seien zu klein für die Verwirklichung eines so großen Planes. Frankreich sei der geeignete Schauplatz für seine Durchführung."[66]

Dennoch war die Zeit, die Law in Italien verbrachte, nicht umsonst. Dort erkannte er, dass sein politisches Fortkommen ebenso von dem gesellschaftlichen Erfolg wie von brauchbaren Ideen abhing. Darum beschloss Law, sich von nun an als vermögenden Mann zu präsentieren.
Im Frühjahr 1712 verließ er Italien wieder in Richtung Holland. Dort investierte er in einen prächtigen Wohnsitz. Sein aufwändiger Lebensstil verschaffte ihm rasch ein hohes Ansehen. Katherine übernahm die Rolle der Dame der Gesellschaft und empfing eine Vielzahl von Besuchern. Jedermann wollte wissen, wie John Law zu seinem Vermögen gekommen war. Sie erhielten auf ihre Fragen danach jedoch keine Antwort. Vielmehr genoss John Law seinen mysteriösen Ruf und tat nichts gegen aufkommende Gerüchte. Law versuchte, sein bereits beträchtliches Vermögen noch weiter zu steigern. Dazu versuchte er, die Holländer von den Vorzügen einer Staatslotterie[67] zu überzeugen. Er griff dazu auf das Konzept der Lotterie, die Neale (s. S. 10) in London ins Leben gerufen hatte, zurück. Natürlich verbesserte er das Konzept zu seinem eigenen Vorteil. Er schlug vor, dass man für eine Gebühr von 100 Gulden 10 Lose bei ihm hinterlegen könne. Sollte keines davon gewinnen, konnte man die dreifache Summe fordern. Die Lotterie war jedoch so konzipiert, dass immer eines der 10 Lose gewann. In Rotterdam flog der Trick auf. Man sagte,

„er habe diese Lotterie ganz und gar zu seinem eigenen Nutzen ausgeklügelt und zum Schaden der Leute."[68]

John Law war kein Betrüger. Er nutzte lediglich aus, dass er Risiko sehr genau kalkulieren konnte – im Gegensatz zu den meisten Menschen seiner Zeit. So schrieb John Drummonds:

„Dieser Mr. Law hat in Italien ein großes Vermögen angesammelt, ..., andere meinen teilweise beim Spiel, als sich die Allgemeine Staatliche Lotterie in einem Zustand befand, dass man sie teilen musste. Dieser Herr schaffte es dank der Macht seines Geldes und durch gewisse Berechnungen, die Lose der besagten Lotterie zu einem festgesetzten Preis aufzukaufen, womit er in wenigen Tagen eine so günstige Wendung nahm, nicht nur alles wieder herauszubekommen, sondern drei Prozent Gewinn zu machen."[69] [70]

---

66 Gleeson, J.: Der Mann, der das Geld erfand. Goldman Verlag München 2001, S. 102

67 Wegen seiner Kenntnisse in der Wahrscheinlichkeitsrechnung beauftragte ihn Victor Amadeus in Turin, das Konzept einer staatlichen Lotterie auszuarbeiten.

68 Gleeson, J.: Der Mann, der das Geld erfand. Goldman Verlag München 2001, S. 103

69 HMC, Report on the Manuscripts of His Grace the Duke of Portland, KG (London 1901), Bd. V., S. 287

70 Law errechnete die Wahrscheinlichkeit dafür, wie viele Lose er kaufen musste, um damit sicheres Geld zu verdienen. Er wagte also nichts, sondern stellte durch seinen hohen Geldeinsatz sicher, dass die Chancen günstig für ihn standen, bevor er einen Einsatz machte.

Mit der Unterzeichnung des Friedensvertrages von Utrecht im April 1713 war der Krieg nach Jahren endlich zu Ende. Der fünfundsiebzigjährige Louis XIV. betrachtete nun nachdenklich die Trümmer seines Reiches. Die Staatsschulden waren aus dem Ruder gelaufen. Sie sollen über eine Milliarden Livre[71] betragen haben. Die Schulden Frankreichs wurden hauptsächlich von einer Gruppe von vierzig privaten Finanziers gehalten, die auch das Eintreiben der Steuern kontrollierten. Die Lage war so schlimm, dass Frankreich immer mehr Probleme damit hatte, das Geld, um die Zinsen für die *billets de monnaie* zu zahlen, aufzubringen. Die *billets de monnaie* waren so entwertet, dass Louis XIV. für ein Darlehen über acht Millionen Livre in Münzen einem Pariser Finanzier 32 Millionen in *billets de monnaie* geben musste. Zusätzliche beunruhigte ihn, dass innerhalb von nur drei Jahren nacheinander drei Thronerben gestorben waren. Nun war Louis zweiter Großenkel Thronfolger, ein vierjähriger Knabe, und der Duc d'Orléans stand als Regent in Bereitschaft.

Louis XIV. stand unter großem Druck, die finanziellen Probleme Frankreichs zu lösen. So hoffte John Law, die Verachtung des Königs für ihn könnte etwas abgeklungen sein. Er kehrte nach Paris zurück und bat am 24. Dezember Nicolas Desmarets, den neuen Finanzminister, um eine Audienz. Diese wurde trotz Unterstützung des Duc d'Orléans abgelehnt. Doch John Law setzte nun alles auf Frankreich. Er kehrte nach Den Haag zurück, um den Umzug seiner Familie nach Paris vorzubereiten.

1714 bezog John Law mit seiner Familie seinen neuen Wohnsitz an dem Place Louis le Grand (dem heutigen Place Vendome) in Paris. Dies war einer der eleganteren Plätze von Paris, wo viele der bedeutendsten Finanzleute wohnten. Im Mai 1715 ging John Law mithilfe des Duc d'Orléans in die Offensive. Er legte dem französischen Finanzminister Desmarets einen Plan zur Gründung einer Nationalbank vor, die gegen entsprechende Einlagen Papiergeld ausgeben sollte. Doch Desmarets bestand auf weitere Erklärungen und wies immer wieder auf mögliche Risiken hin. So stellte Desmarets die Frage danach, wie durch Ausgabe von Papiergeld die Geldmenge gesteigert werden könne. Law erklärte ihm sinngemäß: „Nehmen wir an, Sie zahlen

---

[71] Im späten siebzehnten Jahrhundert hatten sowohl die französische als auch die englische Währung einen ähnlichen Aufbau. So ergaben 240 französische *deniers* 20 *sous* bzw. 240 englische *pennys* 20 *shilling*. 20 *sous* entsprachen wiederum einem *Livre* bzw. 20 *shilling* einem *pound*. Zudem zählten in Frankreich zu den gebräuchlichsten Münzen der goldene *louis d'or* und der silberne *ecu*, die abgemessen und gewogen wurden und deren Wert auf einen *Livre* bezogen wurde. Der Wert dieser Münzen schwankte stark, weil der Metallgehalt unterschiedlich war. Außerdem wurde häufig die spanische Münze mit dem Namen *pistole* verwendet. Sie hatte einen Wert von zehn *Livre*. Zusätzlich schwankten, wie heute auch, die Wechselkurse stark. Ein *Livre* brachte zwischen einem Schilling und einem Schilling und sechs *Pence*. Die Bank of England schätzt, dass ein Pfund im Jahr 1720 heute ungefähr eine Kaufkraft von 73 Pfund (110 Euro) haben würde. Folglich können die im Buch angegebenen Summen in *Livre* leicht auf heutige Größen umgerechnet werden. Dazu braucht man die *Livre* Summe einfach nur halbieren und dann mit sieben multiplizieren und erhält den Pfund-Wert.

zwei Louisdor-Münzen bei meiner Bank ein. Zu dem Zeitpunkt, zu dem Sie die Bank betreten haben, besaßen Sie zwei Louisdor. In dem Moment, in dem Sie das Geld einzahlen, haben wir die Geldmenge bereits verdoppelt, da die Bank mit ihren beiden Louisdor arbeitet. Sie stellt sie der Wirtschaft in Form von Krediten zur Verfügung und Sie lassen ihre Banknoten zirkulieren, als seien es Münzen. So vervielfacht sich die zirkulierende Geldmenge." Aber Desmarets stellte auch ganz praktische Fragen. Wann könnte die Bank starten und wie würde sie verwaltet werden? Welche Sicherheiten konnte Law bieten? Geduldig beantwortete Law jede einzelne Frage. Er versetzte Desmarets in Erstaunen als er antwortete, er könne die Bank am 10. August gründen und wäre bereit, als Sicherheit von seinem eigenen Vermögen 500.000 Livre beizusteuern. Als die mächtigen Finanziers von Paris von Laws Plänen im Juli erfuhren, brachten sie lautstark ihren Widerstand zum Ausdruck. Sie fürchteten, durch die Staatsbank könnten ihre Gewinne kleiner werden. Samuel Bernard, einer der wohlhabendsten von ihnen, erklärte:

> „In einem Land, wo alles vom Wohlgefallen des Königs abhängt, könnte eine Staatsbank niemals funktionieren."[72]

Wegen des Drucks des Duc d'Orléans, dem zukünftigen Regenten, genehmigte Desmarets den Plan zur Gründung einer Staatsbank. Jetzt musste nur noch der König von dem Vorhaben überzeugt werden. Allerdings hatte dieser Anfang August 1715 mit seiner Gesundheit zu kämpfen, sodass über den Plan von John Law nicht gesprochen werden konnte. Am 1. September 1715 verstarb Louis XIV., der glanzvollste König, den Frankreich jemals hatte. Wie die meisten Franzosen auch, verschenkte der Duc d'Orléans nicht viel Zeit damit, zu trauern. Schon am Tag nach dem Tod des Königs hielt er eine mitreißende Rede vor dem Parlament. Er fordert darin die Abgeordneten auf, das Recht des Rates von Adeligen und des Duc de Maine, ihm bei seiner Regentschaft zu assistieren, aufzuheben. Obwohl Louis XIV. eine solche Aufteilung der Herrschaft vorgesehen hatte, um die Macht des Duc d'Orléans zu beschränken, konnte dieser die Parlamentssitzung siegreich verlassen. Durch geschickte Versprechungen und Bestechungen konnte er erreichen, dass das Parlament die Wünsche des verstorbenen Königs außer Kraft setzte. Dies bedeutete, dass der Duc d'Orléans alleine über Frankreich als Regent herrschen würde, bis der fünfjährige Dauphin volljährig war.

Der Duc d'Orléans gestaltete in kurzer Zeit die Verwaltungsstruktur der staatlichen Behörden um, um seine Macht zu festigen. Dazu führte er eine Art Kollegiatsystem ein, an dessen Spitze der *Conseil de Regence* stand. Unterhalb des *Conseil de Regence* wurden sechs direkt unterstellte Räte – zuständig für Äußeres, Kriegsführung, Finanzen, Marine, Inneres und Glaubensfragen – angeordnet. Die Mitglieder der Räte waren fast ausschließlich

---

[72] Gleeson, J.: Der Mann, der das Geld erfand. Goldman Verlag München 2001, S. 108

Aristokraten. Die Hauptrolle spielte dabei der Finanzrat. Zum Vorsitzenden des Finanzrates wurde der Duc de Noailles[73] ernannt. Noailles galt als tatkräftig, schlau und ehrgeizig, aber unentschlossen und von Natur aus misstrauisch gegenüber jedem, der seine Position bedrohen konnte. So war es nicht verwunderlich, dass dieser, als der Regent ihm Law vorstellte, argwöhnisch reagierte. Er empfand Law als Eindringling, der durch die Freundschaft des Regenten begünstigt wurde. Noailles vermied den Kontakt zu Law und seinen Ideen. Er hatte schließlich Wichtigeres zu tun - einen Kassensturz. Dieser sah sehr kläglich aus. Der Besitz der Krone war aufgebraucht. Die Staatsschulden beliefen sich auf über zwei Milliarden Livre.[74] Die jährlichen Schuldzinsen betrugen ungefähr neunzig Millionen Livre. Die Steuereinnahmen der nächsten vier Jahre waren bereits aufgebraucht bzw. verpfändet. Die Einkünfte des Staates waren durch eine Unzahl an Forderungen, Zinszahlungen und Schuldentilgungen bereits verbraucht, bevor sie überhaupt eingenommen wurden. Die Zahlungsrückstände waren derart enorm, dass man sie kaum noch beziffern konnte. Künftige Einnahmen waren schon längst ausgegeben.

Die Berater des Regenten zeigten sich entsetzt. Sie schlugen ihm vor, Frankreich solle sich bankrott erklären. Um ihren Vorschlag zu untermauern, erklärten sie, dass von je 600 Einwohnern nur einer Staatsanleihen besitze, sodass die Vernichtung dieses Vermögens nur eine kleine Minderheit treffe, aber für die Mehrheit der Bevölkerung Vorteile bringe. Doch der Regent wies die Möglichkeit eines allgemeinen Staatsbankrotts mit dem Hinweis zurück, dass Frankreich dann auf absehbare Zeit kein Geld mehr von Finanziers oder Geldverleihern bekommen würde. Jetzt griff John Law in die Debatte ein. Er erklärte, dass Frankreich nicht nur in einer Währungskrise stecke, weil das Geld zu knapp wäre. Zusätzlich bestünde eine Finanzkrise, die sich in der Überschuldung des Staates verbunden mit einem sehr hohen Zinsniveau infolge der aus der Verschuldung resultierenden möglichen Zahlungsunfähigkeit äußere. Frankreich sah sich also einer doppelten Krise gegenüber. Zu deren Lösung skizzierte Law folgenden Plan:

---

[73] Zum zweitwichtigsten Ratsmitglied nach Noailles wurde Hilaire Rouille du Coudary, den man auch Saint-Simon genannt hatte, ernannt.

[74] Dies entspricht nach einer sehr groben Schätzung einem Verhältnis der Verschuldung zum Bruttosozialprodukt zwischen 160 und 200 %.

Abbildung 4: Laws Plan zur Überwindung der französischen Wirtschaftskrise

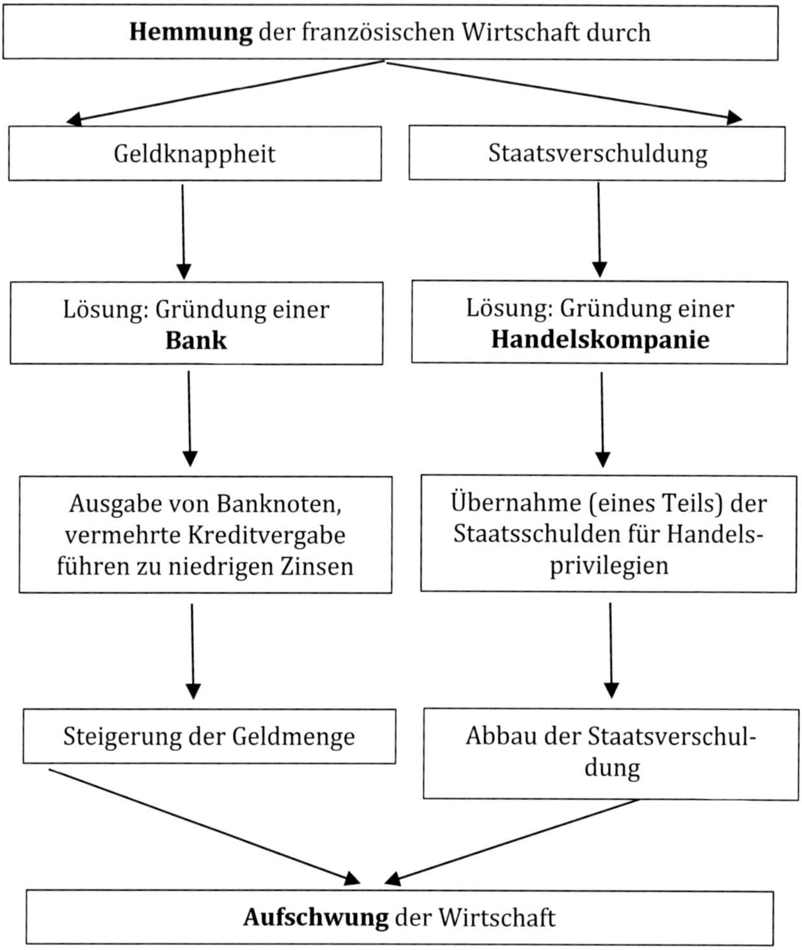

Seinen Plan erklärte John Law so:

> „Die Staatsbank soll das Herz der Finanzen des Landes sein, dorthin soll alles Metallgeld strömen, um als Banknote den Kreislauf von neuem zu beginnen; denn nur sie allein vermag es, die Produktionsgesellschaft des gesamten Volkes zu heben! Die Handelscompagnie soll die Staatsgeschäfte führen und den Handel leiten, dieser wird die Manufakturen beleben und das Anwachsen der Bevölkerung bewirken. Die Compagnie wird die vermehrten Kräfte in ihrer Gesamtheit nutzbar machen und dem Lande Reichtum und Macht verleihen."
>
> Alexi, S.: John Law und sein System. Ein Beitrag zur Finanz- und Münzgeschichte. Verlag von F. & P. Lehmann Berlin 1885, S. 56

Der Regent war skeptisch hinsichtlich des Papiergeldes. Er erkannte weder dessen Sinn noch Verwendung. John Law erklärte dem Regenten den wesentlichen Unterschied zwischen Papier- und Münzgeld so:

1. Befindet man sich in einem reinen *Münzgeldsystem*, wie es in Frankreich üblich ist, so besitzt man eine Goldmünze, welche als gesetzliches Zahlungsmittel gilt. Die Goldmünze bildet ein Nettovermögen, weil ihr keine Verbindlichkeiten gegenüberstehen. Man kann die Goldmünze ausgeben oder behalten, d.h. die Ausgabe verschieben. Dies hängt einzig und allein von der Entscheidung des Besitzers der Goldmünze ab. Darum lässt sich das Ausgabevolumen nur steigern, indem die Umlaufgeschwindigkeit des Münzgeldes erhöht wird. Letztlich beschränkt sich das Münzgeldsystem auf den Kauf und Verkauf von Waren.

2. Ein Bankwesen, in dem jeder ein Konto hat, unterscheidet sich hiervon: Der Kontoinhaber kann über die Einlage auf seinem Konto jederzeit verfügen. Dadurch kann er das Geld innerhalb des Systems an jedermann überweisen oder es einfach behalten. Somit kann jeder nach eigenem Ermessen mehr ausgegeben oder sparen und das Geldvolumen lässt sich, ähnlich wie beim Münzgeld, durch Erhöhung der Umlaufgeschwindigkeit erhöhen. Allerdings kommt jetzt, im Gegensatz zum Münzgeld, noch ein weiterer Faktor hinzu. Es kommt nicht mehr nur auf die Entscheidung des Kontoinhabers an, sein Geld zu sparen oder auszugeben, denn das Geld des Kontoinhabers auf seinem Konto entspricht in den Bankbüchern einem Darlehen. Der Kontoinhaber leiht das Geld quasi der Bank, damit sie damit arbeiten, also einen Kredit vergeben, kann. Dieses Darlehen nutzt dann ein Kreditnehmer für Konsum- oder Investitionszwecke, auf diesem Weg erhöht sich das Ausgabevolumen und die Wirtschaft wird belebt. Das heißt, der Geldbestand des einen dient dem Kreditnehmer als Darlehen. Somit hängen Geld und Schulden gleichsam spiegelbildlich zusammen, sie sind manchmal sogar synonym, weil die Schöpfung des Ersteren gewöhnlich Letztere nach sich zieht. Mit anderen Worten: Durch die Vergabe von Krediten entsteht neues Geld. Dieses Geld erhöht die Geldmenge und kann durch die Ausgabe von Papiergeld geschaffen werden, da keine wertvollen Rohstoffe wie Gold und Silber vorhanden sein müssen.

Law schlug im Oktober 1715 dem Regenten die Gründung einer Staatsbank vor, um die Geldknappheit zu überwinden und mit den erwirtschafteten Gewinnen einen Teil der Staatsschulden abzulösen. Die Bank sollte im Besitz des Königs sein. Ferner sollte sie alle Staatseinkünfte verwalten und Papiergeld ausgeben, das durch Münzgeld gedeckt war. Law plante einen Brückenschlag zwischen Währungs- und Finanzpolitik. Er führte zur Bekräftigung seines Konzepts an, dass Großbritannien seine Staatsschulden nur dadurch bewältigt habe, dass die Staatsschuldenverwaltung der Krone durch die Bank of England sowie die East India Company und später durch die South Sea Company geregelt wurde.[75] Aus früheren Erfahrungen wusste Law, dass er nicht nur den Duc d'Orléans überzeugen musste, sondern auch dessen engste Berater. Darum versuchte Law, die Zeit zu nutzen, in der der Regent seinen Plan noch prüfte, um sich die Unterstützung der Berater zu sichern.
Schon nach einem Monat wurde Laws Plan formell dem Ratskollegium und einem Ausschuss von dreizehn der bekanntesten Bankiers und Finanziers vorgelegt. Diese erkannten sofort, dass Laws Plan für sie von großem Nachteil war. Sie stimmten mehrheitlich gegen den Plan. Auch Noailles[76] lehnte Laws Plan ab. Der Duc d'Orléans sah sich mit der Feindseligkeit der Bankiers und seiner eigenen Berater konfrontiert, die Laws Plan kategorisch ablehnten. Er musste einsehen, dass er in einer solch heiklen ersten Phase seiner Regentschaft nicht viele einflussreiche Personen gegen sich aufbringen konnte. Darum musste er Laws Plan schweren Herzens verwerfen.
Natürlich war Law sehr enttäuscht vom Ausgang der Sitzung. Gleichzeitig wies der Regent Noailles an, Law zu besänftigen, damit er nicht aus Frankreich abreiste. So machte Noailles Law einige vage Versprechungen. Laws Zorn verflog allmählich.

---

75 Diese Unternehmen kauften Monopolrechte gegen Darlehen, indem sie dem Staat zinsgünstige Kredite gewährten oder bestehende Schulden übernahmen. Hierdurch wurde die Schuldenlast von Großbritannien auf zweimalige Weise gesenkt: Erstens verringerten sich die Zinszahlungen, weil die Staatsschulden zu einem geringeren Zinssatz bedient werden mussten. Zweitens nahmen die Staatsschulden ab, weil die Unternehmen Schulden des Staates gänzlich übernahmen. Für die Unternehmen war dies eine lohnenswerte Sache. So bildeten auf der Passivseite in ihren Bilanzen die Staatsanleihen einen wichtigen Aktivposten. Durch die Ausgabe von Aktien nahmen sie das Geld auf, um die Schulden des Staates zu übernehmen. Die staatlichen Zinszahlungen dienten oftmals als eine Art Mindestrendite, die durch kluge Nutzung der Monopolrechte noch erheblich gesteigert werden konnte.
Ähnliches vollzog die EU auch, um Griechenland in den Jahren 2010 bis 2015 zu helfen. Hierzu wurden im ersten Schritt die hochverzinsten Altschulden durch diverse Rettungsschirme der EU abgelöst. Im nächsten Schritt vergab die EU an Griechenland zinsverbilligte Kredite. So musste Griechenland Ende 2014 weniger Zinsen (ca. 2,3 %) auf seine gesamten Schulden zahlen als Deutschland mit 2,7 %.

76 Noailles nahm gegenüber Law generell eine abwehrende Haltung ein, weil er Law verübelte, dass dieser den Regenten so mühelos beeinflussen konnte.

Law wollte seinen Plan zur Gründung einer Bank nicht verwerfen. Er sagte sich, wenn dem Regenten und dem Ratskollegium die Vorstellung einer Staatsbank Unbehagen bereitete, so musste eine private Unternehmung die Lösung sein: Eine privat geleitete Bank ähnlich der Bank of England, die Banknoten ausgab und von Anteilseignern finanziert wurde. Seinen neuen Plan erklärte Law zunächst im Dezember 1715 dem Duc d'Orléans in mehreren Vieraugen-Gesprächen. Da Noailles Laws Plan abgelehnt hatte, wies der Regent diesen an, die finanzielle Misere selbst zu lösen. Noailles führte mehrere schmerzhafte finanzielle Maßnahmen durch, um Frankreich zu sanieren. Erst vor einem Jahr hatte Noailles die *visa* ins Leben gerufen. In diesem Papier wurden die langfristigen Kredite, die Louis XIV. zur Finanzierung seiner Kriege aufgenommen hatte, eingebracht. Diese Papiere warfen einen festen Zins von sieben Prozent ab. Noailles Sparmaßnahme bestand darin, zunächst die 600 Millionen Livre in *visa* auf 270 Millionen Livre herabzusetzen und anschließend deren Zinssatz auf vier Prozent festzulegen. Außerdem wandelte er verschiedene kurzlaufende Schuldverschreibungen in *billets d'etats* um. Als Sparmaßnahme legte Noailles den Wert dieser *billets* auf zwei Drittel der ursprünglichen Summe fest. Obendrein wurden die Gehälter und Pensionen beschnitten. Doch diese Maßnahmen reichten noch nicht aus. Noailles musste die Staatsausgaben und die Staatsschulden weiter senken. Darum richtete Noailles sein Augenmerk jetzt auf das Münzgeld.
Die damalige französische Volkswirtschaft verwendete ein Bimetallsystem auf der Basis von Gold und Silber. Um jedoch die Preise nicht gleichzeitig in Silber- und Goldmünzen (welche auch noch unterschiedliche Größen, Gewichte und Feinheitsgrade hatten) ausdrücken zu müssen, bediente man sich einer Rechnungseinheit – einer Art Phantasiegeld. Diese Rechnungseinheit ermöglichte es nun, Kurse festzulegen, anhand derer sich die unterschiedlichen Münzen bewerten ließen. Das heißt, diese Rechnungseinheit bildete den Bezugsrahmen für die Dotierung von Löhnen, Verträgen, Kontrakten und Schulden. In Frankreich war dies der Livre Tournois (kurz Livre) mit einem Wert von 20 Sou, wobei dieser wiederum 12 Denier entsprach. Als Münzen kursierten in Frankreich hauptsächlich der goldene Louisdor und der Silberecu. Der König konnte nun den Wert der Rechnungseinheit im Verhältnis zum Münzgeld abändern. Diese Korrekturen des Wechselkurses zwischen der Rechnungseinheit und den Münzgeld hießen *augmentations* oder *diminutions* (Auf- bzw. Abwertungen). So führte z.B. Desmarets zwischen Januar 1713 und September 1715 eine Reihe von abgestuften *diminutions* des Louisdor von 20 auf 14 und des Silberecu von 5 auf 3,5 Livre durch. Desmarets wertete also die Rechnungseinheit Livre gegenüber dem

Münzgeld ab. Dies wirkte deflationär und die Preise fielen entsprechend. In der Phase des ohnehin schon knappen Geldes verschärfte diese Maßnahme die Währungskrise nochmals.
Noailles kam jetzt zu dem Schluss, dass eine Aufwertung des Münzgeldes gegenüber der Rechnungseinheit (Livre), also eine augmentation, der Krone satte Steuergewinne bringen müsste. Darum entschloss sich Noailles im Dezember 1715, den Louisdor von 14 auf 20 und den Silberecu von 3,5 auf 5 Livre aufzuwerten. Dazu rief er alle Münzen für eine Umprägung (*riforme*) zurück, bei der sie mit einem Sonderstempel (*rappe*) versehen wurde. Hierdurch wurde der Louisdors respektive der Silberecu zu „*reformes*" gemacht. Mit anderen Worten: Noailles zog alle Münzen ein und überprägte sie mit einem neuen Stempel. Anschließend gab er sie zu einem höheren Kurs wieder aus. Die Rechnung von Noailles war folgende: Angenommen jemand brachte 10 Louisdors im Wert von ursprünglich 140 Livre (10 x 14 Livre), so erhielt er 8 Louisdors mit dem neuen Prägevermerk im jetzigen Nennwert von 160 Livre zurück (8 x 20 Livre). Dabei schienen die Menschen die Wertdifferenz von 20 Livre verdient zu haben. Auf der anderen Seite machte die Krone einen Gewinn, denn sie bekam ja die übrigen Münzen im Wert von 40 Livre, sie erzielte einen Profit von einem Viertel. Faktisch wurde jeder Einzelne mit einer Münzsteuer in Höhe von 25 % belegt. Bei einer Münzgeldmenge von ca. einer Milliarde Livre, hätte diese Abwertung der Krone einen Gewinn von rund 250 Millionen Livre einbringen sollen. Hierdurch hätte sich der Realwert der Staatsschulden um ein Viertel verringern können.
Doch viele Franzosen empörten sich darüber, dass der Staat ihnen durch bloßen Stempelaufdruck ein Viertel ihres Vermögens abnehmen wollte. So wurde trotz schwerer Strafandrohung viel Münzgeld ins Ausland gebracht, um es einer Entwertung zu entziehen. Hierdurch verstärkte sich die Knappheit an Münzgeld weiter, weil schätzungsweise 60% der Münzen ins sichere Ausland gebracht wurden. Durch die Maßnahme, dass die Zinssätze und der Wert der französischen Staatsanleihen gesenkt wurden, verloren die Menschen das Vertrauen und verkauften sie zuhauf. So ging deren Wert steil nach unten. Durch die Aufwertung des Münzgeldes kam es zu einer Inflation. Die Menschen wussten nicht mehr, was der Livre am nächsten Tag noch wert war. Hunderte von Betrieben gingen bankrott, was wiederum die Arbeitslosigkeit erhöhte. Die Gazette de la Regence hielt das Klima der Aussichtslosigkeit so fest:

„Es ist nicht möglich, mit Worten auszudrücken, was für ein Elend in der Provinz herrscht. Auf dem offenen Land wimmelt es von Räubern ... aus Angst vor Raubüberfällen, die jeden Tag geschehen, können wir die Stadt nicht mehr verlassen. Es ist das absolute Elend."[77]

Das ganze Land drohte in den wirtschaftlichen Abgrund zu stürzten. Zusätzlich drohte das Gefüge der Gesellschaft selbst zusammenzubrechen. Im März 1716 holte Noailles zu seinem bislang drastischsten Schlag aus. Er richtete eine Justizkammer ein, die damit beauftragt wurde, zu überprüfen, ob Financiers, Steuereintreiber und andere Beamte auf ungesetzliche Weise von der wirtschaftliche Notlage Frankreichs profitiert hatten. Falls dies zutraf, sollten große Teile ihres Vermögens beschlagnahmt werden. Die Bevölkerung wurde dazu ermutigt, Anzeige zu erstatten, indem man versprach, jedem ein Fünftel der eingetriebenen Summe auszuzahlen. Dies führte zu einer Welle von Denunziationen. So zeigten unzufriedene Dienstboten ihre Herren an und Ehefrauen ihre untreuen Ehemänner. Die Furcht vor der Justizkammer war überall spürbar. So gestanden viele ihre Verbrechen und gaben große Teile ihres Besitzes her, um der Folterbank oder dem Pranger zu entgehen. Allerdings gelang es vielen Reichen, sich durch üppige Bestechungsgelder freizukaufen.[78] So soll z.B. der einflussreiche Financier Samuel Bernard sechs Millionen Livre für seine Vergehen geboten haben. Diese fiskalische Hexenjagd führte allerdings ebenfalls dazu, dass das Geld ins Ausland oder in den Untergrund getrieben wurde. Zudem wollte die wohlhabende Schicht nicht mehr auf großem Fuß leben und schränkte ihre Ausgaben ein, da sie befürchtete, die Aufmerksamkeit der Justizkammer zu erregen. So kam es zu einer Stagnation von Handel und Finanzgeschäften. Der Staat geriet langsam aus dem Lot.

In Anbetracht solcher Gräuel schien auf einmal Laws Plan für den Regenten eine reizvolle Lösung für die finanzielle Misere zu sein. Er fürchte nämlich, dass es zu Revolten käme, die seine Regentschaft gefährdeten. So legte er im Frühjahr 1716 Law nahe, nochmals seine überarbeiteten Pläne vorzulegen. Sie sahen jetzt die Einrichtung einer Privatbank vor, deren Gründungskapital Law selbst und andere interessierte Investoren aufbringen sollten. Die Bank sollte gegen eine Deckung durch Gold- und Silbermünzen Banknoten ausgeben dürfen. Die Banknoten konnten jederzeit ohne Angabe von Gründen wieder in Münzen umgetauscht werden, deren Wert dem der deponierten Geldstücke zur Zeit der Ausgabe der Noten entsprach. Hierdurch sollte

---

77 Gleeson, J.: Der Mann, der das Geld erfand. Goldman Verlag München 2001, S. 119

78 Noailles schätzte im April 1717, dass auf diese Weise Steuerrückzahlungen von effektiv 50 Millionen Livre eingetrieben wurden.

das Papiergeld sicherer sein als Metallgeld und dem Besitzer einen Schutz gegen Münzabwertungen (z.B. durch Heraufsetzung des Nennwertes der Münze oder indem der Metallgehalt verkleinert wird) geben. Überdies würde durch die größere Menge des kursierenden Geldes der Handel angekurbelt.

Dieser Vorschlag hatte jetzt die uneingeschränkte Unterstützung des Regenten. Er sprach mit jedem einzelnen Mitglied des Ratskollegiums, um diese über seine Wünsche in Kenntnis zu setzen. Da auch sie die Justizkammer fürchteten, fügten sich alle Mitglieder des Ratskollegiums. Nur der Duc de Saint-Simon sprach sich gegen Laws Plan aus. Er erkannte darin nämlich zwei Schwachstellen:

> „Erstens sei es erforderlich, dass man die Bank mit genügend Umsicht und Weisheit leiten müsse, um nicht mehr Noten auszugeben, als man sollte ..., zweitens könne das, was in einer Republik hervorragend sei ..., in einer absoluten Monarchie wie in Frankreich gefährlich werden, wo die Kosten unüberlegt unternommener und schlecht durchgeführter Kriege, die Habgier von Ministern, Günstlingen, Mätressen, das Luxusleben, die extravaganten Ausgaben und Verschwendungssucht eines Königs eine Bank bald erschöpfen, die Inhaber der Noten ruinieren und das ganze Königreich stürzen könnten."[79]

Es gab also keine Garantie, dass der König, der über dem Gesetz stand, die Bank in schwierigen Zeiten nicht für seine Zwecke missbrauchen würde, und so z.B. bei Geldbedarf einfach Geld druckte, um seine Rechnungen zu bezahlen. Sowohl Law als auch der Duc d'Orléans betonten, sie hätten dem einen Riegel vorgeschoben; die Bank würde schließlich nicht staatlich reguliert und nur Law und den anderen Anteilseignern unterliegen. Nach kurzer Diskussion der Einwände des Duc de Saint-Simons und Erwiderung des Regenten genehmigte das Ratskollegium die Pläne zur Gründung der Bank. Endlich war John Law am Ziel. Er bekam im Mai 1716 die Genehmigung zum Betreiben seiner Banque Générale für einen Zeitraum von zwanzig Jahren gewährt.

2.4. Die Bank: Banque Générale

Wie üblich standen im Spätsommer 1716 die massiven Doppelflügel der Türen der Banque Générale, die zur Rue St. Avoye führten, offen. Im Vestibül plauderten eine Hand voll Kunden miteinander, bevor sie ihre Geschäfte abwickelten. Das Geschäft der Banque Générale lief auch an diesem Tag nicht sehr gut.

Schon die Gründung der Bank war eine schwierige Geburt: Nachdem John Law das offizielle Zulassungssiegel erhalten hatte, erweckte die Bank kein

[79] Gleeson, J.: Der Mann, der das Geld erfand. Goldman Verlag München 2001, S. 122

großes Interesse bei der Bevölkerung. Das Aktienkapital setzte sich aus 1.200 Aktien zusammen, von denen jede mit 5.000 Livre angesetzt wurde. Die Bank sollte also über ein Kapital von sechs Millionen Livre verfügen. Es konnte allerdings nur ein Viertel der Anteile verkauft werden. Auch dies gelang nur, weil den Investoren erlaubt wurde, drei Viertel der fälligen Summe mit den *billets d'etats* zu begleichen. Diese Papiere lagen um 60 % unter ihrem Nominalwert.[80] Somit hatte die Bank ein Kapital von nicht einmal 800.000 Livre zum Arbeiten.

Die Reaktion der Bevölkerung spiegelte das Misstrauen der Öffentlichkeit gegenüber der Bank wider. Auch Laws Stigma eines dubiosen Spielers trug dazu bei. Man traute ihm nicht und schon gar nicht seinem neumodischen Papiergeld. Für viele Menschen waren Banknoten schlicht weg eine mysteriöse Erscheinung. Die Presse verstärkte noch diese tiefsitzenden Zweifel, indem sie die Banque Générale verspottete: Sie sei keine Bank, sondern ein Scherz und würde nicht lange überleben.

Die Banque Générale kämpfte also schon kurz nach ihrer Gründung um ihr Überleben. Sie war mit zu wenig Kapital ausgestattet und wurde von der Bevölkerung belächelt und beargwöhnt. Um sie zu retten, griff Law sowohl zu subtilen Taktiken als auch zu äußerst plakativen Werbemaßnahmen. Er erkannte: Um das Vertrauen der Bevölkerung zu gewinnen, musste er den Menschen zeigen, dass die Bank unter königlicher Schirmherrschaft stand. Darum griffen John Law und der Duc d'Orléans zu einem verwegenen Plan.

Eines Morgens fuhr eine Kutsche vor der Banque Générale vor. Sie gehörte dem Duc d'Orléans. Die Diener trugen Truhen, die mit metallenen Bändern beschlagen waren. Sie schafften die Truhen in die Bank und stellten sie vor dem Schalter ab. Dann wurden die Truhen geöffnet. Ein Raunen erfasste die anwesenden Kunden: In den Truhen befanden sich Berge von Louisdor, die der Regent der Bank anzuvertrauen wünschte. Er zahlte die unglaublich Menge von einer Million Livre ein. Dass der Regent eine so große Summe in eine Bank einzahlte, die in vielen Kreisen als Zielscheibe des Spotts diente, war nicht nur erstaunlich, sondern hatte auch eine große Signalwirkung. Innerhalb weniger Tage berichtete die Presse über diesen Vorfall und machte publik, dass der Regent Vertrauen in das Papiergeld setzte. Es wurden zudem Gerüchte gestreut, dass die Banque Générale in Wirklichkeit die Bank des Regenten sei. Die zuvor feindselig eingestellte Presse änderte ihre Haltung zur Bank grundlegend. Sie klärte die Menschen über das neue Papiergeld auf. So berichtete sie davon, dass es Banknoten von 10 bis 1.000 Ecus

---

[80] Die Idee dahinter war, dass die Zinseinnahmen der *billets d'etats* als Betriebsmittel dienten.

gebe, die „Ecus de banque“ genannt würden. Weiterhin pries die Presse Vorteile des Papiergeldes, insbesondere die Erleichterungen beim Bezahlen, an. Es wurden Zeichnungen abgedruckt, auf denen Menschen größere Summen mit Papiergeld bezahlten, ohne große Truhen mit Münzgeld mit sich tragen zu müssen. Man sprach von der neuen Leichtigkeit des Bezahlens.

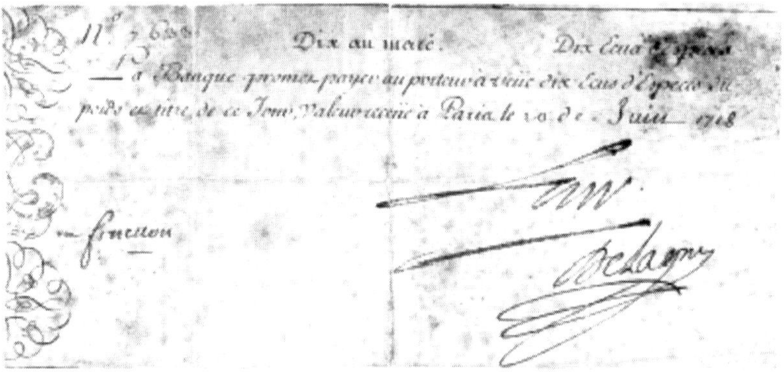

Abbildung 5: Eine Zehn-ecu-Banknote der Banque Générale vom 20. Juni 1718 (Quelle: Velde, F.R.: Government Equity and Money: John Law's System in 1720 France, Federal Reserve Bank of Chicago, 23. November 2004, S. 124)[81]

Außerdem priesen die Zeitungen Papiergeld als dem Münzgeld überlegen, weil folgender Satz auf der Banknote stand:

> „Die Bank verspricht, dem Inhaber sofort die Summe von ... Livre in Münzen von dem Gewicht und dem Standard auszuzahlen, den sie an diesen Tag haben, da sie entgegengenommen werden.“[82]

Die französischen Könige hatten nämlich die Angewohnheit, den Gold- und Silbergehalt der französischen Münzen zu verringern. Hiervor schützte die Banknote die Franzosen. So standen Laws Banknoten im Vergleich zum Münzgeld desselben Nennwertes bald hoch im Kurs.

Außerdem wurde betont, dass die Bank Bestand haben würde, weil der Regent hinter ihr stünde. Dies unterstürzte der Regent, indem er jede Einzahlung bei der Bank überall publik machen ließ. Zudem nutze er die Bank für seine Transaktionen mit anderen Nationen. Diesem Beispiel folgten viele

---

[81] Leider haben nur wenige schlecht erhaltene Banknoten der Banque Générale die Zeit überdauert.

[82] Gleeson, J.: Der Mann, der das Geld erfand. Goldman Verlag München 2001, S. 125

Ausländer. Sie konnten bei der Banque Générale ihre Wechsel[83] gegen eine kleine Gebühr verkaufen. So sagte Law selbst:

> „Vor der Gründung meiner Bank hatte der Wucher solche Blüten getrieben, dass Wechsel der kreditwürdigsten Kaufleute des Königreichs gemeinhin mit 4 Prozent monatlich diskontiert wurden, was sich im Jahr auf nicht weniger als 48 Prozent belief. Die Bank dagegen senkte den Satz auf monatlich 0,5, also jährlich 6 Prozent."[84]

Hierdurch ging stetig ausländisches Geld in Frankreichs Kassen ein, das half, die Münzknappheit zu verringern. Zudem begann Law damit, Banknoten zu drucken, die die Einleger nach und nach ausgaben. Hierdurch stieg die Menge der zur Verfügung stehenden Zahlungsmittel ebenfalls an, allmählich blühte der Handel auf. Die Händler bevorzugten die Banknoten, weil die Garantie, sie gegen Münzen von einem festgesetzten Wert einlösen zu können, ihnen ermöglichte, wesentlich besser zu kalkulieren. Die Banknoten begannen langsam in ganz Frankreich zu zirkulieren

Daneben griff John Law als Direktor der Bank auch zu direkteren Methoden, um das Geschäft zu beleben. Er bot eine Vielzahl von kostenlosen Bankdienstleistungen an. So konnten die Kunden kostenlos Geldbeträge von Paris in die einzelnen Provinzen überweisen oder kostenlos ausländisches Geld in französisches Geld wechseln.

Zusätzlich wurde die Banque Générale weiterhin durch den Regenten gefördert. So wies er im Oktober 1716 an, dass Zahlungen an die Staatskasse nun auch in Banknoten erfolgen dürften. Wenige Monate später erlaubte er, dass auch die Steuern mit Banknoten bezahlt werden.[85] Fortan musste sogar jemand, der seine Steuern in Metallgeld bezahlte, 5 % mehr bezahlen, als wenn er die Steuerschuld in Banknoten entrichtet hätte. Hierdurch wurde erreicht, dass der Zahlungswert der Banknoten immer 5% mehr betrug als der Zahlungswert der nominell gleichen Summe in Münzen, d.h. das Metallgeld

---

83 Ein Wechsel ist ein Papier, in welchem sich ein Schuldner (oder Bezogener) verpflichtet, bei Vorlage des Wechsels zu einem bestimmten Zeitpunkt einen bestimmten Betrag zu zahlen. Den Ankauf von noch nicht fälligen Wechseln durch Banken bezeichnet man als Diskontgeschäft. Dazu werden die Wechsel diskontiert, wobei die Zinsen bis zum Fälligkeitstag vom Nominalwert des Wechselbetrages abgezogen werden. Beispiel:
Ein Händler kauft von einem Bauern Kartoffeln im Wert von 100 Livre. Da der Händler nicht über genügend Geld verfügt, bietet er dem Bauern einen Wechsel mit einem Nominalwert von 100 Livre mit einer Laufzeit von drei Monaten an. Der Bauer benötigt nach zwei Monaten die 100 Livre zum Kauf von Schweinen. Darum entschließt sich der Bauer zum Verkauf des Wechsels an die Bank. Die Bank berechnet ihm eine Wechselgebühr von 4 % für den noch einen laufenden Monat. Somit bekommt der Bauer von der Bank 96 Livre für den Wechsel ausgezahlt. Anschließend reicht die Bank nach einem Monat (zur Fälligkeit des Wechsels) den Wechsel bei dem Kaufmann ein und bekommt die 100 Livre ausgezahlt.

84 Murphy, A.E: John Law Ökonom und Visionär, Verlag Wirtschaft und Finanzen, Düsseldorf 2002, S. 201

85 Letztlich machte dies aus der Privatbank fast schon ein Staatsinstitut.

wurde mit einem Disagio gegenüber den Banknoten belegt. Folglich versuchte jeder Steuerzahler, Banknoten in seinen Besitz zu bringen. Viele Franzosen trugen ihr Münzgeld zur Banque Générale, um es in Banknoten umzutauschen. So wuchs das Vertrauen der Bevölkerung in das Papiergeld immer weiter. Durch diese Maßnahmen wurde die Banque Générale so erfolgreich, dass sie 18 Monate nach ihrer Eröffnung den Anteilseignern eine Halbjahresdividende von sieben Prozent auf den Nennwert von 5.000 Livre (also 350 Livre) auszahlen konnte.

Der Erfolg brachte Law jedoch auch Schwierigkeiten mit den Privatbankiers von Paris ein, weil er durch die vielen kostenlosen Dienstleistungen, die seine Bank anbot, in einen Bereich eindrang, den die Privatbankiers als ihre ureigene Domäne ansahen. Sie sahen sich gezwungen, auch ihre Gebührensätze nach unten anzupassen, um nicht durch die Banque Générale aus dem Geschäft gedrängt zu werden. Dies führte dazu, dass ihre Gewinne deutlich zurückgingen. Außerdem verärgerte John Law die Geldverleiher. Er überschwemmte den Pariser Kreditmarkt mit seinem neuerschaffenen Geld, hierdurch wuchs der Druck auf die anderen Geldverleiher, gleichfalls Kredite zu niedrigeren Zinsen anzubieten, um im Geschäft zu bleiben. Denn wer seine Zinsen nicht senkte, verlor massiv Umsatz.

Darum entschloss sich eine Gruppe von Privatbankiers und Geldverleihern dazu, sich zusammenzuschließen, um Laws Bank zu Fall zu bringen. Dazu legten sie ihre finanziellen Ressourcen zusammen. Als sie Banknoten im Wert von fünf Millionen Livre zusammen getragen hatten, legten sie diese bei der Banque Générale vor und verlangten die sofortige Auszahlung der Summe in Münzen. Ganz Paris hielt den Atem an. Konnte die Banque Générale wirklich eine so hohe Summe in Münzen auszahlen? Law wusste, sollte er das Versprechen, auf Verlangen hin zu zahlen, nicht einhalten, würden die Banknoten in der Öffentlichkeit schlagartig das Vertrauen verlieren. Ohne Vertrauen würde sich sein Traum eines münzfreien Frankreichs in Luft auflösen. Gleichzeitig wusste er aber auch, dass seine Bank nicht über Münzreserven in Höhe von fünf Millionen Livre verfügte. Law versuchte seinen Kopf aus der Schlinge zu ziehen, indem er auf Zeit spielte. So teilte er mit, dass er vierundzwanzig Stunden brauchen würde, um eine so ungewöhnlich große Summe bereitzustellen. Law suchte umgehend das Finanzministerium auf. Er berichtete dem französischen Finanzminister Noailles von seiner Zwangslage. Obwohl Noailles Law noch immer feindlich gegenüberstand, erkannte er die missliche Lage der Bank. Sollte sie die Banknoten nicht einlösen können, würde sie bankrottgehen. Es würde zu einem Banken-Run kommen, weil jedermann seine Banknoten einlösen wollte. Nach Rücksprache mit dem Regenten wies Noailles die Verwalter des Vermögens von Frankreich an, Law mit Münzgeld in Höhe von fünf Millionen Livre zu versorgen.

Tausende von Schaulustigen fanden sich am nächsten Tag zum Showdown vor den Toren der Bank ein. Laws Widersacher staunten nicht schlecht, als dieser vor ihnen säckeweise Münzen auftürmte. Die Nachricht davon, dass die Bank eine solch große Summe Banknoten tatsächlich auf Verlangen in Münzen umtauschen konnte, verbreitete sich in Paris wie ein Lauffeuer. Das Vertrauen in die Bank wurde noch stärker. John Law ergriff die Gunst der Stunde. Mit Hilfe von Prominenten, die öffentlich kundtaten, dass sie nur noch Banknoten anstelle der unbequemen Münzen nutzten, schaffte Law es, dass die Banknoten allmählich anfingen zu zirkulieren wie Münzgeld. Sie wurden für mehrere Handelsvorgänge genutzt, bevor sie eingelöst wurden.

Nun wagte John Law den nächsten Schritt. Da immer weniger Banknoten eingelöst wurden, nutzte er die ungenutzten Goldvorräte der Bank zur verstärkten Vergabe von Darlehen. Er wollte damit der französischen Wirtschaft auf die Sprünge helfen. So sagte er:

> „Als die Eigenmittel der Bank zunahmen, setzte sie diese ein, um anderen Erfordernissen des Staates nachzukommen. Sie vergab Mittel, um die Manufakturen wieder instand zu setzen und zu erhalten, wendete Konkurse ab, lieh Kaufleuten Geld, damit sie im Geschäft bleiben konnten, und senkte ihren Zinssatz nach einigen Monaten von 6 auf 4 Prozent."[86]

Die Darlehn wurden jetzt nicht so, wie bei z.B. der Bank von Amsterdam (s. S. 22), durch eine Gutschrift auf ein Konto bei der Banque Générale vergeben, sondern die Darlehenssumme wurde in Banknoten ausgezahlt. Mit diesen Banknoten konnte der Kreditnehmer seine Zahlungen leisten, weil der Empfänger die Banknoten jederzeit gegen Münzgeld eintauschen oder sie für seine eigenen Zahlungsverpflichtungen einsetzen konnte. In der Zwischenzeit gingen bei der Banque Générale die Zinsen für das Darlehen ein. Irgendwann würden natürlich die Banknoten aus dem Kredit eingereicht und gegen Bargeld aus der ursprünglichen Einlage eingelöst werden. Aber bis dahin würde der Kreditnehmer sein Darlehen zum größten Teil in Münzgeld schon zurückgezahlt haben. Dann wäre alles in Ordnung und die Bank hätte an den Zinsen verdient. Zudem bestand natürlich auch die Möglichkeit, dass die Banknoten aus dem Kredit ihren Weg von Hand zu Hand fortsetzten, ohne dass sie jemals zur Einlösung kamen. Das Darlehen, welches zur Ausgabe dieser Banknote geführt hatte, würde Zinsen eingebracht haben und

[86] Les Œuvres completes de John Law, Band III, S. 312

längst zurückgezahlt sein. Deshalb bestehen gegenüber dem ursprünglichen Münzgeld, welches die Darlehensgebung ermöglichte, keine Ansprüche mehr. Die Banknoten aus dem Darlehen wären sozusagen durch Gold und Silber gedeckt. Law wusste, dass die Schaffung von Geld über den Kreditweg gefährlich war. Schließlich war ein Teil der Banknoten nicht mehr durch Gold gedeckt, sondern durch Kredite gesichert, die Law Unternehmen gewährte. Solange die Unternehmen mit diesen Krediten auch Werte (z.B. in Form von Maschinen) schafften, war der Wert des Geldes durch diese Werte gesichert, weil die Bank diese Werte bei Zahlungsschwierigkeiten eintreiben konnte. Deswegen musste Law darauf achten, dass die Bank nur Kredite vergab, die sich früher oder später in Wachstum, also Werte, verwandelten. Falls nämlich zu viele Kredite bedenklicher Qualität vergeben würden, stünden den Banknoten nur noch leere Versprechen gegenüber, aber keine Werte. Dann würde das Geld wertlos.

Law ging noch ein weiteres Risiko ein. Seine Bank wurde illiquider. Nicht alle ausstehenden Banknoten konnten auf Wunsch in Münzgeld umgewandelt werden, weil ein Teil des Münzgeldes in Form von Krediten gebunden war. Diese konnte Law bei Bedarf nicht sofort wieder eintreiben (siehe dazu auch Bank of Scotland, S. 33). Deshalb war es wichtig, dass die Besitzer von Banknoten nur in kleiner Anzahl erschienen, um sich ihr Guthaben in Münzgeld auszahlen zulassen. Hierzu hatte sich die Bank schließlich verpflichtet. Wenn zu einem Zeitpunkt viele Personen eine Auszahlung wünschten, könnte die Bank nicht mehr zahlen. Spräche sich dies herum, würden bald alle ihr Münzgeld fordern und die Bank stünde vor dem Aus. Die Banknoten hätten als Geld ausgedient und wären ohne Geldwert. Sie würden zu wertlosem Papier verkommen.

2.5. Mississippi-Kompanie

Law war sich bewusst, dass die französische Wirtschaft unter den angehäuften Staatsschulden litt. Ein Blick nach Großbritannien zeigte ihm einen Weg auf, um die Staatsschulden zu senken. Die dortigen Handelsgesellschaften nahmen für das Recht von Handelsmonopolen dem britischen Staat einen Großteil seiner Schulden ab. Hiervon inspiriert wollte auch Law eine Handelsgesellschaft mit dem Ziel der Schuldverwaltung sowie der Entwicklung des Kolonialhandels gründen.

Law fragte sich, warum nicht auch Frankreich von den Schätzen Afrikas, Ost- und Westindiens sowie Nord- und Südamerikas profitieren sollte, wie dies z.B. Spanien, England und Holland taten. Die Staaten hatten ein Vermögen mit Seide, Ebenholz, Elfenbein, Kaffee, Tee, Gold und Silber gemacht.

Bis zu jenem Zeitpunkt hatte Frankreich mit seinen Überseebesitzungen wenig Erfolg gehabt. So hatte Kardinal de Richelieu, ein großer Minister unter Louis XIII., knapp ein Jahrhundert zuvor die ostindische und westindische Kompanie gegründet. Auch während der Regierungszeit von Louis XIV. wurden Unternehmungen in Kanada, der Karibik, Neufundland, Französisch-Amerika und an der Küste von Senegal gewagt. Doch keine der Unternehmungen war geglückt. Deswegen wurde der Handel mit Übersee in die Hände privater Unternehmen gelegt. Der wohlhabende Pariser Financier Robert Crozat hatte insgesamt 1,5 Millionen Livre in seine Unternehmungen am Mississippi gesteckt. Sie standen kurz vor dem Erfolg. Als jedoch die Justizkammer (s. S. 57) ein Auge auf ihn geworfen hatte, musste er seine Aktivitäten am Mississippi einstellen. Denn die Justizkammer kam zu dem Schluss, dass Crozat 6,6 Millionen Livre Steuerschulden hatte. Um diese Schulden bezahlen zu können, musste er seine Mississippi-Konzessionen abtreten.

Das Handelsprivileg, welches an die Krone zurückgefallen war, galt für die ganze französische Kolonie Louisiana, ein Territorium, das um ein Vielfaches größer war als Frankreich.[87] Dieser riesige Landstrich war nur teilweise erforscht und urbar gemacht. Im größeren unerforschten Teil lebten hauptsächlich Ureinwohner. Somit wusste niemand, welche Schätze in den Böden der Kolonie Louisiana versteckt lagen oder welche Reichtümer die Wälder bargen. Die meisten Franzosen hatten noch nicht einmal eine Ahnung davon, wo diese Kolonie lag. Doch in den Straßen von Paris gingen Gerüchte umher, dass irgendwo versteckt in der Kolonie Louisiana ein neues Eldorado liege, mit Gold- und Silberadern und Smaragdbergen. Law griff diese Gerüchte auf und schmiedete einen Plan, um sowohl den Regenten als auch private Investoren zu ködern.

Zunächst untersuchte er, warum die französischen Unternehmungen in Übersee gescheitert waren. Er kam zu der Überzeugung, dass die Unternehmungen mit zu wenig Kapital durchgeführt und zusätzlich schlecht geleitet wurden. Darum müsste er seine Unternehmung mit reichlich Geld ausstatten und unter Leitung tüchtiger und erfahrener Männer stellen. Law berechnete, wie viel Kapital er ungefähr brauchte, um die Kolonie Louisiana zu erschließen. Er kam zu dem Schluss, dass man 100 Millionen Livre benötigte, um das Projekt erfolgreich durchführen zu können. Mit diesem Wissen entwickelte

---

87 Diese Kolonie erstreckte sich von der Mündung des Mississippis knapp fünftausend Kilometer weit nach Norden. Sie umfasste also die heutigen amerikanischen Bundestaaten Louisiana, Mississippi, Arkansas, Missouri, Illinois, Iowa, Wisconsin, Minnesota sowie einen Teil des heutigen Kanadas.

Law einen Plan. Er stellte ihn zunächst dem Regenten vor: Die Gesellschaft sollte insgesamt 200.000 Aktien zu je 500 Livre anbieten, was einen Nennwert von 100 Millionen ergab. Die Aktien konnte man nur mit *billets d'etat* (s. S. 53) erwerben. Law wollte also die Staatsschulden in Aktien der Gesellschaft umwandeln. Dazu tauschte die Gesellschaft die weit unter ihrem Nennwert notierten *billets d'etat* zu ihrem Nominalwert in Unternehmensaktien um. Law hoffte, dass die Aktien mehr Vertrauen genießen würden als die Staatspapiere. Damit der Regent dem Unternehmen zustimmte, sagte Law zu, den Zinssatz der *billets d'etat* auf vier Prozent zu senken. Der Vorteil für die Krone bestand darin, dass sie durch die Staatsanleihen zum Teil von der erdrückenden Zinslast befreit wurde, d.h. der französische Staat konnte eine Menge Geld an Zinsen sparen. Auf der anderen Seite bedeutete dies, dass das Unternehmen aus den *billets d'etat* etwa 4 Millionen Livre in Form von Zinszahlungen als Betriebskapital im ersten Jahr erwarten dürfte – sofern die Emission in Höhe von 100 Millionen Livre gezeichnet würde. Als Gegenleistung für die Umwandlung der abgewerteten Staatsanleihen in Unternehmensaktien und den geringeren Zinssatz sollte die Gesellschaft Handelsprivilegien erhalten, nämlich ein auf 25 Jahre befristetes Monopol für Französisch-Louisiana.

Der Regent leitete den Plan an das Parlament weiter. Dieses lehnte den Plan mit der Begründung ab, dass u.a. der Preis für das Handelsprivileg zu niedrig sei. Doch der Regent überstimmte das Parlament und setzte durch, dass Law die von ihm beantragten Privilegien gewährt wurden. So konnte dieser im August 1717 die *„Compagnie de la Louisiane ou d'Occident"* (im Volksmund genannt Mississippi-Kompanie) gründen. Die Kompanie erhielt für einen Zeitraum von fünfundzwanzig Jahren das Alleinrecht für den Handel zwischen Frankreich und seiner Kolonie Louisiana. Die Kompanie durfte dort auch Bergbau und Landwirtschaft betreiben. Zum Schutz ihrer Besitztümer in Übersee durfte sie auch eine eigene Land- und Seestreitkraft unterhalten. Als Direktor war Law jetzt zwar nicht nominell, aber de facto der Herrscher über halb Amerika.

Kaum gegründet, kämpfte die Mississippi-Kompanie schon um ihr Überleben. Bis Ende Oktober 1717 waren erst 30 Millionen Aktien verkauft worden.[88] Davon wurden viele zwar gezeichnet, aber noch nicht vollständig bezahlt. Um den Verkauf anzukurbeln, verkündete Law schließlich, dass die Anleger die Aktien in fünf Raten bezahlen könnten. Zudem gestattete er, dass

[88] Um die Aktien zu stützen, kaufte Law für die Banque Générale in mehreren Tranchen Aktien der Mississippi-Kompanie. Man schätzt, dass Law 12.000 Aktien gekauft hat.

die Anleger die Aktien auch schon verkaufen dürften, wenn nur die erste Rate bezahlt wurde (normalerweise war dies nicht üblich). Doch trotz dieses zusätzlichen Anreizes blieben die Aktien immer noch hinter ihrem Nominalwert von 500 Livre zurück. Dies lag u.a. daran, dass Aktien für die Franzosen Neuland waren. Der Reiz des Aktienhandels war noch nicht entdeckt, man konnte sich die Gewinne, die man damit erzielen konnte, einfach nicht vorstellen. Stattdessen sorgte man sich eher über mögliche Risiken. Letztlich war die Kompanie unterfinanziert. Doch die Sorgen um die Mississippi-Kompanie sollten in den Hintergrund treten. John Law wurde nämlich von anderer Seite bedroht.

In der Zwischenzeit hatten sich Laws Gegner im französischen Establishment wieder zusammengeschlossen.[89] Noailles Abneigung gegen Law war weiter gewachsen, er setzte eine ganze Maschinerie in Gang, die Law zu Fall bringen sollte. Er brachte das Ratskollegium sowie das Parlament gegen Law auf. Im Januar 1718 war die Feindseligkeit zwischen Noailles und Law so groß geworden, dass der Regent handeln musste. Er bat beide Männer, ihre Ideen für Frankreichs Zukunft vorzustellen. Noailles befürwortete die erprobten und bewährten Steuer- und Währungsmanipulationen. Dagegen sprach sich Law aus. Er schlug vor, die Bank zu nationalisieren und seine Handelsgesellschaft zu einem Konzern auszubauen, der größer und mächtiger war als alles bisher Dagewesene.

Der Regent bewunderte Law wegen seines Erfolgs mit der Bank. Von Law ging die Verheißung unbeschreiblichen Reichtums aus. Darum wurde der Finanzminister eiligst auf einen neuen Posten abgeschoben. An seine Stelle trat d'Argenson, der seine Karriere gleich mit einem Paukenschlag startete: Er schlug die Sanierung des Staates vor. Die alten Münzen und die Staatsanleihen sollten eingezogen werden, damit sie aufgewertet werden könnten. Der Livre sollte um ein Sechstel abgewertet werden – mit dieser Maßnahme würde ein substanzieller Teilbetrag der Staatsschuld getilgt.

Dieser Plan rief natürlich Empörung hervor. Im Parlament[90] wie auch beim Volk erhob sich ein Aufschrei der Empörung. Plötzlich standen Parlament und das Volk in Eintracht zusammen. Jetzt rächte sich, dass der Regent zu

---

[89] Sie einte die Angst um ihre Pfründe. So hatte Law den Privatbankiers von Paris einigen Schaden zugefügt, als die Banque Générale mit preisgünstigen Angeboten auf dem Markt agierte. Zudem verübelten viele französische Adelige Law seinen Einfluss auf den Regenten. Sie sahen ihn als einen unverschämten Emporkömmling an, der ihr Ansehen beim Regenten gefährdete.

[90] Die Mitglieder des französischen Parlaments wurden nicht gewählt und besaßen nur wenig Einfluss auf den Regenten.

Anfang seiner Regentschaft dem Parlament das Recht der *remonstrance* zugestanden hatte, um sich dessen Wohlwollen zu erkaufen. Das Parlament sah jetzt die Chance, seinen eigenen Machtanspruch geltend zu machen und gleichzeitig Law loszuwerden. Gegen Law hegten viele Abgeordnete ein tiefes Misstrauen. So sagte Fanny Oglethorpe, eine Freundin von Law, über die wachsenden Spannungen zwischen Law und dem Parlament:

> „Das Parlament tut immer noch alles, was es kann, um ein Loch in Mr. Laws Mantel zu zwacken und durch die Seiten hindurch den Regenten zu treffen."[91]

Der vorläufige Höhepunkt der Auseinandersetzung wurde erreicht, als das Parlament vom Regenten verlangte, die Abwertung zurückzunehmen. Natürlich weigerte sich der Duc d'Orléans, weil er seine Autorität in Frage gestellt sah. Daraufhin rief das Parlament das oberste Gericht an. Dieses sprach ein spektakuläres Urteil. Es wurde die Verbindung zwischen der Banque Générale und der Regierung für ungesetzlich erklärt. Deswegen dürften die Steuern nicht mehr mit Banknoten der Banque Générale bezahlt werden. Außerdem wurde es Ausländern untersagt, sich direkt oder indirekt in die Verwendung der königlichen Gelder einzumischen, auch wenn sie eingebürgert waren, wie es bei Law der Fall war. Die Krise spitze sich nochmals zu, als das Parlament beabsichtigte, Büttel mit dem Befehl auszusenden, Law zu verhaften. Der Regent reagierte prompt und schickte die Garde, um Law zu schützen. Law und seine Familie sollten in einer leerstehenden Wohnung im Palais Royal Zuflucht finden.
Wiederum zeigte sich, dass der Duc d'Orléans ein Politstratege war. Er überraschte das Parlament mit einer Sitzung, die als *lit de justice* bezeichnet wurde. Am 26. August 1718 fand die Sitzung statt. Paris glich einem Heerlager, um jedes strategisch wichtige Gebäude waren Soldaten positioniert. Bei dieser Sitzung bestätige der junge König den Regenten und verwarf den Einspruch des Parlaments. Die Abgeordneten erkannten, dass ihr Angriff gescheitert war. Wieder einmal war Law ihnen von der Schippe gesprungen. Doch der Groll gegen Law sollte im Untergrund weiter wachsen. Die Ereignisse schockierten Law zutiefst. Sie brachten ihn jedoch nicht davon ab, seinen Meisterplan – das *„systeme"* – voran zu treiben.

2.6. Das große Spiel

Laws Plan sah die Übernahme der Banque Générale durch den Staat vor. Er versuchte den Regenten damit zu ködern, dass dieser als Großaktionär mit

[91] Gleeson, J.: Der Mann, der das Geld erfand. Goldman Verlag München 2001, S. 136

der Übernahme der Banque Générale durch den Staat großen Profit machen könne. Zudem sicherte er zu, dass die Aktien gegen Münzen eingetauscht werden konnten. Dies überzeugte den Regenten, sodass am 4. Dezember 1718 aus der Banque Générale die verstaatlichte Banque Royale[92] wurde. Die Banque Générale hatte bis zur ihrer Übernahme durch den Staat 148,6 Millionen Livre an Banknoten ausgegeben, davon allerdings wieder 89,5 Millionen Livre eingezogen. Folglich kursierten zum Zeitpunkt ihrer Umwandlung noch 39,5 Millionen Livre in Form von Banknoten. Die Bank hielt 9,2 Millionen Livre an Münzgeld und 1,6 Millionen Livre an Wechsel. Law hatte nämlich nach dem Vorbild der Bank von Amsterdam (s. S. 21) stets darauf geachtet, nicht zu viele Banknoten auszugeben. Darum hatte die Banque Générale als Reserve an Münzgeld immer im Mittel mindestens 25 % des Wertes der sich im Umlauf befindenden Banknoten. So konnte sie jederzeit die Wünsche auf Umwandlung in Münzen erfüllen und so das Vertrauen in die Banknoten stärken.

Bei der Banque Royale wurden die Spielregeln jedoch geändert. John Law blieb zwar auch weiterhin deren Direktor, hatte fortan jedoch weniger Rechte. Er sollte die Banque Royal zu einer Diskont- und Emissionsbank sowie zu einer Geschäfts- und Staatsbank weiterentwickeln. Dazu eröffnete Law u.a. Zweigstellen in Lyon, La Rochelle, Tours und Orléans. Dagegen sollte die Banknotenausgabe in die Hände des Regenten übergehen. Law sollte in dieser Frage den Regenten nur noch beraten. So entschied der Regent fortan z.B. über die Menge der ausgegebenen Banknoten und deren Aussehen.

Eine Neuerung war außerdem, dass der Regent veranlasste, dass der Nennwert der Banknoten fortan *Livre tournois* lauten sollte.[93] Zusätzlich wurde die Einlösegarantie in Münzen deutlich eingeschränkt Die Banque Royal versprach jetzt nur noch, dem Überbringer den Nennwert in Livre tournois in Münzgeld (vorzugsweise Silbergeld) auszubezahlen. Somit fiel der Schutz vor der Münzabwertung weg.

---

92 In den Besitz der Banque Royale gingen auch 12.000 Aktien der Mississippi-Kompanie über, welche die Banque Générale gehalten hatte.

93 Also in einer bis dahin nicht greifbaren Rechnungseinheit, (s. S. 64) auf die alle Münzen normiert waren.

Abbildung 6: Banknote der Royal Banque mit dem Text: Die Bank verspricht, dem Überbringer auf Sicht einhundert Pfund von Tours in Silbergeld zu zahlen. (Quelle: Frühzeit des Papiergeldes Beispiele aus der Geldscheinsammlung der Deutschen Bundesbank, Deutsche Bundesbank, Frankfurt am Main 1970, S.17)

Zudem wurden den Inhabern von Staatspapieren spezielle Anreizprämien (wie z.B. ein um 10 % gesteigerter Wert gegenüber des Nennwerts der Anleihe) angeboten, um diese in Banknoten einzutauschen. Durch Law und das Geschick des Regenten stützten sich in den nächsten Monaten Frankreichs Finanzen immer stärker auf die Banque Royale. So wurden beispielsweise Gesetze erlassen, die sicherstellen sollten, dass jedermann das Papiergeld nutzte. So mussten alle Transaktionen von mehr als 600 Livre in Noten der Banque Royale oder in Gold abgewickelt werden. Da Gold sehr knapp war, zwang dieses Gesetz indirekt jeden dazu, für größere Transaktionen Papiergeld zu verwenden. Wegen dieses Gesetzes wurde mehr Papiergeld benötigt. So waren acht Drucker rund um die Uhr damit beschäftigt, Zehn-, Fünfzig- und Hundert-Livre-Noten zu drucken.
Gleichzeitig war John Law damit beschäftigt, seine Gewinne aus dem Verkauf der Banque Générale neu zu investieren. Er begann damit, einen umfangreichen Immobilienbesitz zusammenzukaufen. So kaufte er u.a. vom Prinzen

von Carignan für 750.000 Livre das Hotel de Soissons.[94] Wenig später wurde das Hotel das Hauptquartier der Mississippi-Kompanie. Des Weiteren richtete Law sein Augenmerk immer mehr auf die französische Wirtschaft. Er war bemüht, die Wirtschaft weiter voranzubringen. Dies trug Früchte. Durch das neue Geld erlebte Frankreich einen Wirtschaftsboom und das ganze Land blühte auf. So schrieb Daniel Defoe am 12. Dezember 1719:

> „Es kommt nichts anderes zum Vorschein als neue Kleider, Personen mit neuem Aussehen und eine unendliche Zahl von Familien, die zu neuem Reichtum aufgestiegen sind. Man sieht 800 neue Kutschen in Paris, und die reich gewordenen Familien kaufen neues Tafelsilber, neue Möbel, neue Gewänder und eine neue Equipage, sodass hier ein ganz gewaltiger Handel herrscht."[95]

Wegen dieses Booms war Frankreich gezwungen, Arbeiter und Facharbeiter aus dem Ausland anzuwerben. Nur so konnte die gewaltige Nachfrage insbesondere nach Luxusgütern noch gedeckt werden. Denn die Neureichen wollten sich mit der Schaustellung von Luxusgütern von den anderen abheben. So konnte sich Law endlich wieder verstärkt mit seinem Lieblingsprojekt befassen – der Mississippi-Kompanie. Deren Aktien waren noch immer unter dem Nominalwert notiert. Es musste etwas passieren. So ließ er in den Zeitungen verlockende Berichte über die Kolonie Louisiana veröffentlichen. Die Berichte beschrieben die Kolonie als ein Land, in dem Milch und Honig flossen. In diesem Wunderland strotze der Boden nur so vor Gold- und Silberadern. Ebenfalls warteten andere wertvolle Erze und Mineralien wie Kupfer, Blei und Quecksilber auf den Abbau. Auch wurden Matrosen, die aus den Kolonien kamen, dafür bezahlt, positiv über das Projekt zu berichten. So ließen sie verheißen, dass die Vorzeigesiedlung New Orléans, die ein Jahr zuvor gegründet wurde, eine blühende Stadt geworden sei. Man berichtete von nahezu 800 gut ausgestatteten Häusern.[96]
Law war felsenfest davon überzeugt, dass die Kolonie, wenn man nur genügend Zeit und Geld investierte, zu einem ertragreichen Territorium würde – für das sie in Frankreich jedermann bereits hielt. Zudem fehlte es an wackeren Pionieren, denn nur wenige Franzosen waren bereit, auszuwandern.

94 Allerdings verkaufte der Prinz die wunderschönen Gärten um das Hotel nicht mit. Später verpachtete er die Gärten an Händler. Dort entwickelte sich eine Art Marktplatz für den Handel mit Aktien der Mississippi-Kompanie.
95 Gleeson, J.: Der Mann, der das Geld erfand. Goldman Verlag München 2001, S. 139
96 Tatsächlich bestand die Siedlung lediglich aus vier Häusern.

2.6.1. Ein Gigant entsteht – der Aufstieg der Mississippi-Kompanie (bis Juli 1719)

Law musste also eine andere Methode finden, um der kränkelnden Mississippi-Kompanie auf die Füße zu helfen. Sein Ausweg bestand darin, den Überseehandel von Frankreich zu monopolisieren. Seine ersten Akquisitionen zur Verwirklichung dieses Ziels waren der Kauf des Rechts auf den Tabakanbau in den Kolonien sowie der Handel mit Sklaven und lukrativen Produkten aus Senegal. Gleichzeitig versuchte Law, mehr Menschen zur Auswanderung zu bewegen. Er ließ Flugblätter und Bücher drucken, die Louisiana als wahres Paradies priesen. Gleichzeitig versprach Law den Auswanderern großzügige Unterstützung. So übernähme die Kompanie sämtliche Ausgaben für die Kolonisten, bis diese sich etabliert hätten. Law konzentrierte sich immer stärker darauf, Freiwillige – vor allem junge Ehepaare – für das Auswandern nach Louisiana zu gewinnen. So bot er bei Besuchen in Armenhospitälern jungen Leuten, die willens waren, zu heiraten, großzügige Aussteuern an.

Um das Projekt weiter voranzutreiben, erwarb Law selbst 1719 mit Partnern eine Konzession. Dazu kaufte er die Rechte an einem Gelände von sechszehn Quadratmeilen am Ouchita River im Westen des Mississippis (im heutigen Arkansas). Ungefähr hundert Kolonisten warb Law mit vielen Versprechungen und Geld an. Sie sollten nach Erz suchen und Tabak anbauen. Im März 1719 startete die Mission. Wenige Monate später gab Law die ersten Erfolgsmeldungen seiner Expedition weiter. In den Salons rumorte es nur so vor Gerüchten. Law sei auf riesige Silbervorkommen gestoßen, hieß es. Kaum jemand zog auch nur in Erwägung, dass Laws Erfolgsmeldungen lediglich seiner Fantasie entstammten. Denn in Wirklichkeit hatte sich seine Expedition in einer trostlosen, feindseligen Umgebung wiedergefunden, in der der Kampf ums Überleben jeden Versuch, etwas anzubauen, vereitelte.

Um diese Probleme zu überspielen, wagte Law einen neuen Schachzug. Im Mai 1719 legte er einen neuen Plan vor: Die zwei Handelsgesellschaften, die Compagnie des Indes Orientales und die Compagnie de la Chine sollten mit der Mississippi-Kompanie verschmelzen. Der so gebildete Konzern sollte Compagnie des Indes heißen.

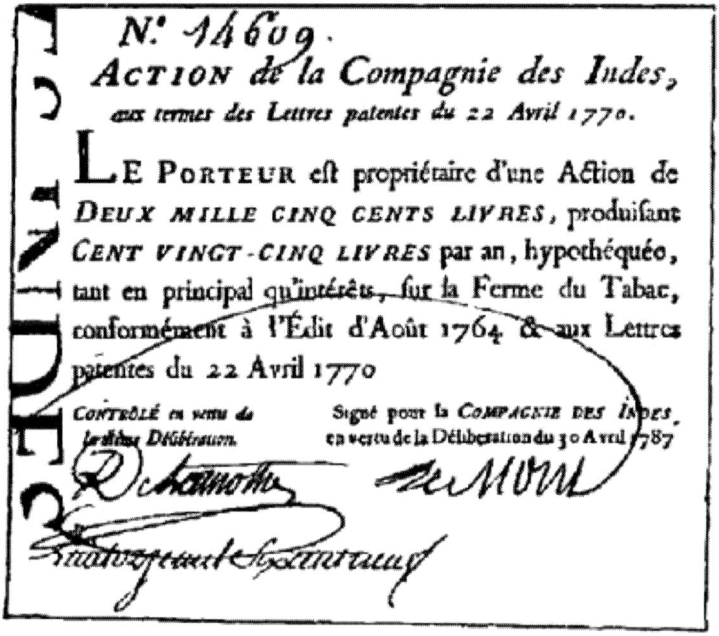
N.° 14609.

ACTION de la Compagnie des Indes,
aux termes des Lettres patentes du 22 Avril 1770.

LE PORTEUR est propriétaire d'une Action de DEUX MILLE CINQ CENTS LIVRES, produisant CENT VINGT-CINQ LIVRES par an, hypothéquée, tant en principal qu'intérêts, sur la Ferme du Tabac, conformément à l'Édit d'Août 1764 & aux Lettres patentes du 22 Avril 1770

CONTRÔLÉ en vertu de la dite Délibération.

Signé pour la COMPAGNIE DES INDES, en vertu de la Délibération du 30 Avril 1787

Abbildung 7: Aktie der Compagnie des Indes in Höhe von £ 2.500 von der Gesellschaft vom 30. April 1787 für zweite Anhebung des Kapitals ausgegeben (Quelle: Wikimedia Commons. Gemeinfrei)

Zusätzlich schlug Law im Juni 1719 vor, dass die Compagnie des Indes auch die Compagnie d'Afrique übernehmen sollte. So sollte ein Gigant mit weltweiten Handelsrechten entstehen. Durch seine Monopolrechte würden die Gewinne große Ausmaße erreichen. Der Regent erlaubte die Fusion zwischen den Kompanien.

Um dies zu stemmen, musste die Mississippi-Kompanie eine Ausgabe von 50.000 neuen Aktien durchführen. Die neuen Aktien bekamen den Spitznamen *filles* (Töchter). Folgerichtig bezeichnete man die Aktien der ersten Ausgabe als *mères* (Mütter). Anders als bei Ausgabe der *mères*-Aktien, wurden die *filles* nur gegen Bargeld abgegeben. Der Grund war, dass die Mississippi-Kompanie zur Entwicklung ihres Überseehandels in zwei Dutzend Schiffe von je fünfhundert Tonnen investieren wollte. Die Gegner belächelten Laws Pläne. Insbesondere d'Argenson verspottete das Projekt. Er behauptete, die Öffentlichkeit würde niemals in Aktien der Mississippi-Kompanie investieren. Schließlich waren die Aktien der ersten Ausgabe noch unter dem Nominalwert bei 450 Livre notiert. Law erkannte, dass er sich etwas Außergewöhnliches einfallen lassen müsste, um das Projekt zu retten. Er legte einigen seiner wohlhabenden Anhänger einen Plan vor. Die neuen Aktien sollten in zehn Monatsraten von nur jeweils 10 % (sprich 50 Livre) bezahlt werden. Dies sei möglich, weil das Unternehmen den Bau und die Ausstattung seiner Flotte langfristig finanzieren wolle und daher nicht sofort das gesamte Geld aufnehmen müsse. Das überzeugte die Gönner und eine Reihe von ihnen erklärte sich bereit, mit jeweils einer Million Livre einzusteigen. Unter ihnen waren u.a. die Herzöge von Bourbon und de la Force, der Marschall d'Estrees, Nangis und Lassay. Die Unterstützung dieser Menschen überzeugte den Regenten, sodass er die zweite Emission Mitte Juni 1719 erlaubte.

Zwar stieg der Aktienkurs seit Mai 1719, dem Zeitpunkt, zu dem die Maßnahme der neuen Aktienemission erwogen wurde, von 450 auf 490 Livre im Juni 1719, aber er lag noch immer unter dem Nennwert von 500 Livre und dem angepeilten Ausgabekurs für die zweite Aktienemission von 500 Livre. Wer würde die neuen Aktien kaufen, wenn er die alten Aktien billiger kaufen könnte? So machte Law einen gewagten Schritt:

> „Ich bot an, die Aktien nunmehr zu einem Kurs von 110 [das heißt zu 550 Livre] zu kaufen, meine erste Zahlung von zweieinhalb Millionen vorzunehmen und diese Summe zu verlieren, wenn ich nicht in der Lage sein sollte, die weiteren Zahlungen in den vereinbarten Fristen aufzubringen."[97]

Law war also bereit, mit seinen Freunden zusammen die neue Emission zu zeichnen. Die Gruppe verpflichtet sich, bei einer Anzahlung von 2,5 Millionen Livre für insgesamt 25 Millionen Livre zu haften. Law glaubte demnach felsenfest an den Erfolg der Mississippi-Kompanie. Er war bereit, mit eigenem Geld für das Projekt einzutreten, hierdurch nahm er allen Zweiflern Wind aus den Segeln. Diese Maßnahme brachte den Aktienkurs der Mississippi-Kompanie langsam in Schwung. Viele fragten sich, wieso sich Law so rückhaltlos hinter die Effektenemission stellte.[98] Es kursierten immer mehr Gerüchte über das Wunderland Louisiana. Langsam erwogen immer mehr Menschen, Aktien zu kaufen. So stieg der Aktienkurs am 17. Juni auf 650 Livre an. Diese Kursrallye von 490 auf 650 Livre innerhalb einiger Wochen galt als gutes Omen für die neue Emission, da deren Zeichnung erst am 26. Juni

---

[97] Murphy, A.E: John Law Ökonom und Visionär, Verlag Wirtschaft und Finanzen, Düsseldorf 2002, S. 241

[98] Langsam kam John Law zu Ansehen in der Bevölkerung. Beeindruckt von seinem finanziellen Einsatz schlossen sich viele Bürger seinen Entscheidungen an und wollten so von seiner Expertise profitieren.

beginnen sollte. Gleichzeitig wurde in Zeitungen von Experten die Werbetrommel gerührt. Sie sprachen von einer bevorstehenden Veränderung der Weltordnung. Was heute gilt, mag morgen schon nicht mehr gültig sein, so der Grundtenor. Jeder Anleger wurde vor die Frage gestellt: Wie viel Kraft, wie viel Energie, wie viel Können und Innovationen stecken in der Mississippi-Kompanie? Diese Fragen ließen sich nicht mit konkreten Zahlen beantworten. Vielmehr war ein Gefühl des Anlegers für das Unternehmen gefragt. Eines war jedoch klar: Die Mississippi-Kompanie würde die Welt aus ihren Angeln heben.

Um den Aktienverkauf weiter in Schwung zu bringen, gestaltete Law die Zahlungsbedingungen noch freundlicher. Er forderte jetzt nicht mehr, wie ursprünglich geplant, den Aktienpreis in zehn Monatsraten zu 50 Livre, sondern eine sofortfällige Anzahlung von 50 Livre je Aktie und zwanzig Monatsraten zu 25 Livre. Weiterhin sollten die Bezugsrechte für die neuen Aktien handelbar sein, sobald die Anzahlung von 50 Livre geleistet war. Hierdurch gab Law den Anlegern der nur teilweise bezahlten *filles* die Möglichkeit, sagenhafte Gewinne einzufahren. So konnten Inhaber von *filles*, die nur ihre Prämien in Höhe von 50 Livre angezahlt hatten, z.B. im Juli 1719 bei einem Aktienkurs von 1.000 Livre einen Gewinn von 450 Livre (1.000 Livre - 50 - 25 x 20 Livre) einstreichen, also fast 800 % Gewinn. Kein Wunder, dass bei solchen Gewinnaussichten das Interesse an der Aktie deutlich stieg. Gleichzeitig versorgte John Law den Markt mit genügend Bargeld für den Aktienerwerb. So gab die Banque Royale weitere Noten im Wert von 50 Millionen Livre aus. Billiges Geld und eine vielversprechende Investmentidee - die beiden Fundamente aller großen Finanzkrisen[99] - wurden auf diese Weise geschaffen.
Law griff auf eine elementare Erkenntnis der Konsumpsychologie zurück: Eine Verringerung des Angebots lässt die Nachfrage steigen. Deshalb erlies Law neue Ausgaberestriktionen zum Erwerb der neuen Aktien. Man konnte nur noch eine neue Aktie, eine *fille*, erwerben, wenn man als Anleger vier alte Aktien, also vier *mères*, besaß. So erfreuten sich die Anleger der ersten Emission über steigende Aktienkurse ihrer *mères*. Paris kam zum ersten Mal in den Genuss einer Hausse[100], die die Kurse über 1.000 Livre stiegen ließ.

---

[99] Für weitere Informationen siehe: Götte, R.: Finanzkrisen: Mythos und Wahrheit, Anatomie und Geschichte Warum Spekulationsblasen immer wieder entstehen, wie sie platzen - und wie Anleger sich vor ihnen schützen können. ibidem Verlag Stuttgart 2012

[100] Französisch für „Anstieg". Beschreibt eine Phase langfristig steigender Wertpapierkurse.

Der noch immer misstrauische d'Argenson warnte den Regenten vor einer Blase. Er bemerkte, dass die Kurse stiegen und stiegen und dass dieser Prozess schon bald ein jähes Ende nehmen müsste. Er sah die Kurse abstürzen – und ganz Frankreich hinterher. Er sagte, es handele sich um einen kreditfinanzierten Aufschwung, welcher nur durch die Druckerpressen der Bank, welche ohne Unterlass Banknoten spien, zu Stande käme, damit die Menschen sich die Aktien überhaupt leisten konnten. Als weiteres Problem nannte er, dass als Sicherheit die damit gekauften Aktien akzeptiert würden. Der Regent hielt allerdings nichts von solchen Schwarzmalereien. Vielmehr verdiente auch er kräftig an diesem Börsenboom. Dennoch leicht besorgt über die Ausführungen von d'Argenson, fragte der Regent bei Law nach. Law versicherte ihm, es gebe keinen Grund zur Sorge. Um dies zu unterstreichen, setzte Law seinen Einkauf fort: Ende Juli 1719 erwarb er für 50 Millionen Livre die Rechte an der königlichen Münze. Zur Bezahlung bot er eine dritte Emission von 50.000 Aktien mit einem Nennwert von 500 Livre zu einem Preis von 1.000 Livre – die sog. *petites filles* (Enkelinnen) – an. Allerdings durfte man die *petites filles*-Aktien nur dann erwerben, wenn man bereits über vier Mütter und eine Tochter verfügte. So stiegen die beiden Aktien deutlich an, weil viele Zeichnungswillige der *petites filles* diese kaufen mussten, damit sie ihre Subskriptionsgesuche einreichen durften.[101]
Um die Solidität der Mississippi-Kompanie zu unterstreichen und gleichzeitig eine Anlage in ihre Aktien attraktiv erscheinen zu lassen, kündigte John Law kurz vor dem Beginn der Zeichnungsfrist der dritten Aktienemission am 27. Juli 1719 an, die Mississippi-Kompanie werde im Jahr 1720 60 Livre je 500-Livre-Aktie Dividende auszahlen. Die Ausschüttung sollte in zwei Halbjahresraten erfolgen. Im Hintergrund ließ Law die Banque Royale weitere 240 Millionen Livre in Noten ausgegeben. Binnen weniger Tage hatte er so die Geldmenge drastisch erhöht[102] und damit die Räder des hoch spekulativen Aktienmarktes geölt. So konnte der Markt weitere Aktien aufnehmen.

---

[101] Ein möglicher anderer Grund für diese Maßnahme dürfte gewesen, dass dadurch der Aktienmarkt ziemlich überschaubar blieb und sich so die Kurse relativ einfach in die Höhe treiben ließen, zumal Law auch noch die Mittel der Bank einsetzen konnte, um eine stärkere Nachfrage zu schaffen. Er verknappte durch diese Maßnahme das Angebot, welches auf starke Nachfrage traf. Die Aktienkurse der Mississippi-Kompanie schossen in die Höhe, weil die Anleger Angst hatten, keine Aktien mehr zu bekommen.
Auch heute noch werden nach diesem Prinzip viele Aktienemissionen durchgeführt. Dazu werden die Aktien der Emission zunächst überwiegend an große Investoren verkauft und nur ein kleiner Teil am Markt platziert. Hierdurch wird das Angebot künstlich verknappt und der Preis für die Aktien an der Börse steigt, weil viele Anleger, die bei der Emission nicht zum Zuge gekommen sind, jetzt an der Börse die Aktien kaufen.

[102] Dies bedeutete eine Steigerung der Geldmenge von ca. 150 %. Somit hatte die Bank schon Noten im Wert von 400 Millionen Livre in diesem Jahr ausgegeben.

Law war sich bewusst, dass der Kursanstieg seiner Aktien von dem Vertrauen der Öffentlichkeit abhing und dass sich die großen Einnahmen aus der Kolonie Louisiana früher oder später einstellen würden. Darum unternahm er nun alles Erdenkliche, um die Entwicklung der Kolonie voranzubringen. Aus Laws Sicht stellte das größte Problem noch immer die geringe Menge an Siedlern und ein mangelhaftes System zu ihrer Unterstützung dar. So gab er den Bau weiterer Schiffe in Auftrag, die Versorgungsgüter für die Siedler transportieren sollten. Mittlerweile umfasste die Flotte der Kompanie fast 30 Schiffe. Zur Lösung des Siedlerproblems überzeugte Law den Regenten, ein Gesetz zu erlassen, nach dem jeder Verbrecher, jeder Vagabund, jede Dirne und jeder Dienstbote, der oder die länger als vier Tage ohne Anstellung war, zwangsweise in die Kolonie deportiert wurde. Zur Auffindung der in Frage kommenden Männer und Frauen wurde eine Armee von Söldnern – genannt die Archer – gegründet. Die unglückseligen Menschen wurden dann von den Archern zum nächsten Hafen eskortiert und nach Louisiana verschifft. Alleine aus Paris sollen so mehr als 4.000 Menschen nach Louisiana gebracht worden sein. Man unternahm nicht die geringsten Anstrengungen für die Verpflegung dieser Deportierten auf der Reise oder an den Orten, an denen sie von Bord gingen.[103] Dieses Vorgehen wurde von der breiten Öffentlichkeit zunächst nicht wahrgenommen, weil Paris von einer noch nie dagewesenen Spekulationsmanie erfasst wurde. Die Menschen hatten förmlich Angst, etwas zu verpassen. Die Aussichten auf goldene Zeiten lockten wie bei jedem Goldrausch immer mehr Goldgräber an, die an dem Boom mitverdienen wollten.

2.6.2. Das Mississippi-Fieber (August – Oktober 1719)

In den Gassen von Paris verbreitete sich eine euphorische Stimmung. So kauften sich die Leute Mitte August 1719 die Aktien für 3500 Livre und verkauften sie schon Ende August für 5.000 Livre.[104] John Law unternahm nun seinen nächsten Schachzug. In der zweiten Augusthälfte 1719 unterbreitete er dem Regenten und dessen Finanzrat den Vorschlag, die Mississippi-Kompanie könne die gesamten Staatsschulden von Frankreich übernehmen. So würde letztlich die Kompanie zum einzigen Gläubiger des Staates.[105] Hierzu

---

[103] Die Deportierten verursachten in der Kolonie mannigfaltige Probleme. Sie wollten wieder zurück nach Frankreich, darum war ihre Pionierleistung nicht groß. Sie hatten kein Bestreben, in der Kolonie etwas aufzubauen.

[104] Drei Monate zuvor konnte man die Aktie der Mississippi-Gesellschaft noch für 490 Livre kaufen.

[105] Die Engländer ahmten dies 1720 mit der South Sea Company nach, gefolgt von der South Sea Bubble.

wollte Law der Krone 1,2 Milliarden Livre zu einem Zinssatz von 3 Prozent[106] zur Verfügung stellen. Mit diesem Geld sollte Frankreich anschließend seine Schulden, z.B. die *billets d'etat*, tilgen. Dafür sollte die Mississippi-Kompanie das Recht über die Steuereinnahmen[107] für 9 Jahre bekommen. Durch diese Maßnahmen erweiterte die Mississippi-Kompanie ihr Engagement. Sie war fortan auch im Bereich der Staatsfinanzen, insbesondere bei der Steuereintreibung und -verwaltung, tätig.
Um dies zu bewerkstelligen, kündigte Law am 13. September eine vierte Emission – die sog. *cinq-cents* (Fünfhunderter) – an. Es sollten 100.000 Aktien mit einem Nennwert von je 500 Livre und einem Ausgabepreis von 5.000 Livre, welcher in zehn Monatsraten zu je 500 Livre zu bezahlen war, ausgegeben werden. Hierdurch wollte das Unternehmen 500 Millionen Livre einnehmen. Am 28. September und 2. Oktober erfolgten zwei weitere Emissionen zu den gleichen Bedingungen, am 4. Oktober kam noch eine kleinere mit 24.000 Aktien[108] hinzu. Folglich gab die Gesellschaft in nur drei Wochen 324.000 Aktien aus. Law wollte also mit den vier Emissionen das 17-fache der Summe aufnehmen, die er mit allen früheren Emissionen zusammen aufgebracht hatte.[109] Ein tollkühnes Unterfangen!

---

106 Dieser Zinssatz lag deutlich unter dem Zinssatz der laufenden französischen Anleihen (viele hatten einen Zinssatz von 4 % oder sogar mehr). Somit handelte es sich hier um eine Umschuldung, welche der Krone mindestens 1 % Einsparung bei den Zinsen brachte. Die Schulden blieben bestehen, nur Gläubiger des französischen Staates war jetzt die Mississippi-Kompanie.

107 Damals war es in Frankreich üblich, dass das Recht zur Steuereinnahme an private Unternehmen verpachtet wurde. Ein Generaleinnehmer war für die direkte Besteuerung verantwortlich. Dagegen war ein Syndikat von vierzig privaten Financiers verantwortlich für das Eintreiben der indirekten Steuern, wie z.B. Warenzölle. Der Inhaber einer Steuerpacht musste die Summe der Steuern, die er erheben würde, im Voraus abschätzen und die Summe dem Staat vorstrecken. Waren die Einnahmen unterhalb seiner Schätzung, musste er für die Differenz selbst aufkommen. Waren dagegen die Einnahmen höher als die Schätzung, durfte er den Überschuss behalten. Allerdings waren die Financiers nicht reich genug, um die gesamte Summe, die eingezogen werden sollte, vorzustrecken. Deswegen hatten die Financiers viele anonyme Investoren, häufig Höflinge (also das Establishment), die das Geld im Gegenzug für eine Beteiligung am Gewinn bereitstellten.

108 Diese Aktien beanspruchte der Regent für sich, und zwar gratis. Er begründetet dies damit, dass er der Gesellschaft gute Dienste geleistet und so deren Wohlstand gemehrt habe.

109 Etwas, was häufig übersehen wird, ist die Tatsache, dass der Aktienverkauf nicht dafür genutzt wurde, einen riesigen Fonds für die Entwicklung von Louisiana aufzubauen, sondern der überwiegenden Teil der Verkaufserlöse der Mississippi-Aktien als Kredit an die französische Regierung ging. Hätte Law tatsächlich die eingenommenen Gelder in Louisiana investiert, so wäre die Kolonisierung vermutlich ein Erfolg geworden. Doch tatsächlich standen für die Kolonisierung nur die Zinszahlungen der französischen Regierung zur Verfügung, also nur ein Bruchteil der notwendigen Mittel. Die Kolonisierung war also stark unterfinanziert und damit zum Scheitern verurteilt.

Tabelle 1: Aktienemissionen der Mississippi-Company

Datum	Name	Anzahl	Nenn-wert	Preis	Konditionen
September 1717	mères	200.000	500		Mittels billets d'etat
Juni 1719	filles	50.000	500	550	Preis zahlbar in 20 Raten; Bezug der Aktien: 4 mères für 1 fille
Juli 1719	petites filles	50.000	500	1.000	Preis zahlbar in 20 Raten zu 50 Livre; Bezug der Aktien: 4 mères und 1 fille für 1 petite fille
26. September 1719 28. September 1719 02. Oktober 1719	cinq-cents	100.000 100.000 100.000	500 500 500	5.000 5.000 5.000	Preis zahlbar in 10 Raten zu 500 Livre
04. Oktober 1719		24.000	500	0	Gingen an den Regenten

Außerdem gab es im Gegensatz zu den vorherigen Emissionen keine Beschränkungen. Es war also nicht notwendig, dass man bereits Aktien besaß. Jedermann wollte nun am Reichtum teilhaben, indem er sich Anteile am Mississippi-Traum kaufte. Wie zuvor die anderen Aktienemissionen auch, wurden diese Aktien von der vom Mississippi-Fieber erfassten Öffentlichkeit gierig aufgekauft. Der Earl of Stier fasste die Stimmung auf den Straßen von Paris so zusammen:

> „Die Öffentlichkeit hat sich mit einem solchen Furor auf die neue Subskription gestürzt, dass Aktien für nahezu die doppelte Summe gezeichnet wurden, und es hat die größten Intrigen und Streitigkeiten darum gegeben, an der Subskription teilhaben zu können."[110]

So schaffte es Law tatsächlich, 300.000 Aktien zu einem Preis von 5.000 Livre zu verkaufen. Somit konnte die Gesellschaft bei voller Zeichnung nach 10 Monaten insgesamt 1,5 Milliarden Livre einnehmen. Doch es zeichnete sich eine Gefahr für John Law ab, die er noch nicht wahrnahm. So berichtete der Herzog Antin schon im September dass der rapide gestiegenen Geldmenge nur eine sehr langsam steigende Warenmenge gegenüber stand, sodass sich

[110] Gleeson, J.: Der Mann, der das Geld erfand. Goldman Verlag München 2001, S. 150

die Preise inflationär entwickelten. Die Preise von manchen Nahrungsmitteln seien um das Dreifache anstiegen, beobachtete er. Die Inflation klopfte an Frankreichs Tür.
Daneben hatte Law bei seinem Plan, die Steuereinnahme von der Mississippi-Kompanie übernehmen zu lassen, Folgendes außer Acht gelassen: Er hatte den mächtigen Steuereinnehmern und dem Hofadel, welcher hinter diesen stand, lukrative Gewinne aus Steuereinnahmen und Einkommen aus Staatsanleihen streitig gemacht.[111] Das sollte sich noch rächen. Doch zunächst waren Laws Gegnern die Hände gebunden. Allerdings planten sie bereits, Law zu Fall zu bringen. Sie warteten nur noch auf die passende Gelegenheit. Davon nichts ahnend zog John Law mit der Kompanie in neue Geschäftsräume in der Rue Quincampoix, dem alten kommerziellen Zentrum von Paris, um.

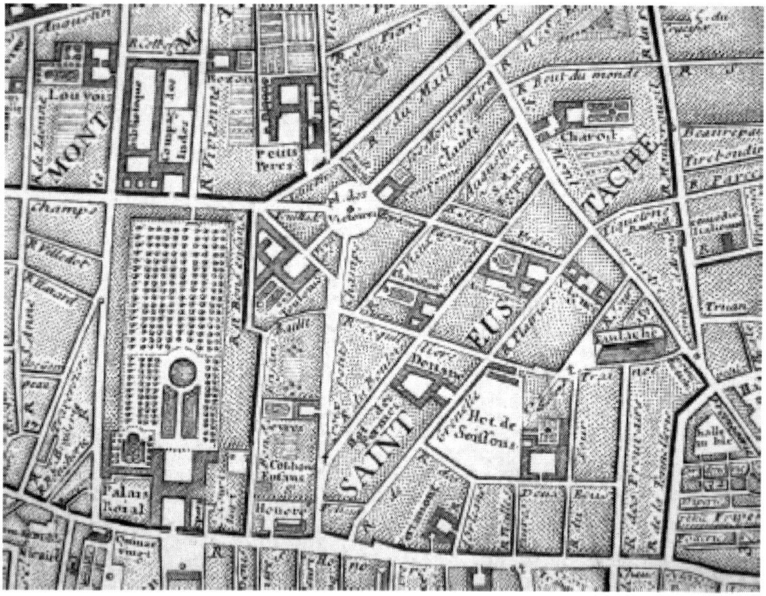

Abbildung 8: Detail Stadtplan von Paris (1737). Sie zeigt die Nachbarschaft der Mississippi-Kompanie (links oben), den Palais-Royal, in dem der Regent wohnte (unten links) und das Hotel de Soissons (rechts)(Quelle: Velde, F.R.: Government Equity and Money: John Law's System in 1720 France, Federal Reserve Bank of Chicago, 23. November 2004, S. 97)

[111] Diese Gruppe war nämlich auch mit Abstand der größte Gläubiger des französischen Staates.

Dort wurde auch der Handel mit den Aktien der Mississippi-Kompanie abgewickelt. Ähnlich wie heute sind Informationen und Nachrichten das wesentliche Instrument, anhand dessen Händler versuchen, herauszufinden, in welche Richtung sich die Aktienkurse entwickeln würden. Solche Informationen stellten im achtzehnten Jahrhundert Klatsch und Tratsch dar. Man wartete stets voller Spannung auf Neuigkeiten aus den Kolonien oder über die nächsten Schritte von Law. So beschäftigten einige Händler Personen, die durch die Hafentavernen zogen und die Matrosen nach Informationen aus den Kolonien befragten.
Der Handel nahm solche Ausmaße an, dass sich so viele Menschen in den Straßen drängten, um Geschäfte zu machen, dass diese völlig von Pferden und Kutschen verstopft waren. Die Straßen um den Hauptsitz der Mississippi-Kompanie mussten gesperrt werden. Um die Menge der Passanten zu kontrollieren, wurden Tore gebaut. So durften durch eines der Tore nur Spekulanten von höherem Rang und durch ein anderes alle übrigen passieren. Zusätzlich wurden Wachposten aufgestellt, damit nachts keine Geschäfte abgewickelt wurden. Man versuchte, die Ordnung aufrecht zu erhalten. Zu Handelsbeginn wurden eine Glocke geläutet und die Tore geöffnet. Oft warfen die Wartenden nun alle guten Sitten über Bord. Was all diese Menschen einte und sie zu Gleichen unter Gleichen machte, war die Gier nach Aktien und Gewinn. Wozu noch arbeiten? Diese Frage stellte sich ganz Paris. Daniel Defoe beschrieb dies so:

> „Nichts vermag mehr zu unterhalten, als das Treiben und Gedränge der Aktienhändler in der Rue Quincampoix anzusehen, einer Lokalität, die so schmutzig ist, als ob sie die Gosse nicht nur der Stadt, sondern des ganzen Königreiches sei. ... Die Unannehmlichkeit dieser düsteren und ekelerregendsten Gasse von ganz Paris halten jedoch nicht Scharen von Leuten jedes Standes davon ab ..., hierher zu kommen, um ihre Aktien auf dem offenen Platz zu verkaufen, wo sie, unterschiedslos, bei jedem Schritt den sie machen, bis zu den Knöcheln im Dreck versinken."[112]

Der Argwohn der französischen Elite gegen Law wuchs wegen dieses Treibens noch weiter. Sie hatten Angst, dass die Hierarchie, die ihren überlegenen Status seit Jahrhunderten abgesichert hatte, durch die Spekulation ins Wanken geriet. So mussten sie feststellen, dass eine immer größer werdende Schar von Angehörigen der unteren Stände durch die Spekulation reich geworden war. Nicht selten kündigten ihre Diener, weil sie große Gewinne mit Mississippi-Aktien erzielt hatten und nicht mehr zu arbeiten brauchten. Die Elite hatte Angst, dass Geld seine Wirksamkeit verlor, um die unteren Stände

[112] Gleeson, J.: Der Mann, der das Geld erfand. Goldman Verlag München 2001, S. 150

zu kontrollieren. Gleichzeitig heizte Law die Aktienspekulation weiter an, indem es immer einfacher wurde, Darlehen zur Aktienspekulation zu bekommen. So konnte nun selbst eine Küchenmagd einen Kredit aufnehmen und Aktien kaufen, weil nur noch zehn Prozent der Darlehenssumme als Kaution in Münzen hinterlegt werden musste. Um diese Kaution aufzubringen, verkauften zum Beispiel Bauern ihre Kühe. Dazu stellte Pyot, der Sekretär der britischen Botschaft, fest:

> „In der Rue Quinquempoix, der hiesigen Exchange Alley, drängen sich von frühmorgens bis spätabends zahlreiche Fürsten und Fürstinnen, Herzöge, Peers und Herzoginnen etc., mit einem Wort alle Honoratioren Frankreichs. Sie veräußern Landgüter und verpfänden Schmuck, um Mississippi zu kaufen."[113]

So war es nicht verwunderlich, dass die Mississippi-Aktie im Oktober 1719 6500 Livre kostete. Allerdings verlief der Preisanstieg unter Schwankungen. In dem Tummelt der Rue Quincampoix operierten die einzelnen Händler unabhängig voneinander und völlig ungeregelt. Darum konnten sich die Aktienpreise, die an einem Ende der Straße angeboten wurden, drastisch von denen am anderen Ende unterscheiden. Einige Händler machten sich diesen ungeregelten Markt zu Nutze. Es griffen immer zweifelhaftere Praktiken um sich. Händler bewegten Anleger dazu, vertraglich einem bestimmten Aktienpreis zuzustimmen und eine Anzahlung zu leisten – dies waren sog *actions à terme*. Die Aktie wurde dem Anleger zu einem in der Zukunft liegenden Tag geliefert. An diesem Tag wurde dann der Rest des Kaufpreises fällig.[114] Die Papiere, die diesen Deal festhielten – heute würde man sie *Future* nennen – konnte der Anleger weiterverkaufen. Ihre Werte stiegen, wenn der Aktienkurs anzog, und fielen, wenn der Aktienkurs zurückging.

Während sich Paris auf diese Weise wandelte, wurde Law, der diesen magischen Wandel herbeigeführt hatte, zu einem internationalen Superstar. Zu ihm eilten Fürsten, Prälaten und Grafen. Alle in der Hoffnung, Aktien zu einem Vorzugspreis erwerben zu können. Vielen gewährte John Law diesen Wunsch. Law stieg so unter Missbilligung des alten französischen Adels in die höchsten elitären Gesellschaftskreise auf. So wurde beispielsweise Laws Sohn zusammen mit dem König in Jagd und Tanz unterrichtet. Zudem bekam John Law viele Auszeichnungen. Er wurde Ehrenmitglied der Akademie der

---

113 London, PRO SP, 78/165, Fo. 130v

114 Waren die Anleger der Meinung, dass der Aktienkurs weiter steigen würde, stimmten sie einem Aktienkurs zu, der höher war als der aktuelle. Im Oktober 1719 herrschte eine euphorische Stimmung an den Aktienmärkten. So konnten die Händler Futures bei einem Marktpreis der Aktien von 6.500 Livre verkaufen, obwohl die Anleger bereit waren 9.000 Livre für die Lieferung der Aktien im Januar 1720 zu zahlen. Die Anleger mussten ungefähr eine Anzahlung von 2.000 Livre leisten. Sie konnten also ungefähr mit dem dreifachen Hebel spekulieren, als wenn sie die Aktie direkt gekauft hätten.

Wissenschaften. Bei der Inaugurationszeremonie jubelten die Massen ihm zu: „Gott schütze den König und Monsieur Law!"
Law wurde zu einem vermögenden Mann. Man sagte sich, er sei der reichste Untertan von ganz Europa. So besaß er Anteile im Wert von mindestens 100 Millionen Livre an der Mississippi-Kompanie. Daneben verfügte er über einen großen Grund- und Immobilienbesitz, z.B. gehörte ihm ein Dutzend französischer Landgüter. Zu Laws großen Leidenschaften gehörte auch die Kunst. Er sammelte Bilder alter italienischer und holländischer Meister und gab zahlreiche Werke bei zeitgenössischen Künstlern in Auftrag.
Durch die vielen Menschen, die durch die Mississippi-Spekulation reich geworden waren, blühte die französische Wirtschaft immer stärker auf. Die Bevölkerung gab ihr Geld mit beiden Händen aus. Man kaufte prächtige Kutschen zum Zeichen des finanziellen Erfolges. Die Neureichen versuchten begierig, sich Symbole des Wohlstands wie Juwelen, teure Kleider und große Häuser zuzulegen. Sie erwarben Kunstgegenstände, um sich von anderen Neureichen abzusetzen. Es war eine Welt des unverblümten Materialismus. Ein Konsumrausch nie gekannten Ausmaßes erfasste Frankreich. Das Geld floss in Strömen. Der Handel boomte. So berichtet Daniel Pulteney:

> „Gestern hörte ich, dass ein Geschäft in weniger als drei Wochen Spitze und Leinen für 800.000 Livre abgesetzt hat – und das hauptsächlich an Kunden, die zuvor nie Spitze trugen. Die tagtäglichen Berichte dieser Art klingen dermaßen außerordentlich, dass man sie im Ausland kaum glauben wird..."[115]

Gestärkt durch das Anziehen der Wirtschaft wollte Law wichtige Reformen vorantreiben. So rief er ein Programm zur Errichtung öffentlicher Bauten ins Leben. Es wurden Brücken gebaut, Kanäle ausgehoben, Straßen gepflastert und neue Kasernen gebaut. Die Wissenschaften wurden durch eine großzügige Stiftung gefördert. Die größte Reform, die sich Law vornahm, war der Umbau des französischen Steuersystems. Es litt unter einer unnötigen Komplexität und unter Korruptheit der Steuereintreiber. So stellte ein englischer Besucher gegen Ende des siebzehnten Jahrhunderts fest:

> „Die Leute werden im Allgemeinen durch die Steuern niedergedrückt, die jeden Tag steigen, sodass ihre Besitzungen nur wenig mehr abwerfen als das, was sie dem König zahlen ... sodass es ihnen sehr schwer fallen wird, sich ihr eigen Brot zu kaufen."[116]

Law wollte das Steuersystem überschaubarer und wirkungsvoller gestalten und als Direktor der Mississippi-Kompanie hatte er die Macht dazu. Dazu legte er in der ersten Oktoberwoche ein neues Verwaltungskonzept für die

---

115 Murphy, A.E: John Law Ökonom und Visionär, Verlag Wirtschaft und Finanzen, Düsseldorf 2002, S. 259

116 Gleeson, J.: Der Mann, der das Geld erfand. Goldman Verlag München 2001, S. 166

Mississippi-Kompanie vor. Wesentlicher Inhalt war, dass das Unternehmen in zwei Hauptsektoren unterteilt werden sollte – den Handel (*le commerce*) und die Steuerpachten (*pour les fermes*). Nach dieser Verwaltungsreform plante Law, zur Gesundung der Staatsfinanzen ein gerechteres Steuersystem – *le denier royal* – einzuführen, bei dem der Steuersatz mit dem größer werdenden Einkommen anstieg. Auch sollten Steuern von den bisher befreiten privilegierten Klassen, wie Adel und Klerus, eingetrieben werden.[117]
Außerdem beseitigte Law mehr als 40 verschiedene Steuerarten mit einem einzigen Edit, z.B. fielen die Steuern für Holz, Kohle, Heu und Hafer weg. Dies löste Jubel auf Seiten der Bevölkerung aus und sorgte bei den Steuereintreibern (unter ihnen befanden sich viele Financiers und Abgeordnete des Parlaments) für Empörung. Law war aber ungreifbar für die französische Elite. Er stand unter dem Schutz des Regenten. John Law hatte nämlich die Familie des Regenten sowie seine Günstlinge mit besonderen Zuteilungen bei der Emission von Mississippi-Aktien hörig gemacht. Sie sollen Millionen verdient haben. Aber auch das Volk stand auf Laws Seite, weil er viele von ihnen reich gemacht hatte.

2.6.3. Der erste Millionär – der Höhepunkt des Mississippi-Fiebers (November 1719 bis Januar 1720)

Es sind so viele zu Reichtum gekommen, dass man ein neues Wort für sie erfand – Millionäre.[118] Voltaire kommentierte die Stimmung in den Straßen von Paris so:

> „Seid ihr in Paris denn alle verrückt geworden? Ich höre nur von Millionen reden! Hat die halbe Nation in den Papiermühlen den Stein der Weisen gefunden?"[119]

Von dem Begriff des Millionärs ging eine Anziehungskraft in ganz Europa aus. In Europa kursieren Geschichten von Menschen, die über Nacht zum Millionär geworden waren. So strömten die Menschen in Scharen, wie bei einem Goldrausch, aus ganz Europa in der Hoffnung, Millionär zu werden, nach Paris. Man schätzt, dass zwischen 200.000 und 500.000 Menschen aus Venedig, Genua, Genf, Deutschland und England nach Paris kamen, um ihr

---

117 Dies konnte Law jedoch nicht gegen den mächtigen Adel durchsetzen.

118 Der Begriff „Millionär" wurde vorher nicht gebraucht, weil aufgrund der geringen umlaufenden Geldmenge, die Menschen solche Vermögen nicht anhäufen konnten. Allerdings sollten sich die Millionäre genauso schnell wieder am harten Boden der Realität wiederfinden, wie sie in den (Schein-) Olymp des monetären Reichtums aufgestiegen waren.
Wegen der drastisch gestiegenen Geldmenge reicht heute der Begriff des Millionärs nicht mehr aus, um den Reichtum der Superreichen zu beschreiben. Deswegen tauchte in den 1990er Jahren ein neuer Begriff auf – der Milliardär.

119 Cueni, C.: Das grosse Spiel, Wilhelm Heyne Verlag, München 20008, S. 375

Glück zu finden. Hinzu kamen noch tausende von Franzosen aus den Provinzregionen. Die Straßen von Paris waren von Fuhrwerken verstopft. Fahrten nach Paris waren auf Monate ausgebucht. Die Menschen spielten um einen Platz in einer Kutsche, boten Unsummen dafür oder liefen hunderte von Kilometern zu Fuß nach Paris. Waren die Glücklichen in Paris eingetroffen, mussten sie feststellen, dass jedes Fremdenzimmer belegt war. Wegen des hohen Bedarfs an Zimmern kam es am Immobilienmarkt zu wahren Orgien. So wurden wackelige Schuppen in Hausdurchgängen und auf flachen Dächern errichtet und für gewaltige Summen vermietet. Zudem stiegen die Preise für alle Güter des täglichen Bedarfs deutlich an. In Paris herrschte Goldgräberstimmung. Diese Stimmung karikiert der Stich „Harlekin als Aktionär" von Pieter Lagendyk.

Abbildung 9: Der Stich von Pieter Lagendyk zeigt den fieberhaften Aktienhandel in der Rue Quincampoix sowie Law hockend auf einer Papierbühne, dem Münzen buchstäblich eingetrichtert werden. Sein entblößtes Hinterteil produziert Papiergeld, um das sich die Menge prügelt. (Quelle: Karikatur aus der Sammlung Het Groote Tafereel der Dwaasheid, Amsterdam 1720, entnommen aus: Eisenträger, U.: Goethes „Faust" und das Geld, Frankfurter Goethe-Haus – Freies Deutsches Hochstift, September 2012)

Doch in einigen Pariser Salons reagierte man unterkühlt auf das Treiben. Man fragte sich, warum Ausländer riesige Profite einstrichen, während die

meisten Franzosen nicht so viele Aktien kaufen konnten, wie sie wollten. Was berechtigte Law dazu, englische Investoren auf Kosten der französischen zu bevorzugen? Laws Gründe waren nicht politischer Art, sondern ökonomischer. Law hatte nämlich erkannt, dass ausländische Investoren Gold- und Silbermünzen mitbrachten, um in Paris spekulieren zu können, ohne die sich das Papiergeldsystem nicht mehr halten konnte.[120] Denn die Reserven an Münzgeld der Bank Royal gingen stetig zurück. Man schätzt, dass sie gegen Ende 1719 nur noch zwischen 1 und 5 % der ausgegebenen Summe an Banknoten entsprach. Der Aktienpreis kletterte aufgrund der Problemlosigkeit, mit der man bei der Bank Geld für die Aktienspekulation bekommen konnte, stetig weiter. Darlehen waren für zwei Prozent zu bekommen und die gekauften Aktien konnte man als Pfand einsetzen. Man musste keine andere Sicherheit mehr hinterlegen wie früher. Papier sicherte Papier. Weiter sicherte John Law den Höhenflug seiner Aktie dadurch, dass die Papiergeldmenge zwischen Ende Juli und Dezember durch weitere Emissionen der Banque Royale von 400 Millionen auf 1 Milliarde Livre erhöht wurde. So gab es für die Aktie Spielraum nach oben. Ein anderer Faktor spielte Law ebenfalls in die Hand. Der Markt für *mères, filles* und *petites filles*, den Aktien aus den drei ersten Emissionen, war fast leergefegt, weil die Inhaber ihre Papiere in der Annahme auf weiter steigende Kurse behielten. Es war nur noch eine begrenzte Anzahl dieser Aktien verfügbar, was zusätzlich den Aktienkursanstieg begünstigte.
So ist es nicht verwunderlich, dass die Aktienkurse der Mississippi-Kompanie im letzten Quartal des Jahres 1719 eine deutlich steigende Tendenz hatten. Der Kursanstieg lockte immer mehr Neulinge an. So stieg zwischen dem 18. und dem 22. November der Kurs von 7.250 auf 9.000 Livre steil an. Thomas Crawford zufolge ging dieser starke Kursanstieg auf einen Andrang von Provinzlern zurück, die plötzlich nach Paris strömten, um Aktien zu kaufen.

> „Die Ursache für den plötzlichen Kursanstieg liegt darin, dass am letzten Samstag mit einem Schlag viele Leute aus dem Umland in der Rue Quincampoix einfielen – es geschehen Zeichen und Wunder. Ich hoffe nur, der Glaube versetzt wirklich Berge."[121]

Die Aktienkurse erreichten im Dezember 1719 fast 9.000 Livre. Doch plötzlich fiel der Aktienkurs am 2. Dezember 1719 von seinem Jahreshoch von

---

[120] Andere Regierungen sorgten sich, dass wegen der Mississippi-Spekulation in Frankreich in ihren Länder das Münzgeld knapp werden könnte. So hatte man in England Angst, dass die Heerschar jener, die nach Paris reisten, England seines gesamten Münzgeldes beraubte. Man überlegte sogar, die Menge an Münzgeld, die eine Person ausführen dürfte, zu beschränken.

[121] Murphy, A.E: John Law Ökonom und Visionär, Verlag Wirtschaft und Finanzen, Düsseldorf 2002, S. 259

10.025 Livre bis zum 19. Dezember auf nur noch 7.633 Livre, das entspricht einem Wertverlust um ca. 24 % binnen siebzehn Tagen. Die Euphorie wurde gebremst. So stellte Thomas Crawford fest:

> „Wir hatten hier in der Rue Quincampoix gerade ein großes Schlamassel, als die Mississippi-Aktien einbrachen wegen eines unbegründeten Misstrauens, da sich die Bank weigerte, noch weiter Kredit auf diese Aktien zu gewähren. Zwei Tage lang sah man dort niemanden lächeln, aber gestern schöpften alle wieder neuen Mut, weil die Bank bekannt gab, dass sie ab nächsten Montag wieder Geld verleihen ...“[122]

Der Grund für die Baisse[123] am Aktienmarkt war, dass Law versucht hatte, seine Politik des billigen Geldes zu beenden, um die Geldmenge nicht weiter ansteigen zulassen. Dazu hatte er die Vergabe von Darlehen deutlich erschwert. Law musste jedoch erkennen, dass diese Maßnahme zu radikal war, und seine Anweisung zurücknehmen. Tatsächlich gewannen die Aktionäre wieder Zuversicht, so stieg der Kurs bis zum 30. Dezember wieder auf 9.410 Livre an. Gleichzeitig offenbarte dieser Kurssturz, wie sehr der Aktienkurs am Tropf des billigen Geldes hing bzw. in welchem Ausmaß die Aktienkurse durch Darlehen der Bank gestützt wurden.

Trotz dieses Ausrutschers besaß Law eine beträchtliche Autorität, weil der Regent aus der Mississippi-Kompanie viele Vorteile gezogen hatte. So waren die öffentlichen Schulden abgetragen und die Steuereinnahmen Frankreichs deutlich gestiegen. Kurz gesagt: Law war ein Idol. So konnte er sein eigentliches Ziel in Angriff nehmen, das Münzgeld durch Papiergeld zu ersetzen. Hierzu überzeugte er den Regenten am 21. Dezember 1719 ein Gesetz zu erlassen, nach dem alle Zahlungen ab 10 Livre nicht mehr mit Silber- und solche ab 300 Livre nicht mehr mit Goldmünzen erfolgen dürften, sondern nur noch mit Banknoten. Bei Verstößen würde der Betrag konfisziert und ein Bußgeld von 300 Livre erhoben. Zudem strebte Law ein politisches Amt an. Der Regent begrüßte diese Idee, aber es bestand ein verfassungsmäßiges Hindernis: Law war Protestant und im katholischen Frankreich konnte ein Protestant keine Position innerhalb der Regierung einnehmen. Wenn Law tatsächlich ein politisches Amt haben wollte, so musste er konvertieren. So konvertierte Law im Dezember 1719 zum katholischen Glauben und stiftete zusätzlich große Summen für gute Zwecke, um seinen Eintritt in ein politisches Amt zu fördern.

---

122 Murphy, A.E: John Law Ökonom und Visionär, Verlag Wirtschaft und Finanzen, Düsseldorf 2002, S. 261

123 Französisch für „fallen“. Bezeichnet fallende Kurse am Markt.

2.6.4. Der Höchstkurs

Am 5. Januar 1720 wurde John Law zum Generalkontrolleur der Finanzen ernannt. Am Höhepunkt seiner Macht angekommen, soll er folgenden Satz gesagt haben: «L'économie c'est moi» („Die Wirtschaft, das bin ich“) – in Anlehnung des Mottos von König Ludwig XIV: «L'État, c'est moi» („Der Staat, das bin ich“). Seine Erhebung in dieses Amt überraschte kaum jemanden. Er verwaltete jetzt die Finanzen Frankreichs und herrschte damit über die mächtigste und bevölkerungsreichste Nation Europas. Als wäre dies nicht Anerkennung genug, kletterte der Kurs der Mississippi-Aktie drei Tage später auf einen Höchststand von 10.100 Livre.[124] [125]

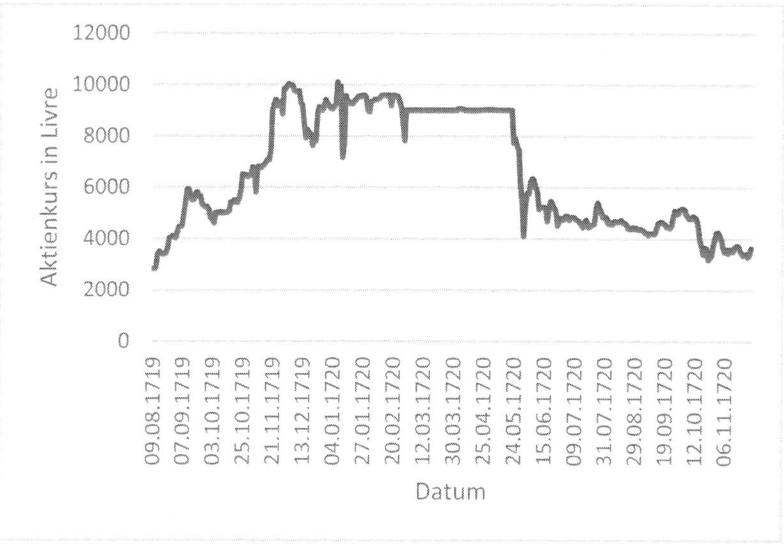

Abbildung 10: Aktienkurse der Mississippi-Kompanie von August 1719 bis November 1720. Die Kurse im März 1720 betrugen 9.000 Livre, weil dafür das Unternehmen garantierte. (Abbildung nach Bibliotheque de l'Arsenal, Paris, MS. 4061, Giraudeau. Kurse entnommen aus der Statistik von Giraudeau)

---

[124] Leider herrscht, was die Höchstkurse der Mississippi-Aktien angeht, erhebliche Konfusion. So heißt es in einer Fußnote zu *Du Hautchamps Histoire du systeme desfinances*, der Kurs sei bis 18.000 Livre gestiegen. Wohingegen Forbonnais sogar behauptete, der Kurs sei bis auf 20.000 Livre geklettert. Ich persönlich glaube wie die Mehrzahl der Historiker auch, dass die Kursreihe von Giraudeaus den wahren Kursverlauf zeigt und dass der Höchstkurs bei 10.100 Livre lag. Man schätzt, dass der Kurs in etwa das 150- bis 250-fache des Gewinns je Aktie entsprach.

[125] Dies bedeutet, dass die Aktien knapp zwei Jahre nach ihrer Emission (bei einem ursprünglichen Ausgabepreis von 500 Livre) um das Vierundzwanzigfache gestiegen waren.

Allerdings bedeutete dies nicht, dass die fieberhafte Spekulation mit den Aktien nachließ. Vielmehr rechnete man damit, dass noch größere Gewinne gemacht werden könnten. Dies wurde unterstützt durch die Einführung eines neuen Finanzinstruments – der sogenannten *primes*. Am 9. Januar gab die Mississippi-Kompanie diese Art von Optionen aus. Käufer der *primes* erhielten für die Zahlung von 1.000 Livre ein sechs monatiges Bezugsrecht, um eine Aktie im Nennwert von 500 Livre zu 10.000 Livre zu erwerben, d.h. die Aktie würde mit der Option zusammen insgesamt 11.000 Livre kosten. Mit dieser Maßnahme wollte Law den in der Rue Quincampoix gleichsam privat organisierten Terminmarkt für *actions* à *terme* (s. S. 80) zerschlagen. Dort erwarben im Januar Händler die Aktie für 10.000 Livre und verkauften sie an Anleger mit Termin zur Lieferung im April oder Mai zwischen 12.500 bis 15.000 Livre. Dies ist ein Indiz dafür, dass die Anleger einen weiteren Anstieg des Mississippi-Aktienkurses auf deutlich über 10.000 Livre erwarteten. Die *primes* wurden am Markt begeistert aufgenommen. Für die Anleger schien es ein verlockendes Angebot zu sein. Warum sollte man noch die Aktien halten, wenn man mit den *primes* durch den Verkauf einer Aktie bei einem Kurs von 10.000 Livre die Möglichkeit hatte, 10 *primes*, d.h. Bezugsrechte für 10 Aktien, zu erwerben. So standen die Kunden in langen Schlangen an, um ihre alten Aktien (*filles*, *petites filles* und *cinq-cents*) zu verkaufen und dafür *les primes* zu kaufen. Die Schreiber kamen gar nicht mehr nach, die Kontrakte handschriftlich zu schreiben. Ähnlich wie früher bei den Aktien der Mississippi-Kompanie ließ das Missverhältnis von Nachfrage und Angebot den Kurs der *primes* drastisch steigen. Law reagierte unverzüglich auf diese Entwicklung, er führte gedruckte Kontrakte ein. Damit überschwemmte er den Markt. Law verkaufte *primes* im Wert von 300 Millionen Livre an die Anleger, d.h. es wurden Bezugsrechte für Aktien in Höhe von 3 Milliarden Livre verkauft. Dies erzeugte jedoch etwas Paradoxes: Gerade in dem Moment, zu dem die höchsten Erwartungen für die Kursentwicklung der Mississippi-Aktien vorherrschten, fielen die Aktien deutlich im Wert. Standen sie noch am 8. Januar auf 10.100 Livre, so kosteten sie vier Tage später nur noch 7.178 Livre. Bis zum 15. Januar erholten sich die Aktien wieder auf einen Wert von 9.555 Livre. Es wird vermutet, dass Law Aktien am Markt kaufte, um Kurspflege zu betreiben.

Tabelle 2: Aktienrückkäufe von der Mississippi-Kompanie bis Mai 1720

Ausgegebene Aktien	624.000 Stück
Aktienkäufe der Mississippi Company 19.12.1719 bis zum 22.02.1720	100.000 Stück
Aktienkäufe der Mississippi Company vom 22.02.1720 bis zum 21.05.1720	300.000 Stück
Bei der Banque Royale eingezahlte Aktien	30.000 Stück
Aktienbestand bei den Anlegern am 21.05.1720	194.000 Stück

Doch langsam brauten sich dunkle Wolken über Law zusammen. Die riesige Geldmenge, die gedruckt wurde, um das Spekulationsfeuer zu entfachen, hatte zu einer spürbaren Inflation geführt. Die Preise für Nahrungsmittel und Brennstoffe stiegen von Mai 1719 bis zum Ende des Jahres 1719 um 30 %. Gleichzeitig begannen in der zweiten Jahreshälfte 1719 die ersten Spekulanten, ihre Aktiengewinne zu realisieren. Sie ließen sich ihre Gewinne von der Banque Royale in Münzen auszahlen.

2.7. Der Abpfiff

In den Straßen von Paris hörte man gegen Ende 1719 immer häufiger Gerüchte über das Leiden der Kolonisten. Law gelang es nicht länger, die Gerüchte einzudämmen und die Zustände in der Kolonie Louisiana zu beschönigen. So erzählte man sich, dass schon im März 1719 1.500 Kolonisten bei einem Angriff feindlicher Einheimischer gestorben seien. Der Glaube an die Prosperität der Kolonie und die Erwartung an ihr weiteres Wachstum begannen zu bröckeln. Zu dieser Zeit kamen immer mehr enttäuschte Kolonisten zurück und erzählten erschreckende Dinge über die Kolonie Louisiana. Die Kolonisten wurden von Krankheiten gepeinigt, feindlich gesonnene Indianer bildeten eine ständige Gefahr.

Immer mehr Deportierte riskierten ihr Leben, um dem Abtransport nach Louisiana zu entgehen. In den Häfen und in den Gefängnissen kam es zu Aufständen und Kämpfen. So sollen am 20. Januar 1720 neunzehn Ehepaare, die im Gefängnis auf ihre Abreise warteten, ihre Wächter angegriffen haben und geflohen sein. Die Empörung der Öffentlichkeit über die Deportationen nahm immer weiter zu.[126] Hierzu trug vor allem auch die Brutalität der Archer bei. Die Truppe war mangelhaft kontrolliert. Sie besaß wenig Disziplin und galt als äußerst korrupt. Zudem wurde bekannt, dass die Archer, wenn ihnen zu wenig Menschen zur Deportation zur Verfügung standen, willkür-

126 So musste John Law ab Mai 1720 die Deportationen einstellen.

lich Bürger ergriffen. Verstärkt wurde dieses Verhalten dadurch, dass die Archer für jeden Gefangenen eine Kopfprämie erhielten. Das sorgte langsam auch bei den Anlegern für Unruhe. Law erkannte, dass er das Vertrauen der Anleger in Louisiana aufrecht erhalten musste, damit sein System nicht in sich zusammenfiel. Darum verkündete er zur Überraschung aller, dass wegen des expandierenden Überseehandels die Aussichten für Louisiana sehr gut seien. Deswegen könne er den Anteilseignern eine Dividende von 200 Livre je Aktie in Aussicht stellen.[127] Dies führte zu einer Beruhigung der Anleger. Der Kurs stieg binnen fünf Tagen wieder auf über 9.500 Livre.

Dennoch begannen hinter verschlossenen Türen diverser Salons eine Hand voll aufgeweckter Investoren kritisch zu hinterfragen, was Law versprochen hatte. Sie sprachen hinter vorgehaltener Hand von einer Mississippi-Schimäre. Sie begannen sich zu fragen, wie die Reichtümer auf dem Papier abgesichert waren und wie viele Münzreserven die Banque Royal überhaupt habe. Sie befragten Franzosen, die aus den Kolonien zurückkamen, was sich wirklich in der Kolonie zugetragen habe; gleichzeitig bezahlten sie jedoch die Rückkehrer dafür, ihr Wissen nicht preiszugeben. Sie befürchteten, dass die Aktien der Mississippi-Kompanie langfristig drastisch an Wert verlieren würden, weil sie überbewertet wären. Darum bereiteten sie Ihre Verkäufe im Stillen vor. Dies sollte so unauffällig passieren, wie möglich, damit der Aktienkurs nicht einbrach bevor sie ihre Aktien verkauft hatten. Gleichzeitig machten sie sich Sorgen um die Banknoten. Durch mehrere korrupte Angestellte der Banque Royal erfuhren sie, dass bis Ende 1719 Geldscheine im Wert von über 1,2 Milliarden ausgegeben wurden. Hinzu kamen noch 624.000 Aktien im Nennwert von 221 Millionen Livre, die gegen Ende November 1719 einen Marktwert von 4,8 Milliarden Livre hatten. Zudem erfuhren sie, dass die ausgegebenen Banknoten der Banque Royale nur noch zu 1 % mit Gold und Silber gedeckt waren. Seinen verdutzten Freunden erklärte der irische Banker Richard Cantillon, das wirkliche Problem sei der hohe Aktienkurs der Mississippi-Kompanie. Sollte es zu einem Abschwung oder einer Panik am Aktienmarkt durch Gerüchte aus der Kolonie kommen, drohte das Papiergeldsystem von Law zusammenzubrechen, da die beim

[127] In Wirklichkeit legte Law die Dividenden nicht entsprechend den Gewinnen der Kompanie fest, sondern entsprechend dem Aktienkurs, sodass die Aktie der Kompanie eine attraktive Verzinsung abwurf. Hierdurch wollte Law erreichen, dass die breite Öffentlichkeit weiterhin von der Kompanie überzeugt war und so ihre Aktien nicht verkaufte. Letztlich war dies nicht anders als eine Geschäftslist.

Verkauf erzielten Banknoten von den vielen ausländischen Aktionären[128] sofort in Münzgeld umgetauscht würden, weil sie nach Hause zurückkehrten. Nach seiner Kalkulation würden die Gold- und Silberreserven der Banque Royal nicht lange ausreichen, um den Tausch zu ermöglichen. Letztlich hing das ganze von Law geschaffene System vom Glauben an eine prosperierende Kolonie Louisiana ab. Cantillon verkaufte seine Aktien und tauschte die Banknoten sofort in Münzgeld um. Seinem Beispiel folgten im Stillen weitere Großaktionäre der Mississippi-Kompanie.

Law erkannte, dass er mit dem Rücken zur Wand stand. Das viele Geld, das die Banque Royale in die Adern der französischen Wirtschaft gepumpt hatte, führte zu einer Inflationierung der Vermögenswerte. So stieg in Frankreich nicht nur der Aktienkurs der Mississippi-Kompanie in absurde Höhen, sondern auch die Immobilienpreise.[129] Was allerdings noch bedrohlicher war, war dass die Reserven der Banque Royale an Münzgeld nicht mehr ausreichen würden, wenn zu viele Tauschwillige kamen. Alles hing davon ab, dass es Law gelingen würde, Misstrauen und Zweifel abzuwenden. Denn das System würde sich selbst zerstören, wenn die Leute begännen, nicht mehr daran zu glauben. Alles hing vom Vertrauen in Law und die Kolonie ab. Doch gerade dieses Vertrauen begann zu schwinden.

Denn die schwankenden Kurse veranlassten immer mehr Aktionäre dazu, ihre Aktien zu verkaufen. Aus dem Rinnsal der Verkaufswilligen wurde langsam ein Strom. Die meisten Anleger tauschten die Banknoten, die sie beim Verkauf der Aktien erhielten, in Münzen um. Die Münzen wurden entweder gehortet oder ins Ausland gebracht. Silber und Gold strömten nur so aus den Tresoren der Bank. Besonders prekär war, dass immer mehr Münzgeld aus dem Land gebracht wurde.[130] Es drohte eine Münzknappheit.[131] Zudem gab

---

[128] Vermutlich würden auch viele Franzosen ihre Banknoten aus dem Verkauf der Aktien in Münzgeld umtauschen.

[129] Der Preis für Grund und Boden verdreifachte oder vervierfachte sich innerhalb weniger Monate. Man schätzt, dass ein Grundstück in Paris so viel kostete wie in Hamburg ein ganzer Stadtteil.

[130] Ein Großteil des Geldes floss nach London, wo die Südsee-Kompanie gerade dabei war, richtig Fahrt aufzunehmen. Sie war eine von mehreren Aktiengesellschaften, die mit mehreren königlichen Privilegien ausgestattet war. Sie hatte ihr Monopol für den Handel mit den Südseeregionen und Südamerika dafür erhalten, dass sie der englischen Regierung 9,5 Millionen Pfund zu Sonderkonditionen geliehen hatte. Anders als jedoch die Mississippi-Kompanie wurde nicht mit Einkünften durch die Kolonisierung dieser Gebiete gerechnet, sondern durch ein Abkommen mit Spanien. Dieses Abkommen sollte der Kompanie ermöglichen, dass ihre Schiffe ungehindert den Handelsverkehr mit Häfen in Peru, Chile und Mexiko durchführen konnten. Der Handel mit den begehrten Gütern aus den Südseeregionen und Südamerika versprach große Gewinne.

[131] So sollen bis Ende 1720 fast 500 Millionen Livre in Gold- und Silbermünzen Frankreich verlassen haben.

es kein Anzeichen dafür, dass diese Entwicklung nachlassen würde. Vielmehr konnte man annehmen, dass viele Ausländer wieder zurück in ihre Heimat gingen und ihre Aktien in Banknoten umtauschten, um anschließend die Banknoten in Münzen wechseln zu lassen, mit denen sie dann heimfuhren. Frankreich sah sich mit einem riesigen Berg von Papiergeld konfrontiert, der nicht in Münzgeld zurückgezahlt werden konnte. Frankreich hatte eine deutliche Erhöhung der Geldmenge erlebt, die, wenn sie außer Kontrolle geraten würde, die gesamte französische Wirtschaft zerstören könnte. Eine wachsende Anspannung wurde spürbar. Sie wurde teilweise davon überdeckt, dass immer mehr Menschen die Ansicht vertraten, dass Papiergeld zum Sparen ungeeignet sei und somit Konsum in den Vordergrund trat. So erlebte die französische Wirtschaft nochmals einen kurzen Boom. Allerdings hatte jetzt die Inflation Frankreich fest im Griff. Es war einfach zu viel Papiergeld im Umlauf, dem gegenüber standen zu wenige Güter. So schossen u.a. die Preise für Lebensmittel in die Höhe. Der Preis eines Laib Brotes war um das Vier- bis Fünffache gestiegen.

2.7.1. Die dunkle Bedrohung (Ende Januar – März 1720)

Law erkannte, dass es immer schwieriger wurde, diese Entwicklung aufzuhalten. Er veranlasste strengere Gesetze und ging dabei schonungslos vor. So erließ er am 28. Januar 1720 eine Verfügung, die die Ausfuhr von Münzen und ungemünztem Edelmetall verbot. Nur so konnte er den Export von Metallgeld eindämmen und verhindern, dass Frankreich wieder unter einer Münzknappheit litt. Es begann ein Rennen zwischen Law und den Franzosen. Die Franzosen versuchten dieses Gesetz zu umgehen und kauften dazu Diamanten und andere Edelsteine, die sie dann ins Ausland schafften. Andere, Wagemutigere schmuggelten das Münzgeld über die Landesgrenzen. So soll z.B. Vermalet, ein erfolgreicher Aktienmakler, eine Million Livre in Münzen auf einen Bauernkarren geladen und Mist darüber geschaufelt haben. Danach zog er sich den Kittel eines Bauern an und kutschierte den Karren nach Belgien. Law schlug zurück, indem er am 4. Februar den Ankauf und das Tragen von Diamanten, Perlen und anderen Juwelen untersagte. Wiederum unterschätze Law die Fantasie der Menschen, ihren Besitzstand zu verteidigen. Auch diesmal umgingen die Menschen das Verbot, indem sie jetzt goldene und silberne Gegenstände kauften, wie z.B. Teller, Schüsseln und Möbelstücke. Zwei Wochen später schloss Law auch diesen Fluchtweg. Er brachte ein neues Gesetz auf den Weg, welches die Herstellung und den Verkauf von goldenen und silbernen Artefakten verbot, mit der Ausnahme von sakralen Utensilien. Law musste die Massenflucht vor dem Papiergeld stoppen, ansonsten drohte das ganze System wie ein Kartenhaus zusammenzufallen.

So kam Law auf die Idee, eine außerordentliche Versammlung der Aktionäre der Mississippi-Kompanie einzuberufen. Den völlig verdutzten Aktionären gab Law bekannt, dass die königliche Bank, die Banque Royale, von der Mississippi-Kompanie übernommen werden solle. Weiterhin würden die 100.000 Mississippi-Aktien im königlichen Besitz von der Gesellschaft für 300 Millionen Livre[132] und für eine monatliche Zahlung von fünf Millionen Livre über die nächsten zehn Jahre hinweg zurückgekauft. Durch diese Maßnahme würde sich die Gesamtzahl der Aktien reduzieren, die dividendenberechtigt wären, und die zu zahlende Dividende würde geringer werden.[133]

Nachdem Law dem König die Aktien abgekauft hatte, schloss er die Verkaufsbüros seiner Gesellschaft. Zugleich stellte er die Stützung des Aktienkurses ein. Dies hatte fatale Auswirkungen. Innerhalb einer Woche sackten die Aktien um 26 % von 9.600 auf 7.800 Livre ab. Die Öffentlichkeit kochte vor Wut. Sie sah sich alleingelassen von Law, von ihrem Helden.

Law wurde in die Enge getrieben. Zum einen setzten ihn Not und Verzweiflung der Öffentlichkeit unter Druck und zum anderen stand er vor dem Problem, dass die Reserven an Münzgeld zu Neige gingen. Er musste zu einem Befreiungsschlag ausholen. Dabei stand John Law vor einem Dilemma. Er wusste, dass die Aktien langfristig auf ihrem derzeitigen hohen Niveau nicht zu halten waren. Letztlich hatte er zwei Möglichkeiten:

1. *Er könnte den Aktienkurs verfallen lassen*: Dies hätte zur Folge, dass das französische Schuldenproblem ungelöst bliebe. Die Schuldenlast würde Frankreich erdrücken und der Wirtschaftsaufschwung wäre beendet.

2. *Er könnte den Aktienkurs abstürzen lassen*: Folge wäre ein Wertverfall der Banknoten. Um dies zu verhindern, müsste Law die Banknoten zu gesetzlichen Zahlungsmitteln erklären und die Münzen möglichst schnell aus dem Verkehr ziehen. Letztlich müsste Frankreich auf ein reines Papiergeldsystem umgestellt werden.

---

[132] Dies entspricht dem Wert, den man gerade erst durch den Verkauf von *les primes* in die Kasse der Kompanie gespült wurde.

[133] Ähnlich werden heute auch die zahlreichen Aktienrückkaufprogramme der Unternehmen begründet.

Law entschied sich für die zweite Option und nahm den Wertverfall der Banknoten kurzfristig in Kauf. Sobald ein Großteil der Staatsanleihen in Aktien umgewandelt wäre, wollte er den Aktienkurs verfallen lassen und dadurch die Geldmenge[134] reduzieren. Zur Umsetzung dieser Strategie erließ Law zunächst am 27. Februar 1720 ein Edikt, das den Besitz von Gold und Silber im Wert von mehr als 500 Livre für ungesetzlich erklärte. Alles Gold, das die festgesetzte Höchstsumme an Wert überstieg, sollte zur Bank gebracht und gegen Banknoten eingetauscht werden. Weiterhin verfügte er, dass in Zukunft alle Zahlungen von mehr als 100 Livre in Banknoten getätigt werden müssten. Zuwiderhandlungen gegen dieses Edikt würden mit hohen Strafen geahndet. Zudem winkten hohe Belohnungen demjenigen, der Zuwiderhandlungen anzeigte. Dabei reichte schon der geringste Verdacht, dass in einem Haus oder Palast illegales Gold versteckt sei, damit eine Untersuchung eingeleitet würde. Law ermunterte gerade dazu, dass Dienstboten ihre Arbeitgeber und Kinder ihre Eltern denunzierten. Ähnlich wie zu Zeiten der Justizkammer (März 1716, s. S. 53) herrschte in Frankreich wieder tiefstes Misstrauen gegen alle. Niemand traute mehr dem Anderen. Damit wieder Ruhe in den Aktienmarkt kam, eröffnete Law am 5. März die Verkaufsbüros wieder. Er setzte den Aktienkurs mit 9.000 Livre fest.[135] Das verschlimmerte die Situation allerdings noch weiter, weil viele von dem plötzlichen Wechsel seiner Strategie erschreckt waren und die prekäre Lage deutlich spürten. So stürmten die Menschen geradezu zu den Verkaufsbüros, um ihre Aktien zu verkaufen.

---

[134] Letztlich waren die Aktien in den Augen von Law nichts anderes als Geld, weil durch den Verkauf der Aktien die Besitzer Banknoten bekommen würden. Dies erhöhte dann die Geldmenge.

[135] Durch den garantierten Kurs von 9.000 Livre machte Law die Aktien quasi zu Bargeld, weil sie sich mühelos gegen Banknoten eintauschen ließen.

Abbildung 11: Gravur von Benoit Picart: Eine satirische Darstellung der Rue Quincampoix, gedacht als Denkmal, um die Nachwelt an die große Torheit von 1720 zu erinnern. (Quelle: Wikimedia Commons. Gemeinfrei.)

Man schätzt, dass die Mississippi-Kompanie im Verlauf dieser Aktion fast 230.000 Aktien aufgekauft hat. Um dies zu bewerkstelligen, liefen die Druckerpressen Tag und Nacht, um genügend Papiergeld zu drucken und die vielen Anleger auszahlen zu können. Entsprechend stieg der Banknotenumlauf. Außerdem begriffen die Leute, dass ihr Reichtum eine Täuschung war. Niemand wollte noch Banknoten haben.

Der Ansturm auf die Bank übertraf alle Erwartungen, darum musste Law handeln. Er kam zu dem Schluss, dass es unmöglich war, zwischen Papiergeld und Münzen ein ausgeglichenes Verhältnis herzustellen. Die einzige Alternative war, Gold- und Silbermünzen vollkommen abzuschaffen. Um dies zu erreichen, sollten die Banknoten stabil bleiben, während die Münzen allmählich gegenüber dem Livre abgewertet und stufenweise aus dem Verkehr gezogen werden. Nach Laws Vorstellung sollten die Goldmünzen innerhalb von zwei Monaten und die Silbermünzen innerhalb von neun Monaten in Frankreich nicht mehr als Zahlungsmittel zirkulieren. Dann sollte das Land völlig auf Papiergeld angewiesen sein.

2.7.2. Der Sturm bricht los (April – Mai 1720)

Damit ging Law den berühmten Schritt zu weit. Law übersah, dass in einem Land, das für seinen Konservatismus in allen Gelddingen bekannt war, ein monetäres System, welches nicht auf Gold oder Silber basierte, schlicht undenkbar war. Die Stimmung im Land wurde immer feindseliger. Paris erfasste eine Welle von Verbrechen. Es kam zu einer nie dagewesenen Häufung von Überfällen, Entführungen, brutalen Raubzügen und schauerlichen Morden. Die Bevölkerung machte dafür Habgier, Neid und Ungewissheit verantwortlich, die durch die von von Law verursachten großen Gewinne und Verluste aufgekeimt waren.

Ein Mord ließ dabei ganz Frankreich erschaudern. Im Mittelpunkt der Aufmerksamkeit stand ein zügelloser junger Adeliger namens de Horn. In seiner Gier nach Geld, mit dem er am Aktienmarkt spekulieren könnte, plante de Horn mit zwei ebenfalls hochrangigen Persönlichkeiten, den Makler Lacroix zu berauben. Der Makler war dafür bekannt, stets größere Mengen an Aktien und Bargeld bei sich zu führen. Unter dem Vorwand, Aktien kaufen zu wollen, lockten de Horn und seine Komplizen den Makler in eine Taverne (oftmals wurden dort Aktiengeschäfte abgewickelt), die für ihre musikalischen Darbietungen bekannt war. Sie gingen mit dem Makler in ein Hinterzimmer. Dort erstachen sie ihn. Da die Musik nicht so laut war, wie de Horn und seine Komplizen dachten, hörte ein Angestellter die Todesschreie des Maklers. Er schloss die Täter in dem Hinterzimmer ein und alarmierte die Wache. De Horn und seine Komplizen konnten zwar durch ein Fenster fliehen, wurden aber wenig später gefasst und hingerichtet. Law erkannte die Gunst der Stunde und verbot jeden Handel mit Aktien oder *les primes* außerhalb der offiziellen Verkaufsbüros der Gesellschaft. Er begründete dies mit der Gefahr für die Händler. Die Maßnahme wurde allgemein begrüßt.

Während dieser Zeit liefen die Druckerpressen Tag und Nacht. Im Mai 1720 waren Banknoten im Wert von mehr als 2,6 Milliarden Livre ausgegeben worden. Somit hatte sich die Menge an Banknoten von Januar bis Mai nahezu verdoppelt. Ganz Frankreich wurde mit Papiergeld überschwemmt. Die Geldmenge stand in keinem Verhältnis mehr zur wirtschaftlichen Basis und das Wirtschaftswachstum konnte mit der stark ansteigenden Papiergeldmenge nicht Schritt halten. Wie viele Waren und Güter (Sozialprodukt, s. auch S. 153) die Franzosen für ihre Livre bekamen, hing davon ab, wie viele Livre (oder Banknoten) in Umlauf waren. Je mehr Livre bei unverändertem Sozialprodukt kursierten, desto weniger Sozialprodukt bekam man je Livre und umso geringer war die Kaufkraft des Geldes. Es kam zu einer Inflation. Law musste also erkennen, dass sein Papiergeld – im Gegensatz zu einer

goldgedeckten Währung - keinen festen Wert hatte. Aus Furcht, dass sein System kurz vor dem Ende stehen könnte, nahm Law seinen wohl verzweifeltesten Schachzug vor.
Am 21. Mai 1720 verkündete Law Folgendes: Der Aktienkurs der Mississippi-Kompanie sollte bis zum 1. Dezember in monatlichen Schritten um volle 44 % auf 5.000 Livre abgesenkt werden. Gleichzeitig sollten die Banknoten im selben Zeitraum um 50 % gegenüber ihrem gegenwärtigen Wert sinken.[136] So sollte z.B. eine Banknote in Höhe von 10.000 Livre im Dezember nur noch einen Wert von 5.000 Livre haben. Law rechtfertigte diesen drastischen Schritt damit, dass nur auf diesem Weg ein ausgewogenes Verhältnis zwischen Papiergeld und Münzreserven wiederherzustellen sei, auf welches Frankreich für seinen Außenhandel angewiesen war. Niemand schenkte Laws Worten noch Glauben. So viel hatte die Bevölkerung ertragen müssen: Die Veränderungen des Wertes ihrer Währung, das Münzgeld wurde für ungesetzlich erklärt, das Anlegen von Schmuck war unter Strafe gestellt - keine von Laws Maßnahmen hatte die Lage irgendwie verbessert. Die bereits bestehende Unruhe schlug beinahe in einen öffentlichen Aufstand um, als sich die Nachricht der Entwertung des Papiergeldes verbreitete. So schrieb Pulteney:

> „Jedermann hatte das Gefühl, dass er der Hälfte dessen, was er besaß, beraubt werden sollte."[137]

So zog einen Tag, nachdem die Verordnung bekannt wurde, ein verärgerter Mob zu Laws Bank. Weil die Türen verschlossen waren, begannen die Leute Steine gegen das Gebäude zu werfen. Drei Tage lang dauerten die Ausschreitungen in den Straßen von Paris.
Nun schlugen auch Laws Gegner zurück. Am 22. Mai kam es zu einer Krisensitzung des Parlaments. Das Parlament klagte Law und seine Mitdirektoren an, korrupt zu sein und forderte dafür die Todesstrafe. Obendrein verlangte man vom Regenten, die erlassenen Verordnungen zurückzunehmen. Der Duc d'Orleans fügte sich. Law wurde daraufhin vor den Regentschaftsrat zitiert, wo er erklären musste, wie es zu dieser misslichen Lage gekommen war. Dabei wurde er von seinem alten Feind d'Argenson sowie dem Duc de Bourbon schwer attackiert. Der Regent musste mitansehen, wie Law förmlich von seinen Feinden im Regentschaftsrat zerfleischt wurde. Law musste einsehen, dass der Widerstand im Regentschaftsrat und im Parlament nur

---

136 Mit der Maßnahme, die Banknoten stärker abzuwerten als die Aktie, wollte Law eine Umschichtung in Richtung Aktien erreichen. Hierdurch würde sich die kursierende Menge an Banknoten verringern, so hoffte Law.

137 Gleeson, J.: Der Mann, der das Geld erfand. Goldman Verlag München 2001, S. 209

noch wachsen würde, wenn er im Amt bliebe. Deshalb reichte er beim Regenten sein Rücktrittsgesuch ein. Doch der Regent nahm es nicht an. Der Regent war hin- und her gerissen zwischen den Anhängern und den Gegnern Laws, die sich bei ihm Gehör verschafften. Es fanden zwischen den beiden Lagern kraftraubende Gefechte statt. Zudem verlor die Mississippi-Kompanie zunehmend an Größe und Bedeutung, weil ihre Aktienkurse immer tiefer fielen – bis Ende Mai auf nur noch 5.400 Livre. In Paris verflog jede Euphorie.[138] Die Atmosphäre verdüsterte sich. Viele Aktionäre verloren ihre ganze Habe.

Abbildung 12: Karikatur aus der Sammlung Het Groote Tafereel der Dwaasheid (Amsterdam 1720) – Satirische Darstellung eines verarmten Aktionärs (Quelle: Albting, S.: John Law der Vater des Papiergeldes, Westfälische Wilhelms-Universität Münster, S. 1)

Für die Banque Royal war der Kurssturz ebenso fatal, insbesondere für ihre Bilanz. Eine Bilanz hat zwei Seiten: Rechts stehen die Schulden und links Forderungen. Folglich stehen auf der rechten Seite der Bilanz, der Passivseite, die Zahlungsverpflichtungen der Bank selbst. Hierbei handelt es sich hauptsächlich um die ausgegebenen Banknoten. Auf der linken Seite der Bilanz,

---

138 Der Ruin Frankreichs war ein Gewinn für England, weil viele Mississippi-Aktionäre entschieden hatten, ihr Geld nun in Aktien der englischen Südsee-Kompanie anzulegen. So fiel jetzt eine große Anzahl englischer und ausländischer Anleger in London ein, ähnlich wie nur ein Jahr zuvor in Paris. In London spülte die plötzliche Flut an neuem Geld eine Fülle anderer Gesellschaften empor, die eilig gegründet wurden, um aus der Neigung zu finanziellen Lotteriespielen Profit zu ziehen. Ein besonderes Exemplar war dabei die Kompanie zur „Ausführung von äußerst vorteilhaften Unternehmungen, von denen niemand wissen soll, welcher Art sie sind."

der Aktivseite, stehen alle Forderungen Anderen gegenüber, also diejenigen Werte, welche die Banque Royal im Gegenzug für die Ausgabe der Banknoten bekam. Dies waren in erster Linie die Aktien der Mississippi-Kompanie, Kredite und die Gold- und Silbermünzenreserven. Da eine Bilanz eine Gegenüberstellung aller Forderungen (Aktivseite) und Verbindlichkeiten (Passivseite) ist, standen somit auf der linken Seite der Bilanz der Banque Royal diejenigen Werte, die den Wert der Banknoten der Banque Royal decken sollen. Je besser die Qualität der Wertpapiere auf der linken Seite der Bilanz war, desto sicherer (inflationsgeschützter) war die Banknote der Banque Royal. Somit riss der Kursverlust der Mississippi-Aktien ein tiefes Loch in die Bilanz der Bank, weil sie viele der Aktien erst im März 1720 zu 9.000 Livre gekauft hatte. Folglich standen den zum Kauf der Aktien ausgegebenen Banknoten teilweise keine Werte mehr gegenüber. Daher sank die Kaufkraft der Banknoten, es kam zur Inflation.
Zudem erwies sich das Versprechen, die Banknoten auf Verlangen in Münzgeld umzutauschen, als Damoklesschwert, da immer mehr Menschen die Auszahlung ihres Papiergeldes in Münzen verlangten. Die Banque Royal stand vor einem Scherbenhaufen. So zog der Regent Ende Mai die Reißleine und enthob Law des Postens des Generalkontrolleurs der Finanzen und setzte ihn unter Hausarrest.

2.7.3. Eine neue Hoffnung (Juni 1720)

Laws Feinde nutzten die Gunst der Stunde. Während Law im Hausarrest saß, versuchten sie, die schrittweise Abschaffung des Papiergeldes und die Wiederherstellung des Münzgeldes zu bewirken. Sie erreichten, dass am 1. Juni eine Aufhebung aller Beschränkungen des Gold- und Silberbesitzes stattfand. Ihr nächster Schritt war, dass am 3. Juni ein Großteil der Banknoten aus dem Verkehr gezogen und durch Rentenpapiere im Wert von 500 Millionen Livre ersetzt wurde – später erhöht auf 1 Milliarde –, die 2,5 % Zinsen brachten. Um der Bevölkerung glaubhaft zu machen, dass wirklich ein Großteil der eingezogenen Geldscheine vernichtet wurde, fanden öffentliche Verbrennungen von Geldscheinen statt. Man schätzt, dass zwischen dem 28. Juni und dem 29. August Banknoten im Wert von 707 Millionen Livre in Rauch aufgingen. So wurden z.B. alleine am 1. Juli 155.850.000 Banknoten verbrannt. Acht Tage später, am 21. Juli, wurde die Mississippi-Kompanie[139] verpflichtet, die sich im Umlauf befindenden Banknoten in einem Zeitraum

[139] Die Mississippi-Kompanie hatte Anfang des Jahres 1720 die Banque Royal übernommen. Darum haftet die Mississippi-Kompanie ebenfalls für die ausgegebenen Banknoten.

von einem Jahr um monatlich 50 Millionen Livre abzubauen, sodass bis zum 21. August 1721 keine Geldscheine mehr zirkulierten.
Doch John Law ließ sich nicht so schnell unterkriegen. Er bot seinen Feinden erneut die Stirn. Schon am Tag nach seiner Absetzung, während mehrere Beamte in der Bank seine privaten Aufzeichnungen durchgingen, bat er um eine Audienz beim Regenten. Der Regent reagierte, indem er ihn unter einer Eskorte zum Palais Royal bringen ließ. Dort musste er mehrere Stunden lang warten, bis ein Diener Law mitteilte, dass der Regent plötzlich wegen anderer dringender Geschäfte verhindert sei. Law wusste, dass dies eine öffentliche Demütigung durch den Regenten war.
Indes lieferte der öffentliche Aufruhr Laws Feinden die langersehnte Möglichkeit, Law zu vernichten. Angeführt von d'Argenson, den Law bei zahlreichen Gelegenheiten in spektakulärer Weise düpiert hatte, sowie den Brüdern Paris, die durch Law ihre lukrativen Steuereinnahmebezirke verloren hatten, übten sie Druck auf den Regenten aus, das System von Law aufzugeben. Dem Duc d'Orléans blieben noch drei Jahre als Regent, bis Louis XV. volljährig und damit König würde. Es gab allerdings Überlegungen im Parlament, dass man den Regenten früher ablösen sollte. Um die Situation zu entschärfen, hatte der Regent beschlossen, sich nach außen hin mit seinen Gegnern zu arrangieren und keinen Widerstand zu leisten. Er überließ ihnen die Zügel – in der Hoffnung, dass sie sich darin verfingen. Doch dies war nur eine Scharade. Der Regent hatte zu viel in die Unternehmungen von Law investiert, um ihn einfach fallen zu lassen. Darum wurde Law spät in der Nacht zu einem heimlichen Treffen in das Palais Royal bestellt. Er wurde von dem Regenten herzlichst begrüßt. Die beiden diskutierten wie früher darüber, wie man die Probleme der Bank und der Kompanie lösen könnte. Der Regent kam zu der Überzeugung, dass Law der einzige Mann war, der Frankreich wieder aus dieser finanziellen Misere herausführen könne. Deswegen wurden am nächsten Tag die Wachen vor dem Haus von Law abgezogen. Weiterhin hatte Law die geheime Anweisung bekommen, wieder seinen Amtspflichten nachzukommen. Er nahm seine ursprüngliche Idee wieder auf, am Kreditwesen (Geldschöpfung durch Kredite) festzuhalten. Allerdings sollte es jetzt unter eine unabhängige, strenge Kontrolle gestellt werden.
Law nahm zur allgemeinen Verblüffung zwei Tage später an einer Ratsversammlung teil, um seinen Plan vorzustellen. Der Duc d'Antin hielt das Erstaunen der Anwesenden wie folgt fest:

> „Wir waren heute Zeugen eines seltenen Vorkommnisses: Ein Minister, der ein paar Tage vorher seines Amtes enthoben gewesen war, der durch einen Major der Schweizergarde unter Arrest gestellt worden war, kehrte am Sontag in die Ratssitzung zurück,

um eine neue Politik vorzuschlagen und die Zustimmung der ganzen Versammlung zu erhalten."[140]

Das Erstaunen wurde sogar noch größer als der Regent verkündete, dass Law erneut ein hohes Amt bekleiden würde. Er habe Law zum Intendanten *General du Commerce* sowie zum Geschäftsführenden Direktor der Bank und der Mississippi-Kompanie ernannt. Die Wiedererlangung der königlichen Gunst hatte für Laws Gegner fatale Folgen. So wurde d'Argenson als Siegelbewahrer entlassen und in den Ruhestand geschickt. Die Brüder Paris wurden in die Provinz verbannt. Dennoch waren die Veränderungen zu Laws Gunsten begrenzt. Das Parlament war ihm noch immer feindselig gesonnen und viele seiner Kritiker saßen nach wie vor im Regentschaftsrat. Allerdings wurde Law nun nur noch hinter vorgehaltener Hand kritisiert. Die Untersuchung der Geschäftsunterlangen, die von Laws Gegnern angeregt wurde, näherte sich dem Ende. Es wurde gemunkelt, dass der Regent Einfluss auf die Untersuchung genommen habe. Darum überraschte es niemanden, als die Kommissare zwei Wochen später verkündeten, dass sie keinerlei Anhaltspunkte für Unregelmäßigkeiten gefunden hätten.[141]

Während Frankreich noch mit den Folgen der Mississippi-Aktienspekulationsblase kämpfte, begann andernorts in Europa die Spekulationswelle erst richtig ins Rollen zu kommen. So stand im Sommer 1720 die riesige Blase um die Unternehmungen der Südsee-Kompanie in London kurz vor dem Platzen. Die Aktien wurden in schmutzigen Hauseingängen und Fluren von Londons Exchange Alleys gehandelt. Viele, die Geld mit Aktien der Mississippi-Kompanie verdient hatten, versuchten hier abermals ihr Glück. Durch diesen Strom an Geld schoss der Aktienkurs von 130 Pfund im Januar bis Ende Juni 1720 auf 1050 Pfund. Wie schon in Frankreich wurden auch in England Angehörige aller gesellschaftlichen Schichten vom Spekulationsfieber gepackt. Auch hier waren Darlehen zur Aktienspekulation ohne Weiteres zu bekommen. So wurden von den Kursgewinnen immer mehr Hasardeure angezogen. Die wenigsten von ihnen verstanden die komplexen Regeln des Spiels der Aktienspekulation. Sogar gelehrte Personen erfasste die Südsee-Manie. Als man Isaac Newton zu den Aktiengeschäften befragte, soll er geantwortet haben: „Ich kann zwar die Bewegungen der Sterne berechnen, aber nicht die Tollheit der Menschen." Die Südsee-Manie wurde in England immer größer, so schrieb Defoe Anfang August:

[140] Gleeson, J.: Der Mann, der das Geld erfand. Goldman Verlag München 2001, S. 217

[141] Eine spätere Untersuchung zeigte, dass große Mengen an Banknoten ohne amtliche Genehmigung ausgegeben und in Umlauf gebracht worden waren. Doch um den Regenten nicht in Verlegenheit zu bringen, wurde dies zunächst vertuscht.

> „Die feinen Damen der Stadt kaufen Südsee-Juwelen, stellen Südsee-Zofen ein und beziehen neue Südsee-Landhäuser; die Gentlemen schaffen Südsee-Kutschen an und erwerben Südsee-Besitzungen."[142]

Auch die anderen Gesellschaften, die im Schatten der Südsee-Kompanie gegründet wurden, fanden bei den Anlegern reißenden Absatz. Die Devise lautete: „Lasst uns irgendetwas zeichnen, egal was. Der Gewinn kommt von alleine." Wer zu den Glücklichen gehörte, die bei einer Zeichnung zum Zuge kamen, konnte seinen Einsatz schon in den ersten Tagen nach Handelsbeginn vervielfachen.[143] Natürlich wurde auch das europäische Festland vom Verlangen erfasst, ohne jede Anstrengung reich zu werden. So boomten die Wertpapiermärkte in Amsterdam und Hamburg und die Händler schlugen sich um die holländische Westindien-Aktie, die im Sommer 1720 zweimal so viel wert war wie noch zu Beginn des Jahres.

In Paris sah die Lage anders aus, dort war die Euphorie verschwunden. Als Law im Juni 1720 wieder in seine Bank zurückkehrte, war er entsetzt über die großen Menschenhorden, die trotz brütender Sommerhitze vor der Bank warteten, in der Hoffnung ihre Banknoten gegen Münzen eintauschen zu können. Solch ein Beweis für das schwindende Vertrauen in sein Papiergeld schockierte Law. Er musste unbedingt eine Lösung finden.

Also machte Law zunächst einen Kassensturz. Dabei stellte er fest, dass nur ca. zwei Prozent des Geldes, welches sich im Umlauf befand, Gold- und Silbermünzen waren. Das heißt, 98 % des umlaufenden Geldes bestand aus Papiergeld, was Law zunächst sehr erfreute. Er war seinem Ziel, das Münzgeld durch Papiergeld zu ersetzen, sehr nahe gekommen. Dennoch konnte Law diesen Erfolg nicht feiern. Denn er musste feststellen, dass nicht einmal mehr 2 % der umlaufenden Menge des Papiergeldes durch Münzreserven der Bank gedeckt waren. Eine Katastrophe angesichts der Menschenmassen, die jetzt ihre Banknoten in Münzen umtauschen wollten. Law musste erkennen, dass das Leben nicht nach mathematischen Mustern verlief. Um die Situation wieder in den Griff zu bekommen, musste Law zu einer drastischen Maßnahme greifen.

Um den schrumpfenden Vorrat an Münzgeld so gerecht wie möglich zu verteilen, führte Law ein Rationierungssystem ein.[144] Ab Mitte Juni wurde pro

---

[142] Gleeson, J.: Der Mann, der das Geld erfand. Goldman Verlag München 2001, S. 219

[143] Ähnliches beobachtete man um die Jahrtausendwende in Deutschland, als die Menschen Neuemissionen am Neuen Markt blind zeichneten. Es bildeten sich lange Schlangen vor den Bankschaltern. Der Grund: Man konnte mit Neuemissionen an einem Tag mehrere hundert Prozent Gewinn erzielen.

[144] Auch heute noch gibt es ein Rationalisierungsprogramm: die Kapitalverkehrskontrolle. Hiermit soll verhindert werden, dass Geld in großen Mengen aus einem Land abfließt. Dazu können z.B. die Höhe von Zahlungen ins Ausland beschränkt werden oder die Summe, die die

Person nur ein einziger 10-Livre-Schein in Münzen eingetauscht. Zudem öffnete die Bank ihre Schalter nur noch zweimal die Woche, damit die Kunden 100-Livre-Banknoten in Noten von geringerem Wert umwechseln konnten. Wiederum kam Law zu dem Schluss, dass man, um finanzielle Stabilität zu erreichen, die Menge der Aktien und Banknoten deutlich reduzieren musste. Er musste also einen Weg finden, um dies zu erreichen, ohne das Volk gegen sich aufzubringen.

Seine erste Maßnahme hatte in erster Linie einen symbolischen Wert: Er verbrannte vor den staunenden Augen der Öffentlichkeit 100.000 Aktien aus dem Besitz der Krone und 300.000 Aktien aus dem Besitz der Gesellschaft. Es sollte noch mehrere Feuer dieser Art geben, auch Papiergeld wurde verbrannt. Ganze Kisten mit Banknoten gingen in Flammen auf. Doch mit jedem Feuer minderte Law das Vertrauen in sein Papiergeld[145] weiter. Die Forderung nach Münzen wurde in der Bevölkerung immer lauter.

Die Kaufleute nahmen das Papiergeld nur noch mit ausgeprägtem Widerwillen entgegen; oft nur noch, wenn sie etwas vom Nominalwert abzogen. So konnte man für eine 100-Livre-Banknote nur noch Waren im Wert von 80 Livre kaufen – wenn man Glück hatte. Den Armen blieb nichts anderes übrig, als auf den Straßen nach Münzen zu suchen oder Tauschgeschäfte zu treiben. Die Lage wurde immer schlimmer, weil sich immer mehr Händler weigerten, Banknoten anzunehmen. So mussten den Bäckern von Gonesse, die Paris mit Brot versorgten, Münzen geschickt werden, damit sie Weizen kaufen konnten, da die Getreidehändler sich weigerten, ein anderes Zahlungsmittel anzunehmen. So spottete man auf den Straßen, man könne mit 100 Millionen Banknoten in der Tasche den Hungertod sterben. Während die Armen auf der Suche nach Essbarem waren, tanzten und feierten die Bewohner der prächtigen Hotels und Palais weiter. Sie waren von der Krise auf den Straßen nicht betroffen, weil sich keiner ihrer Lieferanten wagte, ihnen den Kredit zu

Bürger an Geldautomaten oder Bankschaltern abheben dürfen, beschränkt werden. Ziel solcher Maßnahmen ist, ähnlich wie bei John Law, die Stabilisierung der Banken. Falls nämlich die Bürger im großen Stil Geld von ihren Konten abheben – um es beispielsweise als Bargeld zu verwahren oder ins Ausland zu schaffen – droht über kurz oder lang der Kollaps des Bankensystems. So musste z.B. 2013 Zypern, um seine Banken zu retten, Kapitalverkehrskontrollen einführen. Die Menschen durften dort nur 300 Euro pro Tag und Kopf an den Geldautomaten abheben.

145 Allerdings blieb Law nichts anderes übrig. Diese Maßnahme war die letzte Chance, die Geldmenge zu reduzieren. Sie war einfach zu groß geworden, weil u.a. der Regent heimlich Milliarden von Livre gedruckt hatte, um seinen extravaganten Lebensstil zu finanzieren. Law musste also der Wirtschaft Geld entziehen. Das Geld war zu billig geworden. Jedermann hatte zu viel davon. Die Lebensmittelpreise schnellten in ungeahnte Höhen. Law befürchtete, dass man in der nahen Zukunft einen Schubkarren benötigte, um sein Geld zum Bäcker zu bringen, wenn man ein Laib Brot kaufen wollte.

verweigern. Die Elite gab ihr Papiergeld weiterhin mit vollen Händen aus. So wurde zehnmal mehr für die Oper ausgegeben als noch ein Jahr zuvor. Die Leute kleideten sich immer extravaganter und aufwendiger.[146]

Doch unter der Oberfläche brodelte es weiter. Die Verbrennung von Geldscheinen und Wertpapieren sowie die Rationierung des Münzgeldes hatten die Situation in keiner Weise verbessert. Noch immer reichten die Münzvorräte nicht aus, um das vorgelegte Papiergeld einzuwechseln. Besonders hart traf es die ausländischen Anleger, die noch französische Banknoten besaßen. Ihre Verluste vergrößerten sich, weil die französische Währung noch steiler nach unten ging als der Aktienkurs der Mississippi-Kompanie. So war im Mai ein Pfund Sterling noch 39 Livre wert, aber schon im September 92 Livre. In den folgenden Monaten wurde überhaupt kein Kurs mehr gestellt, weil die Ausländer kein französisches Papiergeld mehr annahmen. Der gesamte Export und Import von Waren wurde nur noch mittels Münzgeld abgewickelt. Wegen des steigenden Bedarfs an Münzgeld gingen die Reserven der Bank immer schneller zu Neige. Darum entschloss sich Law, große Mengen von Kupfermünzen prägen zu lassen. Auch durch diese Maßnahme stand noch immer nicht genügend Münzgeld zur Verfügung, weil immer mehr davon ins Ausland abfloss. Darum öffnete die Bank für immer kürzere Zeiten und immer sporadischer. Wenn die Türen geöffnet wurden, brach ein hektisches Gerangel um einen Platz in der vordersten Reihe aus. Defoe beschrieb die Lage so:

> „Das Verlangen nach dem Geld ist so gewaltig groß und der Gedanke in den Köpfen aller, dass man in ein paar Tagen wieder mit den Auszahlungen aufhören wird, derart Angst erregend, dass die Leute wie verrückt an ihr Geld heranzukommen versuchen und sogar ihr Leben dafür riskieren."[147]

Um ein Chaos zu verhindern, mussten die Wachposten sogar das Feuer auf die Menge eröffnen. Dabei wurden drei Menschen getötet.

2.7.4. Das Ende (Juli - Dezember 1720)

In einer verzweifelten Rettungsaktion für sein Papiergeld kündigte Law am 13. Juli 1720 Folgendes an: Es würde ein System von Girokonten im Wert von bis zu 600 Millionen Livre eingerichtet, mit dem Überweisungen zwischen den Kontoinhabern möglich sei. Um die Menschen dazu zu bewegen,

---

[146] Ähnliches beobachtete man in den 1930er Jahren zu Zeiten der großen Weltwirtschaftskrise, als das Waldorf Astoria in New York immer voll belegt war. Dort feierten die Schönen und Reichen weiter ihre Feste.

[147] Gleeson, J.: Der Mann, der das Geld erfand. Goldman Verlag München 2001, S. 223

Girokonten zu eröffnen, erließ Law einige Zwangselemente, wie z.B. die Vorschrift, dass alle Zahlungen in Höhe von mehr als 500 Livre über Girokonten abzuwickeln seien.[148] Solche Maßregelungen waren kaum geeignet, das Vertrauen in die Bank bzw. deren Papiergeld wiederherzustellen. Die Menschen bevorzugten immer mehr das Münzgeld bei ihrem täglichen Geschäftsverkehr.

Am 17. Juli 1720 versammelten sich schon in der Nacht um die Bank mehr als 15.000 Menschen. Die meisten von ihnen waren aus den Vorstädten von Paris bzw. der Provinz gekommen. Es kursierte nämlich das Gerücht, dass am Morgen die Bank zum ersten Mal seit einer Woche wieder 10-Livre-Banknoten in Münzen einwechseln würde. Man hatte zwar mit vielen Menschen gerechnet und daher hölzerne Absperrungen errichtet, um einen geregelten Zugang zur Bank zu gewährleisten, doch mit einer solchen Menge an Menschen hatte keiner gerechnet. Um fünf Uhr morgens sprangen die ersten über die Absperrungen, erzürnt über das lange Warten, sodass von allen Seiten ein hysterischer Mob auf die Bank zudrängte. Diejenigen, die sich vorne befanden, wurden teilweise durch die anströmende Menge gegen die Absperrungen vor der Bank gedrückt oder von der rasenden Menge zertrampelt. Enttäuscht, dass die Bank nur wenigen ihre Banknoten in Münzen umtauschen konnte, zog der riesige Mob in einer wütenden Prozession zum Palais Royal. Der Regent versprach der wütenden Menge, dass in der ganzen Stadt Geld verteilt würde. Daraufhin begannen sich die Menschen langsam wieder zu zerstreuen. Die Stimmung auf den Straßen blieb gereizt. So rottete sich ein zweiter Mob zusammen und marschierte mit der Absicht, ihn zu lynchen, zu Laws Wohnhaus. Es gelang der Menge zwar, die Tore zu Laws Anwesen zu überwinden, jedoch konnte sie Dank des Eingreifens der Stadtwache nicht in das Haus eindringen. Zu seinem Schutz zog Law mit seiner Familie in den Palais Royal. Die Gewalttätigkeiten hatten Law zutiefst erschüttert. Er traute sich nur noch mit einer Leibwache auf die Straße und ließ immer sorgfältigere Vorsichtmaßnahmen treffen.

Dennoch arbeitete Law weiterhin einen Plan aus, um die trudelnde Mississippi-Kompanie wieder auf sicheren Boden zu stellen. Er sah vor, dass die Handelsprivilegien der Mississippi-Kompanie gegen die Zahlung einer größeren Summe ausgeweitet werden sollten. Dieser Plan sollte mit Unterstützung des Regenten im Schnellgang durch das Parlament gebracht werden. Doch die Abgeordneten versuchten, die Gunst der Stunde für sich zu nutzen, da sie die Bevölkerung auf ihrer Seite sahen. Sie verweigerten dem Plan ihre

[148] Somit blieb den Händlern in der Praxis gar nichts anderes übrig, als diese zu benutzen.

Zustimmung. Der Regent reagierte empört auf den neuerlichen Versuch des Parlaments, sich gegen seine Wünsche zu stellen. Deswegen verbannte der Regent am 21. Juli das ganze Parlament nach Pontoise, in die Provinz. Letztlich verlor das Parlament hierdurch das bisschen Macht, das es noch hatte. Law hatte gesiegt. Es zeigte sich, dass Law noch immer in der Gunst des Regenten stand. Dies erfreute die Aktionäre der Mississippi-Kompanie derart, dass der Aktienkurs etwas anstieg. Doch dies sollte nur eine kurze Verschnaufpause sein. Denn Ende Juli erschütterte Frankreich eine neue Schreckensmeldung: Die Pest schlug wieder zu.

Die Seuche war zunächst in Marseille ausgebrochen, weil eine Besatzung aus Syrien, wo die Pest wütete, durch Korruption die üblichen strengen Quarantänevorschriften umgehen konnte. Ende Juli wurde offiziell bestätigt, dass es sich um eine Pestepidemie in Marseille handelte. Um Marseille wurde ein Sperrgürtel gelegt. Dieser sollte die Menschen daran hindern, die Stadt zu verlassen. Gleichzeitig wurde damit aber die Versorgung der Bevölkerung mit Lebensmitteln erschwert, sodass bis August ein Drittel der Bürger von Marseille an der Pest gestorben oder verhungert war. Die Seuche erfasste die ganze Provence. Ganz Europa zeigte große Anteilnahme. Man hatte aber auch Angst, dass sich die Seuche über Europa ausbreiten würde. Es wurde Geld gesammelt und Hilfsmaßnahmen in die Wege geleitet. Doch die Not in Frankreich wurde immer größer. Denn um die Ausweitung der Krankheit zu stoppen, erließen die europäischen Nachbarstaaten Frankreichs drakonische Quarantänevorschriften. So mussten z.B. Privatreisende in jeder Stadt, in die sie kamen, ihre Gesundheitsbescheinigungen abstempeln lassen, um nicht in eine mehrwöchige Quarantäne zu geraten.

Nicht nur für die Menschen, sondern auch für die Mississippi-Kompanie erwies sich die Seuche als tödlich. Der Handel mit Afrika und den Mittelmeerländern kam zum Erliegen, weil die beiden wichtigen Häfen in Marseille und Toulon geschlossen waren. Auch der Handel mit anderen europäischen Staaten ging drastisch zurück. Die Geschäfte der Mississippi-Kompanie ruhten weitgehend und es kam kaum noch zu Einnahmen. Die Lage der französischen Wirtschaft verschlechterte sich immer weiter. Der Handel innerhalb Frankreichs ging ebenfalls merklich zurück, weil durch die Seuche das Reisen erschwert wurde. Folglich wurden immer weniger Güter hergestellt und die Steuereinnahmen durch importierte und exportierte Waren sanken deutlich. Um zu überleben, mussten viele ihre Aktien der Mississippi-Kompanie verkaufen. Deren Aktienkurs sackte deutlich ab. So schrieb Law später:

„Jedermann verkaufte einen Teil seiner Aktien, um genügend zu haben, dass er seine Familie während dieser allgemeinen Kalamität ernähren konnte."[149]

Am Ende der Epidemie waren ihr 100.000 Menschen zum Opfer gefallen. Ebenso sollte sich die Mississippi-Kompanie nicht mehr erholen. Laws System stand endgültig vor dem Aus.
Verschlimmert wurde die Lage noch dadurch, dass mittlerweile in ganz Europa eine verbitterte Anti-Law-Stimmung um sich griff. So wurde in Holland das berühmte Spottbuch über Law „Der Spiegel der Torheit" veröffentlicht und mit großem Erfolg verkauft. Auch in anderen bissigen Schriften und auf Karikaturen, auf denen meist Windmühlen, Windräder und Blasen zu sehen waren, wurde Law verhöhnt. Zudem wurden hunderte von satirischen Gedichten und Posen erdacht, die man in Kabaretts, Tavernen und anderen Versammlungslokalen aufführte. Eines der bekanntesten war:

„Montag hab ich Aktien gekauft;
Dienstag Millionen verdient;
Mittwoch hab ich mich eingerichtet;
Donnerstag eine Kutsche angeschafft;
Freitag bin ich zum Ball gegangen
Und Samstag im Armenhaus gelandet."[150]

In Gotha wurde eine Reihe von Münzen aus Silber ausgegeben, die Law voller Ironie in dem Metall verewigten, welches er so energisch aus den Taschen der Leute verbannen wollte. Diese Häme ist dem geschuldet, dass ganz Europa zuerst mit Interesse und Neugier den Geldzauber in Frankreich verfolgte. Später schlug dann das Interesse in Spott und Angst vor dem Papiergeld um.

Abbildung 13: Deutsche Spottmedaille auf die französische Geldzauberei (Quelle: Der Geldzauberer von Paris, Das Fenster, in der Halle der Kreissparkasse Köln, Thema 81, September 1971, S. 7)

[149] Gleeson, J.: Der Mann, der das Geld erfand. Goldman Verlag, München 2001, S. 229
[150] Gleeson, J.: Der Mann, der das Geld erfand. Goldman Verlag, München 2001, S. 219

Law konnte zwar über die Gehässigkeit solcher Angriffe hinwegsehen, aber nicht darüber, dass sie einem allgemeinen Hass gegen ihn entsprangen. Für einen Menschen wie Law, der immer das Wohl aller im Sinn gehabt hatte und dem Traum nachgehangen war, Frankreich zum wohlhabendsten Land der Welt zu machen, war es äußerst schmerzlich, dass die Massen ihn nun hassten. Laws Verhalten wurde immer unberechenbarer. An einem Tag zeigte er seine alte Bravour und überzeugte andere davon, dass sich die Wirtschaft wieder erholen würde. An einem anderen Tag wurde er von Zweifeln geplagt, verhielt sich ungewöhnlich gereizt und anmaßend gegenüber Ratsmitgliedern und wollte immer strengere Gesetze einführen, um das System funktionsfähig zu halten. Er versuchte, sich mit Arbeit von seinen Sorgen abzulenken. So stellte er sechshundert Arbeiter ein, um eine neue Münzanstalt zu bauen. Law glaubte, nach Fertigstellung des Gebäudes genügend Metall zur Verfügung zu haben, um neues Geld zu prägen. Zudem eröffnete er am 1. August 1720 die neue Wertpapierbörse – *La Bourse*. Gleichzeitig veröffentlichte er anonym eine Schrift, mit der er sein System verteidigte. In dieser Schrift hieß es, als Law nach Frankreich gekommen sei, habe die Staatsschuld über zwei Milliarden Livre betragen. Die Menschen hätten in bitterster Armut gelebt und die Wirtschaft habe danieder gelegen. Durch eine Reihe von Reformen und der Gründung der Mississippi-Kompanie habe das Land wieder finanziell und wirtschaftlich erstarken können. Die Leser waren jedoch erbost über diese Schrift, weil kein Wort über die aktuellen wirtschaftlichen Probleme verloren wurde, wie die Inflation, der Wertverfall von Banknoten und Aktien und die Münzknappheit. Sie fragten höhnisch: Wo ist dann das Land, in dem Milch und Honig fließen? Was hat sich denn geändert? Nichts!

Letztlich war Law zu jemandem geworden, der den Regenten in Verlegenheit brachte. Das konnte der Regent sich nicht leisten. Er durfte nicht durch Law kompromittiert werden, denn dies konnte seine eigene Stellung gefährden. So färbte Laws schlechte Presse immer mehr auf den Regenten ab. Er musste eine Flut von kritischen und teilweise boshaften Artikeln über sich ergehen lassen. Langsam wurde der Regent immer dünnhäutiger, die immer schlechter werdende Presse traf ihn hart. So wie über Law wurden jetzt auch über den Regenten Spottverse und Geschichten veröffentlicht, wie z.B.:

„Sie versprechen viel, oh Königlein.
Wird's in Papier- oder Münzgeld sein?"[151]

[151] Murphy, A.E: John Law Ökonom und Visionär,.Verlag Wirtschaft und Finanzen, Düsseldorf 2002, S. 342

Law wurde für den Regenten zu einer immer größeren Belastung. Hinzu kam noch, dass der Regent langsam zu der Überzeugung kam, dass es zu keinem wirtschaftlichen Aufschwung kommen konnte, solange die Leute überzeugt waren, dass Law und seinem Banknotensystem nicht zu trauen sei, und solange das Parlament, die Financiers und die wohlhabende Elite entschlossen waren, Law zu Fall zu bringen. Es musste etwas passieren. Somit wandte sich der Regent im Geheimen in der Hoffnung an die Privatbankiers und Financiers, dass sie das unter seiner Regentschaft auf ein Riff gelaufene Staatsschiff mit harter Münze wieder flott bekamen. Doch zunächst lehnten die Financiers jegliche Hilfe in Form von Darlehen ab. Sie gaben dem Regenten nur den Ratschlag, endlich das Papiergeld abzuschaffen und zum Münzgeld zurückzukehren. So würden sich alle Probleme von selbst lösen. Doch Law war noch nicht am Ende. Er versuchte, das Ruder noch einmal herumzureißen. Er erließ folgende Edikte:

Am 15. August:	Große Geldscheine (10.000 und 1.000 Livre) sollten ab dem 1. Oktober kein legales Zahlungsmittel mehr sein. Kleinere Geldscheine sollten ihre Gültigkeit noch bis zum 1. Mai 1721 behalten.
Am 15. September:	Die Bezahlung mit Geldscheinen von 10.000 bis 1.000 Livre erforderte fortan, dass die Hälfte der Zahlung in Münzgeld erfolgte. Daneben verloren Guthaben auf den Girokonten drei Viertel ihres Wertes.

Außerdem wurde der Aktienkurs der Mississippi-Kompanie auf 2.000 Livre festgesetzt. Dieses Maßnamenbündel brachte die Öffentlichkeit weiter gegen Law auf. So schrieb Marais:

> „Der Jammer hat jede Familie gepackt. Man muss die Hälfte von allem mit Münzen bezahlen, und es gibt keine, und überdies geht alles im Preis nach oben anstatt nach unten."[152]

Der immer stärker werdende Preisanstieg wurde noch durch Kaufleute und Angehörige der Aristokratie verstärkt, weil diese möglichst viel Profit machen wollten und daher Kartelle bildeten. Sie horteten wichtige Rohstoffe und kauften die Märkte leer. Anschließend verlangten sie erpresserische Preise für diese Rohstoffe. Viele Leute gaben Law hierfür die Schuld, weil die schlimmsten Halunken Anhänger von Law waren bzw. die Monopole sogar

[152] Gleeson, J.: Der Mann, der das Geld erfand. Goldman Verlag München 2001, S. 237

von Law übertragen bekommen hatten. So besaß z.B. Marechal d'Estrees das Kaffeemonopol oder William Law, Laws Bruder, das Monopol auf Blei und auf verschiedene Zuckersorten. Law muss gewusst haben, dass seine Freunde mit ihren Monopolen üble Geschäfte machten, aber er drückte beide Augen zu, weil er die wenigen verbliebenen Verbündeten nicht verlieren wollte. Ähnlich verfuhr der Regent, wenn er Beschwerden über die Geschäftemacherei seiner Günstlinge erhielt. Das Edikt traf auch zahllose Ausländer, die mit Frankreich Handel trieben. So entsandten die Kaufmannsgilden von Savoyen, Piemont und Brüssel Delegationen zum Regenten von Frankreich, da ihre Mitglieder durch den Handel mit Frankreich auf Unmengen von französischen Banknoten saßen, deren Wert stetig sank. Das Edikt würde den Wertverfall nochmals beschleunigen. Sie drohten, den Handel mit Frankreich weiter einzuschränken.

Ein Ereignis in London verschlimmerte die Lage in Frankreich zusätzlich: Der Absturz der Südsee-Aktien. Deren Aktienkurs fiel von Juni bis Ende August von 1.050 Pfund auf nur noch 380 Pfund. Da viele Investoren große Darlehen aufgenommen hatten, um in diese Aktien zu investieren, als der Kurs noch hoch stand, gerieten sie nun unter Druck. Die englischen Banken verlangten jetzt zusätzliche Sicherheiten. Darum waren sie gezwungen, andere Wertpapiere zu verkaufen, um die Kredite zurückzahlen zu können bzw. neue Sicherheiten zu hinterlegen. So gaben die Börsenmärkte in Frankreich, Holland und anderen europäischen Ländern deutlich nach, da die englischen Investoren überall ihre noch werthaltigen Investments verkauften.

Als die Bestürzung immer größer wurde, Wut und Niedergeschlagenheit in Frankreich immer mehr um sich griffen, wurden Law und seine Familie von ihrer Umgebung zunehmend abfälliger behandelt. Letztlich hatte Law nicht mehr die Zügel in der Hand. Er war ganz und gar auf die Gunst des Regenten angewiesen. Doch Laws Rivalen hatten es endlich geschafft, den Regenten auf ihre Seite zu ziehen. Er war zermürbt von den Verhältnissen in Frankreich. Es drohte eine offene Revolte gegen ihn. Er fürchtete um sein eigenes Leben. Darum wurde am 10. Oktober Laws System zu Grabe getragen, als eine Verordnung bekannt gegeben wurde: Angesichts der allgemeinen Geringschätzung der Papierwährung und dem Vertrauensverlust der Bevölkerung in diese würde Frankreich die Banknoten völlig abschaffen.[153] Ab dem 1. November kehrte Frankreich wieder zurück zum geprägten Geld. Besitzer

---

[153] Obwohl schon mehr als die Hälfte der ausgegebenen Banknoten aus dem Verkehr gezogen waren, zwang das fehlende Vertrauen der Bevölkerung, sie schließlich ganz abzuschaffen. Die jetzt noch im Verkehr befindliche Menge an Banknoten hätte fast wieder der wirtschaftlichen Realität entsprochen. Law hätte also fast noch das Ruder wieder herumgerissen.

von Banknoten wurden verpflichtet, diese in Rentenpapiere umzutauschen. Die Bank öffnete am 27. November ihre Pforten zum letzten Mal. Ihr unrühmliches Ende bedauerte niemand.

Laws Gegenspieler nahmen jetzt Rache an denen, die vorher triumphiert hatten – den Besitzern von Mississippi-Aktien. Den neuen Gesetzgebern waren die Investoren ein Dorn im Auge, die erst durch die Mississippi-Spekulation reich geworden waren. Sie wollten die alte Ordnung zwischen Arm und Reich wiederherstellen. Die Sieger würden zu Opfern werden. Um alle, die über Mississippi-Aktien zu Reichtum gelangt waren, zu finden, wurden die Anleger angewiesen, ihre Anteilsscheine in die Geschäftsräume der inzwischen geschlossenen Bank zu bringen. Dort würden sie registriert. Jede Aktie die nicht registriert war, würde vollkommen wertlos verfallen. Falls man keine Anzeichen für unlautere Geschäfte entdeckte, würden die Aktien nach ein bis zwei Wochen wieder ausgehändigt werden. Diejenigen, die man für schuldig befand, auf unrechtmäßige Weise an Geld gekommen zu sein (sprich durch übertriebene Spekulation), würden bestraft werden. Man würde den Großteil ihres Besitzes konfiszieren. Zeitgleich wurde *La Bourse* geschlossen.
Obwohl es mit der Mississippi-Kompanie steil nach unten ging, weil Laws Rivalen den Konzern zerschlugen, war sie noch nicht völlig am Ende. Der Kompanie mangelte es an Münzgeld, um verschiedene Darlehen zurückzuzahlen und weitere Geschäfte abschließen zu können. Darum wurde Ende November verfügt, dass jeder Anteilseigner verpflichtet sei, der Gesellschaft 150 Livre je Aktien zu leihen. Davon waren zwei Drittel der Summe in Münzen zu entrichten, ein Drittel in Scheinen, von denen, obwohl per Gesetz abgeschafft, sich nach wie vor eine begrenzte Menge im Umlauf befand, weil es einfach nicht genügend Münzen gab. Aktien, für die diese Abgabe nicht entrichtet wurde, wurden für ungültig erklärt.
Law zog sich währenddessen in sein Haus zurück. Er bat den Regenten um seine Entlassung sowie um die Erlaubnis, außer Landes gehen zu dürfen. Law hatte endgültig das Handtuch geworfen. Den nächsten Schlag versetzten ihm seine Gegner, als Anfang Dezember die Rückkehr des Parlaments näher rückte, das immer noch Laws Bestrafung forderte. Am 14. Dezember fuhr Law mit seinem Sohn John von Paris ab. Sein Ziel war zunächst sein Landsitz Guermande in der Nähe von Brie. Er wollte dort warten, bis die Pässe und Passierscheine eintrafen, die es ihm gestatteten, Frankreich zu verlassen. Katherine und Kate blieben zunächst in Paris, um noch ausstehende Schulden zu begleichen. Sie wollten einige Tage später folgen. Zwei Tage später

wurde das Parlament wieder einberufen und zur Hetzjagd auf Law geblasen. Ein Abgeordneter klagte Law an:

> „Solange der Kredit dieser Bank weiter bestand, schien sie den Franzosen vollkommen solide zu sein. Als das Ganze wie eine Seifenblase zerplatze, wurde die ganze Nation von Erstaunen und Bestürzung ergriffen. Niemand vermochte sich vorzustellen, wo der Kredit seinen Ursprung gehabt hatte, was solche riesigen Vermögen in so kurzer Zeit hervorgebracht hatte und welche Hexerei und Gaukelei sie ... hatte wieder verschwinden lassen." [154]

Letztlich erhoben die französischen Abgeordneten den Vorwurf, Law habe sich unrechtmäßig an französischem Geld bereichert.

2.8. Ein Held ist gefallen – Laws Lebensabend

Zunächst war John Law glücklich, in Guermande angekommen zu sein. Seine Zuneigung zum Regenten bestand fort. Auch Laws Freunde in der königlichen Familie schienen ähnlich betrübt über die Abreise von Law zu sein. Dennoch war sie eine Notwendigkeit, weil Law seinen Gegnern nicht in die Hände fallen durfte. Law wusste alleine, wie viel Geld gedruckt und wo alles abgeblieben war. Wenn er verhaftet und unter Folter ein Geständnis ablegen würde, würden der Regent d'Orléans und der Herzog de Bourbon schwer belastet. Sie hatten nämlich, um ihren extravaganten Lebensstil zu finanzieren, Unmengen von Papiergeld gedruckt. Darum bemühten sie sich, für Law einen Ort zu finden – am besten außerhalb Frankreichs –, an dem er im sicheren Exil leben konnte. Auch Law erkannte die Gefahr. So schrieb er:

> „Vielleicht wird es sie [seine Feinde] milder stimmen, wenn eine größere Entfernung zwischen uns liegt, und die Zeit wird sie vielleicht die Lauterkeit meiner Absichten erkennen lassen."[155]

Nach einigem Hin und Her bekam Law schließlich seine Dokumente, um Frankreich zu verlassen. Ebenso bekam er vom Regenten 500.000 Livre erstattet. Dies entsprach der Summe, mit der Law ursprünglich aus Holland nach Frankreich gekommen war. Am 17. Dezember 1720 verließ Law in Begleitung seines Sohnes Guermande. Der Weg, welchen er durch Frankreich nehmen sollte, war genauestens geplant, damit Law nicht noch im letzten Moment seinen Gegnern in die Hände fiel.

Trotz der sorgfältigen Planung schlug die Flucht fehl. Die Reisegesellschaft wurde am Grenzübergang Valenciennes von dem obersten Beamten ange-

---

[154] Gleeson, J.: Der Mann, der das Geld erfand. Goldman Verlag München 2001, S. 191
[155] Gleeson, J.: Der Mann, der das Geld erfand. Goldman Verlag München 2001, S. 249

halten. Zu Laws Unglück war dieser ausgerecht der Sohn seines alten Gegners d'Argenson. Um die Schmach seines Vaters zu rächen, der wegen Law abgesetzt wurde, weigerte er sich strikt, Law und seinen Sohn passieren zu lassen. Erst als der Regent den Befehl dazu gab, musste er Law ziehen lassen. Nicht jedoch, ohne eine kleine Gemeinheit: Er beschlagnahmte Laws Gold, mit der Begründung, dass er selbst ein Edikt erlassen habe, nach dem die Ausfuhr von Gold verboten war. Law musste dies akzeptieren und reiste nach Brüssel weiter. Von dort führte sein Weg ihn quer durch Europa. Law benutzte falsche Papiere, um nicht erkannt zu werden. Dennoch wurde er in vielen europäischen Städten erkannt und von enttäuschten Investoren oder Menschen, die ihre Banknoten nicht rechtzeitig umgetauscht hatten, hart bedrängt. Sie wollten von ihm entschädigt werden. So befahl der Kurfürst von Köln, dass man Law keine neuen Pferde zur Verfügung stellen sollte, bevor dieser nicht eingewilligt habe, seine Banknoten in Münzen umzuwechseln. Darüber hinaus plagte Law die Sorge um seine Frau Katherine und seine Tochter, die noch immer Frankreich nicht verlassen durften.
Am 21. Januar 1721 trafen Law und sein Sohn in Venedig ein. Dort musste Law das endgültige Scheitern seines Papiergeldsystems ansehen. Es kam zu einer drakonischen Wiedereinführung der alten Münzwährung.[156] Er hoffte, dass die Mississippi-Kompanie als sein Vermächtnis an Frankreich bestehen blieb.

> „Ich hoffe, dass die Kompanie, da sie jetzt frei ist, Fortschritte machen wird. Die Einnahmen aus der Südsee werden sie in der Lage versetzen, ihre Expansion fortzusetzen und etwas unter den Investoren zu verteilen. Ich hoffe, dass ... die Geschäfte wieder aufgenommen werden können ..." [157]

Er schrieb viele Briefe mit der Bitte nach Paris, man möge ihm sein Geld, das bei der Ausreise konfisziert wurde, erstatten und endlich seine Frau und Tochter ausreisen lassen. Da aus Frankreich kein Geld eintraf, musste er sich auf die Unterstützung seiner Freunde wie de Lassay verlassen. De Lassay lieh Law 30.000 Pfund. Hiermit konnte er an den Spieltischen seinen Lebensunterhalt verdienen und de Lassay das Geld in kleinen Schritten zurückzahlen. Zusätzlich bot Law auch Wetten an: So bot er jedem, der es schaffte, mit sechs Würfeln sechs Sechsen zu werfen, eintausend Pistolen an. Dafür musste sich der Spieler bereit erklären, Law jedes Mal, wenn er nur vier oder fünf Sechsen warf, zwei Pistolen zu zahlen. Die Chancen, dass man sechsmal

---

156 Ebenso wurde auch der größte Teil der Steuerreform, die Law durchgeführt hatte, abgeschafft.

157 Gleeson, J.: Der Mann, der das Geld erfand. Goldman Verlag München 2001, S. 257

die Sechs würfelt, stehen bei ungefähr 1 zu 50.000. Also ein gutes Geschäft für Law.
Law kam allerdings nicht zur Ruhe. Immer wieder klopften an seine Tür Menschen, die schwere Einbußen durch die Mississippi-Kompanie oder mit Banknoten erlitten hatten. Sie forderten eine Entschädigung. Law versuchte, den Verlust dieser Menschen zumindestens zum Teil wieder auszugleichen. Um wieder Luft zum Atmen zu haben, schrieb Law unzählige Briefe an den Regenten mit der Bitte, sich an die Abmachung zu halten und ihm die 500.000 Livre zukommen zu lassen. Zudem schlug er vor, dass alle seine anderen Besitztümer, darunter auch Aktien, deren Wert immerhin noch 100 Millionen Livre betrugen, sowie seine Immobilien der Mississippi-Kompanie übertragen werden. Damit sollten seine Schulden beglichen und denen geholfen werden, die am meisten Schaden durch den Zusammenbruch des Systems erlitten hatten.[158]

Die Nachrichten aus Paris wurden immer alarmierender. De la Houssaye hatte bei einer Sitzung des Regentschaftsrates erklärt, dass noch eine Summe von 2,7 Milliarden Livre bezahlt werden müsse. Sie ergab sich durch die Ausgabe von Banknoten, die Aufnahme von Krediten, für die die Krone gebürgt hatte, sowie durch andere Formen der Schuldverschreibungen. Zudem sei ein großer Teil der Banknoten ohne Autorisierung ausgegeben worden und angesichts der bereits erschöpften Münzreserven gab es keine Hoffnung, sie einzulösen.
In Anbetracht der desolaten finanziellen Situation beschloss der Rat, dass die Untersuchung der Bank sowie Laws privater Geschäfte und die Überprüfung der Spekulanten, die großes Vermögen erworben hatten, ausgeweitet werden sollten. Das Ziel dieser Maßnahmen war es, die Schulden deutlich zu reduzieren.[159] Um dies zu bewerkstelligen, holte man Laws langjährige Widersacher, die Brüder Paris, zurück. Sie sollten die Untersuchungen leiten. Außerdem sollte der bedeutende Privatbankier Crozat, dem Law die Rechte an dem Gebiet von Mississippi abgenommen hatte, Laws private Geschäfte untersuchen. Man schätzt, dass achthundert Beamte in die Geschäftsräume der Bank entsandt wurden, um die Untersuchung durchzuführen. Jeder einzelne,

---

[158] Der Regent billigte Law daraufhin eine bescheidene monatliche Zahlung zu.
[159] Dennoch hatte der Staat kräftig von Laws System profitiert. Durch die wachsende Inflation, die sinkenden Aktienpreise und die Abwertung des Papiergeldes wurden die Gläubiger des Staates zwar in den Ruin getrieben, aber die Schulden Frankreichs wurden um zwei Drittel verringert.

der Aktien, Rentenbriefe oder Banknoten besaß, musste sie vorlegen und erklären, wie er sich diese Werte angeeignet hatte. Kam man zu dem Schluss, dass dies auf unrechtmäßige Weise geschehen sei, drohten hohe Strafgelder und die Konfiszierung eines großen Teils des Besitzes. Zusätzlich wurden die Menschen dazu aufgerufen, sich zu melden, wenn sie Verluste durch Laws Aktien und Banknoten erlitten hatten. Es meldeten sich mehr als eine halbe Millionen Menschen. Zweihundert Investoren wurden bestraft. Sie mussten eine Summe von insgesamt 200 Millionen Livre zahlen.

Die Mississippi-Kompanie kam mit einigen Blessuren davon. Sie verlor das Privileg, die Steuern einzunehmen und Münzen zu prägen. Allerdings durfte die Gesellschaft ihre Rechte auf den Überseehandel behalten. Durch einen schmerzhaften Prozess, Konfiszierungen und Zusammenlegungen wurde auch die Anzahl der Aktien von 135.000 auf 56.000 verkleinert. Trotz all dieser Maßnahmen überlebte die Mississippi-Kompanie. Sie blieb noch bis Ende des achtzehnten Jahrhunderts im Geschäft. Erst im Jahr 1772 schloss sie endgültig ihre Pforten.

Nach der Untersuchung von Laws privaten Geschäften kam Crozat zu dem Schluss, dass Law sich unrechtmäßig Besitztümer angeeignet und Schulden in großer Höhe nicht beglichen habe. Er soll sich noch eine Woche, bevor er Frankreich verließ, an dem Kapital der Bank bedient haben und 200.000 Livre in die eigene Tasche gesteckt haben.[160] Die Besitztümer von Law wurden beschlagnahmt, darunter auch das Hotel de Langlée, in dem Katherine wohnte. Sie war nun gezwungen, sich eine bescheidene Unterkunft in einer Herberge zu suchen. Am 8. Mai 1721 wurde Laws Bruder William verhaftet, er wurde verdächtigt, einen Fluchtversuch zu planen.

Law reagierte empört. Er hatte zwei Möglichkeiten, um auf diese Maßnahmen zu reagieren: Erstens konnte er nach Frankreich zurückkehren und sich verteidigen, oder zweitens nach England zurückreisen und mithilfe seiner Beziehungen zum englischen Hof versuchen, Druck auf den Regenten auszuüben.[161] Im Oktober 1721 erreichte Law England. In den Salons der Londoner Gesellschaft wurde Law willkommen geheißen. Die Leute waren fasziniert von seinem Ruf. Sie wollte aus erster Hand erfahren, wie das System von Law gescheitert war. Mit Anbruch des Jahres 1722 wurde Law ein regel-

[160] Ein Jahr später zeigte ein dem Duc de Bourbon überreichtes Dokument, dass Law ein Guthaben bei der Bank von mehreren Millionen Livre besaß. Er habe also eine Auszahlung seines eigenen Guthabens vorgenommen.

[161] Law hatte vier Jahre zuvor (1717) durch die Intervention Londonderrys von Georg I. einen königlichen Pardon und von den Wilsons eine Freisprechungsurkunde erhalten. So konnte er nach England zurückkehren, ohne befürchten zu müssen, verhaftet zu werden.

mäßiger Besucher am englischen Hof. Er unterhielt sich häufig mit dem König und anderen hochrangigen Höflingen. Die Monate vergingen, ohne dass sich etwas zu seinen Gunsten veränderte. So waren seine finanziellen Probleme noch immer nicht aus der Welt geschafft. Erst im Oktober 1723 schien Law endlich wieder das Glück hold zu sein. Er durfte mit dem Bruder des englischen Premierministers Walpole nach Frankreich reisen. Law hoffte, endlich seine Frau und Tochter wiederzusehen und sie mit nach England nehmen zu können. Mitten in die Reisevorbereitungen platzte die Nachricht, dass der Duc d'Orléans gestorben sei. Eine Reise nach Frankreich war so nicht mehr denkbar. Denn nun war Bourbon, einer der langjährigen Feinde Laws, an der Macht.
Die Zahlung der Pension, die der Duc d'Orléans Law zugestanden hatte, wurde eingestellt. Somit musste Law seinen Lebensunterhalt wieder am Spieltisch erspielen. Dringend darauf angewiesen, irgendwie Geld aufzutreiben, bat Law den Premierminister Walpole um eine Anstellung im englischen Staatsdienst. Da er Law als Katholik keine offizielle diplomatische Position anbieten konnte, schlug Walpole Law vor, als Spion tätig zu werden. So reiste Law einige Jahre durch Europa und sammelte Informationen für England. Im Jahr 1726 kehrte er wieder nach Venedig zurück und verbrachte dort seinen Lebensabend. Law veränderte sich grundlegend. Nach sieben langen Jahren war die Überprüfung seiner Geschäfte in Frankreich noch immer nicht beendet, er kam zu der deprimierenden Schlussfolgerung, dass die Untersuchung zu seinen Lebzeiten nicht mehr beendet sein würde. Er würde seine Frau und Tochter nicht mehr wiedersehen, weil sie bis zum Abschluss der Überprüfung Frankreich nicht verlassen durften. Mit dieser Erkenntnis befiel ihn eine große Depression und sein Gesundheitszustand verschlechterte sich. Am 21. März 1729 starb John Law in Venedig.

Der Kollaps des Systems hinterließ in Frankreich eine schlimme Wirtschaftskrise und eine große Abneigung gegen fiskalische Experimente, sodass die alte Financierschicht – mit Financiers, Steuerpachten etc. – gestärkt wurde und Frankreich bis zur Revolution fest unter ihrer Kontrolle stand. So stellte Engels fest:

> „Dieser Skandal hat nicht nur die Entwicklung von Aktiengesellschaften, sondern des gesamten französischen Finanzwesens für ein Jahrhundert überschattet und behindert. Selbst das Wort ‚Bank' geriet in Misskredit. Französische Geldhäuser nannten sich fortan ‚Caisse', ‚Comptoir', ‚Crédit'. Aktiengesellschaften erhielten den Namen ‚Societé

Anonyme', der damals wie ein Schimpfwort klang; ein Hauch davon ist selbst nach jahrhundertelanger Gewöhnung geblieben."[162]

2.9. Was wir mitnehmen sollten – die Grundlagen des Geldes

Viele von John Laws Ideen finden sich heute noch in unseren Geld- bzw. Notenbanksystemen wieder. Sie bilden wichtige Grundlagen unseres heutigen Geldes – dem Euro. Darum darf man Law sicherlich zu Recht als einen der Väter des Papiergeldes bezeichnen. Die Grundlagen des Geldes sehen wir uns in diesem Kapitel an. Damit das nicht allzu trocken wird, habe ich mich entschlossen, diese Grundlagen im Rahmen eines fiktiven Streitgespräches zwischen Montesquieu[163] und John Law darzustelllen. Ich habe Montesquieu ausgewählt, weil viele Menschen seine Denkweise zur damaligen Zeit teilten. Vielleicht werden auch Sie an der einen oder anderen Stelle so ähnlich denken wie Montesquieu. Am besten kommt man seiner Sichtweise auf die Spur, wenn man sich seine berühmte Luftmetapher ansieht. Sie zeigt, warum aus Montesquieus Sicht Laws System gescheitet ist:

> „Auf einer Insel, unweit der Orkaden, wurde ein Kind geboren, das Aeolus, den Gott der Winde, zum Vater und eine Nymphe Kaledoniens zur Mutter hatte. Man erzählt von ihm, dass es allein an seinen Fingern zählen lernte und mit vier Jahren so gut die Metalle unterschied, dass es, als seine Mutter ihm einen Messingreif statt eines Goldringes geben wollte, den Betrug erkannte und den Reif zur Erde warf.
>
> Als der Knabe groß wurde, lehrte ihn sein Vater das Geheimnis, die Winde in einen Schlauch einzuschließen, welchen er dann allen Reisenden verkaufte. Da jedoch diese Ware daheim nicht sehr begehrt war, verließ er seine Heimat und begann, von dem blinden Gott des Zufalls begleitet, die Welt zu durchschweifen.
>
> Er erfuhr auf seinen Reisen, dass in Baetica das Gold überall strahle; dies bewog ihn, seine Schritte dorthin zu lenken. Er wurde von Saturn, welcher zu jener Zeit daselbst herrschte, sehr schlecht aufgenommen; als dieser Gott aber die Erde verlassen hatte, stellte er sich an alle Kreuzwege und schrie unablässig: Leute von Baetica! ihr vermeint reich zu sein, weil ihr Gold und Silber habt! Euer Wahn erregt mir Bedauern. Glaubt mir, verlasst das Land schnöder Metalle, betretet das Reich der Phantasie, und ich verspreche euch Reichtümer, über die ihr selbst staunen werdet. Alsbald öffnete er der Menge die Schläuche, welche er mitgebracht hatte, und teilte jedem, der es begehrte, von seiner Ware mit ..."[164]

Montesquieu erzählt in diesen Versen die Geschichte Laws: Protagonist ist ein frühreifer Junge, der von seinem Vater, Aeolus, dem Gott der Winde, das

[162] Engels, W.: Der Kapitalismus und seine Krisen: Über Papiergeld und das Elend der Finanzmärkte, Düsseldorf 1996, S. 233

[163] Tatsächlich haben sich Montesquieu und Law am 28. August 1728 in Venedig über das Scheitern von Laws Papiergeld unterhalten.

[164] Montesquieu, Perisische Briefe (1721), übers. Von Adolf Strodtmann (Frankfurt am Main 1964), S. 260

Geheimnis, „die Winde in einem Schlauch einzuschließen" erlernt – so wie Law von seinem Vater, einem Goldschmied und Banker, die Kunst des Bankwesens erlernte. Montesquieu beschreibt im dritten Absatz die Bemühungen Laws, das auf Gold und Silber beruhende Währungssystem Frankreichs (genannt „Baetica") durch ein solches zu ersetzen, das im „Reich der Phantasie" wurzelt – einem System auf Papiergeld beruhend.

Nach Montesquieu ist *Geldschöpfung, „aus Papier mach Geld", nichts anderes als die Fortsetzung der Alchemie mit anderen Mitteln. Früher hat man gedacht, man könne aus Blei Gold herstellen. Herausgekommen ist auch nur Katzengold! Nun denkt man, man könnte aus Papier Geld machen, wie irrsinnig!* Nicht nur Montesquieu dachte so, sondern viele seiner Zeitgenossen auch. Die Menschen waren es gewöhnt, ihr Geld anfassen zu können. Geld war gleich Gold, Silber oder Kupfer. Der Wert des Geldes war an physische Güter gebunden. Nach Montesquieu gilt: *Ein Livre bezeichnet eine objektive Größe, die durch ein bestimmtes Silbergewicht definiert ist.*

John Law könnte dem mit einer Parabel geantwortet haben: *Betrachten wir einen klugen Kaufmann.*[165] *Er belädt regelmäßig seinen Karren mit Waren, um sich anschließend auf den Weg zum Markt zu machen. Dort treffen sich viele verschiedene Kaufleute, um zu handeln. Man möchte jetzt meinen, das sei ein simpler Vorgang – mitnichten. Ohne ein einheitliches Zahlungsmittel ist ein Handel unglaublich komplex und schwierig. Zunächst muss unser Kaufmann die Ware, die er benötigt, weil er sie nicht selbst herstellen kann, auf dem Markt auftreiben. So verbringt er einen Großteil seiner Zeit damit, einen Handelspartner für ein direktes Tauschgeschäft zu finden, um etwas, das er nicht braucht, gegen etwas einzutauschen, das er braucht.*[166] *Hat unser kluger Kaufmann endlich einen Handelspartner gefunden, kann sich der Geschäftsabschluss noch weiter hinziehen. Denn oftmals ist eine langwierige Qualitätsprüfung nötig, damit beide Geschäftspartner davon überzeugt sind, dass die zu tauschenden Güter denselben Wert besitzen. Es ist unglaublich kompliziert, Preise für alle möglichen Waren, Mengen und Lieferdaten festzulegen. Hierbei könnte natürlich eine Preistabelle hilfreich sein, auf der alle Waren nebst möglichen Tauschkombinationen aufgeführt wären. Eine solche Tabelle würde jedoch ein riesiges Buch werden, von gigantischem Ausmaß. Tatsächlich sind die Kombinationsmöglichkeiten der Tauschpaare praktisch unendlich. Hinzu kommt, dass*

---

165 Vgl. Die Rolle des Geldes in der Marktwirtschaft. Rede von Peter Praet, Mitglied des Direktoriums der EZB, im Rahmen des Bargeldsymposiums der Deutschen Bundesbank, Frankfurt am Main, 10. Oktober 2012 unter http://www.ecb.europa.eu/press/key/date/2012/html/sp121010.de.htm

166 William Stanley bezeichnete dieses Problem als die „Doppelkoinzidenz der Bedürfnisse".

Geschäfte entweder auf der Stelle abgewickelt oder für einen späteren Zeitpunkt vereinbart werden können.
Doch plötzlich macht unser kluger Kaufmann eine erstaunliche Entdeckung: Ein bestimmtes Gut wird häufiger getauscht als andere. Dieses Gut zeichnet sich dadurch aus, dass es besonders haltbar, leicht zu transportieren und zu lagern ist und seine Qualität relativ einfach überprüft werden kann. Deshalb sind die meisten auf dem Markt tätigen Kaufleute – selbst jene, die dieses Gut selbst nicht benötigen – bereit, Tauschgeschäfte einzugehen, bei denen es zumindest vorübergehend zum Einsatz kommt. Dabei laufen die Tauschgeschäfte regelmäßig in mehreren aufeinanderfolgenden Schritten ab. Die Kaufleute tauschen ihre Waren gegen das allgemein beliebte Gut in der Erwartung, dieses wiederum gegen die von ihnen gewünschten Produkte eintauschen zu können. Da bei diesem Gut die Wahrscheinlichkeit, dass ein Handel zustande kommt, subjektiv als am höchsten empfunden wird, akzeptieren es praktisch alle Kaufleute auf dem Markt bei ihren Geschäften. Das Gut, welches bei so vielen Geschäften zum Einsatz kommt, avanciert somit nach und nach zum Tauschmittel Nr. 1 – es wird zu Geld. Dank des Geldes werden die Geschäfte einfacher, weil es die Zeit verkürzt, die zur Abwicklung eines Handelsgeschäftes nötig ist. Dies gilt auch für in der Zukunft liegende Geschäfte, bei denen die Waren erst später geliefert werden, weil mit Geld eine Recheneinheit zur Verfügung steht, in der alle derartigen Geschäfte ausgedrückt und verbucht werden können, die Preisbestimmung ist einfacher, weil alle Geschäfte in derselben Ware (bzw. Geld) ausgedrückt werden. Eine Charakteristik von Geld lässt sich also so beschreiben:

> „Geld ist nicht der Wert, gegen den Güter getauscht werden, sondern der Wert, mittels dessen sie getauscht werden."[167]

Somit haben wir wichtige **Funktionen des Geldes** herausgearbeitet. Es ist gleichzeitig

- *Zahlungsmittel* (Geld erleichtert den Warentausch und ermöglicht die Vergabe von Krediten)
- *Recheneinheit* (Geld fungiert als Wertmaßstab. Zusätzlich lassen sich durch Geld verschiedene Güter in einer Bezugsgröße ausdrücken und vergleichen)
- *Wertaufbewahrungsmittel* (Geld ermöglicht die Trennung von Gelderwerb und -ausgabe)

[167] Law, J.: Money and Trade Considered with a Proposal for Supplying the Nation with Money, S. 91

Montesquieu könnte daraufhin gefragt haben: *Doch was kann als Geld dienen?* Laws Antwort könnte gewesen sein: *Praktisch alles, was die Funktionen des Geldes erfüllt. Dazu muss das Geld allerdings zusätzlich einige Voraussetzungen erfüllen.*

Die folgenden **Eigenschaften** des Geldes müssen gegeben sein. Es muss

- teilbar,
- wertbeständig,
- leicht aufzubewahren,
- transportierbar und
- allgemein akzeptiert sein.

Eine einfache Form des Geldes[168] ist das Warengeld (oder Naturalgeld). So wurden z.B. als Geld Kaurischnecken, Salzbarren, Felle, Federn oder Vieh verwendet. Auf einer pazifischen Insel mit dem Namen Yap dienten sogar Steinscheiben unterschiedlicher Größe mit einem Loch als Zahlungsmittel (sog. Steingeld). Allerdings übernahmen im Laufe der Zeit die Edelmetalle wie Bronze, Silber und Gold die Funktion von Geld. Sie boten den Vorteil, dass sie relativ knapp, haltbar und leicht teilbar waren. Jedoch war deren Gebrauch noch relativ unbequem. Man musste Metallklumpen oder Barren abwiegen und zerteilen, um Waren damit zu bezahlen. Deswegen kamen die Menschen auf die Idee, Warengeld wie Gold und Silber in einheitlichen, genormten Stücken in Umlauf zu bringen. Um dies zu bewerkstelligen, gab eine befugte Autorität einheitliche Regeln für die Metallstücke heraus. Metallstücke, die nach diesen Regeln hergestellt, durch ein Bildmotiv beurkundet und dann in Umlauf gebracht wurden, bezeichnet man als Münze.

Anstelle von Münzgeld könnte ein Schuldschein als Tauschmittel verwendet werden. Auch mit diesen Scheinen können sich die Menschen weiterhin den praktischen Tauschaspekt des Geldes zu Nutze machen. Die Schuldscheine haben den Vorteil, dass sich große Geldbeträge sehr viel leichter, sicherer und damit billiger und schneller von Hand zu Hand wie von Stadt zu Stadt weitergeben lassen. Hinzu kommt, dass man Einsparungen beim Material –

[168] Das lateinische Wort für Geld heißt „pecunia". Es wurde aus dem Wort „percus", was für Vieh steht, abgeleitet.

z.B. Gold oder Silber – machen kann, das für die Herstellung des bisher verwendeten Münzgeldes benötigt wird. Daher könnte ein Teil der benötigten Edelmetallmenge aus der Geldproduktion abgezogen und anderen produktiven Zwecken zugeführt werden.
Doch nicht irgendjemand darf diese Schuldscheine ausgeben, sondern es muss dafür eine geeignete Institution geschaffen werden. Denn in einem Geschäftsumfeld, in welchem sich die Menschen eher zufällig treffen, sich selten zweimal begegnen und jeder nur sein eigenes Geschäftsgebaren kennt, können Akteure, die Schuldscheine ausgeben, nur schwer belangt werden, wenn sie ihre Zahlungsversprechen nicht einhalten. Daher ist es sinnvoll, wenn Akteure ihre Geschäfte besonders nachvollziehbar gestalten und sich den Ruf erarbeiten, dass sie all ihre Versprechen zu jeder Zeit erfüllen. Banken sind solche Akteure, deren bisherige Abwicklung von Geschäften allgemein bekannt ist und als verlässlich eingeschätzt werden kann.

Papiergeld setzt Vertrauen voraus.

Die Bank gibt jetzt die Scheine aus und hält eine Münzreserve vor. Darüber hinaus ist sie bereit – wann immer dies gewünscht wird –, die Scheine in Münzgeld umzutauschen. Wegen des Gesetzes der großen Zahlen kann die vorsorglich gehaltene Reserve an Münzgeld im Verhältnis zum Gesamtwert der umlaufenden Scheine recht gering sein, weil zu einem bestimmten Zeitpunkt jeweils nur ein kleiner Anteil der Menschen Scheine in Münzgeld umtauschen wollen wird. Damit das neue Bankensystem funktionieren kann, müssen die einzelnen Banken bzw. das Bankensystem als Ganzes einen untadeligen Ruf genießen. Insbesondere müssen die Menschen darauf vertrauen können, dass die Banken jederzeit in der Lage sind, ihre Schuldscheine und Einlagen auch zurückzuzahlen. Vertrauen ist unabdingbar, Vertrauen ist die Kerneigenschaft jeder soliden Währung.

Montesquieu könnte gefragt haben: *Nun gut, ich bekomme also für die eingelagerte Menge Münzen eine Banknote im selben Wert. Herr Law, sagten Sie nicht, dass die Geldmenge gesteigert werden müsste, damit Handel und Produktion aufblühen? Durch den einfachen Tausch von Münzen gegen Banknoten haben Sie die Geldmenge nicht gesteigert. Sie können doch nicht aus eins plus eins drei machen. Oder doch?* Law könnte erwidert haben: *Ja! Stellen Sie sich vor, Sie bringen mir Ihr Geld zur sicheren Aufbewahrung in meine Bank.*

Das Bankensystem ermöglicht **Geldschöpfung durch Kredit**. Geld ist nicht bloß Kredit, sondern ein übertragbarer Kredit.

Dann können Sie diese mit einem Blatt Papier – einer Banknote – verlassen, auf dem der Besitz der hinterlegten Münzen bestätigt wurde. Dieses Papier können Sie dann als Zahlungsmittel einsetzen, um sich Waren zu kaufen. Die Bank kann währenddessen einen Teil des Vermögens, über das sie wacht, an andere verleihen und damit einen Gewinn erzielen, weil sie Zinsen nimmt. Um sicher zu stellen, dass die Bank Einlagen bzw. Banknoten wieder in Münzen umtauschen kann, behält sie eine Reserve. Auf diese Art und Weise kann der vorhandene Geldbetrag vervielfältigt werden, weil Kreditbeträge anstatt in Münzen in Papiergeld ausgezahlt werden und so zugleich das Problem des begrenzten Gold- und Silbervorrats gelöst wird.

Um zum Kreditgeld zu kommen, musste sich im Laufe der Zeit der Charakter des Geldes wandeln. Ursprünglich war Geld selbst eine Ware. Von der Ware, z.B. Gold, über Banknoten für jenes Gut zu einem Mix zwischen Waren- und Kreditgeld und letztlich zum reinen Kreditgeld. Unsere moderne Wirtschaft funktioniert nur dank der Kredit- bzw. Geldschöpfung. Geld entsteht also durch Kredite der Geschäftsbanken. Ähnlich wie damals bei John Law ist dies ein simpler buchungstechnischer Vorgang, bei dem die Kreditsumme dem Kreditnehmer gutgeschrieben wird und gleichzeitig als Forderung der Bank gegenüber dem Kreditnehmer erscheint. Dieses Geld wird als Buchgeld bezeichnet. Falls Sie auch schon einmal einen Kredit aufgenommen haben, waren Sie am Geldschöpfungsprozess beteiligt. Allerdings können die Geschäftsbanken Bargeld (Münzen und Banknoten) nicht selbst schöpfen, sondern müssen sich dieses gegen eine Gebühr – den Leitzins – von der Zentralbank leihen. Somit können wir feststellen, dass unser heutiges Geld, der Euro, pures Schuldgeld ist. Jedem umlaufenden Euro steht eine Schuld in gleicher Höhe gegenüber. Schulden sind also sozusagen der Versuch, aus Ersparnissen Investitionen, also Wachstum, zu machen. Eine amüsante Schlussfolgerung daraus ist: Würden tatsächliche alle Schuldverhältnisse aufgelöst (d.h. zurückbezahlt), wäre die existierende Geldmenge nahezu gleich null. Dies ist das Wesen des Kreditgeldes. Es entsteht aus dem Nichts und kann dahin wieder entschwinden.

Montesquieu könnte Law nun vorgeworfen haben: *Sie haben also mehr Papiergeld gedruckt, als Sie tatsächlich Münzen in Ihren Tresoren verfügbar hatten. Sie haben also die Menschen glauben lassen, dass sie jederzeit ihr Papiergeld in Münzen eintauschen könnten, obwohl dies nie der Fall war!*

Und Law hätte sich verteidigt: *Das moderne Bankwesen beruht auf Kredit und dies setzt Vertrauen voraus. Ich habe das Geld der Kunden an andere Kunden weiter verliehen. Die Gefahr dabei ist: Sollte sich das Gerücht ausbreiten, meine Bank wäre pleite bzw. könnte die Banknoten nicht mehr umtauschen, würden meine Kunden in Panik geraten. Denn dann würden die Kunden die Bank stürmen, um wieder an das Münzgeld zu gelangen. Jeder würde versuchen, sein Geld abzuheben, solange die Bank noch welches in ihrem Kellergewölbe hat. Denken alle Kunden so und handeln entsprechend, geht die Bank pleite. Andererseits wäre es auch möglich, dass ähnlich wie beim Banken Run auf die Bank of Scotland (s. S. 33), die Bank vorrübergehend zahlungsunfähig wird, d.h. sie ist nicht liquide, aber noch solvent. Denn die Bank hatte noch andere Vermögenswerte als Münzgeld, aber es dauerte eine gewisse Zeit, bis die Kredite und Wertpapiere in Münzen umgewandelt werden konnten. Das Problem ist also: Die Banknoten können in der Regel sofort in Münzen umgetauscht werden, aber die Vermögensgegenstände der Bank nicht – dies dauert teilweise mehrere Monate. Bekommt die Bank nun nicht genügend Zeit, um ihre Vermögenswerte in Münzen umzuwandeln, geht die Bank pleite. Deshalb kann auch eine gesunde Bank scheitern, wenn nur das Gerücht aufkommt, sie sei in Schwierigkeiten.*

Auch heute noch fürchten die Banker der Welt einen Banken Run. Alleine in den vergangenen 30 Jahren gab es ungefähr 140 Fälle von Bankenpleiten, bei denen sich die Verluste auf etwa ein Prozent des Bruttoinlandsproduktes des jeweiligen Staates beliefen und in mehr als 20 Fällen erreichten die Verluste sogar mehr als 20 %. 2008 kamen immer häufiger Gerüchte über Engpässe von diversen Banken auf. Um eine Bankenpanik gigantischen Ausmaßes zu verhindern, sprachen die Bundeskanzlerin und ihr Finanzminister eine Garantie für die Guthaben der Menschen bei den deutschen Banken aus.

Banken Run bzw. **Bankenpanik**

Will man verhindern, dass dies geschieht, darf den Kunden niemals der Verdacht aufkommen, dass sich die Bank in einer Schieflage befindet – selbst der ungerechtfertigte Verdacht kann einen Banken Run auslösen.

Montesquieu könnte hieraus ein vernichtendes Fazit gezogen haben: *Sie haben also nur gespielt, wie Sie es auch an den Spieltischen taten, Herr Law. Leider war ihr Blatt schlecht und Sie haben alles verloren.*

Eine **Mindestreserve** dient als Sicherheitspuffer, damit es nicht zu Bankenpaniken kommt. Außerdem stellt sie sicher, dass nicht unbegrenzt viel Geld geschöpft wird.

Dies hätte Law natürlich empört zurückgewiesen: *Ich bin sehr gewissenhaft mit dem Geld meiner Kunden umgegangen, ich habe das Geld nicht an windige Unternehmen verliehen, sondern an solide, gut überprüfte Betriebe. So war die Gefahr gering, dass das Geld verloren ging. Außerdem habe ich noch eine weitere Notbremse eingeführt – die Reserve. Je größer meine Reserve an Münzgeld war, umso geringer war die Gefahr, dass die Bank die Gelder der Kunden nicht zurückzahlen konnte. Wenn meine Bank z.B. Einlagen in Höhe von 100.000 Livre hatte, und von diesen 100.000 Livre 99.999 Livre als Sicherheitsreserve hielt, brauchte sich kein Kunde Gedanken um die Sicherheit meiner Bank zu machen. Allerdings wäre bei einer solchen Sicherheit auch die Geldschöpfung nicht möglich und wir wären keinen Schritt weiter. Deswegen muss man einen Spagat zwischen dem Sicherheitsbedürfnis der Menschen und dem Bedürfnis nach Geldschöpfung (durch Kredit) machen. Ich habe mich dazu entschlossen, dass ich mindestens eine Reserve von 25 % an Münzgeld hielt. So konnte ich jederzeitig den Wünschen nach Umtausch in Münzen nachkommen und zugleich die Geldmenge steigern. Es gilt: Solange die Menschen glauben, dass ihr Geld auf der Bank sicher sei, ist es auch sicher!*

Die Notenbanken schreiben jeder Geschäftsbank vor, einen bestimmten Prozentsatz (2015: 1 %) ihrer Einlagen als Mindestreserve bei der Notenbank zu hinterlegen, es gibt sozusagen eine verpflichtende Barreserve.

Montesquieu könnte an dieser Stelle noch einmal den Nutzen der Geldschöpfung hinterfragt haben: *Sie haben also die Geldmenge gesteigert. Doch wie soll dadurch der Handel aufblühen?*

Law: *Mit dem Übergang von der vollen Golddeckung (bei Münzen) hin zur nur noch teilweisen Golddeckung des Papiergeldes vergrößerte sich die Geldmenge viel mehr, als es im Rahmen der vollen Golddeckung möglich wäre. Das gibt von der monetären Seite her den Raum zur Entfaltung der industriellen Produktion und weckt bis dahin noch schlummerndes Produktionspotential. Die Geldschöpfung hat folglich ein stärkeres Wachstum der Wirtschaft ermöglicht. Dazu wurde bspw. der Zins für Kredite durch die Ausweitung der Geldmenge deutlich gesenkt, sodass die Unternehmen und der Staat nicht mehr auf entsprechende Spargelder zur Finanzierung von Neuinvestitionen angewiesen waren. Vielmehr schaffte das aus dem Nichts geschöpfte Geld, das als Kredit in Umlauf gebracht wurde, in den Händen der Kreditnehmer zusätzliche Nachfrage und mobilisierte auf diese Weise ein neues Produktionspotenzial, welches ohne die Geldschöpfung nicht zu Stande gekommen wäre.*

Durch **Steuerung der Geldmenge** wird versucht,
das Wirtschaftswachstum zu verstetigen.

Auch heute noch pumpen die Notenbanken mehr Geld in die Wirtschaft, wenn die Wirtschaft lahmt. Hierzu senken sie u.a. die Leitzinsen.

Montesquieu könnte Law nun vorgeworfen haben: *Doch mit der Übernahme der Banque Générale durch den Staat haben sich die Spielregeln geändert. Sie war nun nicht mehr nur ein Dienstleister, welcher das Vermögen seiner Kunden sicherte und vermehrte.*

John Law hätte hierauf antworten können: *Da haben Sie Recht. Als die Bank im Dezember 1718 verstaatlicht wurde – aus der Banque Générale wurde die Banque Royal – bekam sie auch zusätzliche Autorität. Viel bedeutsamer war allerdings die Ankündigung, dass die Zahl der Banknoten, die ausgegeben werden dürfte, von den Gold- und Silberbeständen der Banque Royal abgekoppelt würde. Fortan konnte das Volumen der Notenemission allein durch Beschluss des Kronrates festgelegt werden.*
Darüber hinaus bekam das Geld seinen eigenen Wert. Wir machten nämlich eine Beobachtung: Die Banknoten, die anstelle von Münzgeld in Umlauf waren, brachten den Kaufleuten einen großen Nutzen. Wegen der allgemeinen Akzeptanz dieses Zahlungsmittels konnten die Kaufleute den mit dem Handel verbundenen (Zeit-)Aufwand deutlich verringern. Diese Tauschfunktion, welche dem Geld innewohnt, hat einen Wert, welcher unabhängig von dem Wert des Materials besteht, aus dem das Geld hergestellt wurde. Dieser Wert des Geldes wird auch dann nicht verloren gehen, wenn seine Wandelbarkeit in Münzgeld, abgeschafft würde. Jetzt hatten wir also die Entwicklungsstufe des ungedeckten Papiergeldes erreicht, bei der das Tauschmittel aus einem an sich wertlosen Stück Papier oder einem anderen günstigen Material bestand.
Damit hängt der Währungsstandard von nichts anderem als dem Urteil seines Souveräns ab. Das heißt, wenn die Menschen dem Kronrat vertrauten, dass dieser bei der Emission Besonnenheit und Augenmaß walten ließe, wäre alles gut.

Leider gab es aber bei fehlendem Vertrauen kein Sicherheitsnetz, da es keine Garantie mehr gab, dass die Banknoten gegen eine Standardmenge Edelmetall eingetauscht werden konnten. Daher machte ich in der Weihnachtszeit 1718 die Franzosen und die Welt mit dem Fiatgeld („fiat" lat., zu Deutsch „es werde") bekannt. Hierbei wird durch Beschluss des Staates das Geld zum gesetzlichen Zahlungsmittel bestimmt. Durch mehrere Dekrete in den folgenden Monaten verloren Gold- und Silbermünzen ihren Status als gesetzliches Zahlungsmittel, während die Banknoten der Banque Royal als solche anerkannt wurden. Hierdurch wurde die Vormachtstellung der Banknote bzw. des Fiatgelds gesichert. Dies bedeutet aber auch, dass das französische Geld nicht mehr durch Sachwerte, sondern nur noch durch Kredite gesichert wurde.

Fiatgeld ist Geld, das durch Gesetz verordnet wurde.

Der Euro ist auch Fiatgeld. Das heißt, durch Beschluss des Staates wird dieses Geld zum gesetzlichen Zahlungsmittel bestimmt. Darum gilt heute wie damals: Papiergeld ist ein Symbol des Vertrauens. Eigentlich sind wir heute sogar noch einen Schritt weiter gegangen. Denn das Geld ist mittlerweile sogar zu großen Teilen nur noch virtuell verfügbar. Wie viel Geld besitzen Sie? Auf ihrem Konto können 10.000 Euro sein. Dieses Geld haben Sie aber noch nie gesehen. Sie haben das Vertrauen, dass es wirklich vorhanden ist.

Montesquieu: *Habe ich das richtig verstanden? Der Regent entscheidet letztlich alleine über die Geldmenge?*

John Law: *Ja, das ist richtig. Der tiefere Sinn der Fiatwährung ist doch, dass die Währungsordnung stets durch rationale Prozesse, und nicht durch Willkür oder Zufall, über die Emission und den Wert des Geldes entschieden wird. Nach meiner Ansicht kann nur ein absolutistischer Monarch diese geldpolitischen Entscheidungen treffen.*

Die Geldmenge wird bestimmt durch eine zentrale **Instanz.**

Es ist die alte und verlockende Falle – der Glaube, nur ein starker Arm und Kopf, eine despotische Macht, könne wirklich Glaubwürdigkeit in finanziellen Dingen erzeugen. Es hat sich jedoch gezeigt, dass das genaue Gegenteil der Fall ist. Heute steuert die Europäische Notenbank die Geschicke des Euros, genauer gesagt der EZB-Rat mit seinen 24 Mitgliedern.

> Papiergeld bedarf einer **strengen Regulierung**.
> Jede Institution, die nicht streng kontrolliert wird, könnte so viel Geld drucken, dass der Wert der letzten produzierten Einheit gerade den Grenzkosten ihrer Herstellung entspräche. Da die Ausgabe von Papiergeld beinahe kostenlos ist, resultierte daraus eine nahezu unendlich große Geldmenge, denn nur dann geht der Tauschwert der letzten Einheit tatsächlich gegen null.
>
> **Eine Währung ohne Tauschwert ist nutzlos.**

Montesquieu könnte dann gefragt haben: *Was meinen Sie mit dem Wert des Geldes?*

Laws Antwort hätte sein können: *Das Fiatgeld hat im Gegensatz zu einer goldgedeckten Währung keinen festen Wert. Mit dem Übergang vom Münzgeld zum Papiergeld änderten sich auch die Anschauungen über das Wesen und den Wert des Geldes. Wurde bei vollwertigen Münzen noch der Wert des Geldes allein in seinem Warenwert, dem Metallgehalt, gesehen, so gewann beim Papiergeld dessen Knappheit an Bedeutung. Wenn das Geld nicht mehr knapp ist, weil z.B. ein Missverhältnis zwischen der umlaufenden Geldmenge und der vorhandenen Gütermenge besteht, kommt es in der Regel zu einem allgemeinen Anstieg der Preise (Inflation). Dies bedeutet, dass die Geldmengenentwicklung im Gleichschritt mit dem realen Wachstum der Wirtschaft verlaufen muss. Wenn man das nicht beachtet, wenn also die Geldmenge wesentlich stärker wächst als die reale Wirtschaft, weil einfach mehr Kredite vergeben werden, so wird der Bevölkerung viel mehr Kaufmöglichkeit gegeben als Güter da sind. Dies treibt die Wirtschaft in die Inflation. Ein solches Missverhältnis kann bei Papiergeld, das fast kostenlos und aus dem Nichts produziert werden kann, leichter auftreten als bei Münzgeld, weil die beschränkten Edelmetallvorräte als Geldschöpfungsbremse dienen.*

Eine Fiatwährung hat **keinen festen Wert**.
Wie viele Güter und Dienstleistungen man für eine Einheit einer Währung bekommt, hängt davon ab, wie viele Einheiten im Umlauf sind. Je mehr Einheiten bei unveränderter Menge an Gütern und Dienstleistungen verfügbar sind, desto weniger Güter oder Dienstleistungen bekommt man für eine Einheit dieser Währung und umso geringer ist die Kaufkraft des Geldes, d.h. der Wert des Geldes ist gemessen an dem, was man damit kaufen kann, gesunken. Dies bezeichnet man als **Inflation**. Den umgekehrten Fall bezeichnet man als **Deflation**. Wenn jedoch die nominale Geldmenge und die Gütermenge im gleichen Tempo wachsen, so wird das Geld auf Dauer seinen Wert relativ konstant zu den verfügbaren Waren und Dienstleistungen behalten.

Um der Inflation und Deflation einen Riegel vorzuschieben, haben heute alle Notenbanken klare Regeln dafür, wie sie Papiergeld in Umlauf bringen, z.B. hat die EZB sich vorgenommen, die Inflation um 2% zu halten.

Daraufhin könnte Montesquieu die folgende Frage gestellt haben: *Warum sind die Preise nicht ins Unermessliche gestiegen, als Sie mit ihrer Bank unaufhörlich Banknoten um Ende 1719 Anfang 1720 druckten? Sie blähten die Geldmenge doch extrem auf.*

Und John Law hätte geantwortet: *Da haben sie Recht. Das hätte eigentlich passieren müssen. Das überschüssige Geld, das die Banque Royal in Umlauf gebracht hatte, haben die Franzosen aber nicht verwendet, um Konsumgüter zu kaufen, sondern zum überwiegenden Teil zum Kauf von Aktien der Mississippi-Kompanie genutzt. Dies führte dazu, dass nicht die Güterpreise stiegen – wie bei einer herkömmlichen Inflation – sondern die Preise für Vermögensgüter (die sog.* ***Vermögenspreis- oder Sachwerteinflation****). Das billige Geld erzeugte eine Blase am Aktienmarkt. Ich dagegen achtete nur auf die Preise für Konsumgüter und kam zu dem Schluss, dass kein Handeln notwendig war.*

Verlauf einer normalen Inflation (Güterpreisinflation)								
Lockere Geldpolitik: die Zinsen sind niedrig	➡	Investitionen und Konsum steigen	➡	Es kommt zu einem Wirtschafts-Boom	➡	Inflation: die Preise der Konsumgüter steigen	➡	Folge: Realwert der Schulden sinkt
Verlauf einer Sachwerteinflation								
Lockere Geldpolitik: die Zinsen sind niedrig	➡	Inflationsfurcht der Verbraucher	➡	Um der Inflation zu entkommen, werden Sachwerte wie Aktien und Immobilien gekauft	➡	Sachwerteinflation: Die Preise von Sachwerten steigen deutlich an. Spekulationsblasen entstehen.	➡	Folge: Realwert der Vermögenswerte fällt, weil die Spekulationsblasen platzen

Erst spät griffen im achtzehnten Jahrhundert die Folgen der hohen Geldmenge auch auf die Konsumgüter über. Als Law gegensteuern wollte und die Zinsen erhöhte bzw. den Kreditzugang erschwerte, drohte die Blase zu platzen. Die Folgen einer solchen Vermögenspreisinflation sind verheerend und weitaus dramatischer als bei einer normalen Inflation. Zum einen hätte diese auf einen Schlag den Reichtum vieler Spekulanten vernichtet. Zum anderen wird volkswirtschaftlich gesehen das Geld in unrentablen Geschäften verschleudert, die an anderer Stelle einen größeren Nutzen gestiftet hätten, z.B. durch den Bau von Straßen. In der Vermögenspreisinflation werden reale Werte vernichtet, die dann an anderer Stelle fehlen.

> Gibt es **zu viel Geld**, steigen die Preise.
>
> Es entsteht entweder eine normale **Inflation** (Preise für Konsumgüter steigen) oder eine **Sachwerteinflation** (Aktienblasen entstehen).

Auch heute werden durch Notenbanken, die zu lange billiges Geld in die Märkte pumpen, Spekulationsblasen ausgelöst. Welch großen Schaden dies anrichten kann, zeigt das Beispiel Japan. Die japanische Notenbank führte in den 1980er Jahren eine Politik des billigen Geldes durch. Die massive Ausweitung der Geldmenge führte dazu, dass ein Grundstück in Tokio so viel kostete wie ganz Kalifornien. Als die Blase Anfang der 1990 Jahre platzte, schlitterte die japanische Wirtschaft in eine schlimme Wirtschaftskrise, von der sie sich bis heute noch nicht erholt hat.

Montesquieu könnte daraufhin gefragt haben: *Warum ist ihr System denn gescheitet, obwohl Sie ihre Theorie so durchdacht ausgearbeitet haben?*

John Laws Antwort hätte sein können: *Ich habe einen Fehler begangen: Ich trieb mit viel billigem Geld den Aktienkurs der Mississippi-Kompanie in absurde Höhen. Gleichzeitig akzeptierte ich die Aktien als Sicherheit für den Kredit. Ich gab den Menschen also meine Banknoten zum Kauf der Aktien und erhielt dafür als Sicherheit die gekauften Aktien – ein Zirkelschluss. Zudem musste ich im März 1720 den Aktienkurs bei 9.000 Livre stürzen. Dies konnte ich nur realisieren, indem ich Banknoten drucken ließ, damit ich die Aktien damit bezahlen konnte. Eine Banknote ist nichts anderes als ein Schuldschein gegenüber der Banque Royal. Sie haben damit keinen Anspruch, sondern nur ein Versprechen auf reale Werte und sind damit ein Gläubiger der Banque Royal.*

Geld ist ein Schuldschein.

Mit dem Besitz des Geldes ist man Gläubiger des Emittenten des Geldscheines.

Auch der Euro ist nichts anderes als ein Schuldschein gegenüber der Europäischen Notenbank, nicht etwa gegenüber den Staaten der Eurozone. Deshalb befindet sich die Unterschrift des Notenbankdirektors Mario Draghi auf jedem Euro-Schein.

An dieser Stelle könnte Law weiter ausgeführt haben: *Wenn man sich die Bilanz der Banque Royal ansieht, standen auf der rechten Seite (Passivseite) die ausgegebenen Banknoten (dies ist der überwiegende Teil) sowie die Münzreserven usw. Auf der linken Seite der Bilanz (Aktivseite) standen jene Werte, die die Banque Royal für ihre Banknoten bekommen hat. Je besser die Qualität dieser Werte war, umso sicherer waren die Banknoten. Stehen auf der linken Seite nur Wertpapiere mit zweifelhaftem Charakter, also Kredite oder andere Wertpapiere die sich als nicht rückzahlbar oder nur mit Verlust veräußerbar herausstellen, sind auch die Banknoten wertlos.*

Geld ist durch Kredite gedeckt.

Je besser die Qualität der Kredite ist, desto sicherer (also inflationsgeschützter) ist unser Geld.

Auch der Euro ist durch Kredite gesichert.

John Law: *Dieser Zusammenhang ist fundamental. Jeder, der mit Papiergeld hantiert, sollte ihn verinnerlichen. Wie bereits angesprochen, habe ich im März 1720 den Kurs der Mississippi-Kompanie bei 9.000 Livre stürzen müssen. So nahm die Banque Royal Aktien der Mississippi-Kompanie zu diesem Kurs für ihre Banknoten entgegen. Ein Großteil der Banknoten war durch diese Aktien gedeckt. Der Kursverfall führte dazu, dass die Bank die Aktien nicht mehr zu dem erworbenen Wert verkaufen konnte. Deswegen kursierten Banknoten, denen keine Deckung mehr gegenüberstand. Die Folge war, dass die Kaufkraft des Geldes sank, es kam zur Inflation. Eine Inflation zerstört das Vertrauen in Geld. Denn eine wesentliche Funktion von Geld geht durch eine hohe Inflation verloren – die Wertspeicherung. Ich weiß plötzlich nicht mehr, wie viel ich morgen noch für mein Papiergeld an Waren oder Dienstleistungen bekomme. Die Menschen sehen, dass die Leistungen für ihr Geld weniger werden. Folglich verliert das Geld irgendwann auch noch seine Funktion als Tauschwert. Die Menschen können nicht mehr darauf vertrauen, dass sie morgen noch etwas für ihr Geld bekommen. Dies versetzt die Menschen in Panik. Sie suchen einen Weg, um ihr Vermögen zu erhalten. Dies wollen sie durch den Kauf von Sachwerten bzw. den Umtausch von Papiergeld in Münzen erreichen. Hier brach mir das Versprechen, jederzeit auf Verlangen die Banknoten in Münzen umzutauschen, das Genick. Ich hatte einfach nicht genügend Münzreserven, um den ersten Ansturm der Menschen zu überstehen.*

Montesquieu könnte nachgefragt haben: *Genau deswegen haben Sie doch den Umtausch des Papiergeldes begrenzt.*

Und vielleicht wäre John Laws Antwort gewesen: *Ich fürchtete, dass es zu einem Run auf die Bank Royal kommen könnte, bei dem die Franzosen in Panik ihre Geldscheine einlösten. Wenn zu viele Menschen gleichzeitig ihr Geld zurückfordern, ist jede Bank überfordert. Schließlich legt sie das Geld ihrer Kunden nicht einfach in das Kellergewölbe, sondern verleiht es an andere, damit es in der Zwischenzeit Erträge bringt. Das Geschäftsmodell einer Bank funktioniert also nur, wenn Anleger Vertrauen haben, dass ihr Geld dort sicher ist. Haben sie kein Vertrauen und ziehen ihr Geld in Massen ab, treibt das nicht nur einzelne Banken in den Ruin. Die gesamte französische Volkswirtschaft wäre in Mitleidenschaft gezogen worden. Denn egal, ob die Bürger ihr Geld zu Hause unters Kopfkissen legen oder versuchen, ihr Geld ins Ausland zu schaffen – der heimischen Wirtschaft fehlt das Kapital, es kann nicht mehr verliehen werden, Investitionen werden schwer bis unmöglich. Die Wirtschaft kommt ins Stocken.*

> Um einen **Banken Run** zu **verhindern**, kann der Umtausch von Geld in Münzen begrenzt oder die Öffnungszeiten der Banken verkürzt werden, damit der erste Ansturm begrenzt wird.

Mit Kapitalverkehrskontrollen soll eine Stabilisierung des Bankensystems erreicht werden. Mittels Kapitalverkehrskontrollen kann z.B. die Höhe von Zahlungen ins Ausland beschränkt werden oder die Summe, die die Bürger an Geldautomaten oder am Bankschalter abheben dürfen. So musste z.B. Griechenland am 29.06.2015 Kapitalverkehrskontrollen erlassen, weil die Verhandlungen zwischen den Gläubigern und Griechenland vorerst gescheitert waren. Es bestand die Befürchtung, dass die Menschen im Rahmen eines Banken Runs ihre gesamten Konten leer räumten, was zum Kollaps der griechischen Banken geführt hätte. Um dies zu verhindern, durften Bankkunden von ihren Konten nur 60 Euro pro Tag abheben, Überweisungen ins Ausland wurden verboten bzw. mussten genehmigt werden, die Banken blieben darüber hinaus bis zum 6. Juli geschlossen.

Weiter könnte Law gesagt haben: *Solange jeder glaubte, das sein Geld auf der Banque Royal sicher sei, würde niemand auf die Idee kommen, sein gesamtes Geld abzuheben und solange die Kunden nicht in Massen von der Bank ihre Gelder abzogen, waren Bank und Geld sicher. Hätte ich also den ersten Ansturm irgendwie bewältigen können und den ersten panischen Bankkunden einen Teil ihrer Banknoten in Münzen auszahlen können, hätten sich die Kunden beruhigt und die Bankenpleite wäre abgewendet worden. Als die Kunde, in Paris umherzog, dass ich nicht mehr in der Lage war, die Banknoten umzutauschen, brach die Panik aus, die das gesamte System zum Fall brachte. Die Menschen akzeptierten die Banknoten nicht mehr. Das Papiergeld wurde zu dem, was es letztlich war: Papier.*

> Ein Grund für Laws Scheitern:
> Die Banknoten wurden mit dem Versprechen versehen:
> *Auf Verlangen ist der Nennwert in Münzen auszuzahlen.*

Der Euro ist durch nichts gedeckt. Die Europäische Notenbank muss den Euro nicht gegen Vermögensgegenstände eintauschen, d.h. es besteht keine Einlösegarantie. Darum kann der Euro auch nicht insolvent werden. Außerdem gibt die Europäische Notenbank den Euro nur gegen Wertpapiere heraus, die bestimmte Qualitätsmerkmale erfüllen, die sicherstellen sollen, dass man nicht wertvolle Euros gegen faule Kredite tauscht und so den Euro gefährdet. Jedoch musste wegen der schweren Wirtschaftskrise ab 2007 die Europäische Notenbank ihre Vorsichtsmaßnahmen Zug um Zug fallen lassen. Um den Euro und die Banken zu retten, musste die Europäische Notenbank diverse Sondermaßnahmen ergreifen, um den negativen Auswirkungen der Krise entgegenzuwirken. Bspw. wurde im Mai 2010 beschlossen, ein Programm zum Ankauf von Euro-Staatsanleihen aufzulegen. Da es der EZB laut Satzung verboten war, direkt Staatsanleihen von den Euro-Ländern zu kaufen, musste ein Hintertürchen gefunden werden. Darum wurden die Euro-Staatsanleihen am Sekundärmarkt, also an der Börse, gekauft. Im Rahmen dieses Programms wurden Wertpapiere zu einem Gegenwert von 220 Mrd. Euro gekauft.

War John Law nun ein rücksichtsloser Spieler oder ein verkanntes Genie? Montesquieu zog letztlich ein vernichtendes Fazit und sagte einmal:

> „dass John Law mehr in seine Ideen verliebt war als in das Geld."[169]

John Law war ein Idealist, der mit dem Rohstoff Geld die Welt verbessern wollte. Allerdings ist John Law in den Augen vieler Ökonomen ein Hasardeur, der alles auf die Karte der französischen Wirtschaft setzte. Zu einem ausgewogeneren Urteil kam J. Shield gegen Ende des 19. Jahrhunderts, als er schrieb:

---

[169] Cueni, C.: Das grosse Spiel, Wilhelm Heyne Verlag, München 2008, S.448

„Angesichts der damals herrschenden Umstände, der noch kaum entwickelten Wissenschaft vom Geld und der mangelnden nationalen Erfahrungen mit dem Kreditwesen entfaltete er [Law] sowohl eine wundervolle Originalität als auch eine nicht minder wundervolle Vernünftigkeit ... Doch trotz dieser Katastrophe [Zusammenbruch des Mississippi-Systems] mag John Law genauso ein ausgezeichneter Finanzier gewesen sein, wie Napoleon trotz Waterloo ein großartiger Feldherr war."[170]

Was würde John Law den heutigen Notenbankern raten? Vielleicht wäre sein Rat: *Erliegt nicht der Versuchung, eure Probleme mit der Druckerpresse zu lösen.*

Nichtdestotrotz ist heute Laws Konzept einer münzfreien Wirtschaft faktische Realität, wie das nächste Kapitel zeigen wird. So wurde das letzte Tau zum Goldanker 1971 gekappt, als die Vereinigten Staaten die feste Goldbindung des Dollars aufhoben. Die Mehrzahl der heutigen Währungen beruhen auf reinem Papiergeld. Sie haben keine Deckung in Gold oder Silber.

---

[170] J. Shield Nicholson, A Treatise on Money, and Essays on Monetary Problems, 6. Aufl. (London 1913), S. 168.

3. Das moderne Notenbanksystem

Um das moderne Notenbanksystem zu verstehen, müssen wir einen Perspektivwechsel bezüglich unseres Verständnisses von Geld vollziehen. Schon eine geringfügige Änderung der Perspektive kann eine völlig neue Weltsicht hervorrufen. Der berühmte Physiker Richard Feynman zeigte in einer im Fernsehen übertragenen Physik-Vorlesung folgendes Experiment: Mithilfe der statischen Elektrizität, die durch Benutzung eines Plastikkamms erzeugt wurde, ließ er ein Blatt Papier schweben. Dieses Kunststück versetzte die Fernsehzuschauer ins Staunen. Wie konnte dies geschehen? Viele Zuschauer sagten spontan, es handele sich um Zauberei. Kräfte, die wir nicht sehen oder fassen können, wie z.B. die Fernwirkung, die durch das elektrische Feld verursacht wird, welches das Blatt Papier zum Kamm zieht, kommen uns vor wie Magie. Allerdings ist es in der Wirklichkeit meistens genau umgekehrt. Die Kraft, die man nicht sieht, wie bei diesem Versuch das elektromagnetische Feld, ist die fundamentale Kraft.
Ähnlich verhält es sich mit Geld. Wie wir im vorherigen Abschnitt gesehen haben, war die Versuchung von jeher groß, nur Münzen, da sie greifbar und beständig sind, als Geld zu betrachten. Auf diesen Säulen wurde dann, der immaterielle, unsichtbare Apparat von Kredit und Schulden errichtet. Dabei ist die fundamentale Kraft des Geldes, ähnlich wie das elektromagnetische Feld, der übertragbare Kredit. Er ist die urtümliche monetäre Realität. Die Geldscheine sowie die Milliarden an elektronischen Datensätzen, die die Banksysteme unserer Zeit benutzen, stellen lediglich Zeichen dar, die die zugrundeliegenden, unentwegt schwankenden Salden von Abermillionen von Kredit- und Schuldbeziehungen widerspiegeln. Mit anderen Worten: Das Geld in unseren Geldbörsen ist nichts anderes als Schuldscheine, übertragbarer Kredit. Diese veränderte Betrachtungsweise des Geldes hat genauso weitreichende Folgen, wie es der Wechsel von der Newton'schen zur quantentheoretischen Betrachtungsweise für unser Verständnis der physikalischen Wirklichkeit hatte. In den nächsten Abschnitten werden wir Aufspüren, welche Folgen das sind.

3.1. Die verschiedenen Arten von Geld

Das moderne Geldwesen vollzog einen Übergang vom Warengeld (z.B. Goldmünzen) zum stofflosen Buchgeld (z.B. Papiergeld). Damit änderte sich auch die Anschauungen über das Wesen und den Wert des Geldes. Bei vollwertigen Münzen lag es nahe, den Wert des Geldes allein in seinem Waren- bzw.

Metallwert zu sehen. Dagegen wird beim stofflosen Geld der Wert in dessen Knappheit gesehen. Ist z.B. Geld nicht knapp, weil ein Missverhältnis zwischen der umlaufenden Geldmenge und der vorhandenen Gütermenge besteht (es ist deutlich mehr Geld vorhanden als Güter), führt dies im Allgemeinen zu einem Anstieg der Preise. In diesem Fall erfüllt Geld seine Funktionen nur noch unzulänglich. Dies kann sogar so weit gehen, dass es im Wirtschaftsverkehr nicht mehr allgemein akzeptiert wird. Entweder kehren die Menschen dann wieder zum alten Tauschhandel zurück oder sie greifen zu einer alternativen Währung.
Ein solches Missverhältnis kann bei Papiergeld, das fast kostenlos produziert wird, wesentlich leichter auftreten als bei Warengeld oder einer goldgedeckten Währung, bei der die beschränkten Edelmetallvorräte als Geldschöpfungsbremse dienen. Man erkannte, dass auch ein auf Papiergeld basierendes Währungssystem einen Wächter benötigt, der über die Geldmenge wacht. Zum Hüter unseres Geldes wurde deswegen eine mit Macht und Autorität ausgestattete Instanz, die Notenbank, geschaffen. Anfang 1999 hat im Euro-Währungsgebiet das Eurosystem die Zentralbankfunktion übernommen. Das Eurosystem besteht aus der Europäischen Zentralbank (EZB) und den nationalen Zentralbanken der Euroländer, wie der Deutschen Bundesbank. Ähnlich wie es früher unterschiedliche Münzen gab, wie z.B. zu John Laws Zeiten den goldenen Louisdor und den Silberecu, gibt es auch heute unterschiedliche Arten von Geld.

3.1.1. Das Bargeld

Nach wie vor wird ein großer Teil aller Zahlungen im Alltag (besonders wenn es um kleinere Beträge geht) mit Bargeld getätigt, sei es beim Einkauf, in der Freizeit oder in der Gastronomie. Doch was ist Bargeld eigentlich?
Im Allgemeinen versteht man unter Bargeld Banknoten und Münzen. Dabei sind Banknoten Geldscheine (Papiergeld), die auf einen bestimmen Betrag lauten. Seit 2002 sind im Euroraum Banknoten mit den Nennwerten von 5, 10, 20, 50, 100, 200 sowie 500 Euro verfügbar.

Abbildung 14: 5-Euro-Banknote der zweiten Banknotenserie – der Europa-Serie von 2013 (Quelle: Wikimedia Commons. Design: Robert Kalina, redesign by Reinhold Gerstetter. © EZB)

Die Banknoten verschiedener Länder unterscheiden sich nicht. Dagegen dienen die Euro-Münzen (geprägte Metallstücke, sog. Hartgeld) als Ergänzung des Banknotenumlaufs für kleinere Zahlungen. Darum haben sie folgende Stückelungen: 1, 2, 5, 10, 20, 50 Cent sowie 1 und 2 Euro.

Abbildung 15: 1-Euro-Münze von 2007 (Quelle: Wikimedia Commons. Gemeinfrei)

Im Gegensatz zu den Banknoten ist das Aussehen der Münzen international nicht einheitlich. Nur die sog. Münzseite (Seite auf der der Nennwert, z. B. 1

Euro, der Euromünze steht) ist einheitlich gestaltet. Die andere Seite der Euromünze ist mit individuellen Motiven versehen. Eine weitere Besonderheit ist, dass die Banknoten im Euro-Währungsgebiet das einzige unbeschränkte gesetzliche Zahlungsmittel sind. Münzen hingegen sind nur in beschränktem Umfang gesetzliches Zahlungsmittel, so braucht ein Händler pro Zahlung nicht mehr als 50 Münzen anzunehmen. Zudem regelt das deutsche Münzgesetz, dass in Deutschland niemand verpflichtet ist, Münzen im Wert von mehr als 200 Euro zu akzeptieren.
Da das Vertrauen in die Währung beim Bargeld beginnt, weil die Menschen täglich damit hantieren, hat der Staat beschlossen, dass Banknoten nicht wie früher von privaten Banken ausgegeben werden dürfen, sondern nur von einer staatlich befugten unabhängigen Stelle – der Zentralbank. Münzen werden dagegen nach wie vor von der Regierung ausgegeben. Im Euroraum sind also nur die Europäische Zentralbank und die nationalen Zentralbanken (z.B. die Deutsche Bundesbank) zur Ausgabe der Banknoten berechtigt, sie haben das Notenmonopol. Die Banknoten werden über die Geschäftsbanken (Sparkassen, Volksbanken usw.) in Umlauf gebracht.
Im Gegensatz dazu liegt die Zuständigkeit für die Herstellung der Euro-Münzen – anders als bei den Banknoten – bei den einzelnen Regierungen der Euroländer. Für die Herstellung der deutschen Euro-Münzen ist demnach das Bundesministerium der Finanzen zuständig. Die Münzen werden aber auch von der Bundesbank in Umlauf gebracht, d.h. die Bundesbank kauft der Regierung die Münzen zum jeweiligen Nennwert ab. Durch die Prägung der Münzen macht die Regierung Gewinne (früher auch „Schlagschatz“ genannt), weil die Herstellungskosten der Münzen unter ihrem Nennwert liegen. Dadurch soll verhindert werden, dass die Euro-Münzen eingeschmolzen und als Ware gehandelt werden. Allerdings sind diese Gewinne aus den Münzen im Verhältnis zu den gesamten Einnahmen des Staates eher gering. Um zu verhindern, dass hier durch die Hintertür, eine verdeckte Staatsfinanzierung durch die Zentralbank erfolgt bzw. die Staaten ungehemmt Münzen prägen, unterliegt der Ankauf von Münzen der vorherigen Genehmigung durch den EZB-Rat (der Europäischen Notenbank). Dazu wird jährlich ein Gesamtbetrag für die geplante Umlauferhöhung durch Münzen festlegt, d.h. wie viele Münzen die jeweiligen Zentralbanken von ihren Regierungen abkaufen dürfen. Früher – wie wir in den vorherigen Abschnitten gesehen haben – war es üblich, die Notenbanken zu verpflichten, ihre emittierten Banknoten gegen Gold und Silber einzutauschen. Deswegen mussten die ausgegebenen Banknoten zu einem bestimmten Prozentsatz durch das entsprechende Edelmetall gedeckt sein. Zum Beispiel tauschte die Reichsbank bis

zum ersten Weltkrieg ihre Banknoten auf Verlangen in Goldmünzen um. Man spricht hier von einer gebundenen Währung. Dies hatte zur Folge, dass die Banknotenausgabe durch die vorhandenen Metallvorräte begrenzt war. Da nach heutigem Kenntnisstand derartige Regelungen für die Werthaltigkeit des Geldes nicht zwingend erforderlich sind, sind die Zentralbanken des Eurosystems nicht verpflichtet, das Bargeld, also den Gegenwert einer vorgelegten Banknote in Gold, US-Dollar oder irgendeinen anderen Vermögenswert zu tauschen. Es besteht **keine Einlösungsverpflichtung**. Dies hat den Vorteil, dass das Eurosystem alle seine Euro-Verbindlichkeiten immer bedienen kann, d.h. in Euro kann das Eurosystem nicht zahlungsunfähig („illiquide") werden. Doch es besteht ein fundamentaler Unterschied zwischen Waren- oder Sachgeld (z.B. Goldmünzen) und ungedecktem Papiergeld. So war z.B. der US-Dollar bis 1971 durch Gold gedeckt. Somit war ein Dollar nichts anderes als eine Gewichtsbezeichnung für eine bestimmte Menge Gold. Zunächst entsprachen 20 US-Dollar (nach einer Abwertung 1934 nur noch 35 US-Dollar) einer Unze Feingold (ca. 31,1 Gramm). Folglich war der US-Dollar damit eine Art Lieferschein für das als Geld verwendete Gut.[171] Der Euro ist aufgrund der mangelnden Deckung hingegen ein Schuldgeld.[172] Der Inhaber eines Euros hält nur ein Versprechen über die Lieferung von zukünftigen Gütern in der Hand, nicht aber einen Rechtsanspruch auf bereits existierende Güter. Seitdem die Notenbanken alte wie neue Banknoten nicht mit Gold zu decken haben, sind der Ausweitung der Geldmenge keine Grenzen gesetzt. Allerdings haben die Zentralbanken des Eurosystems erkannt, dass sie Geldwertstabilität nur dann erreichen, wenn sie das Geld, verglichen mit dem vorhandenen Güterangebot, knapp halten.

Darum bezeichnet man den Euro auch als Fiatwährung oder Rechengeld. Es wird vom Staat per Gesetz zum Zahlungsmittel erklärt. Dabei liegt der Wert des Geldes in der allgemeinen Akzeptanz im Zahlungsverkehr. Wiederum gibt es hier eine Besonderheit. Die Münzen werden vom ausgebenden Staat garantiert, der Nennwert ist fest. Die nationalen Zentralbanken wie die Bundesbank nehmen ebenfalls die Euro-Münzen zum Nennwert entgegen und wandeln diese in Banknoten um. Wie kommt das Bargeld in Umlauf?

---

[171] Wäre noch heute der US-Dollar eine gedeckte Währung, bei der für 35 US-Dollar eine Unze Feingold ausgehändigt würde, so reichten die Goldbestände heute selbst im optimistischsten Fall nur für eine Rückerstattung von 1 bis 2 % aus.

[172] Was ist die Deckung für unser heutiges Geld? Vertrauen in die Fähigkeit des Staates, Erträge zu generieren.

Dazu sehen wir in eine Druckerei. Allein der Stapel mit den Hundert-Euro-Noten, der neben einer der Maschinen liegt, ist einige Millionen wert. Doch die Menschen, die hier arbeiten, denken in ganz anderen Dimensionen. Für sie geht es um Farbmischungen, Sicherheitsmerkmale und Maschinenlaufzeiten. Sie bedrucken schließlich nur Papier, nicht mehr und nicht weniger. Streng genommen ist das auch so. Geld wird aus dem Papier offiziell erst, wenn die Noten an die Deutsche Bundesbank ausgeliefert wurden. Zur Münzherstellung liefern Münzwerke den Münzstätten die Münzrohlinge im Auftrag der Regierungen prägefertig an. Diese Rohlinge (Ronden) werden mit Hilfe von Prägemaschinen zwischen zwei Stahlstempeln zu Münzen geprägt. In Deutschland gibt es fünf Münzstätten. Sie versehen jede Münze mit einem Buchstaben, der anzeigt, in welcher Münzstätte die Münze geprägt wurde: Buchstabe A steht für Münzstätte Berlin, D für München, F für Stuttgart, G für Karlsruhe und J für Hamburg. Die so an die Bundesbank gelieferten Münzen und Bankennoten werden von Geschäftsbanken bzw. von beauftragten Wertdienstleistern in Filialen der Bundesbank abgeholt. Diese befinden sich verteilt über das gesamte Bundesgebiet. Die Geschäftsbanken können dabei jede beliebige Summe an Bargeld abrufen. Natürlich müssen die Geschäftsbanken das Bargeld von der Bundesbank kaufen. In der Regel nehmen sie dafür einen Kredit bei der Bundesbank auf. Dadurch entsteht der Bundesbank ein Zinsgewinn.
Über die Banken gelangt das Bargeld dann zu den Unternehmen und privaten Haushalten, also in den Wirtschaftskreislauf. Einen kleinen Teil behalten die Banken auch für sich selbst, für die zu erwartenden Abhebungen der Kundschaft, beispielweise an den Kassenschaltern oder Geldausgabeautomaten. Bargeld, das die Geschäftsbanken nicht mehr benötigen, bringen sie direkt oder über Wertdienstleister zurück zur Bundesbank. Auch einzelne Unternehmen können direkt bei der Bundesbank Bargeld einzahlen. Das Bargeld landet dann als Gutschrift auf dem Konto des Unternehmens. Die so zurückgekommenen Banknoten werden von der Bundesbank bearbeitet. Denn auf ihrem Weg von Hand zu Hand werden die Geldscheine häufig verschmutzt oder beschädigt.[173] Beschädigte und verdreckte Scheine werden dann aus dem Verkehr gezogen und durch druckfrische Banknoten ersetzt,

---

[173] Im täglichen Leben kann Bargeld beschädigt werden, es wird versehentlich mitgewaschen oder von Haustieren angefressen. Für solche beschädigten Banknoten, die für den Zahlungsverkehr nicht mehr zu gebrauchen sind, leisten die nationalen Zentralbanken des Euroraums (also auch die Bundesbank) dem Inhaber Ersatz. Dafür muss der Inhaber der beschädigten Banknote Teile der Banknote vorlegen, die insgesamt größer sind als die Hälfte des Geldscheins. Im anderen Fall muss der Inhaber der beschädigten Banknote nachweisen, dass der Rest der Banknote vernichtet ist.

weil es unter Umständen schwierig ist, sie noch für Zahlungen an Automaten zu verwenden. Natürlich wird auch jede wiederkommende Banknote auf ihre Echtheit geprüft. So wird der Bargeldumlauf von schlechtem und falschem Geld gesäubert. Die aus dem Verkehr gezogenen Banknoten werden geschreddert, zu Briketts gepresst und anschließend entsorgt. Nicht mehr umlauffähige Münzen werden entwertet und anschließend über das Verwertungsunternehmen des Bundes (VEBEG) an Metallproduktionsstätten verkauft. So wird das Metall der Münzen wiederverwendet. Allerdings bildet Bargeld nur einen kleinen Teil des Geldumlaufs zu Zahlungszwecken. Größere Zahlungen lassen sich bequemer von Konto zu Konto abwickeln, mit dem sog. Buchgeld.

3.1.2. Das Buchgeld

Buchgeld ist Geld, das man nicht sehen oder in die Hände nehmen kann, und trotzdem existiert es. Dieses unsichtbare Geld wird von Bankkonto zu Bankkonto weitergegeben, z.B. durch Überweisungen von Konto A zu Konto B, weshalb es auch häufig als Giralgeld (aus dem Italienischen: giro = Rundreise) bezeichnet wird. Der Name Buchgeld leitet sich davon ab, dass dieses Geld nur in den Büchern der Banken erscheint. Hierbei handelt es sich vor allem um die täglich fälligen Einlagen (Sichteinlagen) und Termin- und Spareinlagen von Nichtbanken, also Privatleuten, Unternehmen oder öffentlichen Institutionen. Solche Einlagen können jederzeit abgehoben werden, somit bestehen sie für die Bank nur auf Sicht. Sie werden nur gering oder sogar überhaupt nicht verzinst. Vielleicht denken Sie sich jetzt: Wieso werden Sichteinlagen überhaupt zum Geld gezählt? Dies liegt daran, dass Sichteinlagen sämtliche Funktionen von Bargeld erfüllen. Sie stehen wie Bargeld jederzeit durch Umbuchungen von Konto zu Konto oder durch Bargeldauszahlungen vom Konto zur Verfügung. Doch der wesentliche Unterschied zu Bargeld ist, dass Sichteinlagen **kein gesetzliches Zahlungsmittel** sind. Dennoch wird das Buchgeld im Wirtschaftsleben akzeptiert. So war im August 2013 das Gesamtvolumen der Sichteinlagen im Euroraum mit 4.448 Milliarden Euro fast fünfmal so groß wie der Bargeldumlauf mit 891 Milliarden Euro. Das große Vertrauen in das Buchgeld kommt daher, dass das Buchgeld jederzeit wieder in Bargeld umgewandelt werden kann.[174] Umgekehrt wird

---

[174] Dies gilt nur, solange die Bank auch solvent ist. Das liegt daran, dass Sie, sobald Sie Geld auf ein Konto bei der Bank einzahlen, zu einem Gläubiger der Bank werden. Geht die Bank pleite, greifen in der Regel nur noch die gesetzlichen und privaten Schutzmaßnamen für Ihr Geld (bis 100.000 Euro sind Gelder auf den Konten staatlich garantiert). Eine andere Einschrän-

Bargeld zu Buchgeld, wenn man es auf sein Konto einzahlt. Daher sind Umwandlungen von Buch- und Bargeld und umgekehrt eine gängige Praxis.

3.1.3. Zentralbankgeld

Wie der Name es schon andeutet, handelt es sich beim Zentralbankgeld um das Geld, welches nur von der Zentralbank geschaffen wurde. Hiermit ist das Bargeld in unserer Geldbörse gemeint, das die Zentralbank in Umlauf gebracht hat. Aber nicht nur dieses zählt zum Zentralbankgeld, sondern auch die Sichteinlagen, die Dritte auf Konten der Zentralbanken halten. So haben z.B. die Geschäftsbanken bei der Zentralbank Sichtanlagen, um die Abwicklung des Zahlungsverkehrs zu ermöglichen. Zudem wird auf diesen Konten bei der Zentralbank von den Geschäftsbanken auch die Mindestreserve hinterlegt.

Bargeld	+	Einlagen bei der Zentralbank	=	**Zentralbankgeld** (oder Geldbasis)

Das Zentralbankgeld wird auch häufig als „Geldbasis", „high powered money" oder Geldmenge M0 bezeichnet. Wenn also die Rede davon ist, dass die Zentralbank den Geschäftsbanken Liquidität bereitgestellt oder entzogen hat, ist damit immer die Bereitstellung bzw. der Entzug von Zentralbankgeld gemeint.

3.2. Wie unser heutiges Geld entsteht – die Geldschöpfung

Im vorherigen Abschnitt haben wir besprochen, welche Arten von Geld es gibt. Wenn Sie Bargeld benötigen, heben Sie es typischerweise am Bankschalter oder Geldautomaten ab. Aber wie entsteht dieses Geld überhaupt? Durch die Geldschöpfung.

3.2.1. Die Entstehung des Zentralbankgeldes

Wie bereits erwähnt, können im Euroraum nur die Zentralbanken Banknoten und Münzen in Umlauf bringen. Das funktioniert so:

kung sind Kapitalverkehrskontrollen. Bspw. wurden in Griechenland im Juni 2015 Kapitalverkehrskontrollen erlassen. Im Rahmen dieser Maßnahmen konnten die Griechen nur 60 Euro pro Tag von ihren Konten abheben. Buchgeld ist kein gesetzliches Zahlungsmittel, es kann immer bei Krisen zu Einschränkungen kommen.

Benötigt eine Geschäftsbank Bargeld, so nimmt sie dazu bei der Zentralbank einen Kredit auf. Zunächst überprüft die Zentralbank, ob die Voraussetzungen für eine Kreditvergabe erfüllt sind. Einen Kredit bekommt die Geschäftsbank nur, wenn sie den Kredit durch Hinterlegung von Pfändern (wie z.B. Staatsanleihen) besichert. Gewährt jetzt die Zentralbank den Kredit, so wird der aufgenommene Betrag auf dem Konto der Geschäftsbank bei der Zentralbank als Sichtanlage gebucht und ist dort sofort verfügbar. Diesen Vorgang, die Kreditgewährung und entsprechende Gutschrift als Sichtanlage auf einem Konto bei der Zentralbank, bezeichnet man als Schöpfung von Zentralbankgeld.
Nun kann sich die Geschäftsbank ihre Sichteinlage sofort in bar auszahlen lassen. Dieses Bargeld wird dann von den Geschäftsbanken auf ihre einzelnen Filialen verteilt. Durch den in bar ausgezahlten Betrag vermindert sich dann natürlich das Guthaben auf dem Konto (der Sichtanlage) der Geschäftsbank bei der Zentralbank. Dafür hat die Geschäftsbank den entsprechenden Betrag an Bargeld in der Kasse. Zahlt sie jetzt die Banknoten und Münzen an ihre Kunden aus, so kommt das Bargeld in Umlauf. Hat umgekehrt die Geschäftsbank mehr Bargeld in der Kasse als sie in absehbarer Zeit benötigt, kann sie die Banknoten und Münzen wieder zu den Zentralbanken zurückbringen. Dort wird dann die Bareinzahlung der Geschäftsbank auf ihrem Konto bei der Zentralbank gutgeschrieben. Nutzt jetzt die Geschäftsbank diese Gutschrift, um den von ihr zuvor bei der Zentralbank aufgenommenen Kredit zu tilgen, kommt es zu einer Vernichtung von Zentralbankgeld. Das heißt, sowohl der Kredit als auch die entsprechende Sichteinlage werden ausgebucht.
Zur Schaffung von Zentralbankgeld steht auch noch ein alternativer Weg zur Verfügung. Hierzu kauft die Zentralbank den Geschäftsbanken einen Vermögenswert ab, z.B. Gold, Devisen oder Wertpapiere. Den Verkaufserlös schreibt die Zentralbank den Geschäftsbanken in der Regel wieder als Sichtanlage auf ihrem Konto bei der Zentralbank gut. Diese können Sie sich dann jederzeit als Bargeld auszahlen lassen. Historisch gesehen sind auf diesem Weg die Gold- und Devisenreserven der Zentralbanken entstanden.
Man könnte jetzt vermuten, dass den Zentralbanken ein ziemlich hoher Gewinn durch die Geldschöpfung zufließt. Schließlich kostet die Herstellung einer Hundert-Euro-Banknote nur wenige Cent. Aus dem eigentlichen „Geld drucken" entsteht der Zentralbank kein Gewinn, weil sie die Banknoten nicht verkauft, sondern verteilt, da die Zentralbank sie jederzeit zu ihrem vollen Nennwert zurücknimmt. Indirekt entsteht durch die Geldschöpfung ein Gewinn, da die Banken, um sich Bargeld zu beschaffen, einen Kredit bei der

Zentralbank aufnehmen müssen. Für diesen Kredit müssen die Geschäftsbanken Zinsen an die Zentralbank zahlen. Die mit der Geldschöpfung entstehenden Gewinne führen die Zentralbanken in der Regel an den Staat ab.[175]

3.2.2. Die Entstehung des Buch- bzw. Giralgeldes

Im August 2013 waren Banknoten und Münzen im Wert von 891 Mrd. Euro im Umlauf (Zentralbankgeld). Dagegen gab es Sicht-, Termin- und Spareinlagen in Billionenhöhe. So werden heute ein Großteil aller Zahlungen nicht bar, sondern durch Buchungen von Sichteinlagen von einem Konto zum anderen geleistet, z.B. überweist der Arbeitgeber den Lohn zum Konto des Arbeitnehmers und von dort geht das Geld auf das Konto des Vermieters usw. Wie entstand dieses Buchgeld? Bei der Entstehung von Buchgeld unterscheidet man zwei Arten.

- *Passive Geldschöpfung*: Sie entsteht durch Einzahlung von Bargeld auf Girokonten. Hierdurch ändert sich der gesamte Geldbestand nicht (also Buchgeld in Händen der Nichtbanken (z.B. Unternehmen, Bankkunden) plus Bargeld).
- *Aktive Geldschöpfung*: Durch die Gewährung von Krediten können die Banken aktiv Buchgeld generieren und damit die Geldmenge insgesamt erhöhen.

Der aktive Geldschöpfungsprozess erscheint damit wie Zauberei. Die Banken schöpfen scheinbar das Geld selbst, ohne noch auf Notenbanken angewiesen zu sein. Ist dies wirklich so? Der Ausgangspunkt zur Schaffung von Giralgeld fußt auf einer Idee von John Law. Die Kunden der Bank halten auf ihren Konten zumeist eine Menge Geld, welches sie nicht abrufen. Das Geld liegt also „nutzlos" bei der Bank. Warum es nicht verleihen? Solange die Kunden das Geld auf ihren Girokonten (sog. Einlagen) nicht abheben, kann die Bank damit arbeiten, d.h. die Bank verleiht das Geld der Kunden an andere Kunden weiter. Die Bank muss bloß dafür sorgen, dass die Gelder ihrer Kunden wieder zur Verfügung stehen, wenn sie sie abheben möchten. Wie funktioniert nun die Giral- bzw. Buchgeldschöpfung im Detail? Schauen wir uns dazu eine Grafik an, die verdeutlicht, wie durch elektronische Buchungen Geld geschöpft wird. Stellen wir uns vor, ein Bankkunde, Herr Schmidt, erhält einen Kredit in Höhe von 30.000 Euro. Was passiert mit dem Geld, wenn er es auf sein Girokonto einzahlt?

---

[175] Die Gewinne der EZB werden an die Anteilseigner ausgeschüttet, also an die nationalen Notenbanken.

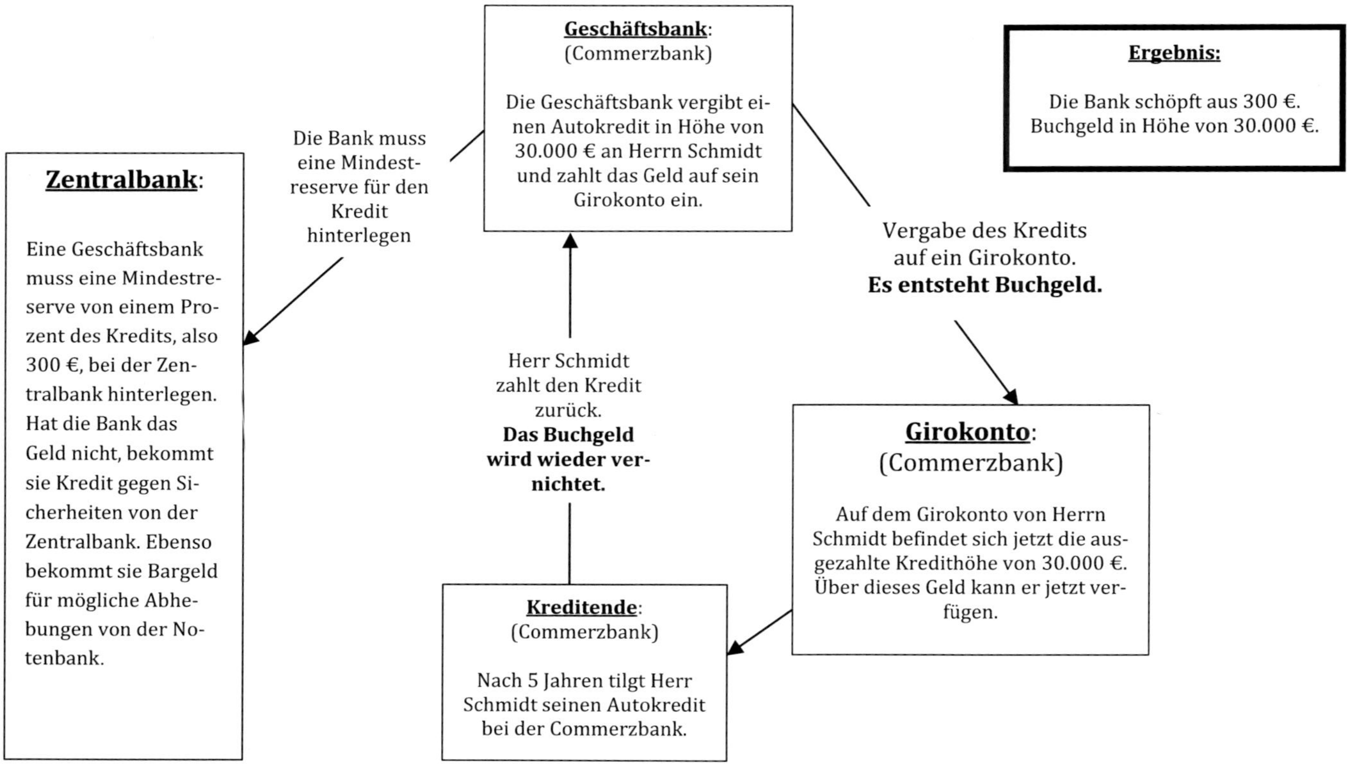

Abbildung 16: Buchgeldschöpfung – wie Geschäftsbanken Geld durch elektronische Buchungen auf Girokonten schaffen

Auf den ersten Blick scheint die aktive Buchgeldschöpfung im Großen und Ganzen der Entstehung des Zentralbankgeldes zu ähneln – mit der entscheidenden Ausnahme, dass hier die Geschäftsbanken das Buchgeld schöpfen und nicht die Zentralbank. Der Weg zum Buchgeld führt also wieder über Kreditgewährung und Gutschrift auf dem Konto. Gewährt z.B. die Commerzbank als Geschäftsbank ihrem Kunden Herrn Schmidt einen Autokredit über 30.000 Euro (z.B. mit einer Laufzeit über 5 Jahre zu 1,5 % p.a.), so erhöht sich die Sichteinlage auf seinem Girokonto um 30.000 Euro. Somit ist ein Buchgeld von 30.000 Euro geschaffen worden. Die Buchgeldschöpfung ist also nichts anderes als ein Buchungsvorgang.[176]

Tabelle 3: Buchgeldschöpfung durch Kreditgewährung der Commerzbank an Herrn Schmidt

Stilisierte Bankbilanz der Commerzbank			
Aktiva		Passiva	
30.000 €	Autokredit an Herrn Schmidt (5 Jahre Laufzeit, 1,5 % p.a.)	Sichteinlage (Girokonto) (täglich fällig, 0 % p.a.)	30.000 €

Alternativ kann die Bank durch den Ankauf von Vermögenswerten ihrer Kunden, wie Gold, Aktien usw., Buchgeld schaffen. Dazu wird der Verkaufserlös auf dem Konto gutschrieben. Der Kunde kann dann den gutgeschriebenen Betrag für Überweisungen nutzen oder auch in bar abheben. Ein gutes Geschäft für die Banken?

Nicht ganz, weil der Kunde oftmals die Sichteinlage, die er sich über die Kreditaufnahme beschafft hat, nutzt, um sich etwas zu kaufen. Dazu überweist der Kunde oftmals das Geld auf ein Konto bei einer anderen Bank. Anknüpfend an unser obiges Beispiel würde der Kunde Herr Schmidt die 30.000 Euro auf das Girokonto des Autohauses Müller bei der Oldenburgischen Landesbank (Abk. OLB) überweisen, d.h. das selbstgeschaffene Buchgeld der Commerzbank fließt ab. Jetzt muss sich die Commerzbank refinanzieren. Dazu gewährt ihr üblicherweise die OLB einen Kredit (viele Geschäftsbanken haben untereinander entsprechende Vereinbarungen getroffen). Hierbei handelt es sich um einen täglich kündbaren Tagesgeld-Kredit, für den die Commerzbank einen Zins z.B. von 0,75 % p.a. von der OLB in Rechnung gestellt bekommt. Folglich muss die Commerzbank den Zinsertrag aus dem Kundenkredit von Herrn Schmidt zum Teil an die OLB weiterreichen – und damit auch einen Teil ihres Gewinnes aus der Geldschöpfung.

---

[176] Deswegen sagen auch einige Experten: Die Erzeugung von Geld ist zugleich eine Erzeugung von Schuld, ihre Rückzahlung ist daher stets Geldvernichtung.

Tabelle 4: Buchgeld geht auf Wanderschaft: Stilisierte Bankbilanzen für den Vorgang einer Überweisung von Herrn Schmidt (Kunde der Commerzbank) an das Autohaus Müller (Kunde OLB) sowie der Refinanzierung der Commerzbank durch einen täglich kündbaren Kredit der OLB

Commerzbank				**OLB**			
Aktiva		Passiva		Aktiva		Passiva	
30.000 €	Kredit an Herrn Schmidt	Sichteinl. von Herrn Schmidt	0	30.000 €	Tageskredit an Commerzbank (tägl. Kündbar, 0,75 % p.a.)	Sicht-einl. Autohaus Müller	30.000 €
		Tageskredit der OLB tägl. fällig, 0,75 % p.a.	30.000 €				

Augenscheinlich stehen dem Gewinn aus der Buchgeldschöpfung auch Risiken gegenüber, die den Gewinn sogar in einen Verlust umkehren können. Das heißt, die Buchgeldschöpfung ist kein Perpetuum Mobile zum Gewinn. Diese Risiken sind:

1. *Kreditausfallsrisiko*: Der Kunde kann den Kredit nicht mit Zins und Tilgung zurückzahlen. Kommt es dazu, bereitet dies dem Kreditgeber immer einen Verlust, weil der zur Refinanzierung aufgenommene Kredit bei der anderen Geschäftsbank weiterhin mit Zins und Tilgung bedient werden muss.
2. *Zinsänderungsrisiko*: Zudem muss die Bank das Risiko tragen, dass der Zins für den Tagesgeld-Kredit, den sie für die Refinanzierung des Kredits zahlt, während der Laufzeit des Kredits steigt. Steigt dieser Zins, schmälert dies den verbleibenden Anteil des Zinsertrags aus dem ursprünglich vergebenen Kredit. Auf der anderen Seite kann natürlich der Zinssatz für den Tagesgeld-Kredit auch fallen, dann erhöht sich der Anteil am Zinsertrag.
3. *Liquiditätsrisiko*: Daneben besteht natürlich das Risiko, dass die Bank keine andere Bank findet, die ihr die benötigte Refinanzierung für den Kredit gewährt oder dass während der Laufzeit der gewährte Tagesgeld-Kredit gekündigt wird und dessen sofortige Rückzahlung verlangt wird. Dies geschieht nur, wenn die Banken sich untereinander nicht mehr vertrauen, wie es zum Beispiel 2010 der Fall war. Dann droht im Extremfall die Zahlungsunfähigkeit und Insolvenz der Bank.

Um diese Risiken gering zu halten, können die Banken eine aktive Einlagepolitik betreiben. Dazu gewähren sie den Sparern attraktive Zinsen, damit sie ihr Geld für eine längere Zeit fest anlegen.

Zurück zu unserem Beispiel: Die Commerzbank hat aber noch eine weitere Möglichkeit zur Refinanzierung: Sie wirbt mit einer Festgeldanlage von 1 % p.a. und einer Laufzeit von 5 Jahren. Die Kundin Frau Geier der OLB greift zu. Sie überweist von ihrem Konto bei der OLB 30.000 Euro auf das Sparkonto bei der Commerzbank. Daher benötigt die Commerzbank nun keinen täglich kündbaren Kredit von der OLB[177] mehr. Für die Commerzbank bedeutet dies, dass sie den von ihr gewährten langlaufenden Kredit durch eine langlaufende Einlage refinanziert hat.[178] Dafür muss sie vom Zinsertrag aus dem Kredit von Herrn Schmidt in Höhe von 1,5 % p.a. den größeren Teil, und zwar 1 % p.a., an Frau Geier abtreten, d.h. ein Teil des Gewinns aus der Buchgeldschöpfung geht an Frau Geier. Risiken aus der Kreditvergabe können durch das Einwerben von Spareinlagen deutlich verringert werden.

Tabelle 5: Einwerbung von Sparguthaben zur Refinanzierung von Krediten: Stilisierte Bankbilanzen für den Vorgang: Die Kundin Frau Geier der OLB bildet 30.000 Euro Sparguthaben bei der Commerzbank. Deswegen benötigt die Commerzbank keinen täglich verfügbaren Kredit der OLB mehr

Commerzbank				**OLB**			
Aktiva		Passiva		Aktiva		Passiva	
30.000 €	Kredit an Herrn Schmidt	Sichteinl. von Herrn Schmidt	0	0 €	Tages-kredit an Commerz-bank (tägl. kündbar, 0,75 % p.a.)	Sichteinl. Frau Geier	0 €
		Tageskredit der OLB (tägl. fällig, 0,75 % p.a.	0				
		Spareinlage von Frau Geier (5 Jahre, 1 % p.a.)	30.000 €				

[177] Ebenfalls benötigt die OLB keine Refinanzierung für die 30.000 Euro von Frau Geier, die zu der Commerzbank fließen, weil ja Herr Schmidt 30.000 Euro auf das Konto des Autohauses Müller bei der OLB überwiesen hat.

[178] Natürlich ist dies ein idealisierter Fall. Normalerweise sind nicht alle Kredite, die eine Bank vergibt, durch betrags- und fristengerechte Spareinlagen refinanziert. Deswegen benötigen die Banken fast immer eine kurzfristige Finanzierung ihrer Kredite durch andere Banken.

Natürlich sind Kreditvergabe und Buchgeldschöpfung nicht unbegrenzt möglich, weil

1. bei Unternehmen die Nachfrage nach Krediten dadurch begrenzt ist, dass das Risiko, das eine Investition, die mit einem Kredit finanziert wurde, scheitert, einkalkuliert werden muss.
2. Verbraucher nicht unendlich viel Geld als Kredit aufnehmen können, da sie nur begrenzte Geldmittel für Zins und Tilgung zur Verfügung haben.
3. je höher der Zinssatz für den Kredit wird, desto geringer die Nachfrage nach Krediten wird.

Trotzdem besteht die Gefahr, dass die Banken versuchen, möglichst viel Buchgeld zu schöpfen. Eine Immobilie, die laufend Mieterträge abwirft, mit selbstgeschaffenem Buchgeld zu bezahlen, welches die Bank dem Verkäufer als Sichteinlage auf dem Konto gutschreibt, würde ein lukratives Geschäft für diese bedeuten. Um ein zu hohes Ausmaß an Buchgeldschöpfung zu verhindern, wurden mehrere Schranken gesetzt. So kann die Buchgeldschöpfung immer dann nicht eintreten, wenn die bereitgestellten Einlagen vollständig als Bargeld abgehoben werden. In diesem Fall verwandelt sich Buchgeld in Bargeld. Da die Banken selbst aber kein Bargeld schöpfen können, sind sie gezwungen, sich das benötigte Bargeld bei der Notenbank zu beschaffen. Ein anderer Riegel, um die aktive Geldschöpfung der Banken zu bremsen, ist die Mindestreserve, die die Banken bei den Zentralbanken einhalten müssen.[179] Durch diese beiden Maßnahmen wird der Prozess der Buchgeldschöpfung gebremst, d.h. jede einzelne Bank kann immer nur einen Bruchteil ihres Liquiditätszuflusses ausleihen. Dennoch sind am Ende die Einlagen des Bankensystems – das Buchgeld also – um ein Mehrfaches derjenigen Einlage gestiegen, die durch die ursprüngliche Kreditgewährung entstanden ist. Dies bezeichnet man als multiple Giralgeldschöpfung.
Um die multiple Buchgeldschöpfung zu verstehen, muss man bedenken, dass die Vorgänge rund um die Buchgeldschöpfung in der Realität viel verwickelter ablaufen als in den Beispielen geschildert, weil es im Euroraum Tausende

[179] Die Mindestreserve soll sicherstellen, dass die Banken immer genügend Bargeld haben, um die Auszahlungswünsche der Kunden bedienen zu können. Geschieht etwas Unvorhergesehenes und wollen plötzlich alle Kunden auf einmal ihr Geld haben, geht die Bank pleite. Sie kann nämlich nicht allen Kunden auf einmal ihre Gelder zurückzahlen, weil sie die Kundengelder zum großen Teil weiterverliehen hat. So ging am 13. September 2007 Northern Rock bankrott, weil Gerüchte auftauchten, sie hätte Liquiditätsprobleme. So stürmten die Kunden die Bank, um ihr Geld zurückzuholen.

von Geschäftsbanken gibt, die Kredite gewähren und Spareinlagen anbieten. Oftmals wird nämlich der Zahlungsverkehr von den Geschäftsbanken über ihre Konten bei der Zentralbank abgewickelt, also durch Umbuchung von Zentralbankgeld.

Spinnen wir unser obiges Beispiel weiter. Der Kunde Herr Schmidt braucht 30.000 Euro, um die Rechnung für sein neues Auto bezahlen zu können. Er nimmt bei der Commerzbank einen Kredit in dieser Höhe auf. Die Commerzbank überweist die Kreditsumme über die Deutsche Bundesbank (Zentralbank) bargeldlos auf das Konto des Autohauses bei der OLB. Die Guthaben der Commerzbank nehmen bei der Deutschen Bundesbank ab, gleichzeitig hat die Commerzbank eine Forderung gegenüber Herrn Schmidt. Dagegen erhöhen sich einerseits bei der OLB die Einlagen des Autohauses (erster Geldschöpfungsschritt) und andererseits die Zentralbankguthaben der OLB. Da die OLB dieses Guthaben gerade nicht benötigt, wird sie versuchen, diese überschüssige Liquidität gewinnbringend weiterzuverleihen. Dazu gewährt die OLB einem Industrieunternehmen einen Kredit über 30.000 Euro, das damit Rohstoffe einkauft. Die OLB überweist die Kreditsumme über die Deutsche Bundesbank an die Raiffeisenbank, wo der Rohstofflieferant sein Konto hat. Der Raiffeisenbank fließen Zentralbankguthaben über 30.000 Euro zu, wobei auch die Einlagen ihres Kunden, dem Rohstoffhändler, steigen (zweiter Geldschöpfungsschritt). Bezogen auf ihr Guthaben bei der Deutschen Bundesbank steht die Raiffeisenbank dann vor derselben Situation wie zuvor die OLB. Sie kann wiederum einen Kredit über 30.000 Euro vergeben und der Prozess der Buchgeldschöpfung setzt sich fort. Sie sehen, durch die multiple Giralgeldschöpfung ist bei unserem Beispiel aus dem ursprünglichen Kredit von 30.000 Euro zusätzliches Buchgeld in Höhe von 60.000 Euro (Summe des Buchgeldes aus dem ersten Geldschöpfungsschritt bei der Bank OLB und dem zweiten Geldschöpfungsschritt bei der Raiffeisenbank) entstanden. Damit dies nicht endlos so weitergeht, greifen die oben beschriebenen Schranken.
Angenommen das Autohaus Müller hebt von seinem Konto bei der OLB sofort 3.000 Euro (also 10 % der überwiesenen Summe) in bar ab. Dann stehen der OLB für die eigene Kreditgewährung nur noch 27.000 Euro (anstatt 30.000 Euro) zur Verfügung. An das Industrieunternehmen kann sie deshalb nur noch einen Kredit von 27.000 Euro vergeben. Hebt der Rohstoffhändler des Industrieunternehmens 2.700 Euro ab, so stehen der Raiffeisenbank nur noch 24.300 Euro (statt 30.000 Euro) für die eigene Kreditgewährung zur

Verfügung. Die Geldschöpfung durch Kredit läuft zwar weiter, wird aber immer kleiner, wenn die Banken Bargeld brauchen. Weiter wird die Geldschöpfung durch die Mindestreserve gebremst. Nehmen wir dazu an, dass jeweils 10 % der an die Bank überwiesenen Summe gleich in bar abgehoben werden und dass die Bank jeweils eine Mindestreserve im Umfang von 1 % ihrer Kundeneinlagen bei der Deutschen Bundesbank hinterlegen muss. Bei der OLB hat also das Autohaus von den überwiesenen 30.000 Euro in bar 3.000 Euro abgehoben. Somit verbleiben 27.000 Euro. Von diesen 27.000 Euro muss die OLB 270 Euro, bei der Deutschen Bundesbank als Mindestreserve hinterlegen. Folglich stehen ihr für die eigene Kreditgewährung nicht mehr die vollen 30.000 Euro, sondern nur noch 26.730 Euro zur Verfügung. Diese verleiht die OLB an das Industrieunternehmen, welches damit seinen Rohstofflieferanten bezahlt. Somit fließen der Raiffeisenbank von der OLB Zentralbankguthaben über 26.730 Euro zu. Davon benötigt der Rohstofflieferant zu gleich 2.673 Euro als Bargeld. Von den restlichen 24.057 Euro muss die Raiffeisenbank bei der Deutschen Bundesbank als Mindestreserve 240,57 Euro hinterlegen. Für die Kreditgewährung stehen der Raiffeisenbank als nur noch 23.816,43 Euro zur Verfügung. Dies setzt sich so fort.
Somit wird klar, dass die überwältigende Mehrheit des Geldes, das heute in der Realwirtschaft im Umlauf ist, Buchgeld ist, das durch die Geldschöpfung der Geschäftsbanken entstanden ist. Dies bedeutet, die Geschäftsbanken haben durch die Kreditvergabe immer mehr Geld geschöpft, wozu sie ihrerseits bei den Zentralbanken Geld geliehen haben. Würden nun alle diese Kredite zurückgezahlt, ohne dass mindestens im gleichen Umfang neue Kredite vergeben würden, dann würde die Geldmenge wieder auf das Anfangsniveau von vor vielen Jahrzehnten zurückfallen,[180] was zum Totalkollaps der realen Wirtschaft führen würde. Demnach ist das heutige Währungssystem gar nicht darauf ausgelegt, dass jemals alle Kredite zurückgezahlt werden, ohne dass zugleich mindestens im gleichen Umfang neue Kredite durch die Geschäftsbanken vergeben werden. Vielmehr ist es darauf ausgelegt, dass die Summe aller bei Geschäftsbanken aufgenommenen Kredite hoch ist (mindestens gleich hoch wie die umlaufende Geldmenge selbst) und ständig ein Gleichgewicht aus Kredit-Tilgung einerseits und Kredit-Neuaufnahme ande-

[180] Nur am Anfang existierte eine kleine Geldmenge, die einfach herausgegeben wurde und nicht per Kreditvergabe geschöpft wurde. So betrug z.B. die Geldmenge M3 (s. S. 172) 1948 nach der Währungsreform in Deutschland nur 13 Mrd. DM. Zum Vergleich im Jahr 2010 betrugt die Geldmenge M3 rund 2.000 Mrd. Euro (=ca. 4.000 Mrd. DM). Somit hat sich die Geldmenge von 1948 bis zum Jahr 2010 um den Faktor 300 erhöht.

rerseits besteht. Bei einer steigenden Geldmenge ist also die Kredit-Neuaufnahme eines Jahres im Mittel höher als die Kredit-Tilgung.[181] Solange die Gewinne aus den Kreditgeschäften von Zentral- und Geschäftsbanken[182] in den realen Wirtschaftskreislauf zurückfließen, bleibt das System stabil. Wenn andere Staaten Devisenreserven horten und so aus dem Wirtschaftskreislauf Geld entziehen oder wenn das Geld sehr Vermögender in einen parallelen, in sich geschlossenen Wirtschaftskreislauf (z.B. Handel mit Kunstgegenständen) außerhalb des normalen Warenkorbs fließt, müsste durch zusätzliche Geldschöpfung die reale Wirtschaft wieder mit genügend Geld versorgt werden.

Damit haben wir ein halbwegs vollständiges Bild von dem Prozess, wie Geld entsteht, entwickelt. Es mag bei Ihnen der Eindruck entstanden sein, die Geschäftsbanken könnten ihr eigenes Geld drucken und seien somit Herrscher über unser Geldsystem. Schließlich ist das Giralgeld mengenmäßig um ein Vielfaches größer als das Zentralbankgeld. Doch dieser Eindruck trügt. Der wahre Herrscher über den Euro ist die EZB – also die Notenbank. Sie bestimmt, wie viel Zentralbankgeld in Umlauf kommt. Und das ist der Treibstoff, den die Geschäftsbanken benötigen, um Giralgeld zu schaffen. Dreht nun die EZB den Geldhahn zu, sitzen die Geschäftsbanken auf dem Trockenen.

Wir wissen jetzt, wie unser Geld, der Euro, entsteht, stellt sich nun die Frage: Wie viel ist unser Euro wert?

3.2.3. Wie viel ist der Euro wert?

Unser heutiger Euro ist Kreditgeld, welches die Notenbank herausgibt. Sie versorgt die Wirtschaft mit einer speziellen Form von Geld, dem Zentralbankgeld. Der Euro kommt wie folgt in den Wirtschaftskreislauf: Die Unternehmen wollen investieren und produzieren, dazu benötigen sie Geld, um z.B. Lieferanten oder Arbeiter zu bezahlen. Dieses Geld leiht es sich bei den Geschäftsbanken mit dem Versprechen, das Geld (inklusive Zinsen) aus den Erträgen ihrer Investitionen später zurückzuzahlen. Die Banken besorgen

---

[181] Mit anderen Worten: Die Geldmenge kann nur steigen, wenn mehr Kredit aufgenommen als getilgt wurde. Die Geldmenge geht zurück, wenn mehr Kredit getilgt wird, als neuer Kredit aufgenommen wurde. Dies ist auch der Grund, warum man den Euro als Kreditgeld bezeichnet.

[182] Die Gewinne aus der Buchgeldschöpfung fließen den Mitarbeitern der Bank in Form von Löhnen bzw. den Aktionären als Dividende zu. Die Gewinne der Zentralbanken fließen in die Staatsaushalte. Letztlich fließt das Geld wieder in den Wirtschaftskreislauf zurück, weil die Aktionäre, die Angestellten und auch der Staat davon Waren und Dienstleistungen kaufen.

sich das Geld bei der Zentralbank. Die Zentralbank fungiert sozusagen als Bank der Geschäftsbanken. Zunächst verbriefen die Geschäftsbanken die Kredite, die sie den Unternehmen gegeben haben, d.h. sie verpacken die Kredite zu einem Wertpapier. Diese verbrieften Kredite reichen die Geschäftsbanken bei der Notenbank als Sicherheit ein. Die verbrieften Kredite sind nichts anderes als ein Rückzahlungsversprechen, daher werden sie von der Notenbank akzeptiert und den Banken wird im Gegenzug das Geld (Zentralbankgeld) gewährt. Darum ist unser Euro ein kreditbasiertes Geld, sein Wert wird durch die Kredite bestimmt, welche hinter dem Geld stehen. Somit basiert der Euro eigentlich nur auf Zahlungsversprechen. Jeder Euro, der durch unsere Wirtschaft fließt, ist durch einen Kredit gedeckt, der bei der Notenbank lagert. Hinter diesem steht das Versprechen, Werte zu schaffen, um den Kredit zurückzahlen zu können. Diese Werte werden täglich geschaffen, es sind die Ergebnisse der Investitionen, für die sich die Unternehmen das Geld geliehen haben. Dies nennt man auch volkswirtschaftliche Wertschöpfung. Als Maß für die Wertschöpfung dient das Bruttoinlandsprodukt (umgangssprachlich das Sozialprodukt).[183] Damit lässt sich ableiten, was den Wert unseres Euro bestimmt – das europäische Bruttoinlandsprodukt. Der Euro ist also nicht durch Gold gedeckt, sondern durch das Versprechen, dass ihm langfristig gesehen ein entsprechender Wert an Gütern und Dienstleistungen gegenübersteht. Somit wird klar, wer den Wert des Euros bestimmt. Die verblüffende Antwort ist: Wir selbst. Genauer gesagt, alle diejenige, die das Sozialprodukt herstellen. Jeder Euro-Schein repräsentiert also im übertragenen Sinne einen Anspruch auf einen Teil des Bruttoinlandsprodukts, das durch die Kreditvergabe der Banken und die Geldschaffung der Notenbank entstanden ist. Insofern steht der Geldmenge, welche in Umlauf ist, als Wert die Summe aller Güter und Dienstleistungen gegenüber, die produziert wurden, also das Sozialprodukt. Wie viel Sozialprodukt Sie für einen Euro bekommen, hängt davon ab, wie viel Geld im Umlauf ist. Je mehr Geld bei unverändertem Sozialprodukt durch unsere Brieftaschen wandert, desto weniger Sozialprodukt bekommt man für seinen Euro. Das heißt, umso geringer ist die Kaufkraft des Geldes.

Allerdings wird der Wert unseres Euros auch noch durch seine Umlaufgeschwindigkeit bestimmt. Diese beschreibt, wie häufig ein Geldschein im Jahr den Besitzer wechselt. Je höher die Umlaufgeschwindigkeit ist, desto höher ist die Zahl der Bezahlvorgänge, die mit einem Geldschein getätigt werden.

[183] Dies ist nichts anderes als die Summe der Werte aller in einem Jahr hergestellten Waren und Dienstleistungen.

Dies führt dazu, dass die Kaufkraft des Geldes ebenfalls geringer wird, weil eine gleichbleibende Menge Güter einer Geldmenge gegenübersteht, welche mehrmals kaufkräftige Nachfrage finanziert. Somit ist klar: Unser Euro hat keinen festen Wert. Das macht ihn auch so anfällig für Katastrophen. So ist z.B. die Hyperinflation, eine extreme Form der Geldentwertung, erst möglich, seit es Kreditgeld gibt. Um dies zu verhindern, überwachen die Notenbanken mit Argusaugen die Geldmenge.

3.2.4. Messung der Geldmenge

Wie oben beschreiben, bleibt das Preisniveau nur dann stabil, wenn nicht zu viel Geld in Umlauf ist. Denn nur Geld, das verglichen mit dem vorhandenen Güterangebot knapp ist, behält auch seinen Wert. Wie stellt man fest, ob das Geld knapp ist oder nicht?
Als Messkonzept wurde dazu die Geldmenge eingeführt. Die Geldmenge (auch als Geldvolumen bezeichnet) trifft eine Aussage darüber, wie viel Geld wo unterwegs ist. Dabei zählt man zur Geldmenge alles Geld, das nicht gerade im Besitz von Banken ist. Um die Geldmenge noch einmal genauer zu definieren, wurden drei Klassen eingeführt:

1. *Geldmenge M1*: Bei dieser Gruppe handelt es sich um schnell verfügbares Geld: Umlaufendes Bargeld plus täglich fällige Einlagen (wie z.B. Tagesgeld). Das heißt, die Geldmenge M1 bezeichnet das Geld, über welches jederzeit verfügt werden kann. Es betrug im Oktober 2013 5.398 Mrd. Euro (davon sind: 898 Mrd. Euro Bargeld und 4.500 Mrd. Euro Sichteinlagen).

2. *Geldmenge M2*: Werden zu der Geldmenge M1 die Spareinlagen mit einer Kündigungsfrist von bis zu drei Monaten, wie z.B. das Sparbuch und Termineinlagen[184] mit einer Laufzeit von bis zu zwei Jahren addiert, kommt man zur Geldmenge M2. Im Oktober 2013 betrug die Geldmenge M2 9.219 Mrd. Euro (davon sind: Geldmenge M1 5.398 Mrd. Euro, Termineinlagen 1.692 Mrd. Euro und Spareinlagen 2.129 Mrd. Euro).

3. *Geldmenge M3*: Werden zu der Geldmenge M2 noch weiter kurzfristige Geldanlagen gezählt, die von Banken und Finanzinstituten

[184] Termingelder sind Gelder, welche bei den Banken mit einem festen Zins und für eine bestimmte Zeit angelegt werden, wie Festgeld. Für den Anlagezeitraum kann der Anleger nicht über das Geld verfügen, danach wandelt es sich üblicherweise wieder in eine Sichteinlage um.

ausgegeben werden, kommt man zur Geldmenge M3. Die Geldmenge M3 betrug im Oktober 2013 9.882 Mrd. Euro (davon sind: Geldmenge M2 9.219 Mrd. Euro, Reprogeschäfte 118 Mrd. Euro, Geldmarktfondsanteile 423 Mrd. Euro und Bankschuldverschreibungen 122 Mrd. Euro). Zu der Geldmenge M3 werden folgende Wertpapiere gezählt:

- Kurzfristige Bankschuldverschreibungen mit einer Laufzeit von bis zu zwei Jahren. Dies sind Wertpapiere, bei denen sich die ausgebende Bank verpflichtet hat, nach Ende der Laufzeit den Nennwert der Schuldverschreibung plus Zinsen zurückzuzahlen.
- Geldmarktfonds legen die von Anlegern zufließenden Mittel in kurzfristige Anlageformen an, wie z.B. in Anleihen von Unternehmen. Der Anleger kann jederzeit seine Anteile an den Geldmarktfonds zurückgeben.
- Repogeschäfte zwischen einer Bank und einer Nichtbank, wie z.B. Unternehmen. Ein Repogeschäft dient der Bank meist zur kurzfristigen Geldbeschaffung. Dabei wird ein Vermögensgegenstand (z.B. ein Wertpapier) an eine Nichtbank gegen Zahlung einer vereinbarten Geldsumme mit der Verpflichtung verkauft, den Vermögensgegenstand nach einer gewissen Laufzeit zu einem vereinbarten Preis wieder zurückzukaufen.

Im Allgemeinen dient die Geldmenge zur Bestimmung der Wachstumschancen und der Inflationsrisiken einer Volkswirtschaft auf <u>längere</u> Sicht. Hierzu vergleicht man das Wachstum des Bruttoinlandsprodukts mit dem Wachstum der Geldmenge M3.[185] Durch diesen Vergleich kann die Frage danach, wie viele Einheiten Geld (Geldmenge) wie vielen Waren und Dienstleistungen (BIP) gegenüberstehen, geklärt werden. Theoretisch dürfte es keine Inflation geben, wenn genauso viele Waren und Dienstleistungen zusätzlich produziert werden, wie die Geldmenge anwächst. Das heißt, steht der Aus-

---

[185] Ist zu wenig Liquidität vorhanden (Geldlücke), so geht das Wirtschaftswachstum zurück. Dies liegt daran, dass eine zu klein werdende Geldmenge zu Kreditverknappung, Rezession und Deflation (fallende Preise) führen kann. Beobachtet man dagegen ein starkes Geldmengenwachstum (zu viel Liquidität im Markt), so besteht die Gefahr einer Inflation. Eine wachsende Geldmenge führt in der Regel zu einer größeren Güternachfrage. Kann die Güterangebotsmenge (BIP) nicht im gleichen Maß ausgeweitet werden, so führt eine weitere Geldmengenausweitung zu Preissteigerungen auf den Gütermärkten, d.h. zu Inflation.

weitung der Geldmenge keine entsprechende Erhöhung des Realgüterangebots gegenüber, so steigt das Preisniveau (bzw. die Inflation) früher oder später an.

Die Geldmenge ist kein abstraktes akademisches Wesen, sondern sie dient als zentrale Steuergröße, um Risiken für die Preisstabilität frühzeitig zu erkennen. So haben die Europäische Notenbanken (EZB) einen Referenzwert für das Geldmengenwachstum festgestellt. Derzeit, liegt der Referenzwert für das Geldmengenwachstum, genauer gesagt die Jahreswachstumsrate, bei 4,5 % für die weit gefasste Geldmenge M3. Dieser Wert steht der EZB als Kompass bei ihrer Geldpolitik zur Verfügung.

Etwas weiter gedacht ergibt sich aus der Definition der Geldmenge noch ein anderer wichtiger Zusammenhang. Die Ausstattung der Banken mit Zentralbankgeld führt nicht per se zu einem Anstieg der Geldmenge. Das Zentralbankgeld wird von der Notenbank zunächst auf den Konten der Banken, welche sie bei der Notenbank unterhalten müssen, gebucht. Dies erhöht zunächst nur die Geldbasis (Geldmenge M0) (s. S. 142), d.h. die Möglichkeit der Geschäftsbanken, Geld zu schöpfen. Das Zentralbankgeld ist also noch nicht in der „realen" Wirtschaft angekommen. Unter gewöhnlichen Umständen steigen die Geldmengen in der Wirtschaft an, wenn auch die EZB die Geldbasis ausweitet. Wie stark sich aber die Geldmenge tatsächlich ausweitet, hängt vom Verhalten der Banken und der Unternehmen sowie der Menschen ab. Herrscht zum Beispiel große Angst um die Konjunktur oder um das Finanzsystem vor, horten sowohl Banken, Bürger als auch Unternehmen das Geld. In diesem Fall lassen die Banken das Geld schlicht auf ihren Konten bei der Notenbank liegen oder legen sogar noch weiteres Geld dort ab. Damit wird es dem Wirtschaftskreislauf entzogen. So kann es sein, dass die Notenbank zwar mehr Zentralbankgeld schafft, aber die tatsächlich relevanten Geldmengen stabil bleiben oder sogar schrumpfen, so wie es im Nachgang der Finanzkrise ab 2008 geschehen ist. Mit anderen Worten: Die Geldmenge wird erst dann erhöht, wenn eine Zentralbank oder eine Geschäftsbank Geld schöpft, indem sie einen Kredit vergibt oder Vermögenswerte (wie Gold, fremde Währungen, Immobilien oder Wertpapiere usw.) ankauft.

3.2.4.1. Rolle des Geldes in der Krise

Wie schon erwähnt, erfüllt Geld eine Doppelrolle: Es dient einmal als Tausch- und andererseits als Wertaufbewahrungsmittel.[186] Eines der größten Probleme bei der Steuerung der Geldmenge ist, dass die Gewichtung der beiden Funktionen in Krisenzeiten völlig anders ist als unter normalen Umständen. In normalen Zeiten halten die Menschen Bargeld vor allem aus dem Grund, um Transaktionen durchführen zu können, also als Tauschmittel. Normalerweise investieren private Haushalte und Unternehmen ihr Geld in Vermögenswerte, d.h. sie trennen sich vorübergehend von Bargeld. Ist das hiermit verbundene Risiko gering, so wird auch eine moderate Rendite als ausreichend angesehen. Vermögenswerte, die eine Rendite abwerfen, werden daher als Wertaufbewahrungsmittel gegenüber Bargeld bevorzugt. Das bedeutet, in normalen Zeiten halten die Menschen Bargeld in erster Linie wegen seines Tauschwertes und ihr Bargeldbestand bleibt im Verhältnis zu ihrem gesamten Vermögen in der Regel auf einem Niveau, mit dem sie gerade ihre erwarteten täglichen Transaktionen finanzieren können. Das heißt, der Bargeldbestand ist wesentlich kleiner als die Vermögenswerte der Menschen. In diesen Zeiten besteht eine enge Verbindung zwischen Geldmengenwachstum und Inflation und diese Verbindung schlägt sich in gesamtwirtschaftlichen Statistiken nieder. Im Regelfall muss die Geldschöpfung in einem engen Verhältnis zum realen Wachstum stehen, ansonsten droht eine mehr oder minder große Inflation. Kommt es im Rahmen einer Finanzmarktkrise, z.B. aufgrund eines Börsencrashs, dazu, dass die Menschen mit einem Mal das Vertrauen in Vermögenswerte verlieren, kann es zu einem Run auf Bargeld kommen, da die Anleger versuchen, ihr Risiko zu verringern, Geld an die Bank zu verlieren. Dazu verkaufen die Anleger ihre Wertpapiere, um sie in Bargeld umzuwandeln, bisweilen kann es sogar zu einer drastischen Ausweitung der Bargeldnachfrage kommen. Dies kann verheerende Folgen haben, weil es in der Regel nicht möglich ist, dass alle Anleger gleichzeitig ihre Forderungen, wie z.B. in Form von festverzinslichen Anleihen oder Unternehmensaktien, in Bargeld umwandeln können. Schließlich stehen hinter den Forderungen oftmals langfristige Investitionsprojekte des Emittenten. Zu Beginn dieser Projekte nehmen Unternehmen beispielsweise Finanzmittel durch die Ausgabe von Anleihen auf. Die Laufzeit dieser Anleihen wird so

[186] Vgl. Die Rolle des Geldes in der Marktwirtschaft Rede von Peter Praet, Mitglied des Direktoriums der EZB, im Rahmen des Bargeldsymposiums der Deutschen Bundesbank, Frankfurt am Main, 10. Oktober 2012, http://www.ecb.europa.eu/press/key/date/2012/html/sp121010.de.htm

festgelegt, dass sie dem Lebenszyklus der zugrunde liegenden realen Investition entspricht. Letztere kann nicht jederzeit wieder in Liquidität umgewandelt werden, außer durch Notverkäufe, die im Hinblick auf den realisierten Marktwert äußerst ungünstig sein können.

Doch welche Formen des Geldes – Buch- oder Zentralbankgeld – wird in einer Krise besonders nachgefragt? Dazu muss man sich vergegenwärtigen, dass in der Krise Bargeld zum Zwecke der Wertaufbewahrung gehortet wird. Also hängt es davon ab, wie stark der Vertrauensverlust der Menschen durch die Krise ist, ob sie eher Buch- oder Zentralbankgeld nachfragen.
So versuchten in der Krise vom Oktober 1987, einem reinen „Aktienmarkt-Schock", die Anleger, ihre Aktienbestände in Geld umzuwandeln, ganz gleich, ob in Buch- oder Zentralbankgeld. Damals wurden also liquide Bankverbindlichkeiten (weil das Buchgeld durch die Kredite bzw. Vermögen der Banken gedeckt wird) als sicher genug betrachtet, um das Vermögen der Anleger zu wahren. Ganz anders sah die Lage bei der massiven Bankenkrise aus, die sich im September 2008 nach dem Zusammenbruch von Lehman Brothers zuspitzte. Hier entschieden die Anleger, dass liquide Bankverbindlichkeiten ebenso unsicher sind wie Bankaktien. Sie wollten kein Buchgeld, sondern Zentralbankgeld. Der Druck auf die Banken stieg extrem an, sodass die Banken angesichts sinkender Bargeldreserven dazu gezwungen waren, zusätzliche Mittel aufzunehmen, um zu verhindern, dass sie ihren Zahlungsverpflichtungen nicht mehr nachkommen konnten. Normalerweise können sich Banken entweder am Geldmarkt zusätzliche Mittel beschaffen oder Kreditlinien bei anderen Banken in Anspruch nehmen. Doch in Krisenzeiten, wenn alle Banken unter hohem Druck stehen, kann es sein, dass sie nicht in der Lage sind Kredite zu vergeben. Um an Liquidität zu gelangen, müssen die Banken also unter Umständen Vermögenswerte verkaufen oder kurzfristige Kredite zurückfordern. Beides vernichtet Vermögenswerte und führt zu einer Verringerung des Buchgeldbestands in der Volkswirtschaft. Eine derartige Zuspitzung einer Krise kann den gesamten Zahlungsverkehr zum Erliegen bringen, auf den eine Geldwirtschaft angewiesen ist. Deswegen ist in solchen Zeiten die bestehende Verbindung zwischen Geldmengenwachstum und Inflation aufgehoben. Durch das Horten von Bargeld ist die Beziehung zwischen Geld und gesamtwirtschaftlichem Ausgabeverhalten gestört. Das Geldsystem wird an der Wurzel verletzt und sein Nutzen für die Gesellschaft ist in Gefahr. Im Zusammenspiel mit einem Nachfrageeinbruch aufgrund von Vermögenseffekten und verstärkt durch Preis- sowie Lohnrigiditäten, welche Arbeitsplätze vernichten und eine Unterauslastung von produktiven

Ressourcen bewirken, kann sich ein Schock im Finanzsektor zu einem gesamtwirtschaftlichen Desaster entwickeln. Um einen Zusammenbruch des Systems zu verhindern, muss die Notenbank den Liquiditätsengpass bekämpfen. Dazu muss sie die erhöhte Nachfrage nach Liquidität bzw. Zentralbankgeld befriedigen. Nur so kann sie den Wegfall von Finanzierungsmöglichkeiten und die Vernichtung von Kaufkraft verhindern, der wegen des Liquiditätsengpasses droht. Da das Geld fast ausschließlich gehortet wird, führt eine ausgeweitete Liquiditätsversorgung durch die Zentralbank nicht zu einer steigenden Inflation. Es gilt: Wird Geld als Wertaufbewahrungsmittel (nicht als Zahlungsmittel) und als Sicherheitspolster für finanziell angeschlagene Finanzinstitute verwendet, so wird seine Verbindung zu den gesamtwirtschaftlichen Ausgabeentscheidungen vorübergehend gekappt. Vielmehr zeigten die vorherigen Bankenkrisen, wie beispielsweise die in den 1930er-Jahren, dass ein großer Bestand an Zentralbankgeld eher ein Zeichen deflationärer Risiken als ein Vorbote künftiger Inflation ist.
Die Wissenschaft – und Kunst – des Zentralbankwesens besteht darin, den Zeitpunkt zu erkennen, ab dem wieder Normalität einkehrt und das Geld erneut seine traditionelle Funktion als Zahlungsmittel erfüllt. Wenn Geld wieder seine traditionelle Rolle einnimmt, muss die Zentralbank rasch handeln, um das während der Krise zugeführte Zentralbankgeld wieder abzuschöpfen. Das Geldmengenwachstum muss wieder auf den angemessenen Stand zurückgeführt werden, sonst droht eine hohe Inflation.

3.2.5. Inflation und Deflation

Marco Polo, der venezianische Weltreisende, der schon im Mittelalter bis nach China reiste, pries als bedeutende chinesische Erfindungen außer Schießpulver und Porzellan auch das Papiergeld an. Marco Polo scheint sich der ständigen Entwertungsgefahr des Papiergeldes nicht bewusst gewesen zu sein. Er sagte sinngemäß voller Erstaunen: „Jedes Jahr lässt der Großkhan einen so großen Nachschub an Papiergeld in Peking anfertigen, dass er alle Schätze der Welt kaufen könnte, und dabei kostet ihn das überhaupt nichts." Aus diesen Worten spricht die naive Auffassung Marco Polos, dass Papiergeld einen Wert an sich habe, der sich nicht verändert. Diese Meinung wird auch heute noch von breiten Bevölkerungskreisen vertreten. Dabei gibt es nichts Schwankenderes als die Kaufkraft des Geldes.
So zeigt ein Rückblick in die Geschichte: Gerät das allgemeine Preisniveau deutlich aus den Fugen, so wird eine Volkswirtschaft schwer belastet. Es

kommt zu einem erheblichen Wohlstandsverlust mit weitreichenden wirtschaftlichen, sozialen und auch politischen Konsequenzen. Das Preisniveau kann durch zwei Effekte aus den Fugen geraten:

1. Inflation und
2. Deflation

Preisschwankungen sind in der Marktwirtschaft normal, weil sich die Preise für Waren und Dienstleistungen aufgrund von Angebot und Nachfrage bilden. Es besteht also kein Grund zur Panik, wenn einmal die Zeitung oder die Jeans etwas teurer oder billiger werden. Kommt es jedoch dazu, dass das gesamte Preisniveau und damit auch der Geldwert deutlich und anhaltend verändert wird, so handelt es sich um eine Inflation oder Deflation. Sie treten oftmals auf, wenn die umlaufende Geldmenge nicht mehr im angemessenen Verhältnis zur Menge der angebotenen Waren und Dienstleistungen steht.

3.2.5.1. Inflation

Heute weiß man: Die Inflation liebt Maskeraden. Sie zeigt sich in ganz unterschiedlichen Gestalten, die alle das Gleiche bewirken: Für das gleiche Geld kann ich morgen weniger kaufen. Das kann zwei Gründe haben: Entweder mein Geld ist weniger wert oder Produkte werden teurer und mein Geld bleibt gleich. Von einer Inflation spricht der Ökonom, wenn

- das Preisniveau breit angelegt, deutlich und anhaltend ansteigt, und nicht nur die Preise einzelner Produkte.

- die Kaufkraft des Geldes abnimmt, d.h. für einen Euro kann man weniger kaufen als zuvor.

Ist der Kaufkraftverlust bzw. die Inflation zu groß, nimmt das Vertrauen in die entsprechende Währung ab, ihr Wert sinkt weiter und die Inflation beschleunigt sich. Die Menschen flüchten sich in Sachwerte. Letztlich kann dies zur Folge haben, dass die Kaufkraft des Geldes immer schneller schwindet und das Geldsystem dann vollkommen zusammenbricht.

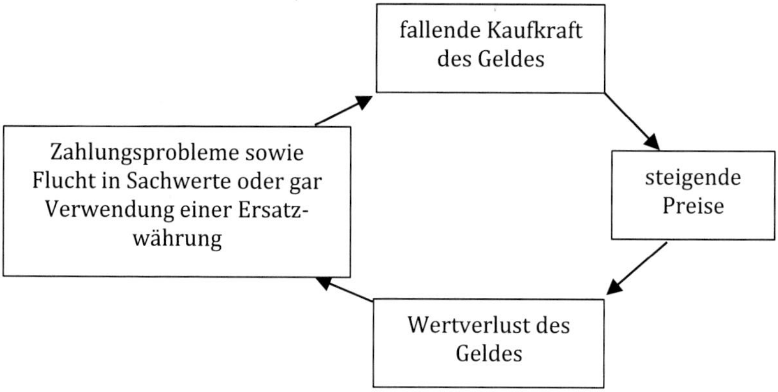

Abbildung 17: Kreislauf der Inflation

Die Auslöser einer Inflation sind verschieden. Grundsätzlich werden drei Arten unterschieden:

1. *Geldmengeninduzierte Inflationserwartung*: Stellen Sie sich vor, über Nacht würde sich die umlaufende Geldmenge verdoppeln (Politik des billigen Geldes). Daher besitzt jeder Bürger die doppelte Menge an Geld. Ist er deswegen doppelt so reich? Leider nein, weil sich die Preise ebenso verdoppeln würden. Das heißt, jeder Mensch besäße dieselbe Menge Güter wie am Vorabend. Nur die Kaufkraft jeder einzelnen Währungseinheit, also des Euros, hätte sich halbiert. So müssten Sie, um ein Kilo Brot zu kaufen, anstatt 1 Euro plötzlich 2 Euro bezahlen.

2. *Angebotsinduzierte Inflationsentwicklung*: Unter gewissen Umständen sind produzierende Unternehmen gezwungen, höhere Verkaufspreise am Markt anzubieten, um kostendeckend zu arbeiten. Dies nennt man *Kostendruckinflation*, weil die Herstellungskosten eines Produktes Druck auf die Preise ausüben. Ein wichtiger Kostenfaktor bei Unternehmen sind die Personalkosten. Nehmen diese schneller zu als die Produktivitätssteigerungen, spricht man von einer *Lohndruckinflation*. In diesem Fall nehmen die Preissteigerungen schneller zu als die auf dem Markt zur Verfügung stehende Gütermenge. Die Arbeitnehmer können wegen ihres Einkommenszuwachses zwar eine identische Warenmenge einkaufen, doch ist das Preisniveau angestiegen. Fordern die Gewerkschaften nun noch mehr Geld, d.h. kommt es zu weiteren Lohnerhöhungen,

setzt dies eine Lohn-Preis-Spirale in Gang, die die Inflation weiter fortführt. Es kann auch zu *einer importierten Inflation* kommen. Sie tritt auf, wenn sich die Preise für wichtige Rohstoffe wie Erdöl, Stahl, Aluminium etc. erhöhen. In deren Schlepptau erhöhen sich dann auch die Herstellungskosten für Produkte. Dies zwingt die Unternehmen, die Preise für ihre Produkte oder Dienstleistungen ebenfalls zu erhöhen. Daneben gibt es noch eine *Gewinndruckinflation*. Sie wird in Gang gesetzt, wenn die Anbieter von Gütern ihre Profite erhöhen möchten und deswegen höhere Gewinnaufschläge erheben. Hierdurch kann eine Preis-Lohn-Spirale ausgelöst werden. Denn die steigenden Preise könnten die Angestellten des Unternehmens ermutigen, höhere Löhne zu fordern. Dies könnte die Unternehmen zwingen, wiederum Preisanhebungen vorzunehmen, um ihre Gewinnmargen bzw. Gewinne zu halten.

3. *Nachfrageinduzierte Inflationsentwicklung*: Es entsteht eine große Nachfrage nach Produkten, mit der die Industrie nicht Schritt halten kann (Nachfrageüberhang). Was machen die Unternehmen, wenn plötzlich mehr Nachfrage nach ihren Produkten besteht? Sie erhöhen die Preise. Die Nachfrage des Staates oder die Nachfrage des Auslands nach heimischen Gütern (Exporten) geht schlagartig nach oben. Dies lässt auch die Preise steigen (inflatorische Lücke).

Bei einer monatlichen Inflationsrate von mehr als 20 % spricht man von einer *Hyperinflation*. So gab es in Deutschland nach dem ersten Weltkrieg eine Hyperinflation. Die Geldentwertung raste in einem solchen Tempo dahin, dass jeder, der seinen Lohn nicht gleich nach Erhalt wieder ausgab, schon Tage später kaum mehr etwas davon kaufen konnte. Monatliche Inflationsraten von mehr als 30 % waren keine Seltenheit. Die Menschen verloren das Vertrauen in das Geld. Es wurde immer weniger als Tauschmittel eingesetzt, weil die Händler sich weigerten, es zu akzeptieren. Gestoppt werden konnte die Hyperinflation erst im November 1923 durch die Einführung der Rentenmark (s. S. 43) als neue Währung.

Bei weniger dramatischen Inflationsraten greift die Notenbank zu dem Mittel der Leitzinserhöhung. Dies führt dazu, dass die Banken weniger Geld nachfragen. Die Bankzinsen für Kredite und Sparzinsen steigen, weil die Menge des Geldes zurückgeht. Die Folge ist, dass die Unternehmen und Konsumenten weniger Geld z.B. durch Kredite nachfragen. Weniger Geld kommt

in den Geldkreislauf und die Geldmenge bleibt stabil oder geht sogar zurück. Irgendwann fängt dann auch die Inflationsrate an, zu sinken.
Sollten diese Maßnahmen nicht ausreichen, wird dann oftmals zu drastischeren Mitteln von Seiten der Regierung gegriffen, wie z.B. Lohn- und Preisstopps, Rationierung von Gütern, Produktions-, Kapitalmarkt- oder Devisenkontrollen. Allerdings zwingt nicht jeder Preisanstieg zum Handeln. Falls der Preisanstieg allmählich und in geringem Ausmaß – nicht mehr als fünf Prozent im Jahr – von statten geht, ist die Wirtschaft nicht bedroht. Darum wird ein solcher Anstieg in der Regel toleriert.

3.2.5.2. Deflation

Der Bruder der Inflation ist Deflation. Unter einer Deflation versteht man, dass die Preise in einem Land über längere Zeit sinken. Das kann verschiedene Ursachen haben:

1. *Der Leitzins ist hoch*: Ist der Leitzins hoch, werden immer weniger Kredite nachgefragt. Die Nachfrage der Unternehmen und Verbraucher gehen zurück und damit auch die Nachfrage nach Geld.

2. *Sparmaßnahmen*: Ein Staat kann beschließen, Sparmaßnahmen durchzuführen, um seine Schulden zu senken. Das heißt, die Nachfrage durch den Staat sinkt bzw. der Staat gibt weniger Geld aus. Dadurch folgt logischerweise, dass das Geld im Geldkreislauf weniger wird.

3. *Wirtschaftsabschwung*: Schuld an einer Deflation können aber auch die Folgen eines Wirtschaftsabschwunges sein. Die Menschen sind verunsichert und wissen nicht, wie es in der Zukunft weitergeht. In ihrer Not fangen sie an, zu sparen, um etwas für schlechte Zeiten zu haben. Also geht die Nachfrage nach Waren und Dienstleistungen zurück. Damit sinken auch die Preise, weil die Wirtschaft versucht, doch noch Käufer für ihre Produkte zu finden. Durch die fallenden Preise kommt es irgendwann zu dem Punkt, an dem die Produktionskosten die Einnahmen der Unternehmen übertreffen und die Unternehmen Verluste machen. Dies führt dazu, dass diese versuchen, ihre Produktionskosten und Löhne zu senken. Häufig werden dazu Arbeitnehmer entlassen. Im schlimmsten Fall müssen die Unternehmen sogar ganz schließen. Deshalb treten bei einer Deflation auch viele Unternehmensinsolvenzen auf. Daraus entsteht dann

schnell ein Teufelskreis: Werden viele Menschen arbeitslos und gehen viele Unternehmen pleite, kommt immer weniger Geld in den Kreislauf. So sind immer mehr Entlassungen nötig, um die Umsatzeinbußen der Unternehmen auszugleichen. Zudem glauben die Menschen, dass die Produkte immer noch billiger werden. Folglich warten sie mit ihren Anschaffungen. Dies drückt zusätzlich die Preise und verschlimmert die Lage.

4. *Währungsaufwertung*: Auch durch eine Währungsaufwertung kann eine Deflation entstehen, wie z.B. 2014/2015 in der Schweiz. Da während der Eurokrise viele Anleger ihr Geld in dem sicheren Hafen Schweiz anlegen wollten, floss viel Geld dorthin. In der Folge stieg der Wert des Franken zügig im Verhältnis zum Euro an. Da die Schweizer Wirtschaft zum Großteil von Exporten und Tourismus lebt, ergab sich eine ungünstige Konstellation. Wegen des hohen Frankenkurses wurde die Schweiz für die Euroländer einfach zu teuer. So gingen der Schweizer Export und Einnahmen aus dem Tourismus stark zurück. Dies führte dazu, dass die Geldmenge im Wirtschaftskreislauf weniger wurde.

Natürlich freuen sich die Verbraucher erst einmal über sinkende Preise. Doch für Unternehmen bedeuten sie geringere Einnahmen. Die Folge ist, dass sie weniger Geld investieren, Löhne kürzen oder sogar Mitarbeiter entlassen. Dies verunsichert die Menschen, die um ihre Jobs fürchten und deshalb immer weniger ausgeben.

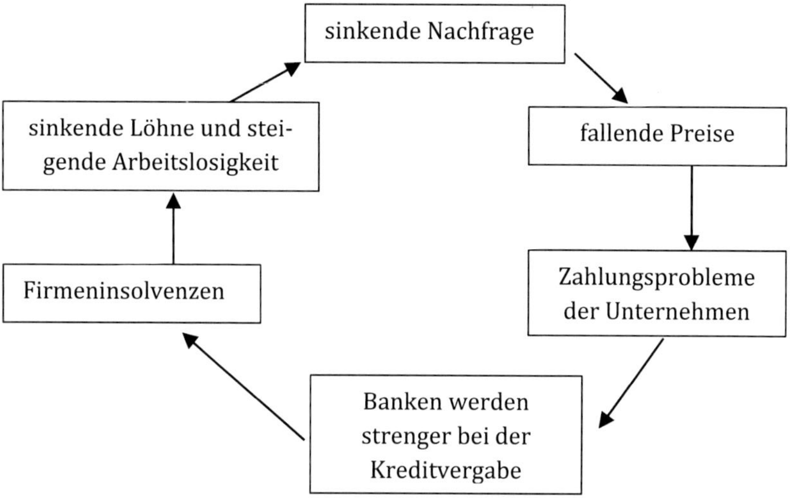

Abbildung 18: Kreislauf der Deflation

Auch die Banken sorgen sich und vergeben immer weniger Kredite. Dies führt dazu, dass sich die Menge an Geld, die in Umlauf ist, verringert. Die Unternehmen bekommen immer stärkere Liquiditätsprobleme, weil sie wegen der fehlenden Kredite nicht mehr alle Aufträge erfüllen können.[187] Es kommt zu immer mehr Firmeninsolvenzen.

Im bestmöglichen Szenario finden die Menschen die Produkte irgendwann so günstig, dass sie mit beiden Händen zugreifen. Die Nachfrage nach Produkten steigt dann deutlich an, sodass die Unternehmen ihre Preise erhöhen können. Es kann jedoch auch zu einer Deflationsspirale kommen. Die Konsumenten warten ab, weil sie mit immer weiter sinkenden Preisen und Einkommen rechnen. Deswegen müssen die Unternehmen ihre Produktion erneut reduzieren oder gehen gar pleite. Dies veranlasst die Banken, noch restriktiver bei der Kreditvergabe vorzugehen, d.h. sie schränken die Vergabe von Krediten weiter ein, bis im Extremfall fast keine Kredite mehr vergeben werden. So droht sich eine selbststärkende Abwärtsspirale mit starkem Wirtschaftsrückgang (Rezession) mit der Gefahr, dass das Geldsystem vollständig zusammenbricht, zu bilden. Um aus der Krise herauszukommen,

[187] Die Unternehmen gehen üblicherweise in Vorleistung bei einem Auftrag. Viele Kosten fallen nämlich schon an, während das Produkt produziert wird, wie z.B. Rohstoffe, Personal usw. Der Kunde zahlt allerdings erst, wenn er das Produkt in den Händen hält. Deswegen müssen viele Unternehmen Kredite zur Überbrückung der Zeit aufnehmen, bis der Kunde das fertige Produkt bezahlt.

muss die Zentralbank handeln. Sie kann zunächst ihren Leitzins senken und so die Banken zur Vergabe von mehr Krediten ermutigen. Durch die sinkenden Bankzinsen werden außerdem die Menschen ermutigt, mehr Geld nachzufragen, z.B. durch Kredite. Mehr Geld kommt in den Geldkreislauf. Langsam sollte die Inflationsrate wieder steigen. Sind allerdings die Zinsen schon sehr niedrig, hat eine Leitzinssenkung kaum noch einen Effekt. Darum können sich die Währungshüter entschließen, direkt Anleihen und Wertpapiere aufzukaufen (die sog. Quantitative Lockerung, s. S. 206 ff.), um so mehr Geld in Umlauf zu bringen. Mit dem ähnlichen Ziel könnte natürlich auch der Staat seine Ausgaben erhöhen. Alle diese Schritte bergen Gefahren – etwa das Entstehen neuer Spekulationsblasen oder einen extremen Anstieg der Staatsverschuldung.

Allerdings ist die Sorge vor einem Sturz in die Deflationsspirale meist unbegründet. Trotzdem hat sich in den Köpfen der Menschen eine Furcht vor Deflation festgesetzt, die eng mit den Bildern der großen Wirtschaftskrise der 1930er Jahre verknüpft ist. In dieser Zeit nach dem Ersten Weltkrieg waren die Marktregeln teilweise außer Kraft gesetzt. Die Kriegsverlierer konnten die ihnen aufgelegten Reparationen nur zahlen, indem sie Güter exportierten. Dies wiederum erschwerten die Länder, die den Krieg gewonnen hatten, indem sie Zölle für Waren aus den Verliererländern verlangten, um ihre eigene Wirtschaft zu schützen. Dies hatte zur Folge, dass der internationale Handel rückläufig war. Außerdem erfolgte eine Finanzierung der Reparationen über Auslandskredite. Somit floss Geld nicht mehr nur zwischen den Ländern zur Finanzierung von Waren und Investitionen, sondern auch in großer Höhe zur Begleichung von Kriegsforderungen. Dies führte zu einem geringen Produktivitätsanstieg und einem geringen Wirtschaftswachstum. Letztlich war dies einer der Gründe für den erdrutschartigen Börsencrash von 1929, den „Schwarzen Freitag", einer schweren Kreditkrise. Die Menschen gerieten kollektiv in Angst. Dies rief das Phänomen des Angstsparens hervor. Es ließ die gesamtwirtschaftliche Nachfrage einbrechen und führte in den folgenden Jahren zu einer der schwersten Wirtschaftskrisen der Welt. Aus dem Teufelskreis stark fallender Nachfrage, Gewinneinbrüchen bei den Unternehmen, Firmenpleiten und explodierender Arbeitslosigkeit gab es kein Entrinnen.

Aber ist Deflation wirklich so gefährlich? Ist die Angst berechtigt? Nein, denn es gibt auch eine gute Deflation. Also eine Situation, in der trotz fallender Preise der Wohlstand der Bevölkerung wächst. Eine solche Phase gab es z.B. im 19. Jahrhundert in den USA. Von 1873 bis 1913 herrschte dort Deflation.

Trotzdem stieg das nominale Bruttoinlandsprodukt um mehr als 400% unter starken Schwankungen. Es wurde also trotz sinkender Preise nicht weniger, sondern mehr produziert. Damals profitieren die Unternehmen nämlich von einer großen Kapitalverkehrsfreiheit. Gleichzeitig gingen die Transportkosten mit der Erfindung der Eisenbahn bzw. Inbetriebnahme wichtiger Eisenbahnlinien dramatisch zurück. Zudem nahm die erste Welle der Globalisierung Fahrt auf, so konnten Güter erstmals in großen Mengen weltweit ausgetauscht werden. Die Unternehmen nutzten außerdem internationale Kostenvorteile zu ihren Gunsten, z.B. durch Verlagerung von Fabriken in Länder mit niedrigen Löhnen. Dies führte zu sinkenden Preisen, aber auch zu sinkenden Herstellungskosten der Produkte. Der Unterschied zwischen guter und schlechter Deflation liegt also in deren Ursache. Im Falle der Weltwirtschaftskrise handelte es sich um einen breiten Nachfragerückgang aufgrund der Angst der Verbraucher und Unternehmen. Zu Beginn der Globalisierung zwischen 1873 bis 1913 waren es dagegen sinkende Produktionskosten, die die Preise fallen ließen. Und heute? Den Rückgang der Inflationsrate im Februar 2015 auf -0,3 % haben die Europäer in erster Linie dem massiven Verfall der Ölpreise[188] zu verdanken. Dagegen verzeichnen die Statistiker keinen nennenswerten Einbruch bei der Nachfrage. Vielmehr wirkt ein solch dramatischer Rückgang der Rohstoffpreise (auch andere Rohstoffe sind teilweise stark gefallen) über die Entlastung der Lebenshaltungskosten der privaten Haushalte und der Produktionskosten der Unternehmen wie eine breite Steuersenkung. Es steht nämlich zusätzliche Kaufkraft zur Verfügung, die die Konjunktur früher oder später positiv beeinflusst. Daher dürfte in der Folge die Arbeitslosigkeit weiter fallen und die Löhne dürften steigen. Dies alles spricht gegen das psychologische Phänomen des Angstsparens, wie es in Japan in den letzten Dekaden zu beobachten war. Mit dem Kauf von Staatsanleihen ab März 2015, dem Quantitative Easing (s. S. 206 ff.), will die Europäische Notenbank das Risiko ausschließen, dass die Eurozone in eine schlechte Deflation abrutscht. Gleichzeitig schuf die Europäische Zentralbank eine neue Zinswelt. Sie führt die Regeln des Sparens ad absurdum, weil es längst nicht mehr nur Nullzinsen gibt. Wer sein Geld möglichst sicher anlegen möchte, zahlt drauf, negative Renditen werden immer üblicher. Dem Sog der Negativzinsen unterliegen immer mehr Anlageklassen, wie z.B. kurzlaufende Unternehmensanleihen. So könnte ein Teil der Spargelder (weil sich Sparen einfach nicht mehr lohnt) den Weg in dem Konsum finden und zusätzlich die Nachfrage erhöhen.

---

188 Die Ölpreise sind seit Sommer 2014 um mehr als 60 % gefallen.

Tabelle 6: Arten der Deflation

	Auslöser	**Einfluss auf das Bruttoinlandsprodukt**		**Auswirkungen auf Unternehmen und Zinsen**
Phasen		**Inflationsrate**	**Entwicklung des BIP**	
Schlechte Deflation	Angstsparen von Verbrauchern und Unternehmen	stark negativ	stark fallend	Das fallende BIP führt zu einem starken Umsatz- und Gewinneinbruch bei den Unternehmen. Das Zinsniveau ist extrem niedrig.
Gute Deflation	Fallende Rohstoffpreise, Globalisierung führt zu fallenden Produktionskosten, die weiter an die Verbraucher gegeben werden	leicht negativ	leicht steigend	Das leicht steigende BIP gibt den Unternehmen Spielraum für kleine Umsatz- und Gewinnsteigerungen. Das Zinsniveau ist niedrig.
Quantitative Easing	Die Notenbanken möchten eine Deflation bzw. Deflatonsgefahr bekämpfen	extrem niedrig bis leicht negativ	leicht steigend	Das leicht steigende BIP ermöglicht es Unternehmen, moderate Umsatz- und Gewinnsteigerungen zu erzielen. Das Zinsniveau ist sehr niedrig

3.2.5.3. Wie kann man die Inflation oder Deflation messen?

Um nicht von der Inflation überrumpelt zu werden, hat die EZB genau definiert, was sie unter Preisstabilität versteht.

Es geht bei der Preisstabilität nicht darum, die Stabilität einzelner Preise zu gewährleisten, sondern darum, den Durchschnitt aller Waren- und Dienstleistungspreise stabil zu halten. Dagegen sind bei einzelnen Preisen Änderungen erlaubt, um auf Angebot und Nachfrage reagieren zu können.

Damit es nicht zu Verwechslungen kommt, wird oftmals der genauere Begriff der Preisniveaustabilität verwendet.
Steigt das Preisniveau, so sinkt der Geldwert bzw. die Kaufkraft des Geldes, weil man für eine Geldeinheit, z.B. 100 Euro, weniger Waren und Dienstleistungen als zuvor bekommt. Gerade über längere Zeiträume kann der Kaufkraftverlust beträchtliche Ausmaße annehmen, so sind bspw. 100 Euro bei einer jährlichen Inflationsrate von vier Prozent in zehn Jahren (d.h. gemessen in Gütereinheiten) nur noch so viel wert wie heute 66 Euro. Aber wie misst man das Preisniveau? Das Problem ist, dass es angesichts der Vielzahl von Einzelpreisen nicht möglich bzw. sinnvoll ist, jeden einzelnen Preis für die Ermittlung des Preisniveaus einzubeziehen. Auf der anderen Seite kann man die Veränderung einzelner Preise auch nicht mit der Entwicklung des gesamten Preisniveaus gleichsetzen. Die Lösung des Dilemmas ist der goldene Mittelweg: Man betrachtet nur eine Auswahl an Preisen. Hierzu haben die Statistiker einen repräsentativen Warenkorb ausgewählter Waren und Dienstleistungen zusammengestellt, der über einen längeren Zeitraum nicht verändert wird. Ein umfassendes Bild wird dadurch erzeugt, dass es verschiedene Warenkörbe je nach Fragestellung gibt. So ist für einen Privathaushalt die Preisentwicklung von anderen Waren und Dienstleistungen interessanter als für einen Einzelhändler, Produzenten oder Importeur. Darum werden verschiedene Warenkörbe und sich aus ihnen ergebende Preisindizes berechnet, um die Preisentwicklung umfassend darstellen zu können. Sehen wir uns dazu den Warenkorb zur Berechnung des Verbraucherindexes in Deutschland an.
In diesem Warenkorb werden die Waren und Dienstleistungen so gewichtet, wie sie Menschen durchschnittlich in ihrem täglichen Leben nachfragen. Die Preisänderungen dieses Warenkorbs geben dann Veränderung des Preisniveaus (die Inflationsrate) an. Die Berechnung eines Warenkorbes erfolgt so: Nehmen wir an, dass der repräsentative Warenkorb der jährlichen Ausgaben eines Haushalts aus 25 Packungen Margarine (500g), 50 Flaschen Orangensaft (1l.), 10 Kinobesuchen und einer Hose bestehen. Dann würde sich der Preisindex anhand der folgenden Tabelle wie folgt berechnen:

Tabelle 7: Berechnung des Preisindex und jährliche Preissteigerungsrate

	Menge	Preis im ersten Jahr (Basisjahr)	Preis im zweiten Jahr	Preis im dritten Jahr
Margarine	25	0,88 €	0,92 €	0,95 €
Organgensaft	50	0,99 €	0,99 €	1,05 €
Kinobesuche	10	10,00 €	10,50 €	10,50 €
Hose	1	75,00 €	80,00 €	78,00 €
Gesamtpreis des Warenkorbs		246,50 €	258,83 €	261,30 €
Preisindex		**100**	**105**	**106**
Jährliche Preis-steigerungsrate (Inflationsrate)			**+ 5 %**	**+ 0,95 %**

In Tabelle 7 wird der Preis des Warenkorbs berechnet, indem man die Menge der Waren mit dem jeweiligen Preis multipliziert und diese Ergebnisse addiert. Zur Vereinfachung werden die Veränderungen mithilfe des Preisindexes angegeben. Hierzu wird die Ausgabensumme (Wert des Warenkorbs) des ersten Jahres (Basisjahr) auf 100 gesetzt (d.h. 246,5 Euro entsprechen 100). Dieser Wert dient nun als Bezugsgröße für die folgenden Jahre. Die Inflationsrate bzw. jährliche Preissteigerungsrate ist nichts anderes als die relative Preisänderung bezogen auf das Vorjahr.

Der *Verbraucherindex* für Deutschland wird vom Statistischen Bundesamt (www.destatis.de) auf Basis der Verbraucherstatistik sowie eines Warenkorbes[189] bestimmt. In diesem Warenkorb spiegeln sich alle typischen Ausgaben privater Haushalte für Waren und Dienstleistungen wider. Dazu erhebt die Behörde monatlich über 300.000 Einzelpreise bei Kaufhäusern, auf Märkten und in Online-Shops. Da sich die Konsumgewohnheiten im Laufe der Zeit ändern, wird der Warenkorb in regelmäßigen Abständen angepasst. Bspw. wurde der Verbraucherindex Anfang 2013 auf das Basisjahr 2010 umgestellt. Die Veränderung des Verbraucherindexes für Deutschland wird monatlich vom Statistischen Bundesamt berechnet und in der Regel zum Vorjahrsvergleich angegeben, so bedeutet z.B. eine Steigerungsrate von 1 % im Mai, dass das Preisniveau in diesem Monat um diesen Prozentsatz höher war als im gleichen Vorjahresmonat.

[189] Für die Konzeption des Warenkorbs ist nicht nur die Auswahl der Waren und Dienstleistungen zu treffen, sondern auch deren Gewichtung innerhalb des Warenkorbs festzulegen – das sog. Wägungsschema. So sind z.B. aktuell mit 31,7 % Wohnung, Wasser, Energie oder Nahrungsmittel gewichtet und alkoholische Getränke mit 10,7 %.

Die EZB trifft ihre Entscheidung nicht anhand von länderspezifischen Preisindices, was bei 19 Mitgliedern in der Eurozone auch nicht praktikabel wäre, sondern mittels eines Preisindexes für den gesamten Euroraum. Der bekannteste Preisindex ist der *Harmonisierte Verbraucherpreisindex* (HVPI). Er wird von dem statistischen Amt der Europäischen Union (Eurostat) auf Basis nationaler Ergebnisse ermittelt und monatlich veröffentlicht. Er gibt die Inflationsrate für den gesamten Euroraum an.
Zu dessen Ermittlung verwenden alle Länder der Europäischen Union dieselbe Methode, so wird sichergestellt, dass die Daten der verschiedenen Länder miteinander vergleichbar sind. In dem Warenkorb für den HVPI sind rund 700 Waren und Dienstleistungen des täglichen Bedarfs, wie Lebensmittel, Miete, Bekleidung aber auch Kino- oder Konzertkarten enthalten. Die Waren und Dienstleistung in dem Warenkorb werden anschließend zusammengefasst und entsprechend ihrer Bedeutung für die Konsumausgaben des Euroraums gewichtet. Daher spiegelt der HVPI wider, wie viel Geld die privaten Haushalte im Eurogebiet durchschnittlich für einen bestimmten Warenkorb ausgeben. Durch den Vergleich der Kosten des aktuellen Warenkorbs für einen bestimmenden Monat mit dem entsprechenden Monat des Vorjahres erhält man die Inflationsrate.

3.2.5.4. Wieso ist Preisstabilität so wichtig?

In der Regel ist es so, dass Preise von Waren leichter steigen als fallen. Somit erfüllt die Inflation eine wichtige Aufgabe: Die Inflation erlaubt es nämlich, dass z.B. Kinokarten relativ gesehen billiger werden als Theaterkarten, ohne dass ihre Preise tatsächlich sinken müssen. Sie steigen nur unterschiedlich stark und zeigen damit an, welches Gut oder welche Dienstleistung gerade begehrter ist. Daher hält eine moderate Inflation die Wirtschaft am Laufen. So erkennen die Unternehmen, welche Waren gefragt sind daran, wie der Preis steigt, und wissen dann, wovon sie mehr produzieren müssen oder was ein Ladenhüter ist. Die Preise signalisieren also die Knappheit eines Gutes. Genau diese Funktion erfüllen die Preise nicht mehr, wenn die Inflation eintritt. Ändern sich die Preise schnell und in großen Sprüngen – so wie 1923 in Deutschland –, sind die Produzenten verwirrt. So kann der Bauer nicht mehr sagen, ob seine Kunden Millionen für ein Kilogramm Kartoffeln zahlen, weil die Früchte so begehrt sind oder weil die Verbraucher den rechten Überblick über ihre dicken Geldbündel verloren haben. Laufen die Preise aus dem Ruder, so funktioniert die Geldwirtschaft nicht mehr, weil der Blick auf die Preistafel so wenig hilfreich ist, wie der Blick auf eine Landkarte mit falsch eingezeichneten Straßen. Kommt es noch schlimmer und die Inflation nimmt überhand, verlieren die Banknoten ihre wichtigste Eigenschaft: Sie sind nicht länger allgemein anerkanntes Zahlungsmittel. Bspw. etablierte sich der US-Dollar als Zweitwährung in Argentinien oder Brasilien zu Zeiten, in denen diese Länder jahrzehntelang unter hohen zweistelligen Inflationsraten litten. Eine Wirtschaft, in der Inflation herrscht, verkommt zu einem reinen Warenumschlagplatz. Es wird immer weniger investiert und produziert.

Des Pudels Kern ist: Wenn ich nicht weiß, wie viel mein Geld, meine Investition, mein Kredit, meine Waren und Dienstleistungen morgen wert sind, verkürzt sich meine Perspektive. Ist auf Noten und Münzen kein Verlass mehr, konzentriert sich alles wirtschaftliche Handeln auf heute. Deswegen werden Investitionen, deren Ertrag sich erst am Ende einer langen Kette zeigt, aufgeschoben. Zu ungewiss ist, ob am Ende noch genügend Geld verdient wird. Ebenfalls reagieren die Banken immer kurzatmiger. Sie werden für Kredite einen hohen Risikoaufschlag fordern und lange Laufzeiten scheuen. Sie wissen nicht, was das Geld, wenn es zurückgezahlt wird, noch wert ist. Deswegen werden Kredite teuer, die Zinsen steigen und bremsen das Wirtschaftswachstum.

Eigentlich ist nur der Staat ein Inflationsgewinner. Der Finanzminister weiß: Das Papiergeld, mit dem er sich verschuldet hat, ist nichts weiter als ein Zahlungsversprechen, welches mit zunehmender Inflation weniger wert wird. Durch eine beschleunigte Geldentwertung kann er die Staatsschuld, die er begleichen muss, leichter bezahlen. Dies erklärt auch, warum Regierungen nicht immer geneigt sind, dem Auftrieb der Inflation Einhalt zu gebieten.

Die Inflation schadet aber jedem Bürger, weil der Wert von Sparbüchern, Lebensversicherungen und Renten verfällt. Besser geht es allen, die reale Werte besitzen: Immobilien, Gold oder Land. Zum Glück ist die rasende Geldentwertung wie in den zwanziger Jahren eine extreme Ausnahmeerscheinung. In den meisten Industrieländern ist die Inflationsrate in den neunziger Jahren auf zwei oder drei Prozent zurückgegangen. Heute ist die Inflation sogar schon längere Zeit unterhalb eines Prozentes. Somit sind die Zeiten vorbei, in denen Miele und Volkswagen jedes Jahr die Preise kräftig erhöhen konnten. Wie konnte es dazu kommen? Zum einen konnten die Notenbanken eine glaubwürdige Stabilitätspolitik verfolgten, zum anderen durch Wettbewerb. So sind Handelsschranken gefallen und aus aufstrebenden Ländern wie China drängen billige Waren zu uns. Aus diesem Grund hat sich der Preiswettbewerb beschleunigt und die Macht der Produzenten wurde zurückgedrängt.

Jetzt wird es Zeit, dass wir uns den Hüter unseres Geldes näher ansehen. Wer wacht über den Euro? Wie wird der Euro stabil gehalten? Welche Maßnahmen werden ergriffen?

3.3. Europäische Notenbank – das Eurosystem

Dem Eurosystem[190] gehören die Europäische Notenbank[191] (Abk. EZB) und die nationalen Zentralbanken (Abk. NZB) an, die den Euro eingeführt haben. Dies sind seit Anfang 2015 19 NZBen, auch Deutschland hat eine. Das Eurosystem ist für die Geldpolitik im Euro-Währungsraum verantwortlich. Das Eurosystem ist wie folgt aufgebaut:

190 Diese Bezeichnung wurde Anfang Dezember 2009 mit dem Vertrag über die Arbeitsweise der Europäischen Union („AEU-Vertrag“ bzw. „Lissabon-Vertrag“) eingeführt.

191 Die EZB ging aus dem Europäischen Währungsinstitut (Abk. EWI) hervor. Das EWI leistete bis zur Gründung der EZB im Juni 1998 die Vorarbeiten für die einheitliche europäische Geldpolitik.

	Eurosystem	=	Europäische Notenbank	+	Nationale Zentralbanken
Organ	EZB-Rat bestehend aus: Direktorium der EZB (6 Mitglieder) Präsidenten der NZBen (19 Mitglieder)		Direktorium der Europäischen Notenbank besteht aus: - Präsident der EZB - Vizepräsident - vier weitere ernannte Mitglieder (darunter z.B. der Chefvolkswirt) ⇒ werden einstimmig gewählt von Staats- und Regierungschefs der Euroländer		Aktuell sind 19 Nationale Zentralbanken, wie z.B. die Deutsche Bundesbank, Mitglied im Euroraum ⇒ die Präsidenten der NZB werden durch die jeweiligen Regierungen bestimmt
Aufgabe	Legt die Geldpolitik fest u.a. Festlegung der Leitzinsen, Mindest-reserven. Tagt in der Regel zweimal im Monat		- Sitzungsvorbereitung des EZB-Rates - Durchführung der Geldpolitik, die durch den EZB-Rat festgelegt wurde - Führung der laufenden EZB-Geschäfte		Umsetzung der Beschlüsse des EZB-Rates auf nationaler Ebene

Abbildung 19: Aufbau des Eurosystems

Wie Abbildung 19 zeigt, sind die nationalen Zentralbanken, wie die Deutsche Bundesbank, eigentlich nur noch Gehilfen der Europäischen Zentralbank und setzen deren Entscheidungen um. Dennoch haben sie vielfältige Aufgaben zu erfüllen:

Tabelle 8: Aufgaben der nationalen Notenbank am Beispiel der Deutschen Bundesbank

Aufgabenbereiche	**Aufgaben im Einzelnen**
geld- und währungspolitische Aufgaben	• Wächter und Mahner gegenüber der Öffentlichkeit • Beratung der Bundesregierung in geldpolitischen Fragen • Präsident hat eine Stimme im EZB-Rat
operative Aufgaben	• Durchführung der Refinanzierung der Banken • Sicherstellen des Zahlungsverkehrs zusammen mit den anderen nationalen Zentralbanken • Bargeldversorgung der Wirtschaft • Verwaltung der Gold- und Währungsreserven
Aufgaben im Zusammenhang mit der Stabilität des Finanzsystems	• Mitwirkung in der Bankenaufsicht • Gremienvertretung: BIZ-Verwaltungsrat, IWF-Gouverneur, Forum für Finanzmarktstabilität, G10-Notenbankgouverneure, Wirtschafts- und Finanzausschuss der EU usw.
Weitere Aufgaben	• Funktionen im Bereich der Außenwirtschaft, z.B. internationale Hilfestellung • Ökonomische Forschung, erstellt z.B. Statistiken. • Übernimmt als „Hausbank" des Staates für die öffentlichen Haushalte in deren Geld- und Wertpapierverkehr Kontoführung und Abwicklung

Da noch nicht alle Mitgliedsländer der Europäischen Union (EU) den Euro als Währung eingeführt haben, müssen diese in das System integriert werden. Dazu wurde das „Europäische System der Zentralbanken" (Abk. ESZB) eingeführt. Es setzt sich aus der Europäischen Zentralbank sowie den nationalen Zentralbanken aller Mitgliedstaaten der Europäischen Union zusammen. Somit gehören dem ESZB auch die Zentralbanken der EU-Länder an, die den Euro als Währung noch nicht eingeführt haben, wie z.B. Schweden, Dänemark, Großbritannien und Polen.

Europäisches System der Zentralbanken = Europäische Notenbank + 28 nationale Zentralbanken der EU

Abbildung 20: Aufbau des Europäischen Systems der Zentralbanken (Abk. ESZB)

Solange noch nicht alle Staaten der Europäischen Union den Euro eingeführt haben, gibt es neben dem EZB-Rat noch ein weiteres Beschlussorgan – den Erweiterten Rat. Diesem Rat gehören der EZB-Präsident, der EZB-Vizepräsident und die Präsidenten der nationalen Zentralbanken aller 28 EU-Staaten an. Der Erweiterte Rat soll als Bindeglied zwischen Zentralbanken der EU-Staaten, die nicht den Euro eingeführt haben, und dem Eurosystem fungieren. Allerdings hat der Erweiterte Rat keine geldpolitischen Befugnisse. Er leistet aber wichtige Vorarbeiten in Fragen der Erweiterung der Währungsunion[192] sowie bei der Harmonisierung der Statistiken.

3.3.1. Aufbau der Europäischen Notenbank (EZB)

Das oberste Entscheidungsorgan des Eurosystems ist der EZB-Rat. Er hat 24 Mitglieder. Dem EZB-Rat gehören sämtliche Präsidenten bzw. Gouverneure der nationalen Zentralbanken des Eurosystems (19 Notenbanken) an sowie der EZB-Präsident, der EZB-Vizepräsident und vier weitere Mitglieder des EZB-Direktoriums. Deshalb ist auch der Präsident der Deutschen Bundesbank Mitglied im EZB-Rat, und zwar als „ad personam“[193]. Dies bedeutet, dass der Präsident der Deutschen Bundesbank an den Ratssitzungen nicht als Vertreter der Bundesbank oder der Bundesregierung teilnimmt, sondern als unabhängiger Fachmann. Er soll sich dabei also nicht als Vertreter seines Landes verstehen, sondern vielmehr seine Entscheidungen an den stabilitätspolitischen Erfordernissen des gesamten Euroraums ausrichten. Darum ist er keinerlei Weisungen irgendeiner Seite gebunden, insbesondere nicht von der Bundesregierung oder EU-Kommission. Diese Regelung trägt der historischen Erfahrung Rechnung, dass die Politik gerne versucht, Einfluss auf die Geldpolitik zu nehmen, um z.B. die Wirtschaft durch niedrige Zinsen anzukurbeln oder ihre Staatshaushalte durch die Geldpresse zu sanieren.

Im Prinzip entscheidet der EZB-Rat über die Geldpolitik im Euroraum. Daneben legt er noch die Geschäftsordnung und die Organisation der Europäischen Zentralbank und ihrer Beschlussorgane sowie die Beschäftigungsbedingungen für ihr Personal fest. In der Regel tagt der EZB-Rat alle 14 Tage, wobei sich die erste Sitzung des Monats traditionell überwiegend mit der Geldpolitik beschäftigt. Dabei hat jedes Mitglied des EZB-Rates in Fragen der

---

192 Die EU-Staaten, welche den Euro noch nicht eingeführt haben, sind grundsätzlich verpflichtet, der Währungsunion beizutreten, sobald sie die sog. Konvergenzkriterien (s. S. 180) erfüllen. Eine Ausnahme bilden Dänemark und Großbritannien. Sie haben sich ein Sonderrecht ausgehandelt („Opting-out-Klausel“). Sie können selbst entscheiden, ob sie den Euro einführen, falls sie die Konvergenzkriterien erfüllen, oder nicht.

193 Natürlich gilt dies für sämtliche Mitglieder des EZB-Rates.

Geldpolitik gleiches Stimmrecht, d.h. die Stimmen der Vertreter der großen Zentralbanken (wie von Frankreich) haben das gleiche Gewicht wie die Stimmen der kleineren Zentralbanken (wie von Luxemburg). Allerdings gilt bei Abstimmungen, falls Stimmengleichheit herrscht, dass die Stimme des EZB-Präsidenten den Ausschlag gibt.

Die laufenden Geschäfte der Europäischen Notenbank werden durch das Direktorium der EZB abgewickelt, es bereitet u.a. die Sitzungen des EZB-Rates vor. Außerdem kümmert sich das Direktorium um die Durchführung der Beschlüsse des EZB-Rates und gibt dazu nötige Anweisungen an die nationalen Zentralbanken weiter, die die Beschlüsse umsetzen müssen. Das Direktorium besteht aus sechs Mitgliedern, dem EZB-Präsidenten, dem EZB-Vizepräsidenten und vier weiteren Mitgliedern.[194] Zudem legt das Direktorium selbst die Aufgabenverteilung der einzelnen Mitglieder fest. Eine der bekanntesten Funktionen ist dabei die Zuständigkeit für die volkswirtschaftliche Analyse, deren Inhaber in der Regel als Chefvolkswirt bezeichnet wird. Der EZB-Präsident ist der Repräsentant und Sprecher der EZB. Er erläutert u.a. nach den geldpolitischen Sitzungen der Öffentlichkeit die Beschlüsse des EZB-Rats. Die Mitglieder des Direktoriums[195] der EZB werden auf Empfehlung des Rates der Wirtschafts- und Finanzminister (Ecofin-Rat) nach einer Anhörung des Europäischen Parlaments und des EZB-Rats vom Europäischen Rat[196] mit qualifizierter Mehrheit gewählt und ernannt. In der Regel erfolgt die Wahl neuer Mitglieder des EZB-Direktoriums, bevor die Amtszeit des Vorgängers abläuft, sodass ein nahtloser Übergang erfolgen kann.

Der Euroraum kann noch erweitert werden, weil grundsätzlich alle EU-Staaten, die den Euro noch nicht eingeführt haben, verpflichtet sind, der Währungsunion beizutreten. Natürlich können diese Staaten erst dem Euro beitreten, wenn sie die Konvergenzkriterien erfüllen:

- *Preisstabilität*: Die Inflationsrate darf nicht mehr als 1,5% über derjenigen der drei preisstabilsten Mitgliedsländer der Europäischen Union liegen.

---

194 Im März 2015 waren folgende Personen im Direktorium: Mario Draghi (Präsident, seit 2011 im Amt), Vítor Manuel Ribeiro Constâncio (Vizepräsident, seit 2010 im Amt), Peter Praet (Chefvolkswirt, seit 2011 im Amt), Benoît Cœuré (seit 2012 im Amt), Yves Mersch (seit 2012 im Amt) sowie Sabine Lautenschläger (seit 2014 im Amt)

195 Die zu wählenden Personen sollen in Währungs- und Bankenfragen anerkannte und erfahrene Persönlichkeiten sein.

196 Der Europäische Rat ist das Gremium der Staats- und Regierungschefs der Europäischen Union (EU). Er tagt mindestens zweimal je Halbjahr. Diese Treffen werden im Volksmund als EU-Gipfel tituliert.

- *Höhe der langfristigen Zinsen*: Ebenso dürfen die langfristigen Nominalzinssätze nicht mehr als 2% über den entsprechenden Zinssätzen der drei preisstabilsten Mitgliedsländer der Europäischen Union liegen.
- *Haushaltsdisziplin*: Der öffentliche Schuldenstand darf nicht mehr als 60 % des Bruttoinlandsprodukts betragen. Außerdem sollte das jährliche öffentliche Defizit nicht größer als 3% sein.
- *Wechselkursstabilität*: Der Wechselkurs des beitrittswilligen Landes darf keine starken Schwankungen gegenüber dem Euro aufweisen.

Sobald mehr als 18 Euroländer im EZB-Rat vertreten sind, rotieren die Stimmrechte.[197] Somit gilt nicht mehr das Prinzip „Ein Land, eine Stimme". Jetzt haben neben den Mitgliedern des Direktoriums der EZB (sechs Stimmen) maximal 15 Präsidenten nationaler Zentralbanken eine Stimme, d.h. es gibt nur noch 21 Stimmen (statt 24 Stimmen) im EZB-Rat. Dies wurde notwendig, damit die Entscheidungen noch rasch und effizient getroffen werden können. Mit dem Beitritt Litauens zum Euro-Währungsgebiet als 19. Euromitglied am 01.01.2015 trat das Rotationsverfahren für 19-21 Mitglieder beim Stimmrecht im EZB-Rat in Kraft. Für das Rotationsverfahren werden die Euroländer je nach Größe in zwei Gruppen aufgeteilt. Diese Aufteilung in Gruppen wurde eingeführt, um zu vermeiden, dass die stimmberechtigen Notenbankchefs als nicht ausreichend repräsentativ für die Wirtschaft des Euroraumes als Ganzes angesehen werden.
In der ersten Gruppe befinden sich die fünf größten Volkswirtschaften des Euroraumes: Deutschland, Frankreich, Italien, Spanien und die Niederlande. Diese Gruppe hat vier Stimmrechte, d.h. jede dieser nationalen Notenbanken hat in jedem fünften Monat kein Stimmrecht. In der zweiten Gruppe werden die verbleibenden 14 Länder eingruppiert. Diese Gruppe hat elf Stimmrechte mit der Folge, dass deren Notenbankpräsidenten künftig alle drei Monate kein Stimmrecht haben. Um festzulegen, in welchem Monat welche nationalen Notenbankchefs bei den Abstimmungen über das Zinsniveau oder andere geldpolitische Maßnahmen nicht stimmberechtigt sind, führte der EZB-Rat am 18.09.2014 ein Losverfahren durch. Als erste mussten im Januar 2015 die Chefs der Notenbanken von Spanien, Estland, Irland und Griechen-

---

[197] Ein ähnliches Verfahren wird auch in den Vereinigten Staaten vom Federal Reverse System (FED) angewendet.

land auf ihr Stimmrecht verzichten, Deutschland erstmals im Mai 2015. Allerdings dürfen an den Diskussionen im EZB-Rat, die den Abstimmungen vorausgehen, alle Chefs der nationalen Notenbanken weiterhin teilnehmen. Im Allgemeinen wird davon ausgegangen, dass die Rotation keine Auswirkungen auf die Beschlüsse im EZB-Rat hat, weil die meisten Entscheidungen ohnehin im Konsens getroffen werden.[198] Bei Beschlüssen des EZB-Rates, die das Kapital und die Währungsreserven sowie die Gewinnverteilung betreffen, erfolgt weiterhin die Stimmengewichtung entsprechend den Anteilen der nationalen Zentralbanken am Kapital der EZB.

Tabelle 9: Rotationsverfahren für 19-21 Länder in der Eurozone

Gesamtzahl der Länder in der Eurozone	**Erste Gruppe**		**Zweite Gruppe**	
	Zentralbank-chefs	Stimmrechte	Zentralbank-chefs	Stimmrechte
19	5	4	14	11
20	5	4	15	11
21	5	4	16	11

Wächst das Eurogebiet auf mehr als 21 Staaten an, ändert sich das Rationsprinzip. Es werden jetzt drei Gruppen gebildet. Die erste Gruppe mit den fünf größten Ländern behält ihre vier Stimmrechte, die zweite Gruppe der mittelgroßen Länder[199] bekommt acht Stimmrechte und auf die kleinsten Länder entfallen drei Stimmrechte.[200]

198 Das gehört seit der Finanzkrise 2008 der Vergangenheit an. So hat es z.B. bei der Festlegung auf ein explizites Bilanz-Ausweitungsziel von 3 Billionen Euro im November 2015 bis zu sieben Gegenstimmen im EZB-Rat gegeben, davon waren sogar drei aus dem mächtigen Direktorium.

199 In diese Gruppe wird die Hälfte aller Euroländer eingeordnet.

200 Bei 27 Mitgliedern in der Eurozone werden in die ersten Gruppe fünf Länder mit vier Stimmen eingeordnet, d.h. jeden Monat muss ein Notenbankchef bei den Abstimmungen aussetzen. In der zweiten Gruppe werden 14 Mitglieder eingeordnet. Diese Gruppe hat 8 Stimmen, d.h. jeden Monaten dürfen aus dieser Gruppe sechs Notenbankchefs nicht mitabstimmen. In der dritten Gruppe werden die verbleibenden acht Länder eingeordnet. Sie haben drei Stimmen, d.h. jeden Monat müssen fünf Notenbankpräsidenten pausieren.

Tabelle 10: Rotationsverfahren mehr als 21 Länder in der Eurozone

Gesamtzahl der Länder in der Eurozone	Erste Gruppe		Zweite Gruppe		Dritte Gruppe	
	Zentral-bank-chef	Stimm-rechte	Zentral-bank-chef	Stimm-rechte	Zentral-bank-chef	Stimm-rechte
22	5	4	11	8	6	3
23	5	4	12	8	6	3
24	5	4	12	8	7	3
25	5	4	13	8	7	3
26	5	4	13	8	8	3
27	5	4	14	8	8	3

Aus der Stimmenverteilung im EZB-Rat erkennt man, dass bei einem weiteren Anwachsen der Eurozone vor allem die kleinen Länder relativ an Stimmengewicht im EZB-Rat verlieren.

3.3.2. Aufgabe der EZB – Preisstabilität

Das vorrangige Ziel der EZB ist es, die Preisstabilität des Eurosystems zu gewährleisten (Artikel 127 Absatz 1 des AEU-Vertrags).
Ein weiteres Anliegen ist die Unterstützung der Wirtschaftspolitik in der Europäischen Gemeinschaft mit dem Ziel, ein hohes Beschäftigungsniveau und dauerhaftes Wachstum zu erreichen, falls dies ohne Gefährdung der Preisniveaustabilität möglich ist (Artikel 127 Absatz 1 des AEU-Vertrags).[201]

> „Soweit dies ohne Beeinträchtigung des Zieles der Preisstabilität möglich ist, unterstützt das ESZB die allgemeine Wirtschaftspolitik in der Union, um zur Verwirklichung der in Artikel 3 des Vertrags über die Europäische Union festgelegten Ziele der Union beizutragen."

[201] Dies bedeutet, die EZB wird bei stagnierendem bzw. fallendem Wirtschaftswachstum im Euroraum handeln, indem sie geldpolitische Maßnahmen ergreift, wie die Senkung der Leitzinsen. Zuletzt griff die EZB im Rahmen der Finanzkrise ab 2008 ein, als eine schwere Rezession drohte. Beispielsweise sagte der EZB-Präsident Draghi am 15. April 2015: „Es gibt klare Anzeichen dafür, dass die geldpolitischen Schritte (wie z.B. Senkung des Leitzins auf 0,05 % oder das Kaufprogramm für Staatsanleihen in Höhe von einer Billion Euro), die wir eingeleitet haben, wirksam sind." So haben sich die Konjunkturaussichten im Euroraum deutlich gebessert. Zudem würden sie helfen, dass wieder mehr Kredite vergeben würden, weil die Vergabe-Bedingungen für Darlehen an Firmen und Haushalte merklich besser geworden seien. Deswegen nehme die Nachfrage nach Krediten zu. Die Inflation soll sich auf diesem Weg wieder in Richtung der von der Zentralbank angestrebten Rate von knapp zwei Prozent bewegen (aktuell liegt sie bei 0,1 %).

Was versteht der EZB-Rat unter Preisstabilität? Der EZB-Rat spricht von einer Preisstabilität, wenn der Anstieg des Harmonisierten Verbraucherpreisindex (Abk. HVPI) (s. S. 171) im Euroraum unter bzw. nahe bei 2 % gegenüber dem Vorjahr liegt.[202] Vereinfacht gesagt misst der Verbraucherpreisindex die Preisentwicklung eines Warenkorbes der durchschnittlichen Konsumausgaben eines repräsentativen Haushaltes im Euroraum eines Jahres. Er berücksichtigt unter anderen Lebensmittelpreise, Mietkosten, Benzinpreise oder Urlaubsreisen. Relevant sind jetzt nur Preissteigerungen, wenn so viele Gütergruppen betroffen sind, dass sich insgesamt ein zweiprozentiger Anstieg der Ausgaben für den Warenkorb gegenüber dem Vorjahr niederschlägt. Solange sich die Preise nur verschieben, also starke Preisschübe, z.B. wie aktuell bei Mieten durch schwächere Preisentwicklungen oder sogar -rückgänge z.B. bei Lebensmitteln oder elektrischen Gütern kompensiert würden, wäre die EZB nicht zum Handeln genötigt. Deswegen ist Preisstabilität nicht mit einer Inflationsrate von null gleichzusetzten. Ein wichtiger Grund dafür ist die Sorge vor Deflation, einem allgemeinen Rückgang des Preisniveaus. Deflation ist nämlich geldpolitisch schwerer zu bekämpfen als eine Inflation, da Zinssätze nur schwerlich unter null gesenkt werden können. Insofern sollte die Wahl des Inflationszieles ein ausreichender Sicherheitspuffer vor deflationären Entwicklungen bieten. Ein anderer Grund sind Messprobleme bei der Preiserfassung von Gütern, deren Qualität ständig steigt, wie z.B. bei Autos, Fernsehern, Laptops oder Smartphones. Da die Qualitätssteigerungen nicht angemessen berücksichtigt werden können, überzeichnet der Verbraucherindex die tatsächliche Inflation. Würde jetzt eine Inflationsrate von null angestrebt, bestünde die Gefahr, dass eine tatsächlich vorhandene Deflation überdeckt würde.

Wichtig ist, dass die EZB die Preisstabilität nur mittelfristig anstrebt. Denn vor allem bei vorübergehenden Preisschocks beispielsweise wegen eines temporären starken Ölpreisanstieges und damit höheren Produktionskosten bei den Unternehmen könnte die EZB ihr Inflationsziel nur einhalten, wenn sie durch starke Zinserhöhungen einen Wirtschaftseinbruch und damit sinkendende Preise für andere Güter erzwingen würde. Fällt der Ölpreis aufgrund des Wirtschaftsabschwunges im nächsten Jahr kräftig, müsste die EZB umgekehrt versuchen, durch massive Zinssenkungen wieder eine Ankurbelung der Wirtschaft und damit Preissteigerungen zu erreichen, um

[202] Kritiker sagen, dieses Inflationsziel ist im Hinblick auf die Alterssicherung zu hoch. So führt eine zweiprozentige Inflation über einen Zeitraum von 35 Jahren zu einer Halbierung der Kaufkraft des Geldes.

eine Deflation zu verhindern. Würde die EZB so handeln, würde die Zinspolitik zu einem destabilisierenden Faktor im Wirtschaftsprozess, anstatt die Wirtschaft zu stabilisieren. Neben der Inflationsbekämpfung hat die EZB natürlich noch andere Aufgaben zu erfüllen:

Tabelle 11: Überblick über die Aufgaben der EZB

Grundlegende Aufgaben der EZB finden sich in Art. 127 Abs. 2 AEU-Vertrag	• Festlegung und Durchführung der Geldpolitik • Durchführung von Devisengeschäften • Verwaltung der offiziellen Währungsreserven, dazu kauft und verkauft sie Währungen • Versorgung der Wirtschaft mit Geld • Förderung eines reibungslosen Zahlungsverkehrs
Bankenaufsicht nach Artikel 127 Absatz 6 des AEU-Vertrags und der Verordnung (EU) Nr. 1024/2013 (sog. SSM-Verordnung)	Der Einheitliche Aufsichtsmechanismus (Single Supervisory Mechanism – SSM) ist das neue System der Bankenaufsicht in Europa. Es besteht aus der EZB und den nationalen Aufsichtsbehörden der teilnehmenden Länder (Die Länder des Euroraumes sind verpflichtet, daran teilzunehmen, die anderen EU-Länder können sich freiwillig anschließen). Die neue Bankenaufsicht soll: • die Sicherheit und Solidarität des europäischen Bankensystems sicherstellen • die Finanzintegration und -stabilität gewährleisten • eine einheitliche Aufsicht der Banken ermöglichen • die SSM ist eine Säule der EU-Bankenunion
Darüber hinaus-gehende Aufgaben	• Genehmigung der Ausgabe von Euro-Papiergeld, wobei die eigentliche Ausgabe durch die nationalen Notenbanken erfolgt. • Aufsicht über die Kreditinstitute • Beratung der EU und nationaler Behörden, Zusammenarbeit mit anderen internationalen und europäischen Organen • Sammlung von statistischen Daten • Erstellen einer Zentralbankbilanz

Um diese Aufgaben erfüllen zu können, muss die EZB unabhängig von politischen Stellen sein. Sie muss frei über den Einsatz ihrer geldpolitischen Instrumente entscheiden dürfen. Zusätzlich darf sie nicht zu Maßnahmen von politischer Seite gedrängt werden, die dem Auftrag der Preisstabilität zuwiderlaufen. Erfahrungsgemäß können dies nur unabhängige Zentralbanken leisten.

Darum wurde in Artikel 130 des AEU-Vertrags die Unabhängigkeit des Eurosystems festgelegt. Die Unabhängigkeit beschränkt sich nicht nur auf die Europäische Zentralbank, sondern auch auf die nationalen Zentralbanken. Dabei ist die Unabhängigkeit des Eurosystems in mehrfacher Hinsicht gewährleistet:

1. *Institutionelle Unabhängigkeit*: Nationalen oder supranationalen Stellen (wie z.B. dem IWF) ist es verboten, der EZB oder den nationalen Zentralbanken Weisungen zu erteilen, selbst der Versuch der Beeinflussung ist untersagt.

2. *Funktionelle Unabhängigkeit*: Die EZB hat die alleinige Verantwortung für die Wahl ihrer Strategien und Maßnahmen zur Sicherung der Preisstabilität. Dies bedeutet auch, dass die EZB keine Verpflichtung zur Kreditgewährung an den Staat hat. So ist es z.B. den nationalen Zentralbanken verboten, Kredite an die Europäische Union, an die nationalen Regierungen und sonstige Einrichtungen des öffentlichen Rechts zu geben. Dieses Verbot der „monetären Staatsfinanzierung" ist u.a. in Artikel 123 des AEU-Vertrages festgeschrieben.[203]

3. *Finanzielle Unabhängigkeit*: Die Notenbanken können über ihre finanziellen Mittel frei entscheiden. Zudem sind die unabhängigen nationalen Zentralbanken die alleinigen Kapitalzeichner der EZB, nicht etwa, wie viele denken, die EU-Staaten. Das gezeichnete Kapital der EZB beträgt ca. 10,76 Mrd. Euro (Ende 2010). Die Anteile, welche die einzelnen nationalen Zentralbanken am Gesamtkapital der EZB erwerben dürfen, regelt ein Schlüssel. Er ergibt sich zu gleichen Teilen nach dem Anteil des jeweiligen Mitgliedstaates an der

---

[203] So musste Deutschland im letzten Jahrhundert bittere Erfahrungen mit einer abhängigen Zentralbank machen. Die Regierung der Weimarer Republik entschloss sich, die Finanzierung des Ersten Weltkrieges sowie der Kriegsfolgekosten mit Hilfe der Notenbank zu lösen. Hierzu nahm der deutsche Staat bei der Notenbank einen Kredit auf und ließ sich diesen in frisch gedruckter Reichsmark auszahlen. Dies führte dazu, dass in den 20er-Jahren des vergangenen Jahrhunderts die gedruckte Menge an Mark so stark anstieg (Geldmenge), dass sie wertlos wurde, weil den millionen Scheinen, die in der Wirtschaft kursierten, eine viel zu kleine Gütermenge gegenüberstand, die man damit hätte kaufen können. Das Resultat war eine Hyperinflation mit Inflationsraten über 100 % im Monat. Am Ende, bevor eine Währungsreform den Spuk beendete, waren die Preise in Deutschland nach Schätzungen ca. sieben Milliarden Mal so hoch wie vor dem ersten Weltkrieg. Seitdem gilt es in vielen Ländern als geldpolitische Mutter aller Sünden, wenn sich die Staaten Kredite bei der Notenbank besorgen.

Bevölkerung der Gemeinschaft im vorletzten Jahr vor der Errichtung der EZB sowie nach dem Anteil des jeweiligen Mitgliedstaats am Bruttoinlandsprodukt der Gemeinschaft zu Marktpreisen in den fünf Jahren vor dem vorletzten Jahr vor der Errichtung der EZB. Die Gewichtsanteile werden alle fünf Jahre oder bei EU-Erweiterungen neu bestimmt (Anteil der Deutschen Bundesbank an EZB 18,94%).

4. *Personelle Unabhängigkeit*: Um den Mitgliedern des EZB-Direktoriums Schutz vor willkürlicher, vorzeitiger Amtsenthebung durch die Politik zu gewähren, werden sie auf acht Jahre ernannt. Dabei ist eine Wiederernennung nicht möglich, um zu verhindern, dass die Mitglieder des EZB-Direktoriums ihre Entscheidungen, danach ausrichten, damit ihre Chancen steigen, für eine zweite Amtszeit nominiert zu werden. Dagegen haben die Präsidenten der nationalen Zentralbanken eine Amtszeit von mindestens fünf Jahren. Sie können wiederernannt werden.

Auf der anderen Seite hat der Gesetzgeber die EZB verpflichtet, der breiten Öffentlichkeit und politischen Gremien Rechenschaft über ihr Tun abzulegen. Durch die Transparenz soll die Glaubwürdigkeit in das Eurosystem gestärkt werden. Letztlich legt die EZB aber nur den Rahmen der europäischen Geldpolitik fest. Die operative Durchführung der Geldpolitik liegt in Händen der nationalen Zentralbanken, in Deutschland also bei der Bundesbank. Bei den nationalen Zentralbanken unterhalten deswegen die Geschäftsbanken ihre Zentralbankkonten und die Mindestreserve. Nur in Ausnahmefällen darf die EZB Geldgeschäfte direkt mit ausgewählten Geschäftspartnern abwickeln.

3.3.2.1. Aufgabe: Wahrung der Finanzstabilität

Daneben hat die EZB natürlich auch die Aufgabe, die Finanzstabilität des gesamten Euro-Systems zu schützen. So können Spekulationsblasen auf den Finanzmärkten (z.B. Immobilien-, Aktien- oder Rohstoffmärkten) inflationäre Tendenzen Vorschub leisten. Denn Inflation benachteilig den Sparer und begünstig die Schuldner. Die nominalen Verbindlichkeiten verlieren real an Wert. Das setzt Anreize, Schulden aufzunehmen und das Geld in Sachwerte (wie Immobilien) zu investieren. Solch eine Flucht in Sachwerte kann zu spekulativen Preisblasen führen. Platzt auch noch eine kreditfinanzierte Blase, kann dies dann einen deflationären Preisverfall auslösen, der die gesamte Volkswirtschaft in Mitleidenschaft zieht. Außerdem führen oftmals

Störungen im Finanzsystem dazu, dass geldpolitische Maßnahmen beeinträchtigt werden. Daneben sind Finanzkrisen oft dadurch gekennzeichnet, dass es zu einer Vertrauenskrise im Bankensystem kommt.[204] Hierdurch kommt es häufig zu Liquiditätsengpässen. Diesen Liquiditätsengpass müssen dann die Zentralbanken mit der Schaffung von zusätzlichem Zentralbankgeld auflösen. Deshalb bezeichnet man die Zentralbanken auch als „Kreditgeber der letzten Instanz" (zu eng. „lender of last resort"). So musste z.B. das Eurosystem zur Bekämpfung der Finanzkrise 2008 den Geschäftsbanken immer wieder in großem Umfang Zentralbankgeld zur Verfügung stellen, um den Kollaps des Bankensystems zu verhindern.

---

[204] Die Banken unterliegen im Eigenhandel umfangreichen Risiken (wie z.B. Kursrisiken usw.). Es kann durch einen unerwarteten Eintritt eines bestimmten Ereignisses (etwa Kursverfall einer Fremdwährung wie des US-$) bei einer Vielzahl von Banken zu existenzbedrohenden Kursverlusten kommen, weil die Banken die Kursverluste aus ihrem Eigenkapital decken müssen. Bspw. wurde so die Pleite der Herstatt-Bank im Juni1974 ausgelöst. Andere Banken mussten zwar auch kämpfen, konnten die Krise jedoch bewältigen. Die Situation eskalierte nicht zu einer Bankenkrise, weil das Vertrauen der Banken untereinander erhalten blieb.
Bankenkrisen werden vor allem durch die drastische Abnahme der Qualität der Vermögenspositionen einer Bank bzw. des gesamten Bankensystems ausgelöst. Normalerweise vergeben die Banken die Kredite mit vertretbarem Kreditrisiko. Kommt es etwa durch eine Wirtschaftskrise zum gleichzeitigen Ausfall unerwartet vieler Schuldner (sog. Klumpenrisiko, entsteht z.B. innerhalb eines Booms häufig in den Bankbilanzen, weil viele Banken Kredite an ähnliche Schuldner vergeben, da sie in der Boomphase meistens sehr gewinnbringend für die Banken sind) und bzw. oder stellen sich die etwaigen Kreditsicherheiten als unzureichend heraus (z.B. durch Überwertung einer Immobilie), müssen die Kredite zu Lasten des Eigenkapitals abgewertet werden. Dies kann sogar bis zu einer existenzbedrohenden Verminderung des Eigenkapitals der Banken führen. Die Existenzgefahr für die Banken resultiert bei unzureichender Liquidität bzw. mangelndem Eigenkapital aus der erlaubten Fristentransformation. Das heißt, die Banken dürfen auch langfristige Kredite (z.B. Baudarlehen) teilweise mit kurzfristigen Einlagen (z.B. Sichteinlagen) refinanzieren. Jetzt kann der Zusammenbruch einer großen Bank eine Kettenreaktion auslösen. Das liegt an der engen Verzahnung der Banken untereinander durch die Interbankenkredite, die bis zu 30 % der Bilanzsumme einer Bank ausmachen können. Die Banken sind zur Refinanzierung auf diese Kredite angewiesen. Weiterhin wissen die Bankmanager, dass sie ähnliche Portfoliostrukturen bei ihren Risikoaktiva (also vor allem Kredite und Wertpapieranlagen) haben, sodass bei Eintritt eines bestimmten Ereignisses (wie z.B. Immobilienkrise, Börsencrash usw.) zunächst die Manager bei der Vergabe von Interbankenkrediten vorsichtiger werden. Weitet sich die Krise aus, wird die Vergabe von Interbankenkrediten immer zögerlicher, weil die Bankmanager bei anderen Banken Probleme vermuten. Sie stellen sich die bange Frage: Welche ist die nächste Bank, die in Schieflage gerät? Geht das Vertrauen der Banken untereinander gänzlich verloren, wird die Vergabe ganz eingestellt. Es kommt zu einer Liquiditätskrise. Die Banken versuchen ihre Eigenkapitalpolster z.B. durch Notverkäufe von Geldanlagen zu erhöhen oder schränken die Kreditvergabe ein. Kann durch diese Maßnahmen das Vertrauen der Banken untereinander nicht wieder hergestellt werden, kommt es zur Bankenkrise. Letztlich greift nämlich irgendwann dieser Vertrauensverlust auch auf die Kunden der Banken über, die dann ihr Geld abheben. Um dies zu verhindern, können die Notenbanken den Banken Liquidität geben, und so den Interbankenkreditmarkt ersetzen bzw. stabilisieren.

3.3.3. Durchsetzung geldpolitischer Ziele

Zur Durchsetzung ihrer geldpolitischen Ziele steuert die EZB nicht direkt die Preise, sondern nimmt lediglich Einfluss auf die gesamtwirtschaftliche Nachfrage. Das sog. gesamtwirtschaftliche Preisniveau bildet sich – ähnlich den Preisen einzelner Güter – durch Angebot und Nachfrage auf dem gesamtwirtschaftlichen Gütermarkt. Sie steigt, wenn die gesamtwirtschaftliche Nachfrage stärker zunimmt als das Angebot, und umgekehrt sinkt es. Die EZB hat sozusagen das Wohlergehen des Waldes im Blickpunkt und nicht das jedes einzelnen Baumes (Preis eines bestimmten Gutes). Ihre wichtigste Waffe dabei sind die Zinsen, denn Kaufentscheidungen von Haushalten und Unternehmen sind oftmals mit einer Kreditaufnahme verbunden. So dämpfen höhere (insbesondere langfristige) Zinsen die Kreditnachfrage und deshalb die gesamtwirtschaftliche Nachfrage. Infolgedessen können Inflationsgefahren aufgrund einer zu hohen gesamtwirtschaftlichen Nachfrage durch Anhebung der Zinssätze verringert werden, weil das die Kreditfinanzierung verteuert. Weiterhin beobachtet man, dass bei steigenden Zinsen verstärkt gespart wird. Dies führt ebenfalls zu einem Rückgang der gesamtwirtschaftlichen Nachfrage nach Waren und Dienstleistungen. All dies führt dazu, dass sich der Spielraum für die Unternehmen, die Preise heraufzusetzen, verringert und so dem inflationären Preisschub Einhalt geboten wird. Bei sinkenden Zinsen beobachtet man, dass bei den Anlegern die Neigung zurückgeht, ihr Geld längerfristig anzulegen. Vielmehr steigern die Verbraucher ihre Nachfrage nach Konsumgütern. Gleichzeitig werden die Kredite für Unternehmen und Haushalte billiger. Dies regt die Investitionstätigkeit an, was die Nachfrage nach Investitions- und langlebigen Konsumgütern und daher auch die Produktion steigert.

Deshalb nimmt die EZB Einfluss auf die Zinsen. Aber nicht auf direktem Weg, indem sie den Banken bestimmte Zinssätze (z.B. Sparbuchzinsen 1 % p. a.) vorschreibt, sondern indem lediglich an den kurzfristigen Haben- und Sollzinssätzen für Zentralbankgeld angesetzt wird. Ausgehend vom Zentralbankgeld wirkt sich das Handeln der EZB von dort mittelbar auf die übrigen Marktzinsen und damit auf das Preisniveau aus. Dieser Prozess funktioniert allerdings nicht unmittelbar, sondern benötigt Zeit. Er hängt u.a. davon ab, wie die privaten Haushalte, Unternehmen und der Staat auf die jeweilige Maßnahme reagieren.

3.3.3.1. Die Leitzinsen

Der berühmte Ökonom Milton Friedmann stellte den Zusammenhang zwischen Geldmenge und Inflation in etwa so dar: Stellen Sie sich vor, die Zentralbank lässt per Hubschrauber Geld vom Himmel regnen. Das zusätzliche Geld wird von denen, die es auffangen, wie ein Vermögensanstieg empfunden. Die hierdurch ausgelöste zusätzliche Nachfrage trifft allerdings auf ein begrenztes Güterangebot, deswegen muss dies Preissteigerungen (Inflation) auslösen.

Hilfreich ist dieses Bild, weil es zeigt, dass Inflation nur möglich ist, wenn die EZB eine Ausweitung der Geldmenge zulässt. Problematisch ist das Bild jedoch, weil es suggeriert, dass die Zentralbank direkt die Geldmenge steuern kann, die in den Wirtschaftskreislauf kommt. Dies ist nicht der Fall. Die EZB kann die Geldmenge nur indirekt über ihre Zinspolitik steuern. Dabei sind das sichtbarste Signal der Zinspolitik die Leitzinsen. Sie sind die Grundlage für Geldmarktgeschäfte zwischen Banken und das Kredit- sowie Spargeschäft mit Nichtbanken, wie z.B. Verbrauchern oder Unternehmen. Stark vereinfacht ausgedrückt funktioniert das System so: Geschäftsbanken vergeben Kredite an ihre Kunden und hierdurch wird die Geldmenge gesteigert. Dafür müssen Sie sich jedoch Geld beschaffen. Hierzu haben sie verschiedene Möglichkeiten:

1. Sie können auf die Spareinlagen ihrer Kunden zurückgreifen, denen sie dafür Guthabenzinsen zahlen.

2. Sie können sich über den Geldmarkt die Mittel beschaffen. Da hier Zentralbankgeld gehandelt wird, bezeichnet man diesen auch als „Markt für Zentralbankgeld". Die Kredite, die auf diesem Markt gehandelt werden, nennt man Interbankenkredite.[205] Angebot und

---

[205] Bis zum Ausbruch der Finanzkrise im Jahr 2007 haben sich die Banken untereinander vertraut, darum wurden am Geldmarkt meist unbesicherte Interbankenkredite gewährt. Doch im Rahmen der Finanzkrise kam die Befürchtung auf, dass eine Bank tatsächlich über Nacht in Konkurs gehen kann. Somit versiegte dieser Geldmarkt fast vollständig. Auch heute noch sind die Auswirkungen der Finanzkrise am Geldmarkt spürbar. So können nur als gesund geltende Banken noch unbesicherte Interbankenkredite erhalten, die anderen Banken müssen ihren Kreditgeber hochwertige Sicherheiten als Pfand für einen Interbankenkredit hinterlegen. Dies führte dazu, dass sich die Banken vermehrt an das Eurosystem wenden, um sich Zentralbankgeld zu beschaffen, weil ihnen andere Quellen verschlossen sind (da sie nicht über genügend erstklassige Sicherheiten verfügen). Darum musste das Eurosystem seit Ausbruch der Krise die Bereitstellung von Zentralbankgeld (Liquidität für die Banken) deutlich ausweiten und gleichzeitig auch Sicherheiten mit geringerer Güte als Pfand akzeptieren, um zu verhindern, dass viele Banken wegen Liquiditätsproblemen in den Konkurs gehen.

Nachfrage auf dem Geldmarkt sind eng mit dem bargeldlosen Zahlungsverkehr verknüpft. Fließt z.B. von einer Geschäftsbank Zentralbankgeld ab, so kann sie ihren Liquiditätsbedarf über den Geldmarkt decken. Am Geldmarkt werden am häufigsten Interbankenkredite mit einer Laufzeit über Nacht gehandelt, man nutzt also Tagesgeld. Selten werden Interbankenkredite mit Laufzeiten von einer Woche oder von einem oder mehreren Monaten gehandelt.

3. Sie können sich das Geld aber auch bei der Notenbank leihen. Leiht sich eine Geschäftsbank Geld von der EZB, muss sie dafür Zinsen – den Leitzins – zahlen.

Letztlich hängen also alle Banken an dem Tropf des Zentralbankgeldes. Da nur die Deutsche Bundesbank in Deutschland das Monopol auf die Schöpfung von Zentralbankgeld hat, kann sie damit auf die Geschäftstätigkeit der Banken Einfluss nehmen, insbesondere auf deren Zinskonditionen im Kredit- und Einlagengeschäft.
Allerdings hat der Leitzins nicht nur Auswirkungen auf Geschäftsbanken, da diese einen höheren oder niedrigeren Zinssatz zahlen müssen, sondern der Leitzins hat auch Auswirkungen auf Unternehmen und Privatkunden. Wie das?
Steigen die Leitzinssätze[206], wird in der Regel die Nachfrage nach Krediten von Unternehmen und Privatpersonen geringer. Dies liegt daran, dass die Banken höhere Zinssätze für die Kredite erheben, um den höheren Leitzins auszugleichen. Kredite werden also weniger in Anspruch genommen. Auf der anderen Seite freuen sich die Sparer, weil die Sparzinsen steigen, insbesondere für kurzläufige Anlagen, wie z.B. Tagesgeldkonten. Deswegen nimmt die Sparneigung der Anleger zu. Es werden verstärkt Neuanlagen getätigt. Die Kehrseite der Medaille ist, dass durch die sinkende Kreditnachfrage und die zunehmende Sparneigung immer weniger Geld für den Konsum zur Verfügung steht. Deswegen sinken die Investitionen der Unternehmen, die Bauwirtschaft lahmt und die Nachfrage nach Waren und Dienstleistungen geht zurück. Die Konsequenz ist, dass sich das Wirtschaftswachstum verlangsamt. Von all dem ist natürlich auch die Geldnachfrage betroffen. Durch die immer weniger in Anspruch genommenen Kredite, sinkt

[206] Wenn der EZB-Rat die Leitzinsen anhebt, so spricht man von einer „Straffung" der Geldpolitik. Senkt sie dagegen die Leitzinsen, so spricht man auch von einer „Lockerung" der Geldpolitik.

langsam die Geldmenge. Letztlich führt das dazu, dass die Inflation geringer wird und der Wert des Geldes steigt.
Ein anderes Bild zeigt sich, wenn die EZB die Leitzinsen senkt. In der Regel geben die Banken die Leitzinssenkung an ihre Kunden in Form von sinkenden Kreditzinsen weiter. Das kurbelt die Nachfrage nach Krediten an. Auf der anderen Seite werden die Sparzinsen, wegen der fallenden Leitzinsen, gesenkt. Dies führt zu einer geringeren Sparneigung der Menschen und es werden weniger Neuanlagen getätigt. In Summation führen die Steigerung der Kreditnachfrage und die Abnahme der Sparneigung dazu, dass mehr Investitionen getätigt werden, die Bautätigkeit zunimmt und die Nachfrage nach Waren und Dienstleistungen seitens der Verbraucher steigt. Deswegen kommt es zu einem Wirtschaftsaufschwung. In deren Folge steigt auch die Geldnachfrage wegen der zunehmenden Kreditnachfrage. Die steigende Geldmenge führt irgendwann zu einer Zunahme der Inflation und der Wert des Geldes sinkt.
Die Leitzinssätze wirken sich aber auch noch auf einen ganz anderen Bereich, den Wechselkurs[207], aus. Ebenfalls haben Änderungen des Wechselkurses des Euros Auswirkungen auf die Inflationsrate. Steigen z.B. die Zinsen im Euroraum, so wird eine Geldanlage im Euroraum attraktiver, sowohl für inländische als auch für ausländische Anleger. Hierdurch entsteht eine höhere Nachfrage nach dem Euro, die zu einer Aufwertung des Euros führt. Umgekehrtes beobachtet man, wenn die Zinsen im Euroraum im Vergleich zum Ausland sinken. Gewinnt der Euro gegenüber einer ausländischen Währung (z.B. dem US-Dollar) an Wert[208], so werden Produkte aus den USA für Käufer im Euroraum tendenziell günstiger. Gleichzeitig müssen ausländische Nachfrager (z.B. US-Bürger) für europäische Produkte in ihrer heimischen Währung mehr für die Güter aus dem Euroraum bezahlen. Insofern nimmt die Nachfrage nach solchen Gütern in der Tendenz ab. Um ihre Produkte noch zu konkurrenzfähigen Preisen sowohl im Euroraum als auch auf ausländischen Märkten anbieten zu können, müssen die Produzenten im Euroraum ihre Preise senken. Dies dämpft den Preisanstieg im Euroraum.
Spiegelbildlich verhält es sich bei einer Abwertung des Euros. Verliert der Euro gegenüber einer ausländischen Währung an Wert, verteuern sich aus Sicht des Euroraumes die Einfuhren, während im Gegenzug die Absatzmöglichkeiten für die Ausfuhren verbessert werden. Dies hat zur Folge, dass die Preise tendenziell steigen.

[207] Das ist das Austauschverhältnis zweier Währungen zueinander.
[208] Man spricht von einer Aufwertung des Euros.

Sie sehen, die Auswirkungen von Leitzinsänderungen sind komplex. Einige Prozesse laufen schnell ab, während andere erst über längere Zeit ihre volle Wirkung entfalten. In der Regel reagieren die Finanzmärkte auf Änderungen des Leitzinssatzes schnell, wohingegen es oftmals dauert, bis Banken eine Senkung der Leitzinsen an ihre Kunden in Form von niedrigeren Kreditzinsen weitergeben.[209] Letztlich werden durch eine Änderung der Leitzinsen zahlreiche Mechanismen und Maßnahmen seitens der Marktteilnehmer in Gang gesetzt, die die Produktion und die Preise beeinflussen. Dieser Prozess wird auch als geldpolitischer Transmissionsmechanismus bezeichnet. Die wichtigsten Mechanismen sind in den Abbildungen 21 und 22 (s. S. 191 ff.) dargestellt.

[209] Das liegt an der These der Neutralität des Geldes. Auf lange Sicht schlägt sich eine Veränderung der in der Wirtschaft vorhandenen Geldmenge (unter sonst ähnlichen Bedingungen) in einer Änderung des allgemeinen Preisniveaus nieder. Dieser Prozess zieht sich über einen langen Zeitraum hin. So entfalten Leitzinssenkungen bzw. -erhöhungen oftmals erst Monate später ihre Wirkung an den Märkten.

Abbildung 21:
Leitzinserhöhung

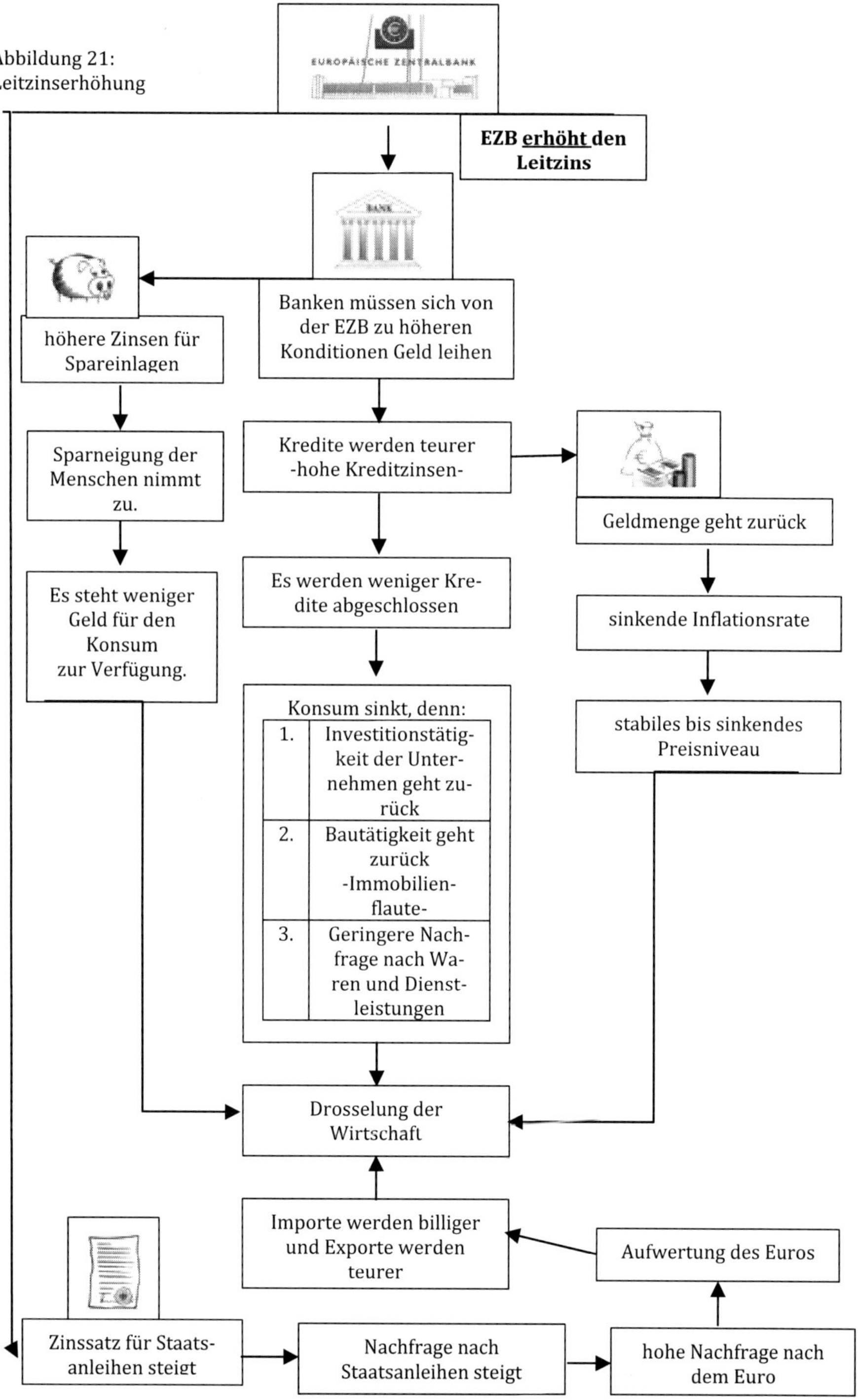

Abbildung 22:
Leitzinssenkung

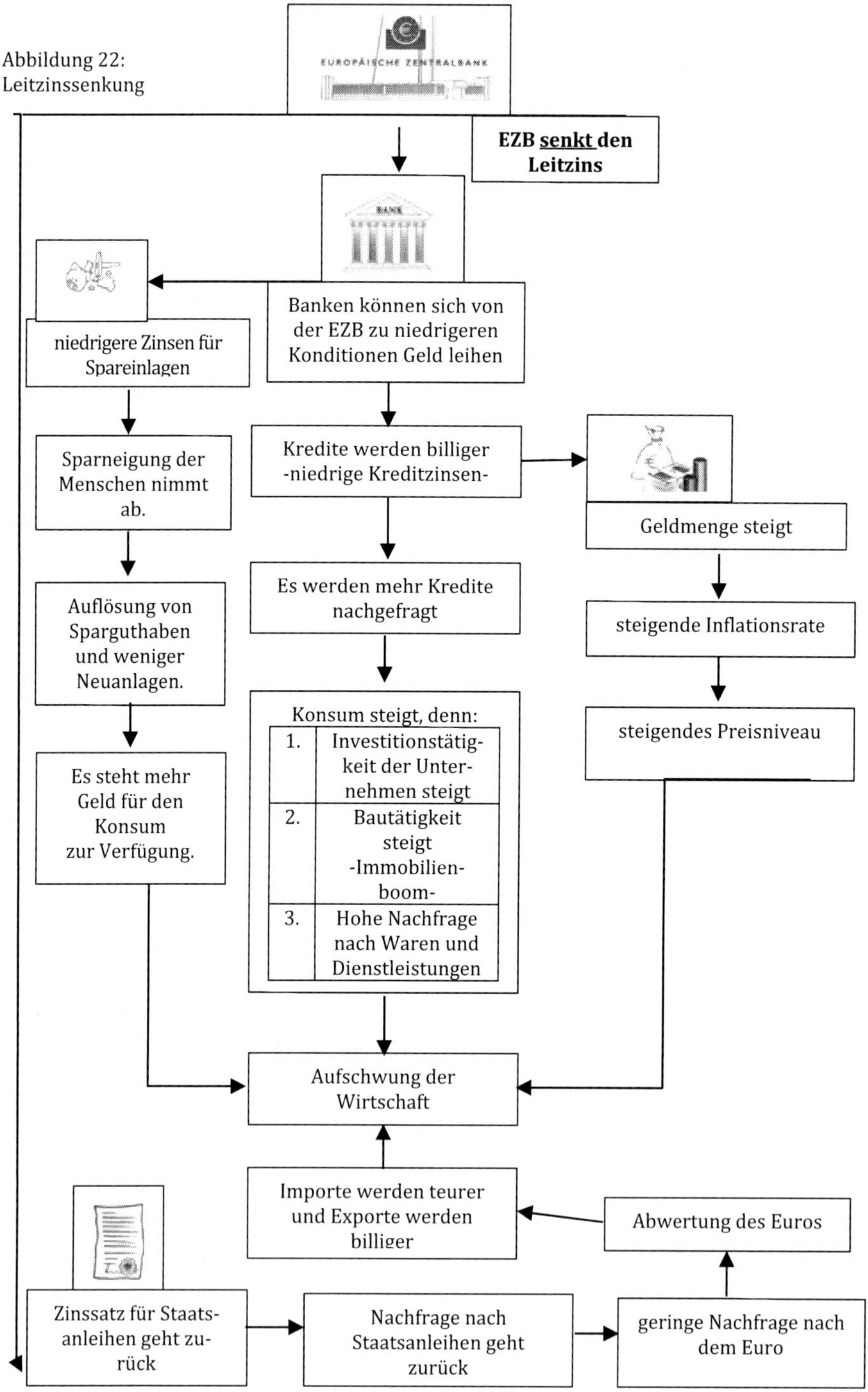

Natürlich muss die EZB auch den Leitzins an den Märkten durchsetzen. Die wichtigsten Instrumente dazu sind:

Tabelle 12: Geldpoltische Instrumente zur Durchsetzung des Leitzins der EZB

Ständige Fazilitäten		Offenmarktgeschäfte	Mindestreservepflicht
Einlagenfazilität (Zinssatz in der Regel unterhalb Marktzinsniveau)	Spitzenrefinanzierungsfazilität (Zinssatz in der Regel über Marktzinsniveau)	Hauptrefinanzierungsgeschäfte (Laufzeit: eine Woche)	Zur Mindestreservebasis werden Einlagen, Schuldverschreibungen und Geldmarktpapiere usw. gezählt. Der Mindestreservesatz gilt für die Mehrheit der Positionen, die in die Mindestreservebasis einbezogen sind. Mindestreserveguthaben werden zum gleichen Satz wie die Hauptfinanzierungsgeschäfte verzinst.
		Längerfristige Refinanzierungs-geschäfte (Laufzeit mehrere Monate)	
		Feinsteuerungs-operationen	
		Strukturelle Operationen	

Dabei sind die allerwichtigsten Instrumente die Offenmarktgeschäfte. Vor allem die wöchentlichen Hauptrefinanzierungsgeschäfte sorgen für die Liquiditätszufuhr der Geschäftsbanken. Rund drei Viertel des benötigten Geldes werden auf diese Weise in Verkehr gebracht. Im Rahmen dieser Hauptrefinanzierungsgeschäfte können sich die Banken zum Hauptrefinanzierungssatz Geld von der EZB leihen. Der Hauptrefinanzierungssatz der EZB wird umgangssprachlich als Leitzins bezeichnet. Wenn also z.B. in der Tagesschau berichtet wird, der Leitzins würde gesenkt, ist hiermit der EZB-Hauptrefinanzierungssatz gemeint. Mittels der Offenmarktgeschäfte sorgt die EZB also dafür, dass sich der von ihr angestrebte Leitzins auch am Interbankenmarkt einstellt. Um sicherzustellen, dass die Leit- bzw. Geldmarktzinsen innerhalb eines von der EZB vorgegebenen Rahmens bleiben, werden die Offenmarktgeschäfte ergänzt durch die Spitzenrefinanzierungsfazilität und die Einlagenfazilität. Diese ständigen Zahlungsverkehrsinstrumente erlauben es den Banken, Geld bei der EZB jeweils tageweise anzulegen (Einlagenfazilität) bzw. zu leihen (Spitzenrefinanzierungsfazilität), wobei beide Fazilitäten jeweils fest verzinst und vom Volumen her unbegrenzt sind. Deswegen bilden diese Fazilitäten einen Zinskorridor für das Tagesgeld am Interbankenmarkt. Der Zinssatz für die Spitzenrefinanzierungsfazilität (Spitzenrefinanzierungssatz) stellt einen Höchstzins und der Zinssatz für die Einlagenfazilität (Einlagefazilitätssatz) einen Mindestsatz für das Tagesgeld dar.[210] Ein weiteres wichtiges Instrument zur Durchsetzung der geldpolitischen Ziele der EZB ist die Mindestreservepflicht (Abk. Mindestreserve) oder Mindestreserveanforderung. Die EZB verpflichtet nämlich die Geschäftsbanken auf bestimmte Verbindlichkeiten einen von der EZB festgelegten Prozentsatz als Mindestreserve auf speziellen Konten der EZB zu halten. Eine Heraufsetzung der Mindestreserve bremst die Möglichkeit zur Kreditschöpfung durch die Geschäftsbanken, eine Herabsetzung fördert sie.

Von diesem eher abstrakten Wirken der geldpolitischen Maßnahmen der EZB wenden wir uns jetzt konkret den einzelnen Maßnahmen zu. Dazu werfen wir zunächst einen Blick auf die Offenmarktgeschäfte, weil sie die Liquiditätsversorgung der Realwirtschaft steuern.

3.3.3.1.1. Offenmarktgeschäfte

Bei Offenmarktgeschäften handelt es sich um Geschäfte „am offenen Markt", an dem alle zugelassenen Geschäftspartner des Eurosystems beteiligt sind. An diesem Markt verkauft und kauft die Zentralbank ein breites Spektrum von Wertpapieren, Devisen, Krediten (welche durch Hinterlegung von Pfänden besichert sind) bis hin zu Rohstoffen wie Gold und Silber. Dabei darf die Zentralbank grundsätzlich die Gegenstände – wie Wertpapiere – endgültig („outright") oder nur für eine bestimmte Zeit an- bzw. verkaufen („befristete Transaktion").[211] Bei einer befristeten Transaktion muss sich die verkaufende Geschäftsbank dazu verpflichten, den Gegenstand des Geschäfts nach einer bestimmten Zeit (z.B. einem Monat) wieder zurückzukaufen. Für die Zeitspanne, in der die EZB den Gegenstand in ihrem Besitz hat, werden Zinsen fällig. Solche Offenmarktgeschäfte mit Rückkaufvereinbarung nennt

[210] Oftmals spricht man auch von den Leitzinsen. Hiermit ist der EZB-Hauptrefinanzierungs-, Spitzenrefinanzierungs- sowie Einlagefazilitätssatz gemeint. Wobei der EZB-Hauptrefinanzierungssatz der wichtigste Leitzins ist.

[211] Meist zur Feinsteuerung des Volumens an Zentralbankgeld verkauft das Eurosystem Devisen aus ihrem eigenen Bestand und schöpft so Zentralbankgeld ab.

man auch Pensionsgeschäft bzw. „repurchase agreement" oder einfach nur „Repo".[212]
Werden von der Zentralbank Wertpapiere am offenen Markt gekauft, führt dies zu einer Vergrößerung der Geldmenge. Da dem Bankensektor Zentralbankgeld zugeführt wurde, steht somit mehr Geld für die Kreditvergabe zur Verfügung. Deswegen sinken tendenziell die Zinsen und die Kredite werden billiger. Der Verkauf von Wertpapieren seitens der Zentralbank verteuert dagegen Kredite und bewirkt eine Verringerung der Geldmenge, da jetzt der Zentralbank Geld von den Banken zufließt, wenn sie die Wertpapiere kaufen. Die Offenmarktgeschäfte lassen sich entsprechend ihrer Zielsetzung und der Häufigkeit ihrer Durchführung in folgende Kategorien einordnen:

- Hauptfinanzierungsgeschäfte (Abk. HRGs)
- längerfristige Refinanzierungsgeschäfte (Abk. LRGs)
- Feinsteuerungsoperationen
- strukturelle Operationen

3.3.3.1.1.1. Hauptrefinanzierungsgeschäfte (Abk. HRGs)

Die Hauptfinanzierungsgeschäfte sind die wichtigsten Offenmarktgeschäfte des Eurosystems. Daher kommt ihnen bei der Steuerung der Zinssätze und der Liquidität am Markt sowie der Signalisierung des geldpolitischen Kurses über den vom EZB-Rat festgesetzten Hauptrefinanzierungssatz eine Schlüsselrolle zu. Über die Hauptfinanzierungsgeschäfte wird dem Bankensystem im Normalfall der Großteil der Liquidität bereitgestellt. Die wesentlichen Merkmale der Hauptrefinanzierungsgeschäfte sind:

- Es handelt sich um liquiditätszuführende Geschäfte.
- Sie finden wöchentlich statt.[213] Die Laufzeit beträgt in der Regel zwei Wochen. Hierdurch kann die EZB das Volumen des von ihr ausgegebenen Zentralbankgeldes zeitnah steuern. So wird vor jedem neuem Geschäft der Bedarf an Zentralbankgeld von der EZB geschätzt und je nach Bedarf zugeteilt. Bspw. wird im Weihnachtsgeschäft mehr Bargeld benötigt als im Sommer.

---

[212] Kauft also die Zentralbank von einer Geschäftsbank Wertpapiere an, so schreibt sie der Geschäftsbank den entsprechenden Betrag auf ihrem Konto bei der Zentralbank gut. Es wurde damit Zentralbankgeld geschaffen, über welches die Geschäftsbank frei verfügen kann.

[213] Die Hauptrefinanzierungsgeschäfte und die längerfristigen Refinanzierungsgeschäfte werden nach einem unverbindlichen Kalender durchgeführt. Dieser Kalender wird von der EZB mindestens drei Monate vor Beginn des Jahres veröffentlicht, für das er gültig ist.

- Sie werden dezentral von den nationalen Zentralbanken, wie in Deutschland durch die Deutsche Bundesbank, durchgeführt.
- Alle Banken, welche von der EZB zugelassen sind, können Gebote für die Hauptrefinanzierungsgeschäfte abgeben.
- Sämtliche Hauptrefinanzierungsgeschäfte sind mit Sicherheiten zu hinterlegen.

Die Liquiditätszuführung erfolgt in der Regel im Tenderverfahren[214], d.h. durch Versteigerung von Zentralbankgeld. Dabei wird der Tender allen Geschäftsbanken angeboten und das Verfahren innerhalb von bis zu 48 Stunden abgewickelt (von der Tenderankündigung bis zur Bestätigung des Zuteilungsergebnisses). Hierzu nutzt das Eurosystem zwei Varianten:

1. *Zinstender* (oder „variable rate tender", bevorzugtes Verfahren): Bei diesem Tenderverfahren teilt das Eurosystem vorab mit, wie viel Zentralbankgeld zur Verfügung steht und welchen Zinssatz (sog. Mindestbietungssatz) eine Geschäftsbank mindestens bieten muss, um bei der Versteigerung berücksichtigt zu werden. Die Geschäftsbanken geben dann ihre Gebote ab, wobei keine Geschäftsbank die Gebote der anderen kennt. Bestandteil des Gebotes ist auch, wie viel Zentralbankgeld sie abnehmen möchte und welchen Zinssatz sie dafür bietet. Nach Einreichung aller Gebote sichtet das Eurosystem die Gebote.

Die Verteilung des Zentralbankgeldes erfolgt entweder nach dem holländischen oder dem amerikanischen Verfahren. Beim holländischen Verfahren teilt die EZB das Zentralbankgeld zu einem einheitlichen Zinssatz (marginaler Zinssatz, niedrigster noch akzeptierter Zinssatz) zu. Alle Banken, die einen höheren Zinssatz geboten haben, erhalten die nachgefragte Geldmenge zu dem von der Zentralbank festgelegten marginalen Zinssatz. Die Gebote zum marginalen Zinssatz werden repartiert, darunter liegende werden nicht berücksichtigt. Dagegen wird beim amerikanischen Verfahren zuerst den

---

[214] Als Tenderverfahren werden die regelmäßigen finanzpolitischen Transaktionen von der EZB zur Steuerung der Liquidität bezeichnet. Dabei wird der Standardtender für die Hauptrefinanzierungs-, längerfristige Refinanzierungsgeschäfte und die strukturellen Operationen genutzt. Dagegen liegt den Feinsteuerungsmaßnahmen der Schnelltender zu Grunde. Beim Schnelltender gibt es nur eine begrenzte Anzahl von Geschäftspartnern. Dies ist notwendig, um eine schnelle Abwicklung zu ermöglichen. So liegt beim Schnelltender zwischen Ankündigung und Abwicklung etwa eine Stunde, während beim Standardtender bis zu zwei Tage (Mo—Mi) dazwischen liegen.

Banken mit den höchsten gebotenen Zinssätzen die nachgefragte Geldmenge zu dem von ihnen gebotenen Zins zugeteilt. Überschüssige Gebote zum marginalen Zinssatz werden, ähnlich wie beim holländischen Verfahren, repartiert. Darunterliegende Gebote werden nicht bedient. Der Unterschied zwischen den beiden Verfahren besteht also nur in der Höhe der gezahlten Zinssätze und nicht im Zuteilungsvolumen.

Beispiel: Die EZB beschließt, 105 Mio. Euro Zentralbankgeld zur Verfügung zu stellen. Zur Verteilung wendet sie den Zinstender an. Der Mindestbietungssatz beträgt 1 %. Drei Banken nehmen an der Versteigerung teil und geben folgende Gebote ab:

Zinssatz (%)	**Bank 1 (Mio. €)**	**Bank 2 (Mio. €)**	**Bank 3 (Mio. €)**	**Gebote insgesamt je Zinssatz**	**Kumulative Gebote**
1,10				0	
1,09		5	5	10	10
1,08		5	5	10	20
1,07	5	5	5	15	35
1,06	5	5	10	20	55
1,05	10	10	15	35	90
1,04	5	10	15	30	120
1,03	5	5	15	25	145
Insgesamt	30	45	70	145	

Da die EZB beschlossen hat, 105 Mio. Euro zuzuteilen, können bis zu einem Zinssatz von 1,05 % alle Gebote voll befriedigt werden. Es ergibt sich ein marginaler Zinssatz von 1,04 %. Zum marginalen Zinssatz können noch

$$\frac{\text{Zuteilungsbetrag - Summe der voll zugeteilten Gebote}}{\text{Gesamtbetrag der Gebote zum marginalen Zinssatz - Summe der voll zugeteilten Gebote}} \cdot 100 = \frac{105-90}{120-90} \cdot 100 = 50\%$$

der zu diesem Zinssatz gewünschten Beträge zugeteilt werden. Folglich erhält Bank 1 noch 5 · 0,5 = 2,5 Mio. Euro zu einem Zinssatz von 1,04 %. Insgesamt ergeben sich folgende Zuteilungen:

	Bank 1	Bank 2	Bank 3
Gebote insgesamt	30,0 Mio. €	45 Mio. €	70 Mio. €
Zuteilung insgesamt	22,5 Mio. €	35 Mio. €	47,5 Mio. €

Würde jetzt die Zuteilung nach dem holländischen Verfahren erfolgen, zahlten alle Banken den einheitlichen Zins von 1,04 % (den marginalen Zinssatz) für ihre zugeteilten Beträge. Erfolgt dagegen die Zuteilung nach dem amerikanischen Verfahren, wird kein einheitlicher Zinssatz auf die den Banken zugeteilten Beträge gezahlt:

	Bank 1		Bank 2		Bank 3	
	Gebote	**Zinssatz**	**Gebote**	**Zinssatz**	**Gebote**	**Zinssatz**
			5,0 Mio. €	1,09 %	5 Mio. €	1,09 %
			5,0 Mio. €	1,08 %	5 Mio. €	1,08 %
	5,0 Mio. €	1,07 %	5,0 Mio. €	1,07 %	5 Mio. €	1,07 %
	5,0 Mio. €	1,06 %	5,0 Mio. €	1,06 %	10 Mio. €	1,06 %
	10,0 Mio. €	1,05 %	10,0 Mio. €	1,05%	15 Mio. €	1,05 %
	2,5 Mio. €	1,04 %	5,0 Mio. €	1,04 %	7,5 Mio. €	1,04 %
Gesamte Zuteilung	**22,5 Mio. €**		**35,0 Mio. €**		**47,5 Mio. €**	

2. *Mengentender* (oder „fixed rate tender", „volume tender"): Hierbei legt das Eurosystem den Zins (sog. Festzinssatz) im Voraus fest, ferner auch den Betrag an Zentralbankgeld, der zur Verfügung steht. Die Banken geben bei ihren Geboten lediglich die gewünschte Menge an Zentralbankgeld an, die sie zu diesem Zins erhalten möchten. Übersteigt die Summe der Gebote die von der Zentralbank zur Verfügung gestellte Menge an Zentralbankgeld, so werden die Einzelgebote der Banken anteilig bedient, und zwar entsprechend des Verhältnisses ihrer Gebote am Gesamtbietungsvolumen.

Beispiel: Die EZB beschließt, 105 Mio. Euro Zentralbankgeld zu einem Zinssatz von 1% zur Verfügung zu stellen. Drei Banken nehmen an der Versteigerung teil und gegeben folgende Gebote ab:

Banken	Gebot	Zuteilung
Bank 1	30 Mio. €	30 Mio. €·0,875=26,25 Mio. €
Bank 2	40 Mio. €	40 Mio. €·0,875=35,00 Mio. €
Bank 3	50 Mio. €	50 Mio. €·0,875=43,75 Mio. €
Insgesamt (Gesamtbietungsvolumen)	120 Mio. €	105 Mio. €

Da die EZB beschlossen hat, 105 Mio. Euro zuzuteilen, erhält jede Bank

$$\frac{\text{Zuteilungsbetrag}}{\text{Bietungsvolumen}} \cdot 100 = \frac{105 \text{ Mio. €}}{120 \text{ Mio. €}} \cdot 100 = 87{,}5\ \%$$

ihres gewünschten Gebots.

Der Festzinssatz beim Mengentender bzw. der Mindestbietungssatz beim Zinstender ergeben den Hauptrefinanzierungssatz. Dieser ist der wichtigste Leitzins der EZB. Gehen Banken beim Tender leer aus, haben sie zwei andere Finanzierungsalternativen: Erstens, sie leihen sich kurzfristig das Geld von anderen Banken am Interbankenmarkt (in der Regel die zweitgünstigste Finanzierungsquelle für Banken). Zweitens, sie nehmen die Spitzenrefinanzierungsfazilität der EZB zu einem deutlich höheren Zinssatz als dem Hauptrefinanzierungssatz in Anspruch.

Wegen der Finanzkrise konnten sich viele Geschäftsbanken Zentralbankgeld nicht mehr über Interbankenkredite (s. S. 187 ff.) am Geldmarkt beschaffen. Deswegen entschloss sich der EZB-Rat, wieder zu dem Mengentenderverfahren mit Vollzuteilung zurückzukehren. Das heißt, das Eurosystem legt bei dem Mengentenderverfahren kein Gesamtzuteilungsvolumen, also keine maximal zur Verfügung stehende Zentralbankgeldmenge, vorab fest, sondern jede Geschäftsbank bekommt den von ihr gewünschten Betrag an Zentralbankgeld zum Zinssatz des Mengentenders.

3.3.3.1.1.2. Längerfristige Refinanzierungsgeschäfte

Neben den wöchentlich durchgeführten Hauptrefinanzierungsgeschäften werden auf monatlicher Basis längerfristige Refinanzierungsgeschäfte mit einer Laufzeit von bis zu drei Monaten durchgeführt. Es sind aber auch andere Laufzeiten von z.B. sechs oder zwölf Monaten je nach Bedarf möglich. Das Ziel der längerfristigen Refinanzierungsgeschäfte des Eurosystems ist es, dem Bankensystem längerfristige Liquidität zur Verfügung zu stellen, um damit zu verhindern, dass die gesamte Liquidität am Geldmarkt jede Woche neu umgeschlagen wird. Über diesen Weg wird den Banken wesentlich weniger Zentralbankgeld als beim Hauptrefinanzierungsgeschäft zur Verfügung gestellt (ca. 1/4 des Refinanzierungsvolumens der Banken). Ähnlich wie die Hauptrefinanzierungsgeschäfte werden die längerfristigen Refinanzierungsgeschäfte auch dezentral üblicherweise als Zinstender durchgeführt. Der EZB-Rat gibt normalerweise das Volumen, das in den nächsten Tendern zugeteilt werden soll, im Voraus bekannt.

Auch hier hat die Finanzkrise eine Änderung bewirkt. Um die Banken zu stabilisieren, entschied der EZB-Rat im Jahr 2008, dass auch verstärkt langlaufende Refinanzierungsgeschäfte angeboten werden. Umgesetzt wurde dies über die Einführung von Geschäften mit Laufzeiten von sechs bis zwölf Monaten. Im Zuge der Staatsschuldenkrise und des damit einhergehenden Misstrauens der Banken untereinander wurde Ende 2011/ Anfang 2012 den Geschäftsbanken Zentralbankgeld mit einer Laufzeit von drei Jahren über zwei Geschäfte zur Verfügung gestellt. Zusätzlich wurden seit September 2014 acht gezielte längerfristige Refinanzierungsgeschäfte (GLRGs) mit einer Laufzeit von bis zu vier Jahren sowie vorzeitiger Rückzahlungsmöglichkeit durchgeführt, um die Kreditvergabe von Banken an die Realwirtschaft zu unterstützten. Deshalb werden Banken bevorzugt, die besonders viele Kredite vergeben.

3.3.3.1.1.3. Feinsteuerungsoperationen und strukturelle Operationen

Ebenfalls kann das Eurosystem seine Offenmarktgeschäfte auf Ad-hoc-Basis, d.h. in Form von Feinsteuerungsoperationen, durchführen. Die Feinsteuerungsoperationen dienen dazu, unerwartete Liquiditätsschwankungen im Bereich der Geschäftsbanken und der dadurch ausgelösten Zinsschwankungen am Geldmarkt zu dämpfen. Die Häufigkeit und Laufzeiten solcher Geschäfte sind nicht standardisiert (beispielsweise gab es 2000 nur zwei Operationen). Mit den Feinsteuerungsoperationen kann Liquidität abgeschöpft oder auch zugeführt werden. Somit dienen sie zur Liquiditätssteuerung am Geldmarkt sowie der Feinjustierung der Zinssätze. In der Regel wird die Feinsteuerung über befristete Transaktionen wie den Kauf von Wertpapieren von den Banken oder aber auch durch Devisengeschäfte durchgeführt. Im Normalfall führen die nationalen Notenbanken die Feinsteuerungsoperationen durch, aber in Ausnahmesituationen, wie z.B. in der Finanzkrise 2007, kann die EZB auch bilaterale Feinsteuerungsoperationen (einzelne Banken handeln direkt mit der EZB) selbst vornehmen.

Im Unterschied zu den kurzfristigen Feinsteuerungsoperationen dienen die strukturellen Operationen dazu, längerfristigen Einfluss auf die Bankenliquidität auszuüben, d.h. es sind Liquidität zuführende oder abschöpfende Maßnahmen möglich. Strukturelle Operationen können über befristete Transaktionen endgültige Käufe bzw. Verkäufe oder über die Emission von EZB-Schuldverschreibungen durchgeführt werden. Sie werden in regelmäßigen, aber auch unregelmäßigen Abständen, je nach Bedarf durchgeführt. Sowohl die Feinsteuerungs- als auch die strukturellen Operationen sind sozusagen die Feuerwehrmaßnahmen des Eurosystems, weil sie schnell sind (teilweise in wenigen Stunden umsetzbar) und ein hohes Maß an Flexibilität haben. Sie sind also nicht so starr in ihrem Ablauf festgelegt wie z.B. die Hauptrefinanzierungsgeschäfte.

3.3.3.1.2. Ständige Fazilitäten

Im Unterschied zu den Offenmarktgeschäften können die Banken die ständigen Fazilitäten (von lateinisch *facilitas* „Leichtigkeit") in eigener Initiative und unbegrenzt in Anspruch nehmen. Es gibt zwei ständige Fazilitäten: die Spitzenrefinanzierungsfazilität und die Einlagefazilität. Sie dienen zur Bereitstellung bzw. Abschöpfung von Liquidität bis zum nächsten Geschäftstag. Das Eurosystem verfolgt mit den Fazilitäten das Ziel, den Zins für kurzlaufende Interbankenkredite (s. S. 187 ff.) bzw. dem Geldmarkt eine Ober- bzw. Untergrenze zu setzen und so auch Einfluss auf diese Zinsen zu nehmen.

- *Spitzenrefinanzierungsfazilität* (zur Mittelaufnahme) [215]: Sie wurde zur Deckung eines vorübergehenden Bedarfs an Zentralbankgeld von den Banken konzipiert, hier kann die Bank auf eigene Initiative einen Kredit „über Nacht" (einen sog. Übernachtkredit) bei der Zentralbank aufnehmen. Die Laufzeit beträgt einen Tag. Die EZB setzt hierfür einen Zinssatz – den sog. Spitzenrefinanzierungssatz – fest. Der Spitzenrefinanzierungssatz ist höher als der Satz des Hauptrefinanzierungsgeschäfts. Deswegen bildet er die Obergrenze für den Tagesgeldsatz am Geldmarkt.[216] Die Beanspruchung der Fazilität erfordert die Stellung von Sicherheiten, z.B. durch den Verkauf von Wertpapieren unter der Vereinbarung eines Rückkaufs am nächsten Tag durch die Bank.

- *Einlagefazilität* (zur Mittelanlage bzw. Übernachtanlage) [217]: Sie wurde eingeführt, um den Banken eine Möglichkeit zu geben, ihre Zentralbankgeld-Überschüsse zinstragend anzulegen. Die Laufzeit beträgt wiederum einen Tag. Die Anlage erfolgt zu einem von der

---

[215] Mit dem Übergang der Geldpolitik auf die EZB hat die Spitzenrefinanzierungsfazilität den früheren Lombardkredit abgelöst. Folglich entspricht der Spitzenrefinanzierungssatz dem ehemaligen Lombardsatz der Deutschen Bundesbank.

[216] Schließlich würde keine Bank, die über ausreichend Sicherheiten verfügt, einer anderen Bank für einen Übernachtkredit einen höheren Zins zahlen, als sie bei der Zentralbank zahlen müsste.

[217] Mit der Einführung der Einlagenfazilität durch die EZB wurde die Diskontpolitik der Deutschen Bundesbank abgelöst. Darum entspricht der Einlagenfazilitätssatz ungefähr dem ehemaligen Diskontsatz der Deutschen Bundesbank.

EZB festgelegten und jederzeit änderbaren Zinssatz – dem Einlagefazilitätssatz (oder kurz Einlagensatz). Dieser Zins ist niedriger als der Zinssatz des aktuellen Hauptrefinanzierungsgeschäfts. Deshalb bildet er die Untergrenze für den Tagesgeldsatz und verhindert so ein starkes Absinken dieses Zinssatzes nach unten. Denn keine Bank würde Zentralbankgeld an eine andere Bank zu einem niedrigeren Zinssatz verleihen, als sie für eine Einlage bei der Zentralbank bekommen würde.

In der Regel bilden die Zinssätze der beiden ständigen Fazilitäten einen symmetrischen Zinskorridor um den Hauptrefinanzierungssatz ab (s. Abbildung 23, S.202).

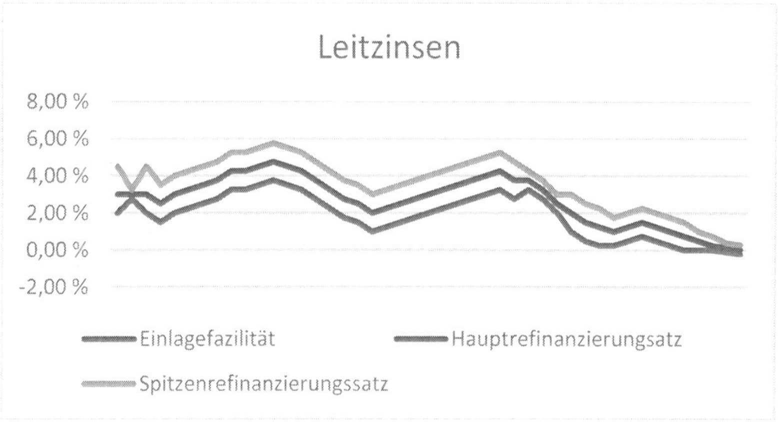

Abbildung 23: EZB-Leitzinsen seit 1999

Die Finanzkrise führte dazu, dass die Geldmärkte nicht mehr reibungslos funktionierten, was dem Vertrauensverlust der Banken untereinander geschuldet war. Die Folge war, dass die Banken zögerten, sich gegenseitig – wie vor der Finanzkrise üblich – Geld zu leihen, dadurch versagte der Liquiditätsausgleich über den Geldmarkt fast völlig. Phasenweise liehen sich die Banken über mehrere Monate kein Geld. Um zu verhindern, dass deshalb eine Bank in Liquiditätsnot geriet, beschloss der EZB-Rat, bei seinen Offenmarktgeschäften zum Mengentender mit Vollzuteilung (s. S. 199) überzugehen. Dies nutzten die Banken – insbesondere aus den Ländern, die stark von der Staatsschuldenkrise betroffen waren – in großem Stil, um sich mit Zentralbankgeld einzudecken. Hierdurch kam es im Eurosystem zu großen Liquiditätsüberschüssen, welche die Banken hauptsächlich in der Einlagefazilität nutzten. Die Folge war, dass der wichtigste Zins für Tagesgeld, der „Euro Overnight Index Average" (EONIA), unter den Zinssatz des Hauptrefinanzierungsgeschäftes gesunken ist, knapp oberhalb des Zinssatzes für die Einlagefazilität. Das lag daran, dass wegen des großen Liquiditätsüberhangs die Banken mit überschüssiger Liquidität im Geldmarkt mit Banken guter Bonität keine höheren Zinsen durchsetzen konnten. Grund hierfür war, dass sie sich einfach über das Eurosystem mit Zentralbankgeld versorgen konnten, weil das Eurosystem durch das Mengentenderverfahren mit Vollzuteilung diesen Vorgang erleichterte. Jede Bank bekam das Zentralbankgeld, das sie benötigte. Eigentlich war zur Refinanzierung der Banken gar kein Geldmarkt mehr nötig, da die Banken sich direkt bei dem Eurosystem mit Zentralbankgeld versorgten. Das Eurosystem ersetzte also fast vollständig den Geldmarkt.

Im Juni 2014 legte die EZB den Einlagefazilitätssatz, zu dem Banken kurzfristig Geld bei der Notenbank ablegen konnten, erstmals im negativen Bereich fest. Er sank von bisher null Prozent auf -0,1 %. Das klingt nach einer geringen Änderung, doch bei den rund 110 Milliarden Euro, die die Geschäftsbanken im Monatsdurchschnitt bei der EZB lagerten, belief sich die Gebühr[218] auf ca. 110 Millionen Euro. Durch diese Maßnahme sollten risikoscheue Banken ermuntert werden, ihr Geld von der Einlagefazilität abzuziehen, weil die geparkten Gelder in der Einlagenfazilität dem Kreditmarkt nicht mehr zur Verfügung stehen. Mit einem negativen Einlagefazilitätssatz soll also letztlich die Kreditvergabe an Privatkunden, Unternehmen und die Vergabe von Krediten der Banken untereinander gestärkt werden. Schwerpunktmäßig soll mit dieser Maßnahme der Geldpolitik vor allem der Internetbankenmarkt wieder belebt werden. Ein Nebeneffekt könnte sein, dass ein Teil der angelegten Gelder der Sparer in den Konsum fließt, da es sich nicht mehr

[218] Die Banken reagierten auf die Einführung der Negativverzinsung der Einlagenfazilität damit, dass sie versuchten, die Negativverzinsung an ihre Kunden weiterzugeben, insbesondere für kurzfristige Kundengelder. Zunächst traf es große Unternehmen, die Strafzinsen in Höhe von bis zu -0,25 % p.a. bezahlen mussten, wenn sie auf Konten bei Banken hohe Geldbeträge lagerten. Im November 2014 weiterte sich dies auch auf Fonds, Versicherer usw. aus. Somit sind auch die kleinen Sparer indirekt betroffen, wenn Fonds oder Versicherer für ihre Kassenbestände negative Zinsen zahlen müssen. Denn diese Kosten verringern den Ertrag dieser Anlageformen, am Ende bleibt für den Kunden weniger übrig. Nach Einschätzung einiger Experten könnten auch für Kleinsparer Strafzinsen auf Konten und Sparbücher bald zur Normalität werden, wenn die EZB an ihrer Niedrigzinspolitik festhält. Bspw. führte im Oktober 2014 die Deutsche Skatbank einen Strafzins von 0,25 % für Kunden, die mehr als 500.000 Euro Einlagen auf ihrem Tagesgeld-Konto haben, ein. Ebenso führte die Commerzbank einen Negativzins ein.

lohnt, das Geld anzulegen, weil durch den negativen Zins auch die kurzfristigen Sparzinsen deutlich niedriger werden. So kann kurzfristig der Konsum angekurbelt werden.
Damit die Marktteilnehmer nicht im Ungewissen darüber sind, wie die zukünftige Entwicklung der Leitzinsen aufgrund von Änderungen des Hauptrefinanzierungs-, Einlagefazilitäts- und Spitzenrefinanzierungssatzes ist, wurde die Forward Guidance eingeführt.

3.3.3.1.3. Forward Guidance

Am 4. Juli 2013 führte der EZB-Rat die Forward Guidance[219] ein. Mithilfe der Forward Guidance teilt der EZB-Rat seine Prognosen zum zukünftigen Verlauf des Leitzinses aus Sicht des EZB-Rates mit. So sagte Mario Draghi am 08.05.2014, der EZB Rat bekräftige ausdrücklich, dass nach wie vor davon ausgegangen wird, dass die EZB-Leitzinsen für längere Zeit auf dem aktuellen oder einem niedrigeren Niveau bleiben würden.
Die Forward Guidance wurde eingeführt, weil die Finanzmarktkrise zu schweren wirtschaftlichen Veränderungen geführt hatte. Das Finanzsystem stand rund um den Globus kurz vor dem Zusammenbruch. Um dies zu verhindern, musste die EZB in enger Absprache mit anderen Notenbanken verschiedene geldpolitische Maßnahmen durchführen. Eine davon war die Senkung der Leitzinsen. Eine Senkung der Leitzinsen hat weitreichende Folgen (wie die vorherigen Abschnitte zeigten) für die Wirtschaft und das Verhalten von Banken und Anlegern. Anhand von historischen Erfahrungen können Banken und Anleger abschätzen, wie lange der Leitzins auf einem Niveau stagniert. Danach richten sie ihre Portfolios aus und versuchen, ihre Rendite entsprechend der aktuellen und zu erwartenden Situation zu maximieren. Allerdings stellte die Finanzmarktkrise die Märkte auf den Kopf. So konnten die Banken und Anleger nicht mehr abschätzen, wie lange der Leitzins auf dem niedrigen Niveau verbleiben würde. Um diese Lücke zu schließen und Unsicherheiten aus den Märkten zu nehmen, führte die EZB die Forward Guidance ein.
Mithilfe der Forward Guidance hat der EZB-Rat aber auch eine neue Steuerungsfunktion bekommen. Durch die Bekanntgabe ihrer zukünftigen Leitzinsentwicklung kann die EZB das Verhalten der Marktteilnehmer in ihrem Sinne beeinflussen. Geldpolitik ist also nicht nur über Zinssätze zu realisieren, sondern auch mit Rhetorik. Wenn der EZB-Rat z.B. im Rahmen der Forward Guidance bekräftigt, dass der Leitzins langfristig niedrig bleibt, werden

---

[219] vgl. Aufsatz im EZB-Monatsbericht 04/2014 ab Seite 73

auch die Marktteilnehmer, die kurzfristig von steigenden Zinsen ausgehen, geplante Anlageentscheidungen überdenken. Diese Tatsache ermöglicht es dem EZB-Rat, das Verhalten der Marktteilnehmer in die erhofften Pfade zu lenken.[220]

3.3.3.2. Die Mindestreservepflicht

Neben den Leitzinsen ist die Mindestreservepflicht ein zentraler Bestandteil des geldpolitischen Handlungsrahmens des Eurosystems. Unter der Mindestreservepflicht versteht man, dass die Geschäftsbanken eine bestimmte Mindesteinlage auf ihrem Zentralbankkonto halten müssen. Hierdurch soll erreicht werden, dass die Banken einen stabilen Bedarf an Zentralbankgeld haben und so darauf angewiesen sind, direkt oder indirekt an den Refinanzierungsgeschäften des Eurosystems teilzunehmen. Deswegen kann u.a. das Eurosystem über die Veränderung der Leitzinsen Einfluss auf das Wirtschaftsgeschehen und die Entwicklung des Preisniveaus nehmen. Darüber hinaus kann es den Umfang der zuhaltenden Mindestreserven verändern und darüber den Bedarf der Geschäftsbanken an Zentralbankgeld beeinflussen.

Die Höhe der Mindestreserve ergibt sich aus den reservepflichtigen Verbindlichkeiten einer Geschäftsbank (Mindestreservebasis). Unter einer reservepflichtigen Verbindlichkeit versteht man z.B. täglich fällige Kundeneinlagen[221], Schuldverschreibungen mit einer vereinbarten Laufzeit von bis zu zwei Jahren und Geldmarktpapiere. Zur Ermittlung der notwendigen Mindestreserve geht die EZB von den reservepflichtigen Verbindlichkeiten des Vormonats aus. Diese reservepflichtigen Verbindlichkeiten werden mit dem Mindestreservesatz – von zurzeit 1 % – multipliziert. Dies ergibt den Betrag, den die Geschäftsbank als Einlage bei der Zentralbank halten muss. Von der so ermittelten Mindestreserve kann noch ein Abzug von einem Freibetrag in Höhe von 100.000 Euro vorgenommen werden. Die durch dieses Verfahren ermittelte Mindestreserve ist maßgeblich für die im übernächsten Monat beginnende Mindestreserveperiode.[222] Die Banken müssen die vorgeschriebene Mindestreserve nicht an jedem Tag in voller Höhe auf ihrem Zentral-

[220] Somit kann die EZB durch die Forward Guidance den Markt ohne Veränderung der Leitzinsen beeinflussen.

[221] Dies ist z.B. das gesamte Guthaben der Kunden auf ihren Tagesgeldkonten.

[222] In der Regel dauert eine Mindestreserveperiode vom zweiten Mittwoch eines Monats bis zum zweiten Dienstag des folgenden Monats.

bankkonto halten, sondern nur im Durchschnitt über die gesamte Mindestreserveperiode.[223] Hierdurch erlangen die Banken Flexibilität, sodass das Reserveguthaben wie ein Puffer wirken kann. Fließt z.B. von einer Bank durch den Zahlungsverkehr an einem Tag Zentralbankgeld ab, so mindert dies die bestehende Zentralbankgeld-Einlage, welche die Bank aufgrund der Mindestreservepflicht unterhält. Nun hat die Bank zwei Möglichkeiten, ihre Zentralbankgeld-Einlage wieder aufzufüllen. Erstens durch Kreditaufnahme am Geldmarkt noch am gleichen Tag oder zweitens abzuwarten, ob ihr an den folgenden Tagen Zentralbankgeld z.B. durch Bareinzahlungen der Kunden auf ihre Konten zufließt. Insofern brauchen die Banken nicht ständig am Geldmarkt aktiv zu sein. Dies trägt zur Stabilisierung der Geldmarktzinsen und des gesamten Marktes bei. Jedoch muss jede Bank sicherstellen, dass sie am letzten Tag der Mindestreserveperiode das Mindestreserve-Soll im Durchschnitt erfüllt hat.
Wie Einlagen auf jedem anderem Konto auch – wie z.B. auf dem Sparbuch – werden die als Mindestreserve gehaltenen Einlagen der Geschäftsbanken vom Eurosystem verzinst. Als Zinssatz wird der durchschnittliche Zinssatz der Hauptfinanzierungsgeschäfte gezahlt. Somit haben die Geschäftsbanken durch die Mindestreservepflicht keinen Zins- und Wettbewerbsnachteil gegenüber Banken außerhalb des Euroraums, die keine Mindestreserve unterhalten. Falls eine Bank im Durchschnitt eine höhere Einlage auf ihrem Zentralbankkonto hält, als das Mindestreserve-Soll, wird diese nicht mitverzinst. So soll den Banken ein Anreiz gegeben werden, überschüssige Liquidität über den Geldmarkt an andere Banken auszuleihen. Somit wirkt sich der Mindestreservesatz unmittelbar auf die Liquiditätslage der Banken aus. Eine Erhöhung entzieht im Allgemeinen den Banken Liquidität, während eine Senkung ihnen Liquidität zuführt. Aus diesem Grund wurde im Januar 2012 auch der Mindestreservesatz von zuvor zwei auf einen Prozent gesenkt. Dies war zur Überwindung der Finanzkrise notwendig.

3.3.3.3. Quantitative Lockerung (eng. Quantitative Easing)

Eigentlich brauchte man bis vor kurzem als Laie nur zu wissen, dass die Notenbank durch die Leitzinsen auf vielen Wegen und Kanälen Nachfrage und Angebot in der Gesamtwirtschaft beeinflusst. Mit der Finanzkrise änderte sich das aber. Die Zentralbanken der Welt stießen an die Zinsuntergrenze

[223] Bei Nichteinhaltung der Mindestreserve drohen Sanktionen, wie z.B. der Ausschluss von den Offenmarktgeschäften und ständigen Fazilitäten oder Sonderzinsen auf den Mindestreservefehlbetrag.

von Null. Sie wurden gezwungen, über Alternativen nachzudenken. So kamen sie auf die Quantitative Lockerung (eng. Quantitative Easing) (Abk. QE). Diese ist leider mit rudimentärem Wissen über die Zentralbank nicht zu verstehen, weil die klassische Zinspolitik über den Zins verläuft, während die Quantitative Lockerung über die Bilanz geht.

Eine Bilanz (lat. „bilanx", wörtlich ins Deutsche übersetzt bedeutet dies „Waage") steht immer im Gleichgewicht. Das heißt, die Summe der linken Spalte ist dieselbe wie die der rechten Spalte.
Auf der linken Seite der Bilanz (Aktiva) wird alles eingetragen, was man besitzt, einschließlich Forderungen gegenüber Dritten. Wenn Sie z.B. eine Bundesanleihe besitzen, ist dies eine Forderung gegenüber dem Staat, sprich gegenüber einem Dritten. Deswegen wird sie auf die linke Seite der Bilanz geschrieben. Ebenso ihr Bargeld oder der Wert Ihres Hauses. Dagegen werden auf der rechten Seite der Bilanz (Passiva) alle Forderungen eingetragen, die andere gegen Sie haben, wie z.B. Kredite. Bei Unternehmen steht dort auch das eingezahlte Kapital der Anteilseigner, weil dieses einer Forderung der Kapitaleigner gegenüber der Firma entspricht. Bei einer Zentralbank ist das genauso. Allerdings gibt es hier ein paar Besonderheiten. So viel Allgemeines zur Bilanz. Jetzt sehen wir uns an, wie die Bilanz der EZB aussieht.
Die linke Seite der Bilanz der EBZ (Aktiva) ist leicht zu verstehen. Die drei wichtigsten Positionen sind die Anleihen, die die Zentralbank gekauft hat, die ausländischen Währungsreserven, die hinterlegten Sicherheiten für Kredite und natürlich die Goldreserven. Hier stehen also alle Forderungen der EZB, welche die EZB im Gegenzug für die Ausgabe des Zentralbankgeldes bekommen hat. Komplizierter wird es auf der rechten Seite der Bilanz. Dort steht ganz oben Geld. Dieser Sachverhalt wird deutlich, wenn man sich eine englische Ein-Pfund-Note ansieht.

Abbildung 24: Eine Ein-Pfund-Note (Quelle museum@bankofengland.co.uk)

Dort steht, wörtlich übersetzt, Folgendes neben dem Bild der englischen Königin: „Ich verspreche, dem Besitzer dieser Note bei Bedarf die Summe von einem Pfund zu bezahlen." Die Pfundnote selbst ist also nicht das Geld, sondern nur ein abstraktes Versprechen. Folglich ist aus ökonomischer Sicht eine Banknote nichts anderes als eine Anleihe, die ja auch nur ein Versprechen ist, dem Besitzer in Zukunft Geld zu bezahlen. Daher steht Geld rechts in der EZB-Bilanz, weil es eine Forderung der Besitzer gegenüber der EZB ist. Was steht sonst noch auf der rechten Seite der EZB-Bilanz? Da alle Banken ein Konto bei der Zentralbank unterhalten müssen, auf dem sie eine bestimmte Mindestsumme vorhalten, ist dies auch nichts anderes als eine Forderung an die EZB. Ebenfalls steht dort das von Eignern (den nationalen Notenbanken) eingezahlte Kapital. Falls die EZB selbst Anleihen ausgeben würde, würden diese ebenfalls auf der rechten Seite der Bilanz verbucht. Somit sieht die Bilanz der EZB stark vereinfach so aus:

Tabelle 13: Beispielsbilanz der EZB Teil1

Linke Seite der Bilanz (Aktiva) (Forderungen der EZB an Dritte)	**Rechte Seite der Bilanz (Passiva)** (Forderungen Dritter an die EZB)
Besitz von Anleihen	Bargeld (sämtliches Geld, das ausgegeben wurde)
Sicherheiten für Kredite	Mindestguthaben von Banken auf ihrem EZB-Konto
Währungs- und Goldreserven	Eingezahltes Kapital der Eigentümer

Ist Ihnen die Logik der doppelten Buchführung aufgefallen? Eine Bilanz ist also nichts weiter, als die Gegenüberstellung aller Forderungen (Aktivseite)

und Verbindlichkeiten (Passivseite). Da die EZB für jeden Zentralbankgeld-Euro, welchen sie ausgibt, als Sicherheit Kredite bzw. Wertpapiere einfordert, stehen auf der linken Seite der EZB-Bilanz diejenigen Wertpapiere, die den Euro decken sollen. Somit gilt: Je besser die Qualität der Wertpapiere auf der linken Seite der EZB-Bilanz ist, desto sicherer (also inflationsgeschützter) ist das Geld auf der rechten Seite der Bilanz. Stehen auf der linken Seite der Bilanz nur Wertpapiere zweifelhafter Qualität, so bedeutet dies, dass unserem Euro nur zweifelhafte Werte gegenüberstehen. Sollten sich viele Wertpapiere bzw. die dahinter stehenden Kredite als nicht rückzahlbar erweisen, so wird auch der Euro wertlos. [224]
Weiterhin erkennt man aus dieser einfachen EZB-Bilanz, was die Geldbasis ist. Als Geldbasis bezeichnet man die ersten zwei Posten auf der rechten Seite der Bilanz: Bargeld und Mindestguthaben der Banken.[225] Die Geldbasis wird auch als Zentralbankgeld bezeichnet.

Um uns der Quantitativen Lockerung weiter zu nähern, sehen wir uns jetzt an, was genau passiert, wenn die EZB Staatsanleihen kauft. Dazu füllen wir die Bilanz der EZB jetzt mit Leben.

---

224 Wir haben gelernt (s. S. 149), dass die EZB nicht pleitegehen kann – weder im Illiquiditäts- noch im Insolvenzsinn. Dies liegt daran, dass sie unbegrenzt Liquidität generieren und über Gewinne aus der Geldschöpfung vorübergehend auftretende Eigenkapitallücken wieder auffüllen kann. Aber die EZB kann – zumindest kalkulatorisch – in eine Situation geraten, in der sie, um solvent zu bleiben, die Geldschöpfung so stark steigern müsste, dass die EZB keine Preisstabilität mehr gewährleisten kann. Diese Situation könnte eintreten, wenn die EZB gezwungen ist, viele Wertpapiere mangelnder Qualität in ihre Bilanz aufzunehmen. Das ist allerdings noch kein Problem. Problematisch wird es, wenn diese Papiere zu großen Teilen ausfallen sollten, dann müsste die EZB die Notenpresse anwerfen, um durch Gewinne der Geldschöpfung die Verluste auszugleichen. Dies führt dazu, dass sich die Geldmenge deutlich erhöht. Es könnte zu einer hohen Inflation kommen. Dabei muss diese Situation gar nicht effektiv eintreten, sondern es reicht, wenn die Marktteilnehmer unterstellen, dass die EZB auf eine derartige Situation zusteuert. Deswegen muss die EZB die Solidität ihrer Bilanz immer strikt verteidigen. Sie gewährleistet schließlich die Solidität des Euros.

225 Oftmals sagen Experten auch, weil das eingezahlte Kapital der Anteilseigner und die vielen anderen Posten, die ich nicht erwähnte habe, im Verhältnis zu den beiden ersten Posten (Bargeld und Mindestreserve) sehr klein sind, und so kaum ins Gewicht fallen, die gesamte Summe der Bilanz entspräche der Geldbasis.

Tabelle 14: Beispielsbilanz der EZB Teil 2

Linke Seite der Bilanz (Aktiva)			Rechte Seite der Bilanz (Passiva)		
Besitz von Anleihen	1000	€	Bargeld	225	€
Sicherheiten für Kredite	100	€	Mindestguthaben	1750	€
Währungs- und Goldreserven	900	€	Eingezahltes Kapital der Eigentümer	25	€
Bilanzsumme linke Seite	2000	€	Bilanzsumme rechte Seite	2000	€

Die Bilanzsumme unserer Beispielsbilanz der EZB beträgt 2.000 Euro. Da die Bilanzsumme ungefähr der Geldbasis entspricht, beträgt die Geldbasis 2.000 Euro. Dies ist der Teil des Geldes, den die EZB direkt kontrolliert. Erinnern Sie sich noch an das Ziel der EZB, die Inflationsrate zu steuern? Zur Steuerung der Inflationsrate ist die Geldmenge besonders interessant, weil sie langfristig die Inflationsrate bestimmt. Sie kann man nicht direkt aus der EZB-Bilanz ablesen. Wenn z.B. die Inflation wie derzeit zu niedrig ist, dann bleibt der Zentralbank nichts anderes übrig, als die Geldmenge zu erhöhen. Wie macht sie das?
Das Problem der EZB ist, dass sie keine direkte Kontrolle über die Geldmenge hat, weil das meiste Geld (Buchgeld) in unserer Volkswirtschaft durch die Banken kreiert wird. Normalerweise übt sie eine indirekte Kontrolle über den Zinssatz aus. Es gilt: Je geringer die Zinsen sind, desto größer die Nachfrage nach Krediten und umgekehrt. Das geschieht üblicherweise bei der EZB über Geldauktionen. Nehmen wir also an, die EZB möchte den Banken hundert Euro als neue Liquidität zur Verfügung stellen. Was passiert jetzt in der EZB-Bilanz? Die Bilanzsumme erhöht sich um eben diese hundert Euro, d.h. die Bilanzsumme beträgt jetzt 2.100 Euro. Das geschieht, weil die EZB den Banken die 100 Euro auf ihre Konten überweist (siehe Mindestguthaben). Dafür müssen die Banken wiederum Sicherheiten in Höhe von 100 Euro bei der EZB hinterlegen.

Tabelle 15: Beispielsbilanz der EZB Teil 3

Linke Seite der Bilanz (Aktiva)			Rechte Seite der Bilanz (Passiva)		
Besitz von Anleihen	1000	€	Bargeld	225	€
Sicherheiten für Kredite	200	€	Mindestguthaben	1850	€
Währungs- und Goldreserven	900	€	Eingezahltes Kapital der Eigentümer	25	€
Bilanzsumme linke Seite	2100	€	Bilanzsumme rechte Seite	2100	€

Da jetzt durch die Finanzkrise die Zinsen nahe Null liegen, kann die Zentralbank die Zinsen nicht mehr senken. Jetzt schlägt die Stunde der Quantitativen Lockerung.[226] Was passiert bei der Quantitativen Lockerung? Die EZB kauft, vereinfacht ausgedrückt, den Banken Staatsanleihen ab. Beschließt bspw. die EZB den Banken für 1.000 Euro Staatsanleihen abzukaufen, dann hat die EZB-Bilanz folgendes Bild:

Tabelle 16: Beispielsbilanz der EZB Teil 3

Linke Seite der Bilanz (Aktiva)		**Rechte Seite der Bilanz (Passiv)**	
Besitz von Anleihen	2000 €	Bargeld	225 €
Sicherheiten für Kredite	200 €	Mindestguthaben	2850 €
Währungs- und Goldreserven	900 €	Eingezahltes Kapital der Eigentümer	25 €
Bilanzsumme linke Seite	3100 €	Bilanzsumme rechte Seite	3100 €

Die Bilanzsumme der EZB erhöht sich um die 1.000 Euro auf 3.100 Euro. Dies geschieht, indem die EZB die 1.000 Euro auf die Konten der Banken bei der EZB überweist. Dafür verkaufen die Banken der EZB Staatsanleihen in Höhe von 1.000 Euro, diese werden auf der linken Seite der Bilanz unter dem Punkt „Besitz von Anleihen" gebucht.

Doch was passiert jetzt mit der Geldmenge? Dies hängt davon ab, was die Banken mit dem Geld machen, das sie von der EZB für die Anleihen bekommen haben. Sie könnten dieses Geld auf ihrem EZB-Konto ablegen und nichts damit tun. In diesem Fall würde der Effekt verpuffen, weil nicht die Geldmenge anstiege, sondern nur die Geldbasis. Beispielsweise werden die Banken bei der Kreditvergabe in einer stagnierenden Wirtschaft vorsichtiger sein, weil sich viele Investitionen der Unternehmen nicht auszahlen. Alternativ könnten die Banken das Geld nutzen, um mehr Kredite an ihre Kunden zu vergeben. Das kann einen positiven Kreislauf auslösen: Die Bank verleiht einem Unternehmen das Geld. Das Unternehmen investiert dieses Geld in Maschinen. Der Maschinenproduzent investiert seinerseits wiederum in neue Technologien. Beide stellen Mitarbeiter ein. Die wirtschaftliche Gesamtnachfrage wächst und damit auch die Nachfrage nach Krediten. Und dann wächst auch die Geldmenge wieder.

[226] Die Begründung der Quantitativen Lockerung ist nicht eine etwaige Deflation, sondern die Entkoppelung der Inflationserwartung. Dies ist etwas völlig anderes. Die EZB verfolgt ein Inflationsziel von knapp unter zwei Prozent. Anfang 2015 zeigten sämtliche Indikatoren, dass die Inflationserwartungen deutlich nach unten gerutscht sind und nicht mehr bei zwei Prozent liegen. Das Ziel ist es jetzt, mit der Quantitativen Lockerung die Rückführung der von der Bevölkerung erwarteten Inflation um die EZB-Zielmarke von zwei Prozent zu erreichen.

Die Quantitative Lockerung ist kein Selbstläufer. Ihr Erfolg hängt davon ab, was die Banken mit dem Geld machen, das sie von der EZB im Rahmen des Wertpapierkaufs bekommen haben. Die Quantitative Lockerung wirkt jedoch auch noch auf anderen Wegen:

- *Weg 1 – Wechselkurs:* Die EZB könnte die Wertpapiere nicht nur bei einheimischen Banken kaufen, sondern auch von ausländischen Banken. Wenn die EZB von ausländischen Banken europäische Staatsanleihen kauft, werden diese Banken zumindest einen Teil ihrer Erlöse in ihre Heimatwährung umtauschen, d.h. sie verkaufen den Euro. Die Folge ist, dass der Kurs des Euros fällt. So führte z.B. die Ankündigung eines großen Anleihekaufprogramms am 22.01.2015 durch die EZB zu einem deutlichen Rückgang des Eurokurses. Im Jahr 2014 erreichte der Euro mit einem Stand von knapp 1,40 Dollar seinen Höchststand. Nach der Ankündigung war er bei 1,16 Dollar notiert. Diese deutliche Abwertung kommt vor allem europäischen Exporteuren zugute. Die Hoffnung der EZB war nun, dass die Exporteure wegen des anziehenden Geschäfts verstärkt Kredite nachfragten, um investieren zu können. Denn dies erhöht schließlich die Geldmenge.

- *Weg 2 – Portfolio-Umschichtungen der Banken*: Nehmen Sie an, die EZB kauft im Rahmen ihres QE- Programms den Banken die meisten ihrer Wertpapier ab. Was machen die Banken jetzt mit dem Geld? Sie können es auf dem Konto der EZB lassen. Dies ist zurzeit relativ unwahrscheinlich, weil die Banken dafür Strafzinsen in Höhe von -0,2 % zahlen müssen. So hofft die EZB, dass die Banken einen Teil des Geldes in Aktien und andere Wertpapiere investieren. Hierdurch wird der Aktienmarkt gestützt bzw. die Kurse ziehen sogar an. Das erleichtert den Unternehmen den Zugang zu Kapital für Investitionen. Warum verleitet Firmen ein hoher Aktienpreis dazu, mehr zu investieren? Dies liegt daran, dass die Unternehmen bei einem höheren Aktienpreis eher den Anreiz haben, neue Aktien herauszugeben und so Geld für neue Investitionen zu sammeln, denn sie bekommen je Aktie mehr Geld. Die Firmen werden dies allerdings nur tun, wenn es eine Nachfrage nach ihren Produkten gibt. Treibt die Quantitative Lockerung lediglich die Aktienkurse in die Höhe, hätte dies keinen Einfluss auf die Realwirtschaft und das Programm würde nichts bewirken.

4. Der Kreis schließt sich – handeln die heutigen Notenbanker ähnlich wie einst John Law?

1912 antwortete Ludwig von Mises auf die Frage „Was ist Geld?" Folgendes:

> „Geld war bzw. ist schon immer ein seltsames Ding. Manchmal eine Sache, heute aber Kredit bzw. streng genommen ein ungedecktes Kreditgeld. Geld ist also verrückt geworden. Verrücktes Geld macht früher oder später Märkte und anschließend ganze Länder verrückt. Nichts steht dann mehr an seinem Platz."

Die Geschichte von John Law zeigt dies exemplarisch. Experten sagen gerne, ein Szenario, wie wir es in Laws Geschichte gesehen haben, könne sich heute nicht wiederholen, schließlich haben die Notenbanken ein ganzes Füllhorn an komplizierten, mathematischen Modellen zur Bestimmung der Inflation und Geldmenge zur Hand. Ist das tatsächlich so? Sieht man sich die Geschichte von John Law an, so ergeben sich verdächtige Parallelen zwischen den Handlungen Laws und denen der heutigen Notenbanker – besonders in Krisensituationen. Dies möchte ich in diesem Kapitel aufzeigen.

Dazu werfen wir zunächst nochmals einen kurzen Blick in die Geschichte von John Law und übertragen seine Maßnahmen in die heutige Zeit. Anschließend sehen wir uns Handlungen der heutigen Notenbanker zur Überwindung von Finanzkrisen an.

4.1. Laws Maßnahmen aus heutiger Sicht

Wie damals eigentlich jeder Ökonom im 17. Jahrhundert, musste John Law zwei Probleme lösen: Erstens reichte das umlaufende Münzgeld für den steigenden Handel und die sich entwickelnde Wirtschaft „physisch" nicht aus, d.h. es gab zu wenig Edelmetall für die benötigten Münzen. Zweitens reichte das Einkommen (Steuern) der Staaten nicht, um deren wachsende Ausgaben zu decken, d.h. die Schulden der Staaten wurden immer größer. Diese wirtschaftlichen Schwierigkeiten waren so auffällig geworden, dass sich eine neue „Wissenschaft" entwickelte – das Nachdenken über Geld und Wirtschaft. Intuitiv musste John Law die Verwandtschaft von Wirtschafts- und Spieltheorie erkannt haben. Law stellte seine Gedanken zum Thema Geld zwischen 1703 und 1715 in verschiedenen Schriften dar, dabei bildet das Buch *„Money and Trade Considered, with a Proposal for Supplying the Nation with Money"* den zentralen Baustein, welcher die Kernideen und Gedanken von Laws monetärem Ansatz erläutert. Vereinfacht lässt sich Laws Idee auf den Kerngedanken reduzieren, dass sich eine Ausweitung der Geldmenge positiv auf eine Volkswirtschaft auswirkt. Man spricht in diesem Zusammenhang auch vom Inflationismus.

> **<u>Heutige Sicht:</u>**
> Aufgrund der negativen Erfahrungen der Deflation in den 1930er-Jahren hat sich bei den heutigen Zentralbankern ein Inflationsdrehbuch festgesetzt: die Notenbanken streben eine Inflation an: Die EZB hat ein Inflationsziel von 2 % jährlich. Wie einst bei John Law ist ihr Mittel der Wahl zur Bekämpfung der Deflation das Gelddrucken. So wird z.B. der EZB-Präsident Mario Draghi nicht müde, zu betonen, dass die EZB alles tun würde, um die Inflation so schnell wie möglich zu erhöhen.

Um eine solche Ausweitung der Geldmenge zu ermöglichen, befürwortete Law ein System, das auf Banknoten anstelle von Gold- und Silbermünzen beruhte. Law vertrat weiter die Ansicht, dass die ausgegebenen Banknoten nur zu einem geringen Teil gedeckt sein müssten und dass zahlreiche Vermögensgegenstände (wie Gold, Silber, aber auch Wertpapiere wie Aktien) als Deckung akzeptabel seien. Bei der Argumentation für sein „neues" Geldsystem stützte er sich stark auf die Tausch- und Kreditfunktion des Geldes und beschrieb dabei einen Mechanismus, welcher heute als ein elementarer Bestandteil einer keynesianisch[227] geprägten, nachfrageorientieren Wirtschaftspolitik gilt: Die zinssenkende Wirkung einer Ausweitung der Geldmenge, die sich wiederum positiv auf die Investitionstätigkeit und somit auf das Wirtschaftswachstum und Beschäftigung auswirkt. Prägnant formuliert: Niedrige Zinsen, billiges Geld – und der Laden brummt wieder!

> **<u>Heutige Sicht:</u>**
> Was Law also im Kern durchführen wollte, um die Wirtschaft anzukurbeln, heißt heute „defizit spending".

---

[227] Keynes dachte daran, die Preisrückgänge beim Platzen von Blasen durch konträre Maßnahmen zu bekämpfen. Hierzu werden u.a. Kredite zur Verfügung gestellt, also das Geldangebot erweitert und staatliche Nachfrage geschaffen. Die Idee dahinter ist es, starke Preisrückgänge bei Verbrauchsgütern zu verhindern bzw. abzuschwächen, also eine Deflation zu vermeiden. Außerdem sollte eine Kettenreaktion ausfallender Schuldner vermieden werden. Um dies zu verhindern bzw. die Banken zu entlasten (damit sie noch weitere Kredite vergeben können) sollten platzende Kredite von staatlichen Institutionen übernommen und z.B. in Bad Banks ausgelagert werden. All diese Maßnahmen wirken auf der Nachfrageseite. Keynes Ziel war es, dass in einer Krise die Nachfrage nicht wegbricht, um den Zusammenbruch der Wirtschaft zu verhindern.

Um sein System zu realisieren, brauchte Law eine Bank. Im Jahr 1716 erhielt Law das Recht, in Paris eine neue Bank – die Banque Generale – zu gründen. Die Bank emittierte Aktien im Umfang 6 Millionen Livre, davon musste nur ein Viertel in Form von Gold- oder Silbermünzen einbezahlt werden, der Rest konnte mit festverzinslichen Staatsschulden (Billets d'Etats) zum Nennwert beglichen werden, obwohl diese „nur" noch mit etwa 40 % ihres Nennwertes gehandelt wurden. Bald darauf fing die Banque Generale an, Papiergeld zu schaffen, indem sie Münzen entgegennahm und durch Papiergeld ersetzte und vor allem, indem sie Kredite in Form von Banknoten vergab. Gleichzeitig verfolgte Law mit seiner Bank die Strategie, Staatsschulden aufzukaufen und diese mit von der Banque Generale selbst geschaffenem Papiergeld zu bezahlen. Auf diese Weise konnten sich die Besitzer zum Teil von ihren französischen Staatsschulden entledigen und bekamen dafür Banknoten, welche sich als allgemeines Zahlungsmittel verwenden ließen. Dies entspricht einer Monetisierung[228] der Staatsschulden.

Heutige Sicht:
Knapp 12.000 Milliarden US-$ haben die großen Notenbanken der Welt seit Beginn der Finanzkrise 2009 in die Märkte gepumpt. Würde man diese Summe mit aneinandergereihten 100-Dollar-Noten auslegen, würde dies fast 50-mal der Entfernung zwischen Erde und Mond entsprechen – theoretisch. In Wirklichkeit gibt es diese Scheine nicht, denn sie wurden nie gedruckt. Das unterscheidet den heutigen Geldsegen vom Vorgehen Laws. Die EZB, die Bank of England, die Bank of Japan sowie bis vor kurzem die US-Notenbank erschaffen auch Geld aus dem Nichts. Allerdings nur elektronisch, also virtuell. Vereinfacht gesagt: Sie erhöhen auf ihren Konten mit einem Federstrich ihr Guthaben und kaufen am Finanzmarkt z.B. Staatsanleihen oder andere Wertpapiere dafür. So gibt die EZB 60 Milliarden Euro monatlich für diesen Zweck aus. Dieses Vorgehen nennen die Verantwortlichen Quantitative Easing. Dieser beschönigende Name verschleiert, dass man den Geldhahn kräftig aufdreht – wie einst

[228] Unter Monetarisierung der Staatsschulden versteht man, dass die Schulden durch die jeweilige Zentralbank (hier die Banque Royal) aufgekauft werden und so in „Geld verwandelt werden". Denn die Zentralbank gibt zum Kauf der Staatsschulden neue Banknoten aus. Erfolgt die Monetarisierung dauerhaft, kann sie den faktischen Staatsbankrott des betroffenen Staates verschleiern. Letztlich betreibt die Zentralbank bei einer dauerhaften Monetarisierung eine expansive Geldpolitik durch den Aufkauf von Staatsanleihen. Dies ist nichts anderes, als wenn die Zentralbank den Staatshaushalt direkt durch die Ausgabe von Geld deckt. Dies führt dazu, dass die Geldmenge im Vergleich zur vorhandenen Gütermenge aufgebläht wird, es kommt zur Inflation.

John Law. Doch letztlich ist der Aufkauf von Staatsanleihen durch die Notenbanken nichts anderes als eine Monetisierung der Staatsschulden, wie sie auch John Law durchführte.

Wie gut diese Maßnahme bei Law funktionierte, zeigt sich daran, dass die Banknotenausgabe bereits im Jahre 1716 einen Wert von 44 Millionen Livre erreichte und bis ins Jahr 1718 auf einen Wert von insgesamt 149 Millionen Livre anstieg. Die neuen Banknoten gewannen schnell an Popularität und verdrängten zunehmend die Münzen als Zahlungsmittel. Um das Vertrauen weiter zu steigern, ordnete der französische Staat am 10. April 1717 an, dass die Banknoten als gesetzliches Zahlungsmittel für Steuerschulden anerkannt werden, und im September 1717 wurde festgelegt, das sämtliche Steuerzahlungen mit Banknoten zu erfolgen hatten. Auf diese Weise wurden die Banknoten zum gesetzlich festgelegten Zahlungsmittel, welches von jedermann für Zahlungen akzeptiert werden musste. Dies half der französischen Wirtschaft auf die Beine: Die Zinsen sanken, unternehmerische Aktivitäten regten sich, es wurde konsumiert, produziert und investiert.

Heutige Sicht:
Wie damals gilt auch heute, dass der Kredit die Basis des Wirtschaftswachstums ist, und dass Kredit nichts als Glaube an die Zukunft darstellt. Denn ohne Kredite gibt es keinen Fortschritt, sie sind das Schmiermittel der Wirtschaft. Schließlich sind Kredite die Grundlage dafür, dass in einer modernen Gesellschaft überhaupt Geld entsteht. Banknoten und Münzen machen heute nur noch neun Prozent dessen aus, was die Zentralbanken als Geldmenge bezeichnen. Der große Rest existiert nur als "Buchgeld" auf Konten, etwa als Guthaben auf einem Girokonto. Den Anfang machen Darlehen der Zentralbanken an die Geschäftsbanken in Form eines Guthabens auf ihrem Zentralbankkonto. Die Kreditinstitute können das Geld wiederum weiterverleihen. Das heißt aber auch: Wenn sie keinem Schuldner mehr trauen, können die Notenbanken so viel Geld zur Verfügung stellen, wie sie wollen – in der Wirtschaftswelt jenseits der Hochfinanz kommt es nicht an, es kann keine Inflation geben. Unternehmen bekommen kein Geld für neue Fabrikhallen oder Privatleute nichts für den Hausbau.

Doch ein umfassender Aufschwung stellte sich nicht ein, weil die Wirtschaft durch die hohen Staatsschulden arg ausgebremst wurde. Denn der gestiegene Kapitalbedarf des Staates erhöht die Zinsen, was Investitionen verteuert und damit das Wachstum verringert. Um dieses Problem zu lösen, enthält Laws monetärer Ansatz neben den inflationistischen Kerngedanken eine weitere wichtige Komponente zur Staatsschuldenreduktion.

Heutige Sicht:

Selbst in unseren Zeiten, werden hohe Schulden negativ gesehen, weil ab einer gewissen Verschuldungshöhe der Staat abhängig von seinen Gläubigern wird und obendrein einen ständigen Geldfluss aus dem Staatshaushalt zu den Besitzern der „Anleihen“ erzwingt. Dies bedeutet, der Spielraum des Staates für andere Ausgaben wird geringer.

Hierzu ließ sich John Law von den Strukturen und Aktivitäten der niederländischen Ostindien-Kompanie, der Bank of England und der East India Company inspirieren. Diese Unternehmen waren einerseits gewinnorientierte Aktiengesellschaften, deren Aktien sich überwiegend in Privatbesitz befanden. Gleichzeitig dienten sie aber auch der Finanzierung der öffentlichen Haushalte, indem sie Monopolrechte vom Staat erwarben und ihm dafür zinsgünstige Darlehen gewährten oder dessen Schulden übernahmen. Laws Idee war also, ein erfolgsversprechendes Unternehmen zu gründen, welches Aktien emittiert, die ebenso mit Staatsschulden bezahlt werden können bzw. das Unternehmen kauft die Staatsschulden direkt.[229] So gründet John Law im August 1717 die *„Compagnie de la Louisiane ou d'Occident“* (im Volksmund Mississippi-Kompanie genannt). Aktiengesellschaften waren zu dieser Zeit für die Franzosen noch Neuland. Allerdings schaffte es Law durch gezielte Werbemaßnahmen, den Franzosen Aktien innerhalb kurzer Zeit schmackhaft zu machen. Hierzu präsentierte er den französischen Anlegern die Vision einer erfolgreichen Entwicklung der französischen Kolonien, wobei zunächst das Gebiet von Louisiana im Vordergrund stand. Da Louisiana weit weg von Frankreich war und Law geschickt Propaganda verbreitete, beflügelte sie die Fantasie der Anleger.

Heutige Sicht:

Auch heute noch werden Unternehmen durch eine besondere Investmentstory an den Börsen hoch gehandelt. Man betrachte hierzu Microsoft, Google oder Amazon.

[229] So landen die verbleibenden Staatsschulden bei diesem Unternehmen und werden durch Aktien dieses Unternehmens ersetzt.

So konnte Law den Großteil seiner 200.000 Aktien zu einem Preis von je 500 Livre emittieren. Dies glückte u.a., weil man die Aktien mit den nach wie vor weit unter dem Nennwert gehandelten Staatsschulden (Billets d'Etats) zum Nennwert kaufen konnte. Die Mississippi-Kompanie begann in raschem Tempo, ihre Geschäftstätigkeiten zu diversifizieren. Beispielsweise erwarb sie im August 1718 das Recht, sämtliche Tabaksteuern einzuziehen und im Mai 1719 wurden die Ostindien- und Chinakompanie übernommen. Letztlich schaffte es Law, dass die Mississippi-Kompanie das Monopol über praktisch den gesamten Kolonialhandel Frankreichs besaß. Deshalb nannte er sie fortan Companie des Indes. Außerdem gelang es Law, die königliche Münzanstalt und damit das verbundene Münzprägemonopol und das Recht, indirekte und direkte Steuern einzutreiben, zu erwerben. Dieses hübsche Sammelsurium aus Rechten und Monopolen verlieh dem Aktienkurs der Companie des Indes einen schönen Anstieg. Natürlich kostete diese Expansion der Geschäftstätigkeit Geld. Daher benötigte die Companie des Indes dringend zusätzliche Mittel. Deshalb erfolgten von Juni bis Oktober 1719 Aktienemissionen in gigantischem Ausmaß. Einen wesentlichen Beitrag zur Attraktivität der Aktie lieferte Laws geschicktes Verkaufsmarketing, welches seiner Zeit voraus war.

Heutige Sicht:
Kritische Anlegerschützer würden sagen, dass John Law nach heutiger Sprachregelung *Insiderhandel* betrieb, um den Aktienkurs in die Höhe zu treiben.

Dabei spielte John Law Folgendes in die Hand: Ende 1718 wurde die Banque Generale in die staatliche Banque Royale umgewandelt,[230] welche wiederum im Juli 1719 neue Banknoten ausgab, bei denen die Besitzer nur noch eingeschränktes Recht hatten, diese in Gold- und Silbermünzen umzuwandeln. John Law ersann immer neue Möglichkeiten, um dem Aktienkurs auf die Sprünge zu helfen. Sein größter Schachzug war, dass die Aktionäre, die bereits im Besitz von Aktien waren, diese als Kollateral verwenden durften, um von der Banque Royal Kredite für weitere Aktienkäufe zu bekommen. Das heißt: Wer Aktien besaß, konnte sich durch diese weiteres Geld beschaffen,

[230] Als die Banque Generale am 4. Dezember 1718 in die staatliche Banque Royal überführt wurde, waren von den 148.6 Millionen Livre in Banknoten bis dahin 89,5 Millionen wieder eingezogen worden. Im Moment der Übernahme war die Banque Generale folglich wirtschaftlich gut geführt, weil sie 9.200.000 Livre in Münzen und 1.600.000 in Wechsel besaß. Eine heutige Bank würde bei einem solchen Bilanzverhältnis als haarsträubend überfinanziert gelten, die Aktionäre würden eine Sonderdividende verlangen.

welches die Banque Royal selbst schuf. Dies bedeutet, je mehr die Aktien wert waren, umso mehr Kredit bekam der Aktienbesitzer. Somit begann ein verhängnisvoller Kreislauf: Der Anstieg des Aktienkurses führte auf Seiten der Banque Royal zu einer weiteren Geldschöpfung, welche wiederum zu weiteren Aktienkäufen und somit zu einem weiteren Anstieg der Aktienkurse führte. Dies ist ein optimaler Nährboden für die Entwicklung einer spekulativen Blase.

Heutige Sicht:

Diesen verhängnisvollen Kreislauf gibt es heute noch. Das viele Geld, das die Notenbanken aktuell schöpfen, hält die Banken am Leben. Diese wiederum sorgen dafür, dass Konsumenten, Unternehmen und Staaten nicht die Luft ausgeht. Das Geld nährt Investitionen, es verführt zum Spekulieren, zum Schuldenmachen. Bis sich wieder neue, noch größere Löcher auftun – und noch mehr Geld nachgeliefert werden muss.

So fing z.B. Greenspan Anfang 2000 an, die US-Zinsen über einen längeren Zeitraum deutlich zu senken. Dies führte zu einer Immobilienblase. Man beobachtete folgenden Kreislauf: Der Anstieg der Preise für US-Häuser führte auf Seiten der Banken zu einer weiteren Geldschöpfung, welche wiederum zu weiteren Häuserkäufen und folglich zu einem weiteren Anstieg der Häuserpreise führte. Dies war der Nährboden für einen unglaublichen Boom am US-Häusermarkt.

Gleichzeitig übernahm die Companie des Indes einen Großteil der französischen Staatsschulden u.a. dadurch, dass ein Teil der Aktienemissionen weiterhin mit französischen Staatsschulden bezahlt werden konnte. Man schätzt, dass sich bis 1720 fast 1,6 Milliarden Livre der ursprünglichen 2 Milliarden Livre Staatsschulden im Besitz der Companie des Indes befanden. Hieraus erwuchs eine gefährliche Mischung: Die Aktien konnten ja als Kollateral verwendet werden, um Kredite bei der Banque Royal zu erhalten. So wurden die Staatsschulden indirekt monetisiert, weil diese zunächst in Aktien (die Companie des Indes kaufte die Staatsschulden) und die Aktien dann in Geld (nach Verkauf der Aktien durch den Spekulanten) umgewandelt werden konnten. Dies hatte zur Folge, dass die von der Banque Royal ausgegebenen Banknoten nicht mehr durch Gold und auch nicht mehr wie bei der Banque General durch Staatsschulden gedeckt waren, sondern durch Aktien der Companie des Indes.

Heutige Sicht:
Die Europäische Zentralbank (EZB) erschafft zunächst Geld aus dem Nichts. Dieses Geld wird in Form von Krediten an Banken weitergegeben. Banken hinterlegen im Gegenzug Sicherheiten bei der EZB, vorzugsweise Staatsschuldverschreibungen. Demzufolge ist der Euro größtenteils durch Staatsschulden gedeckt. Allerdings führte die Finanzkrise 2009 dazu, dass die Banken als Sicherheiten nicht mehr nur Staatsschulden geben mussten. So gab z.B. eine spanische Bank indirekt die Transferrechte für den Fußballer Ronaldo als Sicherheit für Kredite bei der EZB. Die EZB wandelt also auf den Spuren der Banque Royal, weil sie für ihr Geld immer schlechtere Sicherheiten akzeptiert.

Somit war der Wert der Banknoten mit dem Schicksal der Companie des Indes und damit insbesondere mit deren Aktienkurs verknüpft, der wiederum vom erwarteten Wachstum der Geschäftsaktivitäten, den damit verbundenen zukünftigen Gewinnen sowie der Fantasie der Anleger abhing. Dies bedeutet, solange die Gewinnerwartungen bzw. der Aktienkurs stieg oder konstant war, wurden die Banknoten gerne als Zahlungsmittel akzeptiert. Wegen dieser engen Beziehung zwischen Banque Royal und der Companie des Indes war es nur folgerichtig, dass beide Unternehmen fusionierten. Dank der Geldschwemme boomte in Frankreich vom Sommer 1719 bis zum Sommer 1720 die Wirtschaft.

Tabelle 17: Auswirkungen der Geldschöpfung

	geschätzte Zunahme	**beobachteter Zeitraum**
Geldmenge (Banknoten)	+ 500 %	August 1719 bis April 1720
reale Produktion	+ 100 %	bis 1720
Preisniveau	+ 100 %	Von 1718 bis 1720
Aktienkurs der Mississippi-Kompanie	+ 2.000 %	Mai 1719 bis November 1719

Blicken wir zunächst auf die Auswirkungen der Geldschwemme in der Realwirtschaft. Man beobachtete, dass tatsächlich ein Teil des neu geschaffenen Geldes produktiv verwendet wurde. Dies sorgte für ein enormes Wachstum der realen Wirtschaft. Unterstützt wurde dies dadurch, dass es plötzlich leicht für die Unternehmen war, Kredite für neue Geschäftsaktivitäten zu bekommen, weil die Banque Royal in der Lage war, bei Bedarf stets zusätzliches Geld in Form von Banknoten zu schaffen. Gleichzeitig sanken die Kreditzinssätze deutlich, sodass die Kosten für Kredite merklich zurückgingen. Hier wurde die Saat für die folgende schwere Wirtschaftskrise gelegt. Die Investitionen fanden nämlich fast ausschließlich in solchen Unternehmen statt, die hohe Gewinne versprachen. Dies waren Unternehmen, die Luxuswaren produzierten, und Zulieferer der Mississippi-Kompanie. Die Güter, die sie herstellten, waren gefragt und die Unternehmen konnten dafür hohe Preise nehmen. Als die Blase platze, brach der Luxusmarkt fast vollständig zusammen und viele Unternehmen gingen kurz nach ihrer Gründung wieder pleite. Als kurz darauf die Mississippi-Kompanie zusammenbrach, waren ebenfalls zahlreiche Zulieferer am Ende.

Heutige Sicht:

Von der steigenden Geldmenge der USA in den vergangenen Jahren profitierte besonders eine Branche: die Fracking-Industrie (d.h. Firmen, die durch neue Techniken und mit hohem Aufwand Rohöl aus Schieferölformationen pressen). Unternehmen aus dieser Branche konnten zwischen Anfang 2010 bis zum Beginn des jüngsten Ölpreisabsturzes Ende 2014 allein ca. 550 Milliarden Dollar einnehmen, weil sie gigantische Gewinne versprachen. Dies ist fast ein Siebtel des Geldes, das die US-Notenbank in den Finanzmarkt gepumpt hat. Aber die Investitionen in die Fracking-Industrie rechneten sich nur, solange der Ölpreis hoch und die Zinsen niedrig waren. Als dann der Preis für das schwarze Gold einbrach und die US-Zinsen leicht zu steigen begannen, gerieten die Firmen prompt in Turbulenzen – Kredite fielen aus. So sagen viele Ökonomen, billiges Geld führe zu Fehlinvestitionen. Denn das Geld fließt in viele Investments, die sich nur bei niedrigen Zinsen rentieren; so wird es für die Notenbanken schwer, jemals wieder aus der Niedrigzinspolitik auszusteigen. Sie würden nämlich sonst den Zusammenbruch vieler Firmen riskieren. Die Banken müssten viele Milliarden abschreiben und gerieten selbst möglicherweise in eine Schieflage. Eine neue Finanzkrise wäre möglich. Deswegen müssen die Notenbanken die Finanzmärkte langfristig auf steigende Zinsen vorbereiten.

Allerdings stand der drastisch steigenden Geldmenge nur eine langsam steigende Warenmenge gegenüber. Deshalb führte der Teil des neu geschaffenen Geldes, welcher verwendet wurde, um zusätzliche Konsumgüter zu kaufen, zu einer Inflation.

Heutige Sicht:
Die Geldschwemme, die die Notenbanken initiiert haben, hat noch keine nennenswerten Auswirkungen auf die Inflation. Doch wie lange kann das noch gutgehen? Bis jetzt hat sich eigentlich immer in der Geschichte gezeigt, dass folgender ökonomische Grundsatz früher oder später zuschlägt: Zu viel Geld treibt die Preise hoch und die Währung wird dadurch entwertet. Somit befürchten einige Volkwirte schon, dass nach Immobilien-, Banken- und Staatsschuldenkrise die nächste Eskalationsstufe droht: Eine Inflationskrise mit hohen Inflationsraten, bei der das in Gefahr gerät, was eine Volkswirtschaft zusammenhält: das Vertrauen in ihr Geld. Wenn das Vertrauen in den Wert des Geldes fehlt, akzeptieren Ladenbesitzer die Geldscheine irgendwann nicht mehr als Gegenleistung für ihre Waren, sondern verlangen lieber Goldmünzen oder Lebensmittel. Oder sie versuchen, das Papiergeld, das sie noch haben, möglichst schnell gegen Sachwerte einzutauschen. Die Volkswirte begründen ihre dramatischen Worte damit, dass die Geldmenge in den vergangenen Jahren weltweit deutlich schneller als die Wirtschaftsleistung gestiegen sei. Das heißt: Es gibt für nur etwas mehr Waren und Dienstleistungen noch viel mehr Geld.

Doch der wesentliche Teil des neu geschaffenen Geldes ging an die Börse. So stieg der Aktienkurs der Companie des Indes von Mai bis November 1719 um etwa das 20-fache – was auch spätere spekulative Blasen an der Börse an Geschwindigkeit und Dynamik in den Schatten stellt.

Heutige Sicht:
Der britische Hedgefonds-Manager Odey sagt, durch die Politik des billigen Geldes der Notenbanken habe sich seit der Finanzkrise 2009 das Geldvolumen weltweit um fast 700 % ausgeweitet. Es sei eine Blasenökonomie entstanden. Allein die verheerende Geldpolitik der Notenbanken würde die Aktien zu immer weiteren Rekordkursen treiben. Odey ist sich sicher: Das kann auf Dauer nicht gutgehen. So hat sich seit dem Tiefpunkt im März 2009 der Dax (d.h. die Kurse der 30 größten deutschen Unternehmen) mehr als verdoppelt. Andere Aktienmärkte zeigten eine ähnliche Entwicklung. Parallel dazu stiegen in vielen Ländern auch die Preise für Immobilien oder andere Sachwerte deutlich an. Das Geld fließt an die Finanzmärkte, aber nicht in Kredite oder in den Konsum. Das freut Aktienanleger, der Wirtschaft hilft es aber nicht. Einige Volkswirte unterstützen den Hedgefonds-Manager. Sie sagen: Wenn die Kreditausweitung

(das Geldmengenwachstum) nicht rechtzeitig beendet wird, so geht der Aufschwung unweigerlich in eine Katstrophe über; die Flucht in Sachwerte beginnt und letztendlich geht das gesamte Währungssystem unter.

John Law setzte letztlich einen Teufelskreis in Gang: Eine wachsende Geldmenge war zur Aufrechterhaltung hoher Aktienkurse der Mississippi-Kompanie erforderlich. Gleichzeitig dienten steigende Aktienkurse dazu, das Vertrauen in das Papiergeld zu erhöhen.

Heutige Sicht:

In den USA nutzten viele Firmen die niedrigen Zinsen (also die Geldschwemme) seit 2009, um vermehrt neue Schulden zu machen, doch dieses Geld floss nur zu einem geringen Teil in Investitionen. Sie kauften stattdessen häufig eigene Aktien an der Börse zurück, um so die Kurse weiter nach oben zu treiben. Man schätzt, dass Unternehmen hierfür allein in den USA seit 2009 rund 2.000 Milliarden Dollar ausgegeben haben.

Das konnte nicht lange funktionieren. So wurde schon im Mai 1720 das Ende vom Lied eingeläutet. Einige Investoren glaubten, dass die Aktien der Companie des Indes zu hoch bewertet waren und verkauften ihre Aktien. Dies löste eine Verkaufswelle aus. Als der Kurs der Mississippi-Kompanie abstürzte, verloren die Menschen das Vertrauen in John Law und seine geldpolitischen Maßnahmen. Es setzte eine Flucht in die Realwerte Land, Immobilien und Gold ein. Am Ende der Geschichte stehen der Kollaps des Law'schen Währungssystems und eine gewaltige Wirtschaftskrise.

Heutige Sicht:

Eine ungedeckte Papierwährung (die heute weltweit übliche Variante) ist für ihr Überleben darauf angewiesen, dass ihr die Menschen und die Finanzmärkte vertrauen. Fehlt die Vertrauensbasis, fällt die Währung ins Bodenlose.

In der Welt des Bank- und Finanzwesens ragt das Schreckgespenst eines finanziellen Desasters nach wie vor bedrohlich auf. Bankleute und Spekulanten können noch immer durch ihr Handeln finanzielle Erdrutsche gigantischen Ausmaßes auslösen. In den letzten 25 Jahren kollabierte in 20 Ländern die Währung, wie z.B. in Simbabwe (1999-2009), der Ukraine (1993-1995), der Türkei (1990er Jahre) und in Rumänien (2000-2005).

Im englischen Sprachraum gibt es den Begriff der sog. „weißen Lüge“. Dies meint eine gute Lüge, die verhindern soll, dass die Dinge schlimmer werden. So ähnlich ist es hier auch. Betrachtet man die Maßnahmen bzw. die Werkzeuge der Notenbanken im Lichte der Wahrheit, so stellt man fest, dass sie auf frappierende Weise denen von John Law ähneln, nur in einem neuen, schickeren Gewand. So handelt Ende des 20. Jahrhunderts der damalige US-Notenbankpräsident Alan Greenspan auf eine uns durch Law bekannte Weise, als die US-Wirtschaft tief in der Krise steckte. Mit niedrigen Zinsen und billigem Geld führte er die amerikanische Wirtschaft aus der Krise. Er erzeugt den längsten Aufschwung in der US-Geschichte. Ohne es zu wollen, halfen Greenspan und seine Nachfolger mit, eine riesige Blase am US-Immobilienmarkt entstehen zu lassen, die am 15. September 2008 platzte, als die Investmentbank Lehman Brothers zusammenbrach.[231] Seitdem ist er bekannt als der Mann, der Amerika an den Abgrund führte, so wie es auch John Law in Frankreich erging. Wie reagierten die Notenbanken auf die wohl schwerste Finanzkrise seit der Weltwirtschaftskrise 1929, die sich nach dem Zusammenbruch des US-Immobilienmarktes ereignete? Den genauen Ablauf der Krise sehen wir uns im folgenden Kapitel an. Vergleichen Sie die Mittel der Notenbanken im Kopf mit denen, die John Law angewendet hat. Sie werden erstaunt sein, wie wenig sie sich voneinander unterscheiden!

4.2. Das Krisenmanagement der Notenbanker

Vielen Menschen zu John Laws Zeit kam es so vor, als seien sie auf dem Weg in ein wirtschaftliches Paralleluniversum, in eine Welt, in der Gewohntes nicht mehr gilt, in der sich vieles ins Gegenteil verkehrt. Aus Plus wird Minus (große Vermögen lösen sich in Luft auf), aus gut wird schlecht (Papiergeld), aus richtig wird falsch: Eine Anti-Ökonomie. Heute bewegen wir uns auf einem ähnlich verhängnisvollen Pfad. So zeigen auch heute viele wirtschaftspolitische Navigationsinstrumente seltsame Dinge an: Aus Inflation wird Deflation, aus Sparbuchzinsen werden Strafgebühren. Aber es gibt auch gegenteilige Signale wie z.B. übersprudelnde Immobilienmärkte.
Um zu verstehen, auf welchen Irrweg wir zusteuern, muss man ein wenig zurückschauen. Der Weg in die Finanzkrise des Jahres 2007/2008 (einer der schwersten Krisen überhaupt) war gepflastert mit billigem Notenbankgeld.

---

[231] Wieder einmal zeigt die Geldschwemme ihren januskköpfigen Charakter. Einerseits führte die Erhöhung der Geldmenge zu einem Boom in der realen Wirtschaft und die Arbeitslosigkeit ging zurück. Doch gleichzeitig kam es zu starken Preissteigerungen in der Realwirtschaft (Inflation) und an der Börse (spekulative Blase).

Als Folge des Aktiencrashs des Jahres 2000 und des 11. Septembers 2001 stand die Weltwirtschaft kurz vor einem Kollaps. Die Notenbanken warfen weltweit ihre Druckerpressen an. In Zeiten großer Unsicherheit steigt die Nachfrage der Banken, Finanzmärkte und Bürger nach Geld an, weil jeder sein Geld zurücklegt – man weiß ja nicht, was kommt. Für das Finanzsystem ist dies bedrohlich, weil ihm immer mehr Gelder entzogen werden. Aus diesem Grund vergaben die Banken immer weniger Kredite, ihnen drohte sogar ein Banken Run. Das wollten die Notenbanken verhindern. Um also abzuwenden, dass das Geld knapp würde, haben sich die Notenbanken entschieden, mit der großen Kelle Geld zu schöpfen. Doch als der Schock nach den Anschlägen von 2001 abgeklungen war, wollten die Notenbanken auf Nummer sicher gehen. Die Leitzinsen der drei großen Währungsräume Dollar, Euro und Yen rutschten zwischen 2002 und 2005 von einem Tiefststand zum nächsten. Geld wurde billig. Und wer billig einkaufen kann, tut dies auch. Die Menschen kauften Immobilien. In den USA floss das viele Geld in wenige Grundstücke und Häuser. Es baute sich eine neue Spekulationsblase auf. Neue Finanzprodukte und die Tatsache, dass man eine Immobilie als Pfand für weitere Kredite nutzen konnte, verstärkten die Blase nochmals.
Der eigentliche Auslöser zum Platzen der Blase war, dass amerikanische Banken Kredite an einkommensschwache Kunden mit geringer Bonität (sog. „Subprime-Kredite") zum Erwerb von Eigenheimen gewährt hatten. Dabei wurden die Standards der Kreditvergabe immer weiter gelockert, insbesondere die Sicherheiten. Zum Ende des Booms genügte es, nur die Absicht zu haben, ein Haus zu kaufen bzw. zu bauen, um einen Kredit zu bekommen. Gleichzeitig wurden die Kreditzinsen immer weiter gesenkt. Der Markt wurde mit billigem Geld überschüttet. Anschließend verbrieften die Banken diese Kredite und die Ratingagenturen gaben diesen Wertpapieren gute Urteile, auf die viele Investoren in der ganzen Welt vertrauten. Zudem suchten die Investoren händeringend nach rentierlichen Anlagen, weil die Zinsen sehr niedrig waren. So fanden Wertpapiere mit Krediten reißenden Absatz. In normalen Zeiten hätte diese Entwicklung zu steigenden Zinsen geführt. Die steigende Geldnachfrage im Zuge eines Booms führt im Allgemeinen dazu, dass der Preis für die Überlassung des Kapitals, also die Zinsen, steigt. Dieser Anstieg der Zinsen bremst wiederum die Investitionen in Häuser, was den Boom verlangsamt oder sogar zum Erliegen bringt. Zusätzlich sorgt die steigende Nachfrage im Zuge des Booms für einen Anstieg der Preise. Letztlich ist Inflation nach alten Maßstäben eine zwingende Folge eines Booms. Das ruft dann schlussendlich die Notenbanken auf den Plan. Sie müssen dem

Ungestüm der Inflation durch eine Erhöhung der Leitzinsen das Haupt abschlagen: Sie verknappen die Geldmenge, indem sie den Kredithahn zudrehen.

Doch die Inflation stieg, während dieses Booms nicht an. Die Notenbanken reagierten daher verspätet und griffen nicht bzw. zu spät ein – ähnliches hatten wir bei dem Boom um die Mississippi-Company beobachtet. Warum kam es nicht zur Inflation? Das Tückische bei der Ermittlung der Inflationsrate ist, dass nicht die Entwicklung der Preise als Gesamtheit, sondern nur ein Ausschnitt betrachtet wird. So misst die Inflationsrate, wie sie vom Statistischen Bundesamt veröffentlicht wird, nur den Preisanstieg eines ausgewählten repräsentativen Warenkorbes mit Konsumgütern, Mieten, Benzin usw. Viele Produkte fehlen aber, wie Immobilien, Finanzprodukte oder Aktien. Das ist des Rätsels Lösung: Das billige Geld der Notenbanken wurde von den Bürgern nicht zum Kauf von Konsumgütern verwendet – deren Preise recht stabil blieben – sondern, um Aktien und Immobilien zu kaufen, also für Vermögensgüter. Das billige Geld erzeugte eine Blase am Immobilien- und Aktienmarkt. Als die Notenbanker auf die Inflationsrate schauten, um sich zu versichern, dass keine Inflation drohte, haben sie letztlich auf den falschen Indikator gesehen. Die Folgen ihrer Geldpolitik hätten sie an den großen Aktienindizes wie DAX oder Dow Jones ablesen können. So legten die Immobilienpreise in den USA eine veritable Kletterpartie hin wie seit 1890 nicht mehr. Es verdoppelte sich der bekannteste Preisindex für Immobilien, der Case-Shiller-Index, von 1997 bis 2006. 2006 waren die Immobilien in den USA so teuer wie noch nie. Die Welt befand sich in einer Vermögenspreis- bzw. Sachwerteinflation (s. dazu auch S. 255 ff.).

Anfang 2007 konnten immer mehr amerikanische Kreditnehmer die Zins- und Tilgungszahlungen nicht mehr leisten, weil die US-Notenbank die Leitzinsen anhob. Deswegen mussten immer mehr Kreditnehmer ihre Eigenheime verkaufen. Das löste eine Welle von Immobilienverkäufen aus. Sie hatte zur Folge, dass zum ersten Mal seit Jahren die Immobilienpreise fielen. Das löste eine Panik aus. So entwickelte sich eine Abwärtsspirale aus fallenden Immobilienpreisen, steigender Arbeitslosigkeit im Baugewerbe, Konkursen von Immobilienfinanzierern und Panikverkäufen am Immobilienmarkt. Obendrein wurden immer mehr Subprime-Kredite nicht mehr mit Zins und Tilgung bedient. Die Wertpapiere, in denen die Subprime-Kredite verbrieft waren, verloren an Wert oder fielen ganz aus. Die Verluste aus diesen Krediten trafen zuerst die Investoren, die die Kredite von den Zweckgesellschaften gekauft hatten. Natürlich wollten die Investoren diese Verluste nicht tragen. Sie machten von ihrem Recht Gebrauch, diese Kredite wieder

zurückzugeben, und forderten ihr Geld zurück. Für die Zweckgesellschaft war das ein schwerwiegendes Problem: Sie hatten das Geld nicht mehr, da sie damit Kredite von den Banken gekauft hatten. Da die Zweckgesellschaften keine Banken waren, brauchten sie auch kein Eigenkapital vorzuhalten. Daher hatten sie auch nur wenige Mittel, um die Anleger auszuzahlen. Die Zweckgesellschaften sahen sich einem klassischen Banken Run ausgesetzt: Die Kunden wollten ihr Geld zurückhaben, welches anderweitig investiert war. Dieses Geld konnte von den Zweckgesellschaften nicht bezogen werden, weil die Immobilienkredite eine längere Laufzeit hatten. Sie konnten ihre Immobilienkredite aber auch nicht verkaufen, weil der Markt zusammengebrochen war – die Zweckgesellschaften waren illiquide. Darüber hinaus hatten viele Zweckgesellschaften noch eine erweiterte Garantie gegeben: Sollte die Zweckgesellschaft nicht in der Lage sein, den Investoren ihr Geld zurückzuzahlen, dann sollte die Bank einspringen, die die Zweckgesellschaft gegründet hatte. Also genau die Bank, die der Zweckgesellschaft auch die Kredite verkauft hatte. Somit mussten die Banken den Zweckgesellschaften zur Hilfe eilen. Dort hatte man nicht damit gerechnet, für eine so große Anzahl an Krediten auf einmal haften zu müssen, und man hatte für diesen Fall keine Rücklagen gebildet. Die Verluste griffen daher das Eigenkapital der Banken an. Viele Banken gerieten deshalb in Schieflage, so wurden in Deutschland die IKB und die Sachsen LB von ihren Zweckgesellschaften in den Abgrund gezogen.
Manche Banken konnten vor dem Zusammenbruch nur gerettet werden, weil andere Banken oder staatliche Institutionen sie stützen. Die Sorge, dass Banken über Nacht in einen finanziellen Strudel gerissen würden und pleitegehen könnten, löste eine Vertrauenskrise unter den Banken aus. Banken kürzten anderen Kreditinstituten die Kreditlinien oder gewährten ihnen überhaupt keine Kredite mehr. Dies führte dazu, dass der Markt für Interbankenkredite (s. S. 136) austrocknete, was noch mehr Banken in Schwierigkeiten brachte. Letztlich bedrohte dies sogar die Abwicklung des bargeldlosen Zahlungsverkehrs zwischen den Banken. Wäre es dazu gekommen, wäre der Euro höchstwahrscheinlich gescheitert.

Aus diesem Grund stellte das Eurosystem im August 2007 und in den folgenden Monaten dem Bankensystem über zusätzliche Offenmarktgeschäfte in großem Stil zusätzliches Zentralbankgeld bereit. Im Herbst 2008 erreichte die Bankenkrise einen Höhepunkt, als die große amerikanische Investmentbank Lehman Brothers Insolvenz anmelden musste. Die Sorge über weitere Bankenzusammenbrüche ergriff weite Teile des globalen Finanzsystems.

Banken scheuten sich, überhaupt noch Kredite zu vergeben. Sie hielten ihr Geld zusammen. Investoren stießen Investment zu Schleuderpreisen ab. Rund um den Globus stürzten die Aktienmärkte ab.
Da die Banken auch die Kreditvergabe an Unternehmen deutlich zurückfuhren, erfasste auch die übrige Wirtschaft eine allgemeine Unsicherheit. Deshalb stellten viele Unternehmen Investitionen zurück oder konnten geplante Investitionen mangels Bankkrediten nicht finanzieren. Das löste in vielen Ländern rund um den Globus einen Einbruch der Wirtschaftstätigkeit aus, so ging z.B. das deutsche Bruttoinlandsprodukt (BIP) um 5,2 % zurück.
Um die Finanz- und Wirtschaftskrise einzudämmen, beschlossen die Regierungen der 20 wichtigsten Wirtschaftsnationen der Welt (G20) und globale Institutionen wie der Internationale Währungsfonds zahlreiche Programme. Beispielsweise wurde in Deutschland im Herbst 2008 der Sonderfonds Finanzmarktstabilisierung (SoFFin) eingerichtet, um die Bankenkrise zu entschärfen. Der SoFFin konnte die Banken mit ca. 480 Milliarden Euro unterstützen – durch die Gewährung von Garantien, die Bereitstellung von Eigenkapital und den Ankauf von Wertpapieren. Dennoch fürchtete die Bundesregierung einen Sturm auf die Banken, der das ganze Finanzsystem und damit auch unser Geld gefährdet hätte. Deswegen sprach die Bundesregierung im Oktober 2008 eine Garantie für alle privaten Spareinlagen aus – Ähnliches tat auch der Regent, um John Laws Papiergeld bzw. die Banque Royal zu stützen.
Um der notleidenden Wirtschaft zu helfen, legte die Bundesregierung in kurzer Abfolge zwei Konjunkturprogramme auf. Bspw. gewährte sie Bürgern einen Zuschuss, wenn sie ein altes Auto verschrotteten und ein neues Auto kauften („Abwrackprämie"). Auch die Zentralbanken der Welt versuchten, die Wirtschaft zu stabilisieren. Dazu beschloss das Eurosystem den Ankauf von Wertpapieren und die Senkung wichtiger Zinssätze. Vor Oktober 2008 bekamen die europäischen Geschäftsbanken nur dann Zentralbankgeld, wenn sie zur Sicherheit Wertpapiere bester Bonität einreichten. Ab Oktober lockerte die EZB diese Regel, jetzt bekamen die Geschäftsbanken auch Zentralbankgeld gegen Kredite minderer Qualität, die von den Ratingagenturen mit der Note BBB- versehen waren. Dies entspricht ungefähr einer Schulnote von Vier Plus. Die meisten Anleger würden solche Kredite nicht gewähren.
Um die Krise in den Griff zu bekommen, entschloss sich die EZB, die Finanzierung von Staatsschulden mit der Druckerpresse zu bewältigen. Jedoch steht in Artikel 123, dass die EZB keine Schuldtitel unmittelbar von den Staaten erwerben darf. Deswegen musste sie einen Umweg gehen. Staatsschulden können in die Bilanz der EZB gelangen: Im ersten Schritt verkauft ein

europäischer Staat an eine Geschäftsbank eine Staatsanleihe und nimmt so im übertragenen Sinn einen Kredit bei der Geschäftsbank auf. Im zweiten Schritt verkauft die Geschäftsbank die Staatsanleihe an die EZB weiter. Auf diese Weise werden Staatsschulden. Auf diese Weise werden Staatsschulden verschoben. Fallen diese Kredite bzw. Staatsanleihen aus, so müssen die europäischen Steuerzahler dafür aufkommen. Aber es droht noch eine andere Gefahr: Wissen Sie noch, was den Wert des Euros bestimmt? Die Unternehmen bekommen von den Geschäftsbanken Kredite, welche die Geschäftsbanken gegen Zentralbankgeld tauschen. Dadurch steigt die Geldmenge an (s. S. 153 ff.). Platzen nun die Kredite, d.h. schaffen die Unternehmen (oder der Staat) mittels dieser Kredite keine Werte, so wandert Zentralbankgeld durch die Wirtschaft, ohne dass diesem Geld neues Sozialprodukt gegenübersteht. Es handelt sich um ungedeckte Geldscheine. Das neue Sozialprodukt sollte ja erst durch das geliehene Geld geschaffen werden, indem z.B. in neue Maschinen investiert wird. Letztlich ist die Folge, dass die Kaufkraft des Geldes sinkt. Es kommt zur Inflation, weil einer gestiegenen Geldmenge eine gleichbleibende Gütermenge gegenübersteht. Dem Geld, das in unseren Brieftaschen steckte, standen mehr denn je nur noch Hoffnungswerte gegenüber, weil bis zum Ausbruch der Finanzkrise die Notenbanken dem umlaufenden Zentralbankgeld nur werthaltige Kredite gegenüberstanden. Dies änderte sich grundlegend mit der Finanzkrise 2007: Die Notenbanken weltweit akzeptieren immer mehr zweifelhafte Kredite als Sicherheit für das Zentralbankgeld – mit unsicherem Ausgang.
Ebenfalls stießen die G20 wichtige Projekte an, wie z.B. die Änderung von Buchhaltungsvorschriften, die Entwicklung neuer Vorschriften zur Regulierung des Finanzgewerbes und Maßnahmen zum Austrocknen von unregulierten Finanzsystemen. Die von vielen Ländern aufgelegten Konjunkturprogramme zeigten relativ schnell Wirkung, so erhöhte sich z.B. in Deutschland das BIP bereits im Jahr 2010 um 3,6 % und 2011 um 3 %. Ebenso schnell erholte sich die Weltwirtschaft. Doch die groß angelegten Konjunkturprogramme sowie die Programme zur Bankenrettung hatten eine schreckliche Kehrseite. Viele Staaten mussten große Kredite aufnehmen, um diese Programme zu finanzieren. So stieg in Deutschland die Schuldenquote, das Verhältnis der Gesamtverschuldung des Staates zum BIP, von 66 % im Jahre 2008 auf 73,5 % im Jahre 2009. Im Jahre 2010 erhöhte sie sich sogar auf mehr als 80 %. In vielen anderen Ländern war die Entwicklung ähnlich oder sogar noch dramatischer. Dies wird deutlich, wenn wir noch einmal einen Blick zurück werfen: Durch die Zinssenkungen und andere Maßnahmen ließ die EZB zu, dass die Geldmenge M3 viel schneller wachsen konnte, als die

EZB eigentlich angestrebt hatte. In manchen Jahren wuchs die Geldmenge M3 zweistellig. 2008 waren mehr als ein Fünftel liquider Mittel mehr im System, als nötig gewesen wären – das entspricht rund zwei Billionen Euro. Das Problem dieser Entwicklung ist das Spiegelbild der Geldmenge M3: die Verschuldung. Neues Geld kann nämlich nur durch Kredit entstehen. Es gilt: Wo Banken Kredite vergeben, entsteht neues Geld. Entsprechend gab es Jahre, in denen Bürger und Unternehmen Kredite in Höhe von mehr als einem Drittel des Bruttoinlandsproduktes des jeweiligen Landes aufnahmen. Diese Gelder wurden überwiegend für Hauskäufe eingesetzt. Der Geldüberhang führte zu einer gravierenden Immobilieninflation. Beispielsweise stiegen in Ländern wie Spanien, Irland oder Frankreich die Wohnungspreise binnen weniger Jahre um mehr als die Hälfte. Aber auch die Staaten selbst nahmen ungehemmt Kredite auf, um z.B. die Wirtschaft anzukurbeln. Das führte gegen Ende des Jahres 2009 zu der Frage, ob die hochverschuldeten Staaten künftig in der Lage sein würden, ihre Schulden mit Zins und Tilgung zu bedienen.

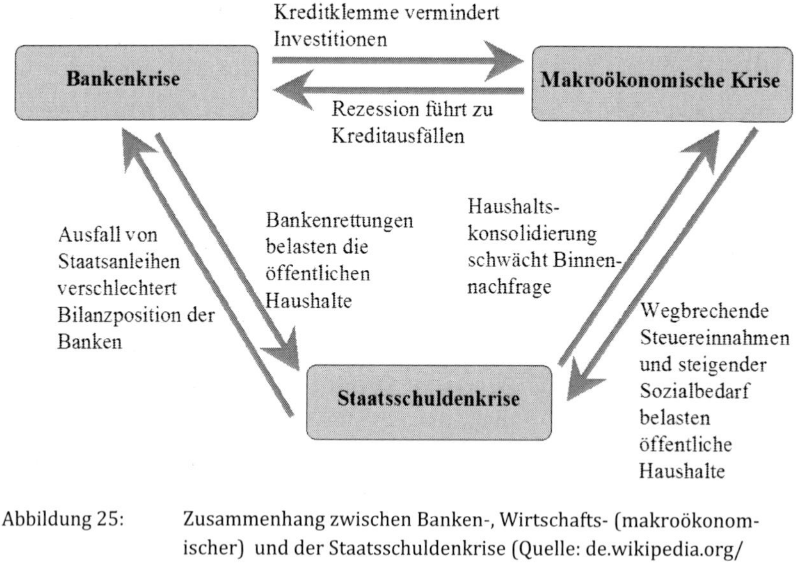

Abbildung 25: Zusammenhang zwischen Banken-, Wirtschafts- (makroökonomischer) und der Staatsschuldenkrise (Quelle: de.wikipedia.org/wiki/Bankenkrise)

Viele Anleger verloren das Vertrauen in die Tragfähigkeit der Staatsschulden. Es kam zu einer großen Unsicherheit auf den Märkten für Staatsanleihen. Viele Investoren verkauften die von ihnen gehaltenen Staatsanleihen und hielten sich beim Kauf neu gegebener Titel zurück. Davon waren wegen

ihrer schlechten Finanz- und Wirtschaftslage besonders Griechenland, Irland und Portugal betroffen. Dies ging so weit, dass die griechische Regierung im Frühjahr 2010 nicht mehr in der Lage war, am Kapitalmarkt Geld aufzunehmen, um auslaufende Anleihen zu tilgen und die laufenden Staatsausgaben zu finanzieren. Um jetzt die drohende Staatsschuldenkrise zu meistern, wurde von den EU-Ländern und dem Internationalen Währungsfonds im Mai 2010 ein „Rettungspaket" in Form von Krediten für Griechenland aufgelegt. Dafür musste sich die griechische Regierung zu weitreichenden Reformen verpflichten. Diese Reformen hatten das Ziel, die Staatsverschuldung zu verringern und das Wirtschaftswachstum zu fördern. Die Politiker in Europa mussten die Finanzmärkte beruhigen. Sie hielten weiter an der Idee einer einheitlichen Währung fest und verteidigten den Euro. Um dies zu unterstützen, wurde die Stabilität und Sicherheit des Euro zur obersten Aufgabe. So beschlossen die EU-Länder die Gründung eines großen Krisenfonds („ESFS"). Zusätzlich wurden Programme zur besseren Überwachung und Koordination der wirtschaftlichen Entwicklung sowie der staatlichen Finanzen auf den Weg gebracht. Doch die Krise verschlimmerte sich zunächst noch, weil im Herbst 2010 Irland und 2011 auch Portugal Kredite aus dem Krisenfonds in Anspruch nehmen mussten, jeweils gegen strenge Auflagen.
Es ist wohl einer dieser Sätze, die Politiker-Karrieren überdauern, als die Bundeskanzlerin Merkel am 27. Februar 2012, kurz bevor der Deutsche Bundestag über das zweite Rettungspaket für Griechenland abstimmte, sagte: „Europa scheitert, wenn der Euro scheitert." Die Euro-Partner gaben den Griechen im ersten Hilfspaket 2010 Kredite in Höhe von 52,9 Milliarden Euro (Deutschland übernahm davon 15,2 Milliarden Euro). Das reichte aber nicht, um Griechenland vor dem Bankrott zu bewahren, weil die auferlegten Reformen nur zum Teil umgesetzt wurden und die Steuereinnahmen wegen einer starken Rezession weniger zugenommen hatten als erwartet. Somit folgte 2012 ein zweites Hilfspaket über den Euro-Rettungsfonds EFSF, für den aber auch die Euro-Staaten bürgten (Deutschland bürgte für rund 38 Milliarden Euro). Aus dem Fonds wurden bis zum Auslaufen des Hilfsprogramms 130,9 Milliarden Euro ausgezahlt. Folglich hat Griechenland von den Euro-Partnern Hilfspakete in Höhe von 183,8 Milliarden Euro bekommen. Gleichzeitig wurde im Rahmen des zweiten Hilfspakets ein Schuldenschnitt durchgeführt. Im März 2012 wurden Griechenland 53,5 % der Schulden vor allem bei privaten Gläubigern wie Banken erlassen. Das entsprach einer Verringerung der Schulden um etwa 107 Milliarden Euro. Seitdem halten Athens Schulden vor allem die öffentlichen Geldgeber wie Euro-Staaten und internationale Organisationen wie der IWF.

Um Griechenland die Rückzahlung der Schulden zu ermöglich, sind die Euro-Partner den Griechen weit entgegengekommen. So wurden Ende 2012 die Kreditkonditionen angepasst und die Zinszahlungen auf das erste Paket deutlich gesenkt. Beim zweiten Programm bis zum Jahr 2022 wurden die Zinszahlungen ganz erlassen. Mit der Schuldenrückzahlung muss Athen beim ersten Programm zudem erst ab 2020 beginnen und beim zweiten Programm 2023. Gleichzeitig wurde die Laufzeit der Kredite um 15 auf durchschnittlich 30 Jahre angehoben. Hierdurch spart Griechenland Milliarden Euro ein. Manche Experten sprechen deshalb von einem weiteren, „verdeckten" Schuldenschnitt.

Ebenfalls beschlossen im Jahr 2012 die EU-Länder die Einrichtung eines permanenten Krisenfonds, des Europäischen Stabilitätsmechanismus (ESM). Im Oktober 2012 nahm der ESM seine Arbeit auf. Ebenfalls unternahm die EZB verschiedene Maßnahmen zur Stützung des Marktes für Staatsanleihen, so wurden z.B. im großen Stil Anleihen gekauft. Ebenfalls erlaubte die EZB den nationalen Notenbanken, Kreditforderungen gegenüber kleinen und mittleren Unternehmen und Konsumkredite als Sicherheiten für Zentralbankgeld zu akzeptieren. Somit finden noch mehr zweifelhafte Kredite den Weg in die Bilanz der EZB. Getoppt wurde dies durch die Maßnahme, Zentralbankgeld gegen Bankschuldverschreibungen herauszugeben. Bankschuldverschreibungen sind Papiere, bei denen sich die Banken untereinander Kredit geben. Diesen Kredit kann die Bank A dann als Sicherheit für Zentralbankgeld hinterlegen. Umgekehrt kann natürlich auch die Bank B der Bank A einen Kredit gewähren und diesen auch als Sicherheit für Zentralbankgeld hinterlegen. Kritiker sagen, es handele sich hierbei um nichts anderes als eine Lizenz zum Gelddrucken, ein geldpolitisches Perpetuum mobile. Auf diese Weise findet immer mehr Geld den Weg ins Kreditsystem.

Weiterhin führte die EZB die ELA (Emergency Liquidity Assistance) ein. Dies ist ein Programm, das es den nationalen Notenbanken vorübergehend erlaubt, zahlungsunfähigen Institutionen und Märkten in Ausnahmefällen Überbrückungskredite zu gewähren. Überspitzt gesagt gibt das ELA-Programm den nationalen Notenbanken das Recht, ihre eigene Notenpresse in Gang zu setzen, um Pleitebanken zu retten. Das eigentliche Problem ist: Tritt dieser Ausnahmefall ein, entscheidet die nationale Notenbank, gegen welche Sicherheiten sie das Geld zur Verfügung stellt. Über die Qualität dieser Sicherheiten darf man sich wohl keine Illusionen machen. Der Ausnahmefall ist natürlich auch schon eingetreten, so schätzen Experten, dass sich im Juni 2012 die ELA-Kredite auf rund 187 Milliarden Euro beliefen. Vor allem Griechenland und Irland haben sie in Anspruch genommen. Das heißt, in diesen

Ländern haben die nationalen Notenbanken 187 Milliarden Euro eigenständig in ihre Wirtschaft gepumpt. Ob ihnen langfristig ein entsprechender Wert gegenübersteht, ist fraglich. Diese 187 Milliarden Euro bedrohen die Kaufkraft des Euros nicht nur in Griechenland und Irland, sondern in allen Euro-Staaten.
All die Maßnahmen, die von der EZB durchgeführt wurden, so u.a. die Senkung der Leitzinsen auf den historisch niedrigen Zinssatz von 0,05 % im Jahr 2014, führten dazu, dass die Märkte mit billigem Geld nur so geflutet wurden. Eine Folge war, dass in Deutschland im Jahr 2014 die Immobilienpreise und die Aktienmärkte Höchststände erreichten. Viele Experten sind der Meinung, dass die EZB die Märkte, ähnlich wie einst John Law den Kurs der Mississippi-Kompanie, durch das billige Geld aufgebläht hat. Die Frage, ob es ähnlich wie bei Law durch das Wachstum der Geldmenge zu einer Inflation kommt, lässt sich noch nicht beantworten. Durch die erwähnten geldpolitischen Sondermaßnahmen des Eurosystems ist nämlich zunächst einmal nur die Geldbasis (s. S. 139) deutlich gestiegen. Allerdings führt die Ausstattung der Banken mit Zentralbankgeld noch nicht zu einem Anstieg der Geldmenge. Eine Erhöhung der Geldmenge setzt vielmehr voraus, dass die Geschäftsbanken Geld schöpfen, indem sie Kredit vergeben oder Vermögenswerte (wie Gold, fremde Währungen, Immobilien oder Wertpapiere) ankaufen. Zurzeit ist ein Großteil der Maßnahmen der EZB vornämlich in die Geldbasis geflossen, weil das Wachstum von Geldmenge M3 in der jüngeren Vergangenheit eher moderat war.

Die EZB musste also erkennen, dass sie mit den üblichen Mitteln der Geldschöpfung nicht weiterkam. Die Achillesferse der Geldschöpfung ist nämlich, dass neues Geld nur durch Kredit entsteht. Doch durch Krisen sind die Schuldenberge bei Unternehmen, Privatpersonen und Staaten in die Höhe geschnellt, sodass sie nicht willig waren, noch mehr Kredite aufzunehmen. Deshalb musste die EZB sich einen neuen Weg überlegen, um Geld zu schöpfen. Sie entschied sich, im großen Stil Anleihen direkt zu kaufen und so die Geldmenge zu steigern. So verkündete die EZB am 22. Januar 2015 ein großes Anleihekaufprogramm. Mit diesem Programm wollte die EZB die deflationären Tendenzen im Euroraum bekämpfen. So sanken im Januar 2015 die Verbraucherpreise um 0,6 % im Jahresvergleich. Aber bringt das was? Die Erfahrungen der vergangenen Jahrzehnte zeigen, dass wenn die Notenbank Geld in die Wirtschaft drückte, zeitlich versetzt die Nachfrage nach Gütern und Dienstleistungen anstieg, sodass irgendwann auch deren Preise anzogen. Ob diese Logik noch gilt, ist zweifelhaft. Überall in der westlichen Welt pumpen die Notenbanken Billionen in die Märkte. Aber die Inflationsraten fallen, vielerorts herrscht inzwischen Deflation. Prominentes Beispiel: die USA. Deren Notenbank – die FED – hat in den vergangenen Jahren eine Pionierrolle in Sachen Quantitative Easing gespielt. Sie pumpte rund viereinhalb Billionen Dollar zusätzliches Geld in die Märkte. Die Inflationsnorm von zwei Prozent hat sie dennoch nicht nachhaltig erreicht. Warum ist das so? Das liegt daran, dass die Notenbanken mit deflationären Faktoren konfrontiert sind, die sie weder mit Geld noch mit guten Worten beeinflussen können. Diese Faktoren sind:

1. *Überkapazitäten*: Die Güterpreise fallen, weil die weltweiten Produktionsmöglichkeiten durch die Globalisierung im vorigen Jahrzehnt deutlich ausgeweitet wurden (siehe z.B. China). Neue Technologien haben die Effizienz enorm gesteigert, z.B. in der Erdölförderung (Fracking). Nun drücken große Produktionspotenziale auf die Preise. D.h. die Globalisierung hat die alte Inflationsmechanik ausgehebelt. Heute werden die Preisdynamik (Inflation) und damit einhergehend das Zinsniveau maßgeblich vom Weltmarkt bestimmt. Die weltweiten Überkapazitäten drücken also auf die Preise.

2. *Digitalisierung*: Immer mehr Produkte wechseln aus der physischen Sphäre in die virtuelle, so werden z.B. deutlich mehr mp3-Dateien von Liedern verkauft als Singles. Letztlich führt die Digitalisierung dazu, dass viele Produkte, von Musik über Nachrichten bis zu Finanzdienstleistungen, an Wert verlieren. Die Folge ist: Viele Güter werden zu immer niedrigeren Preisen angeboten oder sogar umsonst nutzbar.

3. *Schuldenüberhang*: Die Schulden der Welt sind auf Rekordhöhe (der globale Schuldenstand von Staaten, Unternehmen und privaten Haushalten ist von 2000 mit 67 Billionen US-Dollar auf 154 Billionen US-Dollar im Jahr 2014 gestiegen), so sind jetzt die finanziellen Spielräume der Bürger, Unternehmen und Staaten ziemlich eingeengt. In einem solchen Umfeld ist es schwierig, Investitionen und Konsumausgaben mit einer superexpansiven Geldpolitik herauszukitzeln.

Trotz alledem hofft die EZB, durch das Anleihekaufprogramm – also durch das Drucken von Geld – die Produktionskapazitäten an die Auslastungsschwelle und die Preissteigerungsraten auf die Norm von 2 % zu bringen. Dazu kommt ein weiteres Risiko: Die EZB gewöhnt die Finanzmärkte an immer größer werdende Mengen billigen Geldes. So konnte z.B. die Bundesrepublik Deutschland Anfang 2015 erstmals fünfjährige Staatsanleihen zu einem negativen Zins verkaufen. Welch ein Wahnsinn! Dies ergibt eigentlich nur noch dann einen Sinn, wenn die Investoren erwarten, dass die Kurse dieser Anleihen noch höher steigen und so am Ende doch noch eine positive Rendite herausspringt. Ergo: Wir haben Anfang 2015 eine Anleiheblase, die immer größer wird. Sobald sich ein Ausstieg der EZB aus dem Aufkaufprogramm ankündigt, droht die Blase zu platzen. Das geschieht dann mit verheerenden Kollateralschäden. Denn dann steht einer riesigen Geldmenge nur ein geringes Güterangebot gegenüber, dadurch droht nicht nur eine Inflation, sondern im Extremfall sogar eine umfassende Neuordnung des Geldwesens. So stand z.B. nach dem Zweiten Weltkrieg in Deutschland einer riesigen Geldmenge nur ein geringes Güterangebot gegenüber. Das machte eine umfassende Neuordnung des Geldwesens unausweichlich, denn die Reichsmark wurde von den Menschen nicht mehr als Zahlungsmittel akzeptiert. Sie behalfen sich mit Ersatzwährungen oder gingen zum Tauschhandel über. So wurden auf den Schwarzmärkten Zigaretten anstelle der wertlos gewordenen Reichsmark als Zahlungsmittel verwendet. Erst mit Einführung der D-Mark im Juni 1948 verschwand die Zigarettenwährung.

Griechenland benötigte im August 2015 86 Mrd. Euro innerhalb der nächsten drei Jahre, um den Staatsbankrott abzuwenden Darum wird ein drittes Hilfspaket ins Leben gerufen, Deutschlands Anteil daran beträgt ca. 19,9 Mrd. Euro. Dann haben die Euroländer mit 269,8 Euro Griechenland geholfen. Welch eine historische Leistung! Das macht Mut für Europa, weil noch niemals in der jüngeren Finanzgeschichte andere Länder mit einer derartigen Summe einem anderen Land zur Hilfe geeilt sind. Das ist besonders vor dem Hintergrund beeindruckend, dass die europäischen Partner zur Finanzierung der Griechenlandhilfe selbst Kredite aufnehmen müssen, für die sie haften, wenn Griechenland nicht die Schulden an seine Partner zurückzahlt. Doch auch gegen Ende des Jahres 2015 schaffte es die EZB nicht, die Inflationsrate nachhaltig von der Nulllinie wegzubewegen. Aus diesem Grund verkündete die EZB im Dezember 2015, dass ihr Anleihekaufprogramm (welches im März 2015 gestartet wurde) bis März 2017 verlängert wird. Auch dieser Schritt der EZB wurde nicht belohnt. Die Inflationsrate blieb auch im ersten Quartal 2016 nahe Null oder fiel gar darunter. Das ist ein Problem: Die Notenbanker wollen eine Deflation, in der die Preise und Löhne dauerhaft sinken und damit die Wirtschaft gelähmt wird, verhindern. Aus diesem Grund haben sich die Notenbanker schließlich ein Inflationsziel von knapp unter zwei Prozent gesetzt. So stark sollen die Verbraucherpreise jedes Jahr steigen, nicht mehr, aber auch nicht viel weniger, um bloß nicht in die Nähe sinkender Preise zu geraten. Jedoch wurde dieses Ziel nicht annäherungsweise erreicht. Zwischenzeitlich sanken die Preise sogar leicht. Das veranlasste Notenbanker dazu, entschlossen zu handeln. Sie kippten sogar das eherne ökonomische Gesetz, dass Zinsen erhält, wer anderen Geld leiht – mit allen Konsequenzen. Nun wurden Guthabenzinsen negativ und Kreditzinsen mitunter positiv. Die Notenbanker verkündeten im April 2016 folgendes Maßnamenbündel:

- Der Leitzins, zu welchem sich die Banken kurzfristig Geld bei der EZB leihen können, wurde von bisher 0,05 auf nun 0,00 % gesenkt. Ein kleiner Schritt, aber mit enormer symbolischer Sprengkraft. Denn die Banken bekommen jetzt offiziell Geld zum Nulltarif, und zwar so viel, wie sie möchten.

- Zudem legt die EZB ein Programm auf, nach dem sich Banken auch langfristige Kredite ohne Kosten bei der EZB holen können. Im Juni 2016 soll das erste Programm starten, bei dem die EZB ein Vierjahresdarlehen vergibt. Wie viel Geld jede Bank bekommt, hängt davon ab, wie viel Kredite sie selbst an Unternehmen und Verbraucher vergibt. Erreicht die Bank bei der Kreditvergabe eine bestimmte Schwelle, sinkt der Zinssatz für das EZB-Darlehen sogar unter null. D.h. die Bank bekommt zusätzlich zum Kredit noch Geld geschenkt. Insgesamt sollen vier solcher Programme aufgelegt werden. Das letzte endet im März 2021.

- Umgekehrt gibt es mittlerweile Minuszins, wenn eine Bank überschüssiges Geld bei der EZB einlagert. Das gilt schon seit Mitte 2014. Nun wurde der Negativzins noch einmal gesenkt von -0,3 auf -0,5 %.

- Zu guter Letzt wurde bekanntgegeben, dass das im März 2015 aufgelegte Anleihekaufprogramm massiv ausgeweitet wird. Bisher kauft die EZB Wertpapiere im Volumen von 60 Milliarden Euro pro

Monat am Markt auf – vor allem Staatsanleihen. Diese Summe soll jetzt auf monatlich 80 Milliarden Euro erhöht werden. So wird die EZB bis 2017 Anleihen in Höhe von 1,74 Billionen Euro aufgekauft haben. Dem nicht genug, verkündete die EZB, dass das Programm jetzt auch auf Anleihen von Unternehmen ausgeweitet wird. Sie kauft also Schulden von privaten Firmen, ein massiver Eingriff in das Wirtschaftsgeschehen!

Mit diesen Maßnahmen hofft die EZB, endlich die Inflation in Richtung zwei Prozent zu treiben. Gleichzeitig werden die Zentralbanker nicht müde, zu betonen, dass sie ihre ohnehin schon starke expansive Geldpolitik weiter lokkern können. Um dies zu demostieren wurde z.B. eine Debatte über das „Helikopter-Geld" angestoßen. Eine radikale Idee, die vorsieht, dass die Notenbank Geld direkt unter die Bürger bringt, ohne dafür eine Gegenleistung zu verlangen. Die Befürworter sehen darin den Vorteil, dass das Geld über Konsumausgaben direkt in den Wirtschaftskreislauf gelangen würde. Das Kalkül der Notenbank ist klar: Sie möchte Handlungsfähigkeit demostieren. Sie versucht krampfhaft den Eindruck zu erwecken, sie sei noch nicht am Ende ihrer Möglichkeiten angelangt.

Ebenso wird der Abschied vom Bargeld diskutiert. Mit der Abschaffung der 500-Euro-Scheine sehen die Kritiker den Anfang vom Ende des Bargelds eingeläutet. Auch wenn es nicht ganz so weit gehen sollte, wäre das Horten größerer Bargeldbeträge auf jeden Fall schwieriger. Durch die Abschaffung bzw. erhebliche Einschränkung bei der Verwendung des Bargeldes würde das Geld seinen Charakter verändern. Bargeld war schon immer ein Wertaufbewahrungsmittel. In Krisenzeiten haben die Menschen ihr Geld gehortet und sprichwörtlich unter die Kopfkissen gelegt. Diese Möglichkeit geht verloren, wenn das Bargeld weitgehend abgeschafft würde. Das Geld wäre dann nur noch eine rein fiktive Verrechnungsgröße, die beliebig und jederzeit manipuliert werden könnte. Was spräche beispielsweise noch dagegen, alle Guthaben und Schulden durch das schlichte Wegstreichen einiger Nullen auf die gewünschte Größe zubringen? Nichts! Der berühmt-berüchtigte Schuldenschnitt ist dann nur noch einen Kopfdruck entfernt.

Darüber hinaus sollen die Notenbanker bei einer weiteren Verschärfung der Deflation in Erwägung ziehen, negative Leitzinsen einzuführen. Die Notenbank würde die Geschäftsbanken faktisch dafür bezahlen, dass diese bei ihr Kredite aufnehmen. Diese Maßnahmen scheinen noch undenkbar zu sein.

Dennoch muss man bedenken, dass die meisten Ökonomen vor zehn Jahren Maßnahmen wie z.B. einen Strafzins für Einlagen bei der Notenbank oder Leitzinsen von Null für undenkbar gehalten haben. Dabei geht die EZB bewusst das Risiko ein, Erwartungen zu schüren, die sie letztlich nicht erfüllen kann. Das Vertrauen in die Notenbank, ihr größtes Kapital, droht zu schwinden, wenn die Maßnahmen immer grotesker werden. Wie damals, als John Law immer neue, teilweise absurde Maßnahmen zur Stabilisierung bekannt gab, schütteln auch heute immer mehr Menschen den Kopf. Viele haben den Eindruck, die Maßnahmen der EZB würden immer verzweifelter. Das wird eine Reihe ungewollter Konsequenzen nach sich ziehen.

1. So ist fraglich, ob es wirklich an den Kreditzinsen liegt, dass viele Unternehmen nicht genügend Kredite aufnehmen, um zu investieren. Liegt dies nicht vielmehr an der hohen Unsicherheit über die Lage der Weltwirtschaft und an den hohen Schulden, die nicht nur Staaten, sondern auch Unternehmen und Verbraucher in den vergangenen Jahren angehäuft haben? Zusätzlich betrachtet eine wachsende Zahl verunsicherter Unternehmen eine Welt negativer Zinsen und ad absurdum geführter Finanzanreize als Zeichen wachsender Verzweiflung der EZB und hält sich mit Investitionen zurück.

2. Die Strafgebühren (Negativzinsen) für Notenbankguthaben sehen viele Experten als ein unheilvolles Instrument an, weil es die ohnehin schwachen Banken der Eurozone weiter schwächt. Um die Kosten für die Strafzinsen zu tragen, haben die Banken eigentlich nur zwei Möglichkeiten. Erstens, sie holen sich die Kosten durch höhere Gebühren von ihren Kunden zurück. Zweitens, sie ziehen das Geld von ihren ohnehin niedrigen Gewinnmargen ab. Beides hilft der Wirtschaft kaum weiter, weil sie auf ein starkes Bankensystem angewiesen ist.

3. Irgendwann dürfte der Punkt erreicht sein, an dem die Bankkunden nicht mehr bereit sind, negative Zinsen zu zahlen. Dann könnten sie im großen Stil die Bankfilialen aufsuchen und die Ersparnisse von ihren Konten auszahlen lassen. Viele Experten glauben, dieser Punkt ist bei einem Zinssatz von -1% erreicht. Es ist also eine Flucht der Bankkunden möglich und die könnte weitreichende und vor allem teure Konsequenzen haben. So

müsste im Extremfall die ganze monetäre Infrastruktur umgebaut werden, weil die Menschen nur noch bar bezahlen.

4. Das billige Geld hat verheerende Nebenwirkungen auf die Finanzmärkte. Jeder Sparer dürfte bereits gemerkt haben, dass er für sein Geld kaum noch Zinsen bekommt. Sollte dieser Zustand über einen längeren Zeitraum Bestand haben, dürfte auch die Altersvorsorge in Form von Lebens- und Rentenversicherungen dramatisch sinken. Wie sollen die Ansparpläne funktionieren, wenn das Kapital im Laufe der Jahre schrumpft, anstatt zu wachsen? Die gesamte Versicherungsbranche und auch Pensionskassen dürften mit ihrer Kalkulation in die Bredouille geraten. Außerdem könnte manch ein Bürger seine Sparanstrengungen verstärken, da ihm vor Augen geführt wird, dass Vorsorgesysteme in einer Welt negativer Zinsen kaum länger im Stande sind, das benötigte Geld für den Ruhestand zu erwirtschaften. Das Ziel, die Konsumneigung der Bürger durch das billige Geld zu erhöhen, wird damit ins Gegenteil verkehrt.

5. Die Gewinner dieser Situation dürften die Aktien- und Immobilienmärkte sein. Dorthin fließt ein Großteil des billigen Geldes und dieses treibt die Kurse in die Höhe. So warnen viele Experten, dass die EZB durch ihre Zinspolitik die Preise verzerre und damit eine gewaltige Spekulationsblase aufpumpe. Wenn diese Blase platzt, könnte die Welt in eine neue, schwere Finanzkrise fallen. So bläht sich auch in Deutschland eine Immobilienblase auf. In den sieben größten Städten, rechnete kürzlich die Bundesbank vor, sind die Immobilienpreise in den vergangenen fünf Jahren um 45 % gestiegen. Blickt man über den Tellerrand, so erkennt man, was Deutschland vielleicht noch bevorsteht. In Schweden sind die Immobilienpreise gefährlich hoch, die Menschen leihen sich zu viel Geld und der schwedische Notenbankchef stärkt den Häuser-Boom durch Negativzinsen. Zudem zahlen viele Schweden ihre Hauskredite gar nicht mehr ab, sondern lediglich die Zinsen. Eine ähnliche Sorglosigkeit war auch die Ursache der US-Subprimemarktkrise 2007.

6. Wie soll das viele Geld, das jetzt in die Märkte gepumpt wird, später wieder eingefangen werden, um eine große Inflation zu

verhindern? Das weiß keiner so richtig. So sagen manche Experten, es könnte die „Ketchup-Theorie" bei der Inflation zum Tragen kommen. So wie immer stärkeres Drücken auf eine Ketchup-Flasche zu einem plötzlichen Entladen des Inhalts führt, nachdem zuvor kaum ein Tropfen herauskam, wird die lockere Geldpolitik der EZB zunächst von einer niedrigen Inflationsrate begleitet, die dann plötzlich in eine Inflation mit großen Raten umschlägt. Dies zeigen u.a. die Erfahrungen, die John Law machen musste. Denn wenn der Geldwert erst einmal zu sinken beginnt, verstärken sich unter Umständen Inflation und wegbrechendes Vertrauen gegenseitig.

7. Die expansive Geldpolitik der EZB zwingt die Banken verstärkt dazu, in risikoreichere Anlagen bzw. Kredite auszuweichen, wodurch sich die Kreditblasen bei den Geschäftsbanken weiter aufblähen könnten, da die Banken mit „normalen" Anlagen bzw. Krediten kaum noch Geld verdienen. Daher könnte der Bestand an notleidenden Krediten und Anlagen in den Bilanzen zunehmen. So ist z. B. der Bestand an notleidenden Krediten in den Bilanzen der italienischen Geschäftsbanken in nahezu schwindelerregende Höhen gestiegen. Man schätzt, dass ca. 18 Prozent der insgesamt in Italien vergebenen Kredite notleidend sind. D. h., dass hier die Rückzahlung der Zinsen und Tilgung gefährdet ist. Dies könnte sich zu einer italienischen Bankenkrise entwickeln. So soll z. B. die italische Bank Monte dei Paschi di Siena durch den Staat gerettet werden (Anfang 2017). Andere italienische Banken versuchen durch Beteiligungsverkäufe und Kapitalerhöhungen die drohenden Verluste aus den Krediten aufzufangen.

Eines ist für viele Unternehmen zur Gewissheit geworden: Es gibt keinen Zins mehr, wenn sie Geld bei der Bank einzahlen. Im Gegenteil, Firmen müssen, wenn sie kurzfristig hohe Beträge anlegen wollen, dafür oftmals Strafzinsen zahlen. Selbst bei den Sparkassen werden Negativzinsen erhoben. Wie weit verbreitet Strafzinsen für Firmen mittlerweile sind, zeigen Daten der Deutschen Bundesbank. Im März 2016 betrug der Strafzins für frische Einlagen mit maximal einjähriger Laufzeit durchschnittlich -0,03 % – und war damit erstmals negativ. Die Geldhäuser selbst sprechen beschönigend von einer „Guthaben- oder Verwahrgebühr".

Auf der anderen Seite gibt es für Privatkunden keine Negativzinsen. Allerdings ist zu befürchten, dass auch die privaten Sparer mit Negativzinsen konfrontiert werden, wenn die aktuelle Niedrigzinsphase andauert. Immerhin bieten jetzt schon etwa hundert Banken (darunter z.B. die Commerzbank, viele Sparkassen und Volksbanken) gar keine Zinsen mehr für Tagesgeld. Und noch etwas spüren viele Bankkunden schon: Viele Banken haben zuletzt die Gebühren für Kontoführung, Karten oder Überweisungen erhöht.

Welche absurden Konsequenzen die Geldpolitik der EZB hervorruft, zeigt sich daran, dass mehrere Sparkassen darüber nachdenken, Geld im eigenen Tresor zu lagern, um die hohen Gebühren für die Geldaufbewahrung bei der EZB zu umgehen. Ähnlich denken viele Unternehmen. So hat die Münchener Rückversicherung einen zweistelligen Millionenbetrag in bar in ihren Tresoren eingelagert. Dazu erklärte sie, man müsse ausprobieren, wie die Geldeinlagerung im eigenen Haus funktioniere und ob sich dadurch wirklich Kosten sparen ließen. Daran sehen Sie, wie ernst die Situation geworden ist.
Am 06.06.2014 passierte Historisches: Jeden Werktag gibt die Deutsche Bundesbank per Fax die sogenannte Umlaufrendite bekannt. Die Umlaufrendite gibt die durchschnittliche Rendite, also quasi die Verzinsung, der in Umlauf befindlichen Staatspapiere mit einer Laufzeit von drei bis 30 Jahren wieder. Erstmals in der Geschichte der Bundesrepublik rutschte die Umlaufrendite in den negativen Bereich, auf -0,02 %. Im Klartext heißt das: Statt für die Schuldenaufnahme Zinsen zahlen zu müssen, bittet der Staat die Gläubiger zur Kasse! Das liegt daran, dass alle Bundesanleihen mit einer Laufzeit von bis zu neun Jahren im negativen Bereich gehandelt werden. Die Spanne reichte zum Beginn der Woche von -0,529 % in der Laufzeit von einem Jahr bis zur Rendite von -0,064 % in der neunjährigen Laufzeit. Nur bei Papieren mit Laufzeiten von zehn bis 30 Jahren liegen die Zinssätze noch im positiven Bereich, aber deutlich unter der Marke von einem Prozent. Am Dienstag, den 14.06.2016, kam es zur Zeitenwende in der deutschen Finanzgeschichte, die Verzinsung der zehnjährigen Bundesanleihe fiel auf unter null Prozent. Damit hat das Wort „sparen" seinen Sinn verloren. Es gibt seit jeher viele Wege, arm zu werden, neuerdings ist auch sparen einer davon. Wie wahr dies ist, zeigt sich, als Deutschland im Juli 2016 sogar eine 10-jährige Bundesanleihe mit einem Zinssatz von 0 % platzieren konnte (der bislang höchste Zinssatz einer 10-jährigen Bundesanleihe lag 1981 bei 10,75 %).
Trotzdem wird die Notenbank wohl zu immer extremeren Maßnahmen greifen. Deren Wirkung dürfte aber immer schwächer werden – weil der Glaube an sie schwindet. Ähnlich wie John Law werden die Notenbanker den

Menschen sinnbildlich zurufen: „Wir wollten eigentlich nur Gutes tun." Die Maßnahmen sollen zur Belebung der Realwirtschaft führen, die Arbeitslosigkeit und eine Deflation bzw. Inflation verhindern. Doch welche Gefahr von Geld ausgeht, erkannte schon Nikolaus Kopernikus in seinem *Memorandum über Geld und Inflation*:

> „Unter den unzähligen Übeln, welche den Zerfall ganzer Staaten herbeiführen, sind wohl vier als die vornehmlichsten anzusehen: innere Zwietracht, große Sterblichkeit, Unfruchtbarkeit des Bodens und die Verschlechterung der Münze [Inflation, Ergänzung durch den Autor]. Die ersten drei liegen so klar zutage, dass sie schwerlich jemand in Abrede stellen wird. Das vierte Übel jedoch, welches von der Münze ausgeht, wird nur von wenigen beachtet und nur von solchen, welche ernster nachdenken, weil die Staaten allerdings nicht gleich beim ersten Anlauf, sondern ganz allmählich und gleichsam auf unsichtbare Weise dem Untergang anheimfallen."

Seit Irving Fischer (1867 – 1947) wird die Entwicklung der Inflation anhand von Indizes gemessen. Üblicherweise begegnet uns im Alltag die Verbraucherpreisinflation mit dem dazu gehörigen Verbraucherpreisindex. Fischer selbst suchte nach einem umfassenden Index, der die gesamte Volkswirtschaft abdeckt. Die heute gebräuchlichen Verbraucherpreisindizes werden mithilfe von Warenkörben bestimmt, in denen eine Vielzahl von Gütern und Dienstleistungen des täglichen Bedarfs enthalten sind. Aktien, Kunstobjekte oder Immobilien gehören nicht dazu. Doch gerade hier sind die Preise massiv angestiegen. Wie einst bei John Law sieht man hierdurch nur einen Teil der Wirklichkeit und reagiert gegebenenfalls zu spät. Um hier Abhilfe zu schaffen, hat das Kölner Forschungsinstitut Flossbach von Storch einen Inflationsindex für Vermögenspreise entwickelt. In ihren „Vermögenskorb" haben die Kölner Immobilien, Betriebsvermögen, langfristige Verbrauchsgüter, Sammel- und Spekulationsgüter sowie Finanzvermögen, etwa Aktien und Spareinlagen, gelegt. Es zeigen sich zwei Welten. Während die vom Statistikamt ermittelten Verbraucherpreise im letzten Quartal 2014 in Deutschland um gerade 0,2 % anzogen, legten die Vermögenspreise um 4,4 % zu. Das ist ein Indiz dafür, dass die höhere Geldmenge aus den Staatsanleihekäufen der EZB nicht bei den Verbrauchsgütern nachfragewirksam wird, hingegen bei Vermögenswerten schon. Warum ist das so? Wie wir bereits aus den vorherigen Kapiteln wissen, ergibt sich der Preis eines Gutes bzw. einer Dienstleistung durch Angebot und Nachfrage. Wird in einem Wirtschaftskreislauf die Geldmenge (das Angebot an Geld) erhöht, z.B. durch den massiven Ankauf von Staatsanleihen durch die EZB, und gleichzeitig die Menge an Gütern bzw. Dienstleistungen nicht im selben Maße erhöht, erhöhen sich zeitlich verzögert die Preise der Güter bzw. Dienstleistungen. Das

Geld verliert an Kaufkraft. Es kommt zur Inflation. Dies wird, wie oben gezeigt, jedoch aktuell erst bei den Vermögenswerten und konjunkturell bedingt (noch) nicht bei den Verbrauchsgütern sichtbar (Vermögenswerteinflation). Um dies zu verstehen, muss man Folgendes bedenken: Der Preis von Geld entspricht dem Zins. Wird die Geldmenge erhöht, muss der Preis des Geldes, der Zins, zunächst entsprechend sinken. Darum hat die EZB massiv die Zinsen gesenkt. Die Folge ist, dass sich das Geld neue Anlageformen sucht, die rentierlicher als die Anlage bei einer Bank sind und sicherer scheinen als das Papiergeld (Euro) selbst. Deswegen steigt die Nachfrage nach langlebigen Vermögenswerten wie Aktien oder Immobilien. Es herrscht eine Vermögenswerteinflation. Das Beispiel von John Law zeigt, dass mit einer weiteren zeitlichen Verzögerung die eingetretene Inflation bei den Vermögenswerten auf die Verbrauchsgüter übergreift. Dies passiert, sobald eine Sättigung der Nachfrage nach Vermögenswerten eintritt. Dann sickert die Inflation in die Gruppe der Verbrauchsgüter und schließlich in die Gruppe der Güter des täglichen Bedarfs wie z.B. Grundnahrungsmittel. So führte die ultraexpansive Geldpolitik der EBZ dazu, dass die Inflation in Deutschland Anfang 2017 mit einem kräftigen Sprung auf die 2%-Marke gestiegen ist.
Aus dieser kleinen Ausführung können Sie schon erkennen, wie gefährlich die Vermögenspreisinflation ist. Sie vernebelt die Wirklichkeit. Als beispielsweise die US-Notenbank in den 1990er Jahren die Geldpolitik locker gestaltete, war die Notenbank geradezu begeistert, als die Inflation nicht anstieg. Sie dachte, sie hätte das Phänomen der Inflation besiegt. Tatsächlich floss das Geld in die Technologiewerte an der Börse, anstatt in die Güterpreise. Als die Zinsen wieder stiegen und die Absurdität vieler Investitionen deutlich wurde, platzte die Dotcom-Blase, und viele Menschen verloren ihr Geld.

4.3. Die verborgene Gefahr: Vermögenspreisinflation

Früher hat billiges Geld in der Regel zu einer Güterpreisinflation geführt, d.h. die Preise von Konsumgütern stiegen. Heute wird das billige Geld hauptsächlich dazu verwendet, bestehende Vermögenswerte zu kaufen, statt neue Werte zu schaffen. Das Resultat ist die Vermögenspreisinflation (oder Sachwerteinflation, s. auch S. 144). Also ein allgemeiner Anstieg von Vermögenspreisen wie z.B. von Aktien oder Immobilien. Es entstehen Spekulationsblasen. Es gilt: Wenn Geld zu billig wird, wird es verschleudert. Das Problem einer Vermögenspreisinflation ist, dass eine künstlich aufgeblasene Geldmenge die Investoren dazu verleitet, ihr Geld in Vermögensgegenstände zu investieren, deren Wert nicht widerspiegelt, was sie potenziell erwirtschaften können. Der Wert der Vermögenswerte wird einzig und allein durch die künstlich geschaffene zusätzliche Nachfrage befeuert, wie z.B. der Aktienkurs der Mississippi-Kompanie mit einem Höchstkurs von 10.000 Livre. Zudem spielen die Finanzmärkte verrückt, alte Grundsätze werden außer Kraft gesetzt. So basieren die Anleihemärkte eigentlich auf folgendem logischen Zusammenhang: Wenn man Geld verleiht, bekommt man dafür Zinsen. Diese Logik wurde am 11. April 2016 endgültig aufgegeben. Die Umlaufrendite für deutsche Staatsanleihen markierte ein historisches Tief mit 0,00 %. Was noch bis vor wenigen Jahren unvorstellbar erschien, wurde bittere Realität. Eine Umlaufrendite von 0,00 % bedeutet, dass im Schnitt die Anleger keinen Cent Zinsen erhalten, wenn sie dem deutschen Staat Geld leihen. Sieht man sich das genauer an, so stellt man fest, dass Bundesanleihen mit Restlaufzeiten von zehn Jahren und mehr noch minimale Erträge abwerfen. Bei kürzer laufenden Bundesanleihen erzielen die Anleger jedoch nur noch Negativzinsen. Wie verrückt das ist, zeigt folgendes kleines Gedankenexperiment: Nehmen wir an, Sie hätten 10.000 Euro und jemand macht Ihnen folgenden Vorschlag: „Borgen Sie mir das Geld! Ich zahle keine Zinsen, Sie erhalten aber in zwei Jahren 9900 Euro zurück." Würden Sie sich darauf einlassen? Auf den Finanzmärkten sind solche verrückten Deals momentan aber Gang und Gäbe, wie die negativen Renditen vieler Anleihen zeigen.

Man ahnt schon, dass der Preis für die heutige Stabilität der Finanzmärkte die Instabilität von morgen ist. Das Platzen einer Spekulationsblase kann das Finanzsystem und die Bankenwelt zum Einsturz bringen, wie die US-Immobilienkrise zeigte. Vermögenspreisinflation ist also nichts anderes als die Vernichtung von Werten und die Fehlleitung von Investitionen.
Eng damit verbunden ist ein zweites Problem der Vermögenspreisinflation: Wie wir schon gesehen haben, erhofft sich die Notenbank durch die Politik der niedrigen Zinsen einen positiven Effekt auf das Wirtschaftswachstum. Die steigende Geldmenge soll Investitionen in neue Maschinen, neue Produktionstechniken und Produkte (sog. Realkapital) anregen. Doch in einer Welt mit Vermögenspreisinflation funktioniert das nicht mehr. Das billige Geld wird überwiegend in nichtwachstumsfördernde Investitionen gelenkt. Die Folge ist, es werden inflationär aufgeblasene Luftschlösser gebaut, wie z.B. die vielen Immobilienruinen in Spanien zeigen. Folglich hat die Zentralbank immer weniger Kontrolle darüber, ob die künstlich gedrückten Zinsen (durch das Anleihekaufprogramm von Januar 2015) tatsächlich zu mehr Investitionen und dadurch zu wirtschaftlichem Wachstum und Arbeitsplätzen führen. Ebenso gut kann es sein, dass Investoren ihr Geld in allerlei spekulative Anlageformen stecken, von überbewerteten Aktien über zweitklassige

Immobilien bis hin zu Kunstwerken zweifelhafter Qualität. Wenn sich in diesen Märkten Preisblasen bilden, die irgendwann platzen, könnte ein neuer Wirtschaftseinbruch die Folge sein. Die EZB hätte dann mit ihrer Krisenbekämpfung die nächste Krise ausgelöst.
Noch fataler ist die Vermögensinflation, wenn sie sich nur auf bestehende Sachwerte beschränkt. Steigen z.B. wegen der lockeren Geldpolitik die Preise von Kunstwerken, so geben die Leute mehr und mehr Geld für Kunst aus, der Wachstumseffekt ist jedoch null. Hier wird also nur Vermögen umverteilt. Wer zeitig wieder verkauft, bevor die Blase platzt, gehört zu den Gewinnern, wer überteuert gekauft hat, bleibt nur auf Kursverlusten sitzen.

Während man bei einer Güterpreisinflation regelmäßig zu positiven Wachstumseffekten kommt, ist dies bei der Vermögenspreisinflation nicht der Fall. Wenn die Banken im Zuge einer Vermögenspreisinflation das Geld zunehmend für unsinnige Projekte oder Finanzinvestitionen verleihen, weil die überschäumende Geldmenge nur vorgaukelt, dass sie sich rentierten, dann fehlt das Geld für das, was es wertvoll macht – die realen Werte. So kann es auch für unseren Euro gefährlich werden. Wie bereits erwähnt, ist der Euro durch Kredite besichert, und solange diese Kredite Werte schaffen, ist auch unser Euro stabil. Dieser Zusammenhang wird bei einer Vermögenspreisinflation teilweise außer Kraft gesetzt. Wenn sich nun die Kredite, die unser Geld besichern, als wertlos erweisen, dann ist auch das Geld wertlos, weil ihm keine entsprechenden Werte mehr gegenüber stehen. Weiterhin führt eine Vermögenspreisinflation nicht selten zu einer Instabilität des gesamten Finanzsystems. Wenn die Banken für unrentable Projekte und Investitionen ihr Geld verleihen oder sogar selbst ihr Geld in aufgeblasene Sachwerte investieren, steht rasch eine Bankenkrise auf der Agenda. Beispielsweise hat der Mutterkonzern der Hypovereinsbank – Unicredit – faule Kredite von fast 77 Milliarden Euro (Ende 2016) angehäuft. Um Verluste bei der Bereinigung abzupuffern, braucht die Unicredit frisches Geld, da ihr Eigenkapital nicht ausreicht, um die Verluste aus den Krediten zu decken. Das liegt am Geschäftsmodell der Banken, die mit wenig Eigenkapital ausgestattet sind, das Geld ihrer Kunden weiterverleihen oder investieren. Erkennen die Kunden einer Bank nun, dass ihre Gelder gefährdet sind, weil die Bank z.B. in amerikanische Immobilienkredite investiert hatte, versuchen sie, ihr Geld in Sicherheit zu bringen. Dies löst einen Banken Run aus wie z.B. bei der Northern Rock in England. Erschwerend kommt hinzu, dass die Banken sich untereinander auch Geld leihen, um ihre täglichen Geschäfte abzuwickeln. Jedoch führt das rasch zu einer Ansteckungsgefahr und die Pleite einer Bank kann sich rasch auf andere Banken ausbreiten. Zu dieser ohnehin schon explosiven Situation trägt noch ein weiterer Effekt bei. Wenn die Banken erkennen, dass hohe Verluste aus ihren Geschäften drohen oder ein Ansturm von Kunden ansteht, versuchen sie, ihr Kapitalpolster zu erhöhen. Hierzu haben sie drei Möglichkeiten:

1. Sie versuchen, sich mehr Eigenkapital zu besorgen (was in einer solchen Situation schwierig ist).

2. Sie verkaufen im großen Stil Vermögensbestandteile. Wenn z.B. Häuser, deren Kauf mit Bankkrediten finanziert wurde, wegen Zahlungsunfähigkeit des Kreditnehmers an die Bank zurückfallen, wird die Bank versuchen, das Haus zu verkaufen. Wenn aber sehr viele Banken gleichzeitig viele Häuser verkaufen wollen, fallen die Häuser dramatisch im Wert. Dies hat zur Folge, dass die Banken große Teile der dazugehörigen Kredite abschreiben müssen, wie in den USA geschehen.

3. Sie schränken die Kreditvergabe ein. Außerdem kündigen Sie häufig auch vergebene Kredite. Das hat für die Wirtschaft schwerwiegende Folgen. Die Unternehmen können weniger investieren bzw. müssen sogar laufende Investitionsprogramme kürzen oder abbrechen. Deshalb bricht die Wirtschaft ein.

So kehrt sich die wachstumssteigernde Wirkung der Politik des billigen Geldes um: Billiges Geld treibt die Vermögenspreise in die Höhe, aber irgendwann platzt die Blase. Das führt zu einer Bankenkrise, mit der Folge, dass die Banken ihre Kreditvergabe deutlich reduzieren oder einstellen. Deswegen bricht die Wirtschaft zusammen und nicht selten kommt es zu einer Rezession. Stellt sich noch eine Frage: Wer trägt schlussendlich die Verluste? Die naheliegende Antwort wäre wohl, derjenige, der für die Verluste verantwortlich ist. Die Verluste der Banken müssten die Eigentümer bezahlen. Doch dem steht das Geschäftsmodell der Banken entgegen. Die Banken verleihen vor allem das Geld ihrer Kunden, weshalb ihre Eigenkapitaldecke, der Teil des Bankvermögens, mit dem die Eigentümer haften, relativ klein ist. Somit müssten für weitergehende Verluste der Bank die Kunden eintreten. Die Kunden würden also ihre Ersparnisse verlieren. Aus pragmatischer Sicht ist dies keine Lösung, daher sind die Kundeneinlagen bei Banken bis zu einem bestimmten Betrag gesetzlich geschützt. Um letztlich einen Banken Run mit einer unvorhersehbaren Kettenreaktion zu verhindern, landen die Verluste der Bank meistens beim Steuerzahler. Eine Vermögenspreisinflation ist gefährlich, weil die Schulden der Staaten extrem steigen. Das kann bis zur Zahlungsunfähigkeit des Staates führen. Letztlich werden bei einer Vermögenspreisinflation im großen Stil Vermögenswerte vernichtet, indem z.B. Investitionsruinen entstehen.

4.4. Fazit

Tatsächlich treffen wir heute auf viele Maßnahmen, die John Law in ähnlicher Weise zu seiner Zeit zur Überwindung der Krise tätigte. So öffnete die US-Notenbank nach den Anschlägen des 11. Septembers 2001 den Geldhahn, um eine Rezession zu verhindern. Das war der Grundstein für die Überhitzung auf dem US-Immobiliensektor und mündete 2008 in der globalen Finanz- und Wirtschaftskrise. Was taten die Notenbanken? Als Reaktion auf die Krise wurde billiges Geld geschaffen. Hier zeichnet sich ein jahrhundertealtes Muster ab: Man reagiert auf eine Krise, die durch billiges Geld ausgelöst wurde, wieder mit billigem Geld und befeuert damit die nächste Krise. Man macht immer wieder dasselbe und erwartet jedes Mal ein anderes Ergebnis.

5. Schlusswort

Wie Sie gesehen haben, ist Geld eine komplizierte Erfindung. Genial zweifellos, aber auch gefährdet. Es gilt: Geld ist eine Sache des Vertrauens. Gutes Geld ist ein Versprechen auf eine gute Zukunft. Denn für sich betrachtet sind Scheine, Münzen und digitales Geld auf unseren Konten wertlos. Ihren Wert erhalten sie erst dadurch, dass dahinter glaubwürdige Institutionen stehen. Nur wenn dies gewährleistet ist, sind Menschen bereit, Güter, Dienstleistungen oder Vermögenswerte gegen Geld zu tauschen. Geld ist schlicht nur ein Tauschgegenstand – nicht mehr und nicht weniger. Deshalb ist Vertrauen die Grundlage der Geldwirtschaft und des modernen Kapitalismus. Ist das Vertrauen verloren, ist auch das Geld verloren.

Man muss kein Ökonom sein, um zu verstehen, dass unser Euro in Gefahr ist. Unser Geld befindet sich auf einer Reise mit ungewissem Ausgang. Die EZB hat mit ihren unkonventionellen Maßnahmen zur Überwindung der Finanzkrise ein gigantisches Echtzeitexperiment gestartet, dessen Folgen noch völlig unklar sind: Inflation, Deflation oder Vermögenspreisinflation stehen im Raum. Wir sind also in ein Zeitalter der Ungewissheit hinein gestolpert: Wir wissen nicht, welche Folgen das große Anleihekaufprogramm der EZB hat oder ob die alten Rezepte zur Bekämpfung von Wirtschaftskrisen überhaupt noch funktionieren. Aber eines ist sicher: Unser Geldsystem wird nicht untergehen, es ändert schlimmstenfalls sein Aussehen. Aber wir werden weiterhin mit Geld bezahlen.
Allerdings gibt es auch ein Licht am Ende des Tunnels. Durch die Finanzkrise rücken die Euro-Staaten enger zusammen. Bis vor kurzem unvorstellbare Vorgänge, wie z.B. die Bankenunion, sind plötzlich möglich geworden. Die Krise könnte dazu führen, dass sich Europa weiterentwickelt. So hat die europäische Kommission am 22. Juni 2015 ein Strategiepapier mit dem Namen *Die Wirtschafts- und Währungsunion Europas vollenden* veröffentlicht.

Tabelle 17: Weg zur europäischen Wirtschafts- und Finanzunion

01. Juli 2015 bis 30. Juni 2017	• Errichtung nationaler Wettbewerbsfähigkeitsbehörden • Bankenunion • Lancierung einer Kapitalmarktunion • Stärkung des European Systemic Risk Board • Errichtung eines beratenden European Fiscal Board
01. Juli 2017 bis spätestens 2025	• Errichtung eines Schatzamtes für die Eurozone • Errichtung einer makroökonomischen Stabilitätsfunktion für die Eurozone • Formalisierung eines verbindlichen Konvergenzprozesses[232]

Dieser Plan sieht weitreichende Maßnahmen vor und hat sich zum Ziel gesetzt, eine Wirtschafts-, Finanz-, Fiskal- sowie die politische Union zu vertiefen. So soll es z.B. im Rahmen der Finanzunion einheitliche Standards für die Einlagensicherung der Banken geben. Die schon seit längerem geplante Kapitalmarktunion soll auch kleinen und mittleren Unternehmen den Zugang zum gesamteuropäischen Kapitalmarkt ermöglichen, z.B. indem man die Anforderungen an Börsenprospekte vereinfacht und vereinheitlicht. In welche Richtung sich der Euro langfristig entwickeln wird, ist nicht allein durch einen möglichen Bankrott Griechenlands oder die Geldpolitik der EZB bedingt, sondern auch durch politische Faktoren. Das Schicksal des Euros hängt also nicht zuletzt davon ab, in welchem Umfang es den handelnden Institutionen und Personen gelingt, Europa weiterzuentwickeln. Als Ziel hat sich die EU-Kommission das Jahr 2025 gesetzt, bis dahin soll die Wirtschafts- und Finanzunion abgeschlossen sein. Ob das gelingt, wird maßgeblich davon abhängen, in welchem Ausmaß die EU- und Euroländer bereit sind, nationale Eigenständigkeit zugunsten eines starken Europas aufzugeben. Wird ein Großteil der geplanten Maßnahmen umgesetzt, wäre das ein starkes Signal für einen langfristig stabilen Euro.

[232] Im Rahmen dieses Strategiepapiers sagt die EU, dass Konvergenz für die Wirtschaftsunion von zentraler Bedeutung ist. Damit ist sowohl die Konvergenz zwischen den Mitgliedstaaten, wodurch ein größtmöglicher Wohlstand erreicht werden soll, als auch die Konvergenz innerhalb der Gesellschaft (die das europäische Modell voranbringt) gemeint. Beispielsweise ist die Geldpolitik im Rahmen des Euro-Raumes zentralisiert, aber weite Teile der Wirtschaftspolitik liegen weiterhin in Händen der Mitgliedstaaten. Im Rahmen des Konvergenzprozesses soll die Wirtschaftspolitik stärker koordiniert werden.

6. Literaturverzeichnis

Lit. 1 : Murphy, A. E: John Law Ökonom und Visionär, Verlag Wirtschaft und Finanzen, Düsseldorf 2002

Lit. 2 : Albting, S.: John Law der Vater des Papiergeldes, Westfälische Wilhelms-Universität Münster

Lit. 3 : Alexi, S.: John Law und sein System. Ein Beitrag zur Finanz- und Münzgeschichte Verlag von F. & P. Lehmann Berlin 1885

Lit. 4 : Bonney, R.: France and the first European paper money experiment, French History, 15 (3); S. 254-72, September 2001

Lit. 5 : Cueni, C.: Das große Spiel, Wilhelm Heyne Verlag, München 2008

Lit. 6 : Die Rolle des Geldes in der Marktwirtschaft Rede von Peter Praet, Mitglied des Direktoriums der EZB, im Rahmen des Bargeldsymposiums der Deutschen Bundesbank, Frankfurt am Main, 10. Oktober 2012 http://www.ecb.europa.eu/press/key/date/2012/html/sp121010.de.html

Lit. 7 : Dok 5 – Das Feature, 08.04.2012 John Law – erste Investmentbanker oder Glücksritter, WDR 5

Lit. 8 : Fischer, C. A.: Zur Lehre vom Staatsbankrott, G. Braunsche Hofbuchdruckerei und Verlag 1921

Lit. 9 : Frühzeit des Papiergeldes. Beispiele aus der Geldscheinsammlung der Deutschen Bundesbank, Deutsche Bundesbank, Frankfurt am Main 1970

Lit. 10 : Geld und Politik, Deutsche Bundesbank 2007

Lit. 11 : Geld und Politik, Deutsche Bundesbank Januar 2014

Lit. 12 : Hochreiter, G.: Langfristig Werte sichern. Gedanken zu einer nachhaltigen Wertsicherung Institut für Wertewirtschaft, Wien 2007

Lit. 13 : http://www.bundesbank.de/download/bildung/geld_sec2/geld2_gesamt.pdf

Lit. 14 : Jary, M.: Die Pastellkönigin. Historischer Roman. Droemer, München 2005

Lit. 15 : John Law. Der Mann, der Papier zu Geld machte. Dokumentarfilm, zuerst gesendet in Arte am 31.3.12. Deutschland 2011 ZDF, Regie: Wolf Truchsess von Wetzhausen Stefan Jager. http://www.arte.tv/de/acc/244,em=044147-000.html

Lit. 16 : Jung, A., Pieper, D. und Traub, R.: Geld macht Geschichte Kriege, Krisen und die Herrschaft des Kapitals seit dem Mittelalter, Deutsche Verlags-Anstalt, München 1. Auflage 2010

Lit. 17 : Krafft, B: Der verliebte Actienhandel auf Venusiana oder: Wie liest man ein Rebus von 1720? In: Arbeitskreis Bild Druck Papier, Bd. 10, Tagungsband Dresden 2005, Waxmann Verlag GmbH 2006, S. 55.

Lit. 18 : Law, J. : Handel, Geld und Banken, Berlin 1992

Lit. 19 : MONATSBERICHT JULI 2009, Europäische Zentralbank 2009

Lit. 20 : Murphy, A. E. 1991. "The evolution of John Law's theories and policies 1707-1715",European Economic Review, 35 (5), S. 1109-1125

Lit. 21 : Neal, L.: I am not master of events. The Speculations of John Law and Lord Londonderry in the Mississippi and South Sea bubbles, New Haven/London 2012

Lit. 22 : Niall Ferguson: The Ascent of Money, The Penguin Press, New York 2008

Lit. 23 : Oesterheld, A.: Die Legende vom Gold, Wilhelm Goldman Verlag Leipzig 1941

Lit. 24 : Rede von Yves Mersch, Mitglied des Direktoriums der EZB, Auf der 17. Euro Finance Week, Frankfurt, 17. November 2014, http://www.ecb.europa.eu/press/key/date/2014/html/sp14 1117.de.html

Lit. 25 : Samhaber, E.: Der Magier des Kredits. Glück und Unglück des John Law of Lauriston. F. Bruckmann, München, 1941

Lit. 26 : Samhaber, E: Der Magier des Kredits. Glück und Unglück des John Law of Lauriston. F. Bruckmann, München, 1941

Lit. 27 : Senf, B: Bankgeheimnis der Geldschöpfung April 2009, bernd-senf.pdf

Lit. 28 : Söllner, F.: Die Geschichte des ökonomischen Denkens, Springer 2012

Lit. 29 : Thivissen, P.: Vom Tauschen zum Geld – und wieder zurück, Bonus, Nummer 10 Oktober 2014

Lit. 30 : Uchatius W.: Jetzt werden alle reich. Der Mann, der vor 300 Jahren in Paris den modernen Kapitalismus erfand: Das Lebensabenteuer des John Law und das Schicksal seiner »Banque Royale«, in: DIE ZEIT, 31.3. 2010, Nr. 14 http://www.zeit.de/2010/14/A-Banque-Royale/komplettansicht

Lit. 31 : Velde, F. 2003. "Government equity and money: John Law's system in 1720 France",Working Paper Series from Federal Reserve Bank of Chicago, No WP-03-31

Lit. 32 : Velde, F.R.: Government Equity and Money: John Law's System in 1720 France, Federal Reserve Bank of Chicago, 23. November 2004

Lit. 33 : Verlde, F. R.: The life and Time of Nicolas Dutot, Federal Reserve Bank of Chicago, 06.11.2009

Lit. 34 : Wagenblaß, H.: Volkswirtschaftslehre, öffentliche Finanzen und Wirtschaftspolitik, 7. Auflage, Heidelberg 2001

Lit. 35 : Weyhmann, A.: Die merkantilistische Währungspolitik Herzog Leopolds von Lothringen (1697—1729), mit besonderer Berücksichtigung der Geschichte John Laws. Leipzig, Quell & Meyer, 1910. 4. III—100 SS. M. 3. (Jahrbuch der Gesellschaft für lothringische Geschichte und Altertumskunde. Ergänzungsheft 3.)

Lit. 36 : Weyhmann, A.: John Law als Währungspolitiker. Saarbrücken, S. 238 – 242, Jahrbücher für Nationalökonomie und Statistik, III. Folge 40. Band, Jena Verlag von Gustav Fischer 1910

7. Stichwortverzeichnis

E

F

G

H

***ibidem*.eu**